本书受香港道教学院资助

香港全真教研究

李大华 著

人民出版社

目　录

绪　言

这本书从 2009 年开始，到现在完成出版也算是有一段时间了。由于与香港的地缘关系，在广东做宗教研究自然也就与香港有着经常的、多方面的联系，加之香港道教学院自 20 世纪 90 年代以来对于大陆道教学术的"反哺"，以及笔者经常去道教学院授课，使得这种联系更为密切了。香港的宗教成功地从传统走向了现代社会，"香港的今天就是大陆的明天"，这大概是中国大陆学者和宗教人士一个比较普遍的看法。至于这种看法是否正确，则是需要研究的，故而分析香港道教的结构、存在方式，这应该是我想从事这项研究的一个最初的想法。当然，引起我对香港道教关注的原因远不止于此，其中香港道教既然是从大陆传播过去的，那么它与大陆道教是一种什么样的关系，倒是从事此项研究最为直接的原因。与一般大陆道教的研究有所不同的是，我的研究不仅仅关注于道教的历史，更关注于它的现在，甚至可以说，弄清它的历史正是为了研究它的现在。

然而，如果我们把香港的道教作为研究对象的话，其实也是不可为的，香港道教的庞杂性质远甚于大陆道教，道教在香港的派别、存在方式、布道方式、变化形式都不是大陆道教可以相比的。所以，我把研究对象确定为香港全真教。这样可以把对象放大了去研究它，而不只是做诸多宗教派别的现象描述，同时，这也不影响全真教所涉及的宗教共相的分析，像各个道教派别所从事的太平清醮之类的宗教法事，就能反映出道教与香港原住民之间的关系，从殊相中见识共相本质，这算是宗教哲学研究的有效方法。从香港全真教的研究，能够看到香港道教的存在方式，这应该是我的企图之一。

　　以上的考虑可以说是一些初衷，最初的动机与最后的结果总是有一些差异的。随着研究的展开，此项课题在以下诸多方面有所关注。

一、全真道堂的缘起及其慈善结社

　　香港全真教虽然出自有故，其法脉源自罗浮山冲虚观、广州三元宫、南海西樵山等，但是它们不是以庙传庙、以教传教，而是有着一个缘起的过程，而且是与清朝末年、民国时期的扶乩结社以及社会慈善运动有关。全真道堂的发起人依靠着全真龙门的根脉，在社会上组织起了宗教团体，这种宗教团体原本只是问乩求药、趋利避祸、预判未来的神秘活动，但追求合法生存和实现社会关怀的双重需要，使得这种宗教结社团体逐渐地走上了社会慈善组织之路，并且在一个不太长的时期里取得了巨大成功，以至于华南地区的社会慈善团体多与这种宗教起底的结社组织有关。对于宗教团体来说，它们是搭上了社会慈善组织"这班车"迅速壮大起来的，而对于清朝末年、民国时期的政府来说，则是帮政府解了燃眉之急，本来是政府应当办的事情，在一个没落的或者乱世的社会条件下，政府无力去办，只好交给了社会宗教组织去办，结果，这一尝试取得了前所未有的效果，社会办慈善比政府办慈善有效率得多，道教不仅在这场持续的慈善运动中收获了合法的身份和地位，实现了自己的宗教关怀，而且似乎也找到了走进现代文明、走进社会事务中心的路径，这只要稍微了解一下民国时期广州的九大善堂在广州历史当中的地位就足以印证了。

二、商人与道教组织的关系

　　商人在近现代道堂缘起以及道教从广东到香港的传播过程中扮演了一个特殊的和不可或缺的角色，在某种程度上甚至可以说他们就是主人。商人参与道教的扶乩结社活动，出于各自商业活动的需要、个人经历的遭遇以及疗疾问医的需求，然而一旦他们的个人需要和宗教需求得到满足之后，他们便对道教产生了深层的信赖，经过道士的循循善诱，他们便成为了这些宗教团体的成员，成为了真正的信徒。而商人与道士结合起来之后，第一个行为便是组织慈善救助活动，并通过政府的合法登记，成立宗教慈善组织。这之间有着似乎天然的默契与认同。究其原因，当然是双方有着共同的社会理想、意愿和诉求，道士希望普济劝善，商人希望生意成就之后回报社会，这是他们投合的基本因素；而在一个末世与乱世中间大家都生存不易的情形之下，道士通过商人找到了社会能量，而商人通过道士找到了精神力量，所以彼此都有相见恨晚的感觉，故而他们之间的结合并不需要一个长时间考虑的过程。不过，这还只是人们能够想得到、且能见得到的原因，还有一个深层的原因为人们所不知，那就是商人的人格与信仰的神格之间的深度契合。这与他们信奉的主神有关。道教是多神的，从老子到全真教的七真人，信徒都要信仰，但是各个派别所宗奉的主神还是有区别的，对于华南乃至香港的全真教来说，吕祖是享有特殊地位的主神，这种地位既是历史形成的，又是现实的需要。历史上吕祖就是内丹道教及其全真教的祖师，全真祖师王重阳创教初期的甘河奇遇，早就表明了全真教与吕祖的仙源关系，而在长期的历史演变中，宗教学意义上的吕祖，其相貌俊逸、敦厚儒雅、洒脱自在、神通广大，加上吕祖本身所拥有的营商经历和接引众人的善行善举，没有一样不是商人喜爱的。商人最讲求的是机会，商机转瞬即逝，在商人们看来，吕祖既懂他们，也懂商机，而且，吕祖的神格与他们所向往的人格之间，具有高度的一致性，故而商人们实际上都以心目中崇拜的这尊神为楷模。在现实中，近现代的商人所处的生存环境充满了不确定性，他们在乱世中经商如同乘坐自家的小船漂泊在狂风巨浪的海上，一会儿被浮上浪尖，一会儿又被沉入谷底，在迷茫与无助的时候求助于吕祖且得到了祐助，这就是他们需要崇拜吕祖的历史和现实原因。

商人加入宗教组织，带来的是双重变化，既改变了宗教组织，也改变了商人自身。给宗教组织带来的变化主要表现在：一是改变了原来的宗教结社的性质，使宗教结社组织变成了宗教慈善组织。二是改变了宗教组织的内部结构，原来的宗教组织并没有民主的诉求和程序，商人进入之后，把商人经商的股份制民主带进去了。虽然宗教慈善组织并不是依照捐赠的多寡决定在宗教慈善组织内的地位，它还要考虑社会名望以及宗教修养等因素，但显然受到了商人民主制的影响，由此以往，在广东的宗教慈善组织里实行的那种理事、监事制度，传到了香港也依旧采取的是这种模式。三是改变了宗教组织的戒律、法脉传递等传统管理模式，全真龙门派讲究的是严格的"全真清规"，对于出家人的要求甚高，但新的宗教慈善组织在戒律方面并不像出家人那么严格，而是推行了一种"以德代戒"的方式，即在中国传统文化的八种美德之上，加上商人的一个特殊德性"惠"，成为"九美德"。只要做到了"九美德"，就是一个合格的信徒了。在法脉传递上，也不遵循龙门派字的方式，而是各门派自立一个派字的次序，只是这个派字的次序遵循了扶乩的结果，而不是人为的决定。至于说商人自身的改变，主要表现在：改变了商人的身份，从他们加入宗教慈善组织以来，他们就有了双重身份，他们既是商人，又是道人，这种身份并不影响他们营生，但多了一层神圣的成分，亦商亦教的身份，使得他们更有理由参与社会事务。

　　道教从庙里走出来，迈向民间社会，并且掀起了一场社会救助运动，在宗教内部来说就是一次宗教世俗化运动。它具备了宗教世俗化运动所需要的两个条件，一是旧的社会制度的没落，对社会的控制力降低；二是工业资本和商业资本的活跃。道教的这次世俗化运动，发轫于清朝末期，活跃于民国时期，它在社会生活中扮演的角色越是重要，就说明它对于社会生活越是深入，道士从山林走进了都市，神则从神坛走了下来，迎来了商人与资本，"普济劝善"变成了大规模的社会救助。当然，道教的这次世俗化运动，只是在一个特定的时期，发生在华南地区，它没有对中国社会的变化产生决定性的影响，而且它被一场更为巨大的社会历史变化湮灭了。

三、全真学脉关系

　　全真教究竟何时进入华南地区，一直是一个悬疑的问题，这个问题在陈铭圭的《长春道教源流》中就提出来了。之前有研究表明，全真教至少是在清朝康熙年间就传入了华南，但这只是全真龙门派进入广东的一个证据，尚且不能证明全真教之前没有进入广东。本书是在别人已有成果的基础上做进一步研究，在方法上采取了反证法，即已有证据的予以确认，没有证据的不下否定的论断，在存疑的基础上，依照可以搜罗到的新的证据，作出有限的证明和合理的推断，这主要做了三方面的事情：一是清理全真教的学脉关系，分述龙门派字与全真龙门派的区别、全真龙门派与全真教派的区别，这样做的目的是避免将全真教局限在龙门派字的学脉一系；二是从全真武当三丰派以及玄武信仰在华南地区的广泛传播，追寻全真教派在华南地区的活动踪迹；三是从方志及其道观历史的记载，记述全真道教在华南地区的传播。虽然这个方面的证据仍然不够充分，但也是尽其所有了，如果说历史当中有空格，那就让它空着吧，等到有了新的证据再把空格填上。以上所说的还只是全真道教的历史情形，作为活的香港全真教的学脉本身也是一个没有理清的问题。既然香港的全真道教是从广东传入的，又经历过扶乩结社、宗教世俗化运动，那么它是否源流清楚，是否属于合法的全真学脉，仍是一个需要证明的问题。我先确定了它的根脉是全真的，但认为它的结社性质与全真的丛林制度并不相类，有点"教外别传"的意味，加上商人的浸润，确乎存在着是不是正宗全真教的疑问，即便是从广州三元宫传递到香港的蓬瀛仙馆，也不能排除这样的疑问。但是，宗教世俗化一般都是双向的运动，一方面向世俗社会深入，另一方面又某种程度地回归，借以重塑它的宗教神圣性质。香港全真教在经历了种种因应社会需要而变化的同时，也时刻不忘返本归宗，这方面主要体现在坚守信仰之真和宗教仪式的重建上。尽管传统意义上的丛林道士不存在了，但以诵经祷告为特征的"道人"、"经生"出现了，他们平常不住道院，不着道服（只在定期举行的宗教活动时才着道服），也不守繁复的宗教戒规，但这丝毫也不减退他们内心的信仰。而在宗教仪式上寻求正宗化，可以被视为香港全真教在自身建设上最为着力的方面，因为在香港的道人们看来，这是表明道教是否正宗的最有力证据了。既然基督教都可以"因信称义"而简化其宗教形式，那么本土性的道教也是可以如此考虑的了。由此再来看香港全真教只拜天师、不拜人师，不守龙门派字规则、自创派字系统，也都是可以理解的了，毕竟这些还都只是具体形式与方式的变革，只要那个信仰坚定就行了。

四、香港道教的科仪

道教所称的"科仪"，也就是宗教仪式。所以说香港道教科仪，而不说香港全真教科仪，是因为在宗教仪式方面，两者的差别没有大到需要仔细分别的程度，虽说各自有一套自己的宗教仪式，但基本的东西还是大同小异的。故此，香港地方做大型斋醮法事，有时候请正一道士，有时候请全真道士，当地人都没有感到差别有多大。这种情形其实在古代就是如此，如我们在唐代文献中看到的，甚至上清派、灵宝派和正一派还有意将各派的宗教仪式统一起来。虽然说全真道士到现在有一套宗教仪式，但那也是后来发展起来的，而且也是以灵宝、上清、正一道士的仪式为基础，在"全真七子"时期，全真道士要做一套完整的大型宗教法事，都还是勉为其难的。香港全真道教的科仪，既有从罗浮山冲虚观、广州三元宫而来的正传，也有到香港后的重建，之所以要重建，是因为正传的不足，尤其是科本的不足，不能满足繁复的宗教仪式需求。而且，全真道人是把科仪重建视为全真道在香港的重建，事关全真教派的合法性问题，足见科仪在香港道教中的重要性。重建的过程是艰难的和持久的，从20世纪50年代初至80年代，青松观的道人除了从各个道观里搜罗科本，还从市场上像拾荒淘宝一般到处找寻散落的科本，还从佛堂等佛教性质的宗教团体中吸收有益成分。除了传统道观中曾经拥有的科本，还有一些是地方宗教实践中通过扶乩降授的，如《吕祖无极宝忏》、《正阳仁风宝忏》、《关圣帝君宝安法忏》等，这体现了道教科仪的地方性和多样性。尽管香港道教具有多元性质，但在道观的科仪方面则具有相当的统一性，这主要是全真道人从事了这项科仪重建工作，然后又在各个道庙里面推行的原因。

五、全真教与香港社会的关系

从本书第五章到第八章，可以说这四章都是就这个问题展开的，也是一个现实的问题，故此有了比较多的调查与访谈，这对于我们了解全真道及香港道教是否实现了现代转换，以及它们是否走出了一条道教的现代化之路，是至关重要的。这个方面首先要考察的是道教宫观与民众的互动方式，这种互动其实是与道教宫观及其道人对社会能够提供的宗教服务有关系的。香港道教的社会服务主要在慈善事业和生死关怀方面，其中慈善事业包括教育、养老等，从民国时期至20世纪50年代的赠医施药等社会救济活动，再到后来有计划地兴办医院、办中小学、办养老院等慈善事业，这是一个转向，标志着道教组织在香港社会充当角色的确立。民国时期在广东的宗教慈善组织在1949年之后中断了，而许多宗教信徒陆续迁移到了香港，重新开始了他们擅长的事情。这些宗教慈善组织逐渐撑起了香港地区的慈善业，加上当时政府在政策上的持续支持，至今香港的慈善机构基本上是宗教慈善组织起底的，道教组织及其全真教是其中的参与者。在生死关怀上，香港道教也可以说是成功的，在香港这个文化和信仰多元的社会条件下，道教组织并没有占据独有的位置，但是，许多人可能把在生的关怀交给了基督教，却把死的安顿交予了道教及其佛教等本土宗教，这也是道教组织在香港社会的独特现象。在道人与民众的互动上，全真教及其香港道教并不像基督教那样有确定的宗教生活，人们去道庙里，一是祭祖，二是烧香拜神，或者求签问乩，道人与民众的互动主要限于解签解乩，较少宗教生活及其经验的深层交谈，这与大陆道教的情形无异。人们设想，如果仅仅能够把去啬色园问签的几百万信众变成稳定的信徒，那么香港道教组织的力量就大不一样了，这也是香港各个道教组织所共同困惑的问题。在这个意义上说，香港的全真教及其他道教派别还没有实现从传统到现代的完全转变。

　　然而，香港的全真教及其他道教组织，它们的成功或者它们的困惑，其意义都不仅限于它们自身，也是中国道教的成功与困惑。

第一章　全真道堂的缘起及其慈善结社

一、香港全真道堂之缘起

全真教本来有自己的传法脉络，尤其是自龙门一派独盛以后，但在岭南广大地区，这个有自己完整的组织机构与清规戒律的教派，却在发生着诸多的变化，既拥有自己的根系，又有着诸多的变化，这才说得上我们所称为的"缘起"。

香港的全真教，主要有青松观、蓬瀛仙馆、云泉仙馆、万德至善社、云鹤山房、灵霄仙馆、太玄精舍等宗教团体。这些宗教团体都是从广东传入香港的，虽然这些宗教团体的开创者都有全真传教的法脉，但它们却不是直接从罗浮冲虚观、广州三元宫或纯阳观传入香港的，而是有着自己的缘起、发展壮大与迁移的历史过程。这个过程又不是单纯的全真教派的自己缘起，而是与清末、民国时期慈善团体的结社运动相联结，又与商人的积极参与密切相关。

先看青松观的前身广州至宝台的缘起过程。至宝台的前身为民国三十年（1941）由何启忠创立的"齐善坛"，以设坛扶乩、赠医施药为职事。后来在广州西宝盛沙地改名为"至宝台"，其职事在性质上没有发生变化。但到了民国三十四年（1945），至宝台发生了根本的变化，何启忠与陆吟舫、叶文远、罗气灵、潘妙仪、陈宝慧、吕宝灵、卢宝烈等14人发起，经国民广州市政府批准，正式成立了"至宝台慈善会"。就是说，"齐善坛"乃属于未正式登记注册的私人结社组织，虽涵括"赠医施药"的善事，却不是一个具有影响力的组织。

有关这个方面，可以先看一下 1941 年的《广东年鉴》在"道教"栏目中除了叙述古今的道观，还辟出"善社与斋堂"，其中记载道：

> 广东道教团体之形式，除道观外，其较大组织者尚有所谓"善社"，此种"善社"采取宗教形式为结合，而揭橥行善救世诸目的。多崇拜太上老君、吕祖（吕纯阳）、关羽、孙悟空诸神，其社员多属中流男女，或富贾巨商，互以修身行善为约则，采纳儒家修养精神，如提倡孝弟忠信礼义廉耻以为社员规约纲领；言忠信，行笃敬，惩忿窒欲，迁善改过为修身大纲，孝，友，睦，□，任卹，尊贤，仁民，爱物，为敦伦之本，以戒淫，戒意恶，戒口过，戒赎功，戒□□为戒律。其组织一仿罗浮山道观；入道者即受道名，辈数非当分明……所谓"斋堂"更流行于沦陷前之广州市，据民国廿七年所调查不下二百所，每所之住持人称为"堂主"，各"堂主"之上有所谓"师公"者，统管各堂主而为此种宗教组织之领袖，凡欲取得"堂主"地位之先，须经师公认可而授以法牒，并缴纳数百金方能设立，设立后即可招收徒众，其徒名曰"护道"，广州市斋堂大略可分为二类：一为道教成分极浓厚者，二为采取佛教形式者；前者曰"先天道"奉侍神人，后者曰"三宝道"奉侍佛界。

在这个记载中，没有分别道教正一与全真，也没有分别传统的主流道教与民俗道教的区别，① 且所说的"道教"也是杂于先天道、佛道社，只是通称为"道教团体"，依照这个记载，"齐善坛"显然不属于道观与"较大组织者"——"善社"的性质，而是后面所说的"堂主"的那种性质，在管理形式上也并非实行民主管理，而在日本占领时期的广州，像这样未注册登记的

---

① 如果将正一道馆计算在内，就不止两百所，因为这里所说的"其组织一仿罗浮山道观"，意味着这些道馆采取了全真道的组织形式，《广州方志》说："据民国二十七年（1938）统计：广州有正一道观（包括祈福道馆）近百间，正一道士百余人。"

道堂竟然拥有二百多所。民国三十四年（1945），民国政府恢复对广州的管理之后，重新组合的至宝台俨然属于一个类似前者的"善社"的合法组织了。在 1941 年 12 月 20 日广州市政府社会局"公文存底"中，记载了它的性质为"私立救济"，其章程表明：

本会以结合慈善团体，共谋公益事业为主旨。其应办事项如左：救济贫苦事业；赠医施药事项；办理其他一切公益慈善事项。① 这个私人办理的机构，却有了公共服务的性质。在组织机构与管理方面，至宝台实行会员制，会员有选举权与被选举权，有弹劾董事及职员的权力；由 15 人（实际为 14 人）共同组成董事会，在其中推举一人作为董事长，董事长任期一年；董事会下设三个工作组，即总务组、财务组、公益组；董事会及其工作组成员皆为义务性质；董事会召集会员大会并向其汇报工作，会员大会拥有该会的最高权力。相信这个章程属于依法办理的，即走的是国民政府规定的程式，未必有创新

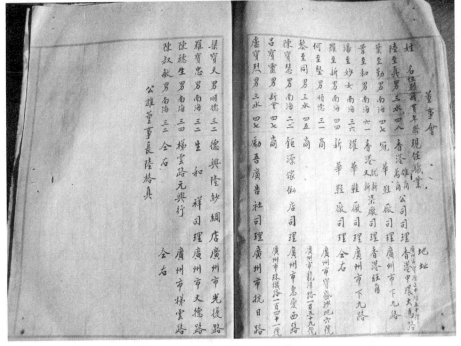

至宝台董事会名单

① 《至宝台慈善会立案章程公文存底部》，中山图书馆藏。

之处。但是，这个的程式改变了原先"齐善坛"的性质，它不再是师徒相传的"堂主"关系，而是平等相待的同事关系。这在第一届董事会的构成及其权能分配上也可看得出来。在这份董事会名单中，原本"齐善坛"的坛主何启忠只是董事之一，董事长则是巨商陆吟舫（至真）。

再分析董事会各成员的身份构成：

陆格真，男，三水人，48岁，字吟舫，赐号清灵子，道号至真，为香港雄商、万商公司司理；

叶至初，男，南海人，47岁，广州冠华鞋厂司理；

叶至和，男，南海人，61岁，香港就新、又新染厂司理；

潘至妙，女，南海人，36岁，广州耀华鞋厂司理；

罗至新，男，南海人，44岁，广州新华鞋厂司理；

何至坚，男，顺德人，31岁，道号诚意，又号志坚，广州商人；

黎至同，男，三水人，45岁，广州商人；

陈宝慧，男，南海人，22岁，广州钜源家私店司理；

吕宝灵，男，新会人，47岁，广州商人；

卢宝烈，男，三水人，47岁，广州励吾广告社司理；

梁宝天，男，顺德人，32岁，广州隆兴隆纱绸店；

罗宝忠，男，南海人，32岁，广州生和祥司理；

陈穗生，男，南海人，34岁，广州梯云路元兴行；

陈叔敏，男，南海人，32岁，广州梯云路元兴行。

在这份名单中，除何志坚一人外（即便何志坚本人，也以商人的面目登记），其他都是商人出身。除此之外，在《筹建至宝台各股义务职员名列》中还开列出了至宝台筹备委员会之下的大名单，分为总务、财务、文书、庶务、宣传、查核、筹募、设计八个部门，共计209人。① 由此可见至宝台慈善会成立之初所拥有的规模。青松观编辑出版的《善若青松》一书也记述了当时的景况：

---

① "戊子年九月初一日大会推"，《筹建至宝台各股义务职员名列》，中山图书馆藏。在这份名单中，只列出了各人的出生地或住处，并没有列举出具体的身份。

民国三十四年（1945），至宝台正式向政府立案成立"中国道教至宝台慈善会"，入会道侣由七百余人增至数千人，并建立新坛于广州恩覃路逢庆首约十号。①

而《广州方志》也记述道：

中国至宝台慈善会　位于恩宁路逢庆首约10号，供奉吕祖，民国二十六年筹建，民国三十三年三月正式成立，殿宇建筑于是年年底竣工，次年在社会局立案。该会通过会员介绍，广收慕道者入会为教徒，人数最多时达数千人。该会的经济来源靠会员的捐赠，每月的收入有20万元（当时的货币）。慈善会还分别建立赠医施药会、贺诞会、讲经会，规定每日上午赠医施药，下午施粥。民国三十五年集资在三元里置义塚，安葬羽化道侣及死亡会员。②

虽然在性质上至宝台慈善会还是"中国道教"，但在经营方式、人员构成等方面都不同于道观丛林制，它以商人为主体，以社会活动为存在方式，道侣只是其精神内核，人们参与慈善会也不是为了个人的清修，而是服务社会。故而，《广州方志》也是将它列入"社会组织"，而没有列入"宗教"类。上述两个记载都表明会员有数千人，却没有明确何时发展到如此的规模，从《广州方志》所记述的情形看，它被列为广州道教两大社会组织之一，③ 那么它的规模应该是在其后的数年间（1945—1949）完成的。

"中国至宝台慈善会"在如此短暂的时间里发展成如此规模，自然是与

---

① 《筹建至宝台各股义务职员名列》，第4页。

② 《广州市志·道教》"社会组织和社会活动"类，第405页。

③ 《广州市志·宗教志》将广化善堂列为广州另一大道教社会慈善组织："民国前，道教信徒刘泳儒、孙桂芳等人，在大石街34号开设'广化善堂'，供奉吕祖，每年均取出部分香油钱，用于施医、施药、施粥、施衣、施棺材等社会救济。民国初，该堂道侣集资在白云山建'广化善院'（即'吕祖行阙'），作为道侣静修之所。大石街的'善堂'于民国十八年（1929）布施给佛教，作佛教解行学社下院，继续广行善举。"（第405页）

其从事社会慈善与救亡活动有关的，那么，何以商人成为了主体，而不是道士作为主体呢？这些商人以何种动机参与了道教慈善组织呢？我们从这些商人参与道教慈善组织的经历中，可以窥见其端倪。

陆吟舫　早年从三水去香港做生意，36 岁时，已自创了雄商公司、万商公司，后来又创萃华公司，任三家公司的总司理；43 岁时，再兼九龙和平织造厂司库，"商业日兴月隆"。陆先生有善心，热心公益慈善，"凡乡中义举，修桥筑路，兴学施茶，必为之倡。内外贫乏亲属，每年分次量力资助；港禅贫病友辈，量情布施，皆视为分内应尽之事。"[1] 他先后兼任洋货行普益商会董事，华侨自卫团中环督察，三水同乡会主席，邑侨筹赈会主席，香港慈善总会劝募委员，江门线协助归乡委员，驻省劝募委员会委员，凡此种种义务，皆乐此不疲，以实现"内而赡家，外而应世之抱负"。民国三十二年（1943）秋天，他去了香港太白台抱道堂礼拜纯阳吕祖，得到吕祖潇洒出尘、早做归计的降乩暗示。也就在这年初冬，陆吟舫遭遇了一桩税务官司，以致他本人被羁留十数日，还牵连到数百人。自此，他做了一个决定，将自己的公司事务交由他人负责，自己回到广州隐居。因为太白台吕祖降乩与税务官司两事之间的相牵连，使得他不能忘怀，时常念诵那段乩语，第二年春天，他在友人的介绍下去了何启忠在宝盛沙地的"至宝台"，再次参拜吕祖，并供奉七星灯一盏，敬香油钱二百元，不料主坛何启忠为他扶出的乩语则是："此款不能独私一人，宜为施药基础金。"受此感悟，陆吟舫觉得自己有种责任。在何启忠的联络下，他会见了叶文远、叶星南、潘妙仪、罗气灵以及黎观潮等人，组成了七人核心小组，筹划成立至宝台慈善会。事情超乎想象顺利，"一时闻风入道，望门求济者日递增矣"。抗战胜利后，陆吟舫再次回到香港，再创美丽丝织厂，在慈善与社会活动方面很活跃，先后担任东华三院、保良局总理（类似理事），元朗博爱医院总理，普益商会会长，尤其在 20 世纪 50 年代，参与发起了青松观、圆玄学院等道教宫观的建立，为主要奠基者之一，还是松荫园佛道社的董事，蓬瀛仙馆、抱道堂、云

---

[1]　《宝松抱鹤记》"陆吟舫尊师行略"，第 190 页。

泉仙馆的道侣。

叶文远　20多岁入崇庆佛堂，成为先天道徒，早年往来广西、江西等地经商，生意兴隆，同时生活、行为则比较放达。37岁时，收拾生意，回到家乡办理乡务，在治安与民生方面都富有成果。民国二十八年（1939），日军侵华期间，叶文远在广州创立冠华鞋厂，一年后被人所诬，遭拘押，饱受日军严刑拷打，幸得一位刘姓日军翻译的保证，得以释放。后一年，叶文远的长子染病，中西医治俱不见效，于是，在友人的推介下，他找到了齐善坛的何启忠，何启忠设坛请吕祖降乩救治，这在叶文远看来，这只不过是无奈之举，姑尽人事罢了，不料七日之后，竟然未曾服药，其长子痊愈了，这让叶文远感觉到吕祖的再生之恩，于是举家笃信吕祖，成为齐善坛、至宝台的常客。后来陆吟舫在至宝台问乩时，他成为了见证者，当陆吟舫敬奉七星灯和二百元的香油钱走了之后，何启忠再次开乩，得乩诗一首："陆氏香油二百元，安能收受自私存？为他广种无边福，始是吉祥合我玄。此款留为我施药，不能贪念乱行宣。"[①]第二日，果然陆吟舫回访至宝台，邀叶文远等七人，商议成立施药会之事宜。

叶星南　出身于商人世家，能通文娴武，但他自己的生意经历并非一帆风顺，少年随父在顺德经商，在家乡经营过爆竹生意，19岁闯香港，再闯南洋新加坡，在香港九龙创立染房，1940年在广州创立裕成药行。虽然生意总不太顺利，但他"乐善好施，遇恤亲邻"，在日军占领期间，目击了战乱的惨苦，虽则"蒿目时艰，悲心不尽，欲行恻忍"，只叹个人绵力有限；经族弟叶文远的介绍，他认识了何启忠，"遂往叩纯阳吕祖师过去未来事，应验非常"，随后又会见了陆吟舫等人，合谋创办慈善事业。在他遇到何启忠之前，32岁时在香港染病，久治不愈，在礼敬"真空道坛"过后，"不数日而宿疾皆除，由是进道。"[②]

罗气灵、潘妙仪夫妇　罗也出身商人家庭，父辈的生意并不怎么顺畅，

---

① 《宝松抱鹤记》"叶文远尊师行略"，第206页。
② 《宝松抱鹤记》"叶星南尊师行略"，第213—217页。

以致他入学才一年就只有辍学经商了。先是投身印务，次闯荡香港职场，再回到广州进入《新国华报》，后又转入粤汉广三铁路局，始终不离印刷事务。30岁这一年，自创耀平印务局。就在这一年，他的女儿染上了热症，百药无灵，正在束手无策之际，听人言及吕祖庙的灵异，在不得已的情形下，前往拜诣，"求方医理"，岂料药到回春，女儿不数日"霍然痊愈"。这件事对于他这个向来祈神礼佛的人来说，产生了根本的改变，"由是始悟虚空宇宙之大，仙灵神佛之真，确有不可思议者……于是顿憶前非，稽首纯阳，并接吕祖师真像回家，虔诚供养"。其夫人潘妙仪与罗气灵不同，与吕祖信仰早有交接，在战乱年月，世事难料，举家奔徙，故而她时常就教吕祖，祈求指点，总很灵验。她的态度影响了罗气灵，最终夫妇同时皈依了吕祖。①

黎观潮　出身茶商世家，16岁开始经商，19岁参加商团军，20岁在广州、澳门等地开办茶庄、烟草公司等，25岁在澳门佐理怡珍茶庄，30岁在香港开设华益商业，经营药材，早已是一位巨商了。黎观潮向来热心慈善公益事业，在1941年香港失陷后，他与陆吟舫共同发起了资助难民返乡义举，据说得到他们救助的难民成千上万。之后，黎观潮也在香港待不住了，举家归广州。战乱年月，他的妻子染肺病离世。经此变故，他的观念发生根本变化，一心求道，但"惟苦无门"，一个偶然的机会，他遇到了同在广州避难，正在寻屋居住的陆吟舫，而陆吟舫因在香港抱道堂得吕祖乩示，"嘱其抵省后，当觅吕祖师坛，送七星灯一枝"，向黎观潮询问哪里可以找到吕祖师坛，经打探，方知何启忠开办的至宝台就在同街，侍奉的主神正是吕祖，于是开始有了"七真"同创至宝台慈善会的故事。②

至于何启忠本人，他的商人身份只是为了登记注册的方便而已，③因为国民党政府在20世纪30年代，对所谓"封建迷信"结社的限制与取缔，极大影响到了宗教信仰与慈善活动。在这七个发起人当中，何启忠当时才30

---

① 《宝松抱鹤记》"潘妙仪尊师行略"、"罗气灵尊师行略"，第217—221页。
② 《宝松抱鹤记》"黎观潮尊师行略"，第288—293页。
③ 尽管何启忠也曾经商，但看起来并不很成功。

岁，他只是董事之一，却是至宝台的魂灵，正是因为他的扶乩活动，使得其他六人聚集到了一起，尽管他的扶乩活动不过是设了一个坛，使得吕祖的降临成为了可能。

至宝台"七真"

由左及右分别是：黎观潮、叶星南、罗气灵、陆吟舫、潘妙仪、叶文远、何启忠。

以上各自有自己的特殊经历，但也有一些共同的特性：

第一，他们都有着求善之心，有着增进公益事业的爱心，这从每个人的行状当中看得出来，他们当中有的人甚至不是等到事业有成之后才显现出来的，如陆吟舫少年时候"其孝行彝伦，亦与父并称于世"；① 黎观潮"童年好义，凡遇道路之字纸沙石，有碍行人者，辄执而投诸僻暗"，"文章德行，冠于同学"。② 有的人则是在事业有成之后，甚或浪子回头，对慈善事业产生了极大的兴趣，像叶文远，曾经"夜无虚夕，少年品性不羁，歧途误人"。③

① 《宝松抱鹤记》，第6页。
② 《宝松抱鹤记》，第10页。
③ 《宝松抱鹤记》，第9页。

第二，他们都有一段类似的经历，诸如遭遇不测、疾病、变故，在人生无助之时，借助于某些因缘，求助于扶乩的宗教活动，而且这类宗教活动的灵应，满足了他们的心理需求，找到了心理的支撑，从而对于吕祖乩示的"赠医施药"的善事，乃至对于吕祖深信不疑。

第三，也是他们最大的相同，都是商人。商人重利，此是一般的说法，可是许多的事例都表明商人重利，未必就轻义。参与至宝台慈善会的这些商人们的经历告诉他们，商场上变幻莫测，前路是祸是福都不是自己能够掌握的，他们可能突然致富，也可能又突然陷入穷困，这不是仅仅依靠勤劳机敏能够趋得了利、避得了害的，这种不确定性大大增加了他们把利益与义务联系起来的想法，而战争的苦难更让他们品尝到了个人力量的微弱与无助。在此情景下，道教的扶乩活动让他们找到了可以把握自己命运的希望，而吕祖的乩示则又都指向了社会善事。

至于说这些商人何以倾向于道教的善事而非佛教或基督教的善事，则往往是偶然的机遇，或者是文化传统的影响。在道教与佛教之间，他们未必有很强的选择性，在仙与佛之间，碰到什么就是什么，况且，在某些道庙里面仙与佛也是同时侍奉的，吕祖的乩示里面也是一会仙，一会佛，并没有彼此的分别。在道教与基督教方面来说，传统的教育与家世起了作用，如果没有接受过西方教育与文化的影响，就容易选择道教，像上述的六人中，叶星南"素喜道经"，[1] 潘妙仪"尤爱黄老之学"，"助理家政之外，谈玄论道无他事焉"。[2]

至宝台慈善会只是一个代表性的事件，它反映了道教乃至其他宗教和慈善组织的一般历史过程，1941 年《广州年鉴》所说的"其社员多属中流男女，或富贾巨商"，就是此种情况的一个概括。就宗教组织走社会慈善之路来说，至宝台也并非简单的个别事件，当时还属民间宗教的先天道也践行的是这条路，而且这些宗教团体不过是顺应了"结社"自治的历史潮

---

[1] 《宝松抱鹤记》，第 8 页。
[2] 《宝松抱鹤记》，第 9 页。

流。① 早在日军占领广州之前的1935年，广州的各种结社组织就已经壮阔了，1935年的《广州年鉴》这样写道：

> 近来民众认识团体活动之需要，均纷纷就其同一生活，同一业务，或同一区域之关系，先后依法组设团体，于是有农会工会商会等职业团体，及学生会妇女会文化慈善宗教社会团体之设立。广州市自民国二十二年四月底以前依法设立之民众团体，已有四百余个；又自二十二年五月起至二十三年六月底止，一年期间，再有民众团体六十余个先后依法成立。……本年度计算所得结果：职业团体有四万五千二百五十八人，社会团体有一万二千九百四十三人，合计五万八千二百零一人。

其中慈善团体有33个，2371人；而正统的宗教团体（应当是以寺庙、道观以及教堂为单位）才不过5个，785人。1993年出版的《广州志·民政志》在叙述到民国慈善组织时写道：

> 广州的善堂，采取董事制或委员会制管理。大多数都置有房产、地产，将收益和募集的款项，用于举办赠医施药、施粥施衣等慈善事业。在众多的善堂中，规模最大、影响最深的，是相传的"九大善堂"。据记载，每个年代所指的"九大善堂"都不尽相同，民国年的"九大善堂"，是指在清代建立的城西方便医院、润身善社、爱育善堂、崇正善堂、惠行善院、述善善堂、广济医院、广仁善堂、明善善堂。各个善堂普遍存在封建迷信色彩，有的为官僚政客利用操纵；有的开坛扶乩，甚至沦为

---

① 商人曾汉南（1897—1966）在梅州将梅城赞化宫改建为慈善团体，又参与创建了先天道总会；黄梓林（1872—1962）参与创建抱道堂及香港道德会福庆堂，入崇正堂，捐巨资给广州方便医院。游子安《道教与社会——20世纪上叶香港道堂善业》一文说道："早年道堂中人，不少是商人兼慈善家，或来港前贡献乡梓。"（见游子安自选集：《善书与中国宗教》，台湾博扬文化事业有限公司2012年版，第185—208页）

　　反动会道门；有的"善棍"贪污舞弊或隐匿、变卖善堂财产。①

　　这个评价受到意识形态的左右，谈不上客观，但在叙述其基本事实方面则算是客观的，一是它说出了这些慈善团体与宗教之间的关系（所谓"封建迷信色彩"），二是说出了这些慈善组织所从事的"赠医施药、施粥施衣"等事业，即这些慈善团体做了政府当时所不能做的事情。依照《广州志》所列出的"广州市旧有的主要善堂、善院、善社情况一览表"，至 1949 年，与道教有关的慈善团体除了 1941 年《广东年鉴》所列出的至宝台慈善会、广化善堂之外，还有云泉仙馆、省躬草堂等。

　　在香港的全真道其他各派并不都遵循至宝台及其青松观的模式。蓬瀛仙馆创立时间在 1929 年，故此，蓬瀛算是香港最早的全真道观。全真龙门派道人何近愚、陈鸾楷与当时广州三元宫住持麦星阶同游香港时，见到粉岭双鱼洞层峦叠翠、万松环绕、祥云浮起的盛景，一时来兴而共同倡议创立。他们的初衷是要寻找一个有别于世俗的理想的仙人境界，建立一个"龙门正宗道院"，所谓"感世道之沦胥，怅吾身之迟暮，非寻得净土，无以助潜修，非提倡道宗，无以挽颓俗"②。当然，他们得到了当地有土地权的李道明的赞助才得以实现。蓬瀛走的是一条从道观到新道观的路，而非结社创立、再立观的路径。

　　云泉仙馆，其根源在于南海西樵山建立于 1848 年的云泉仙馆。原本是一个名为李攻玉的人建起来的"玉楼书院"，在乾隆年间，诸多奔进仕途的学人在此学习。后来年久失修，逐渐荒芜。住院的雇员因补助生活费用，遂取"世人信仰神灵风尚"，在院内设神像，供人敬奉，香火渐旺。③后来这

---

① 《广州志》，第 612 页。

② 见《创建粉岭蓬瀛仙馆碑记》。

③ 参见《南海文史资料》第三辑《西樵山专辑》刊关汉瑛、黄耀成、陈天杰文《西樵山云泉仙馆史记》："早有南海石冈李攻玉于清乾隆四十二年（1777）建起攻玉楼，后有南海金瓯堡人，岑怀瑾又在乾隆五十四年（1789）兴建起三湖书院。自从攻玉楼建成，学士逐渐发展，校舍当需增大，又改名玉楼书院。从此，士子们聚集在这里攻读，有更好更多的地方。康有为自称，能读书有成，以在三湖书院潜修三年，较为得力，反映了明清两代，西樵山形成文人学者，荟萃之'别有天地'。……主事人不在，院舍荒芜，需雇员

里的人们始将此处称为"云泉仙馆"。从书院蜕变为仙馆，其中一个仕途失意的乡绅李宗简起了关键作用。清咸丰年冯赞勋撰写的《鼎建云泉仙馆碑》和光绪年李澍恭撰写的《重修云泉仙馆增建帝亲殿碑》都记述了仙馆的建立过程，其中后者写道：

> 溯自道光中叶，冯太仆赞勋、仇庶常效忠、李明经宗简、卢守戎镇诸君子，幅巾于山南山北，坛坫于樵东樵西。慕景息游，效林逋之子鹤；晚年好道，步开济之扶鸾。乃于西樵山白云洞之麓，诛茅介径，犹闻读月书声；架石辟堂，尚访探梅旧迹。何子明之高尚，仿佛前人；湛文简之潜修，模楷后进。名曰云泉仙馆，中为赞化宫，奉孚佑帝君焉。玉局开而坛标九斗，金华辟而地耸三茅。上接桃源，左襟华盖；地邻攻玉，势俯鉴湖。由是香火结缘，耆英启会。山灵效顺，云开龙井之泉；徒侣争趋，雾集张超之市。诸君子又体帝君意，于宫左建祖堂，以奉帝君三代焉。①

此碑文刻于光绪三十三年（1907），李澍恭为云泉第五代弟子，所述事实当可信赖。依照这个记述，李宗简与冯赞勋、仇效忠、卢守戎等人共同主持了云泉仙馆的建造，李宗简为第一任住持。当时的两广总督耆英为仙馆开光，并题词"元泉仙馆"。李宗简当初进入玉楼书院时是为了个人隐居修养，其身份乃是地方乡绅，而不是一个全真的道人；只是"晚年好道"，开始了扶乩活动。从开始修建"赞化宫"，到后来"于宫左建祖堂，以奉帝君三代焉"，皆遵从扶乩，得吕祖的乩示。《南海文史资料》第三辑《西樵云泉仙馆

工看管，时日久了，员工们为求补助日常生活之需，就用世人信仰神灵风尚，于是在玉楼书院外，搭起茅棚，安古神像，让人参拜，渐而香火兴盛。不少文人雅士游息此间，再将玉楼书院扩建为云泉仙馆。"

① 参见黎志添、李静编：《广州府道教庙宇碑刻集释》下册，中华书局2013年版，第915页。志贺市子依《西樵山云泉仙馆与耆英其人》认为，道光十八年（1838），李宗简等人慕道者来居此地；道光二十七年（1847）始建赞化宫，奉祀吕祖。（参见［日］志贺市子：《香港道教与扶乩信仰》，香港中文大学出版社2013年版，第182、183页）

史记》记述道：

> 然而，加入云泉仙馆者，名曰道教，但一不斋戒，二不束发，三不穿袍，四不念经，五不蒲团打坐。只不过是自己科钱入籍，颐养天年，各界人士均可参加，是一种民间群众团体组织。若有诞节日，或需开坛做法事，"经生"主要向外雇请，馆友中人，平时喜爱音乐，擅长吹奏箫笛，或擅于敲击钟鼓者，则参加伴奏经呪而已。

即是说，云泉仙馆在性质上，也属于扶乩结社，而不是由道观的道士创立的新道观。

万德至善社成立时间晚，是在20世纪50年代初，受大陆宗教政策的影响，应元宫的全真道长曾诚炽只身携带着"吕祖神像"来香港创立，由扶乩开道，逐渐发展壮大起来的。而云鹤山房、灵雯仙馆、太玄精舍等道馆，都是何启忠与陆吟舫等人在20世纪50年代初创立了青松观之后陆续创立的，可谓至宝台的延伸。

以上这些属于全真龙脉的道馆，除了至宝台一系外，其他可分为两种情形：第一种为修真悟道类型，主张远离社会，个人潜修，反对道教世俗化，自然也就不主张至宝台那样的行为，蓬瀛仙馆就属于此类。第二种为被迫迁移类型，他们本来只是坚守自己原先的那份理念，做一些"随缘应化"的事情，办道观就是为了在乱世中抚慰人心，使求道者有一个安稳的归宿，[①] 而当他们自己也不得在道观安生的时候，就只有迁移外乡，等待时机振玄弘道了。云泉仙馆、万德至善社皆属此类。他们并不反对道教办世俗社会服务，只是在当时并不主动而已。然而，就其"缘起"的性质而言，云泉和万德至

---

① 游子安《道风百年·云泉仙馆》："时因列强入侵，民变蜂起，乡间生活极为困难，不少人被迫背井离乡，转往外地谋生，甚至有远赴外洋者。为使游子能心有所安，从而放开手脚在外创业，云泉乃作规定：所有弟子，凡入云泉道者，终其一生，不论何时，皆可依止于仙馆，居住食用，生养死葬，一概免费。"（游子安：《道风百年·云泉仙馆》，香港利文出版社2002年版，第187页）

善社并不是传递正统道观香火，仍然属于结社自治，只是它们结社的时间有先后罢了。

二、19世纪的扶鸾结社活动与慈善事业

日籍学者志贺市子认为，近代以来，在珠江三角洲地区存在着"扶鸾结社"的运动。徐佩明（Bartholomew P.M.Tsui）《道教的传统与变化——关于香港的全真教》（*Taoist Tradition and Change*：*The Story of the Complete Perfection Sect in Hong Kong*）曾提出，珠三角地区出现的不属于龙门派的"吕祖坛"，是模仿全真教系道观的产物，间接受到全真教的影响。① 广东的全真教通过与民间信仰相融合而本地化、世俗化，进而传入香港，形成香港的道堂。志贺市子认为："将广东珠江三角洲地区道堂运动的兴起，视为制度化宗教全真教的传播及至本地化这一模式，是相当不充分的。"② 应该说，志贺市子的看法是正确的。如果说珠三角地区的各类道坛模仿罗浮山全真教是可能的，但也难说香港的道教是全真教的传播与本地化。

志贺市子根据自己的研究提出：

> 在清末民初这个向近代转换的时期，从规模很小的乩坛，到有组织性的善堂、道堂，甚至是具有全国性组织的教团，大小不一，各式各样的扶鸾结社相继出现，所谓"鸾堂运动"（spirit-writing cult movement）在中国各地兴起。广东地区也不例外，清末民初广东各地纷纷兴起了扶鸾结社，其主要有三个系统：第一种是吕祖道堂系，第二种是先天道系，第三种是潮汕系。……这些扶鸾结社，按照其所在地、规模、成员身份、活动内容等，分别称为"仙观"、"仙馆"、"仙坛"、

---

① 应该说，徐氏的观点其实受到1941年《广东年鉴》的影响。

② ［日］志贺市子：《香港道教与扶乩信仰》，香港中文大学出版社2013年版，第178页。

“道堂”、“道坛”、“佛堂”、“佛道社”、“斋堂”、“善社”、“善堂”等。①

　　说珠三角的道坛乃是扶鸾结社的结果而不是全真教传播的结果，这是合乎实情的。因为没有一个全真教自身的契机，能使得它在清末民初爆发出一种自我发展的力量，让它向社会其他领域渗透、扩张，在道观里面的全真教，依旧按照其惯性不温不火地延续着。而我们看到全真教突破宫观的限制，却是由外在的力量推动，这就是“扶鸾结社”的活动。只是有没有一个独立的扶鸾结社的运动似值得思量。所以，要看清至宝台及其岭南全真教的变化，需要将其置于扶鸾结社的运动中考察；而要看清扶鸾结社运动，则需将其放置在更大背景的慈善结社运动中去考察。

　　之所以要将至宝台及其全真教的变化置于扶鸾结社运动中考察，是因为至宝台及其全真教的变化，不是一个孤立的事件，而是服从于广东地区的扶鸾结社运动的，是整体当中的个别的但又影响深远的事件。如果我们注意到1941年《广东年鉴》的有关叙述，就会发现《广东年鉴》的作者是将先天道在内的所有结社看作“道教团体”的，而且先天道的活动能量更大，其中所叙述的“斋堂”，多数为先天道的斋堂，香港现在的道堂、道观中，起源于先天道的道堂占四分之一，② 而在民国时期的广东，大致也符合这个比例。先天道自19世纪（同治年间）在清远飞来霞创立“藏霞古洞”以来，由“三花五气”之传，迅速扩展到广东各地，有“八贤堂”（化贤堂、育贤堂、敬贤堂、爱贤堂、习贤堂、礼贤堂、戴贤堂、锦贤堂）之盛，每个贤堂又自生出诸多的道堂，如育贤堂的陈昌贤创“紫霞洞”，势力延及惠州、潮州、嘉应州等地，礼贤堂之下的麦长天创“飞霞洞”，道徒分散在清远、佛山、深圳、香港等地，若将广东全省的先天道传教统合来看，则有“上六府”（广、肇、惠、潮、南、韶州）、“下四府”（高、雷、廉、琼）的道脉扩

---

① ［日］志贺市子：《地方道教之形成：广东地区扶鸾结社运动之兴起与演变》，载黎志添：《十九世纪以来中国地方道教变迁》，香港三联书店2013年版，第186、187页。
② 黎志添等《香港道教》中说：“直至现今，在香港道教联合会九十多间会属道堂里，约有四分之一会员来自先天道系统。”（黎志添等：《香港道教》，香港中华书局2010年版，第89页）

张（"下四府"属于"庆云古洞"之传）。① 传播如此之速与如此之规模，的确可以称得上是一场群众运动了。

先天道的发展可以说是纯粹的结社自治性质，尽管它拥有统一的组织，完整的道脉承传，以及一统天下的欲望，但是，它受到了来自两个方向的限制，一是民国政府的限制（在 1949 年前，国民党政府从来就没有承认先天道的合法性），二是正统道教的排斥，因而，它始终存在着合法性的问题。然而先天道的发展有一个社会土壤的要求，在清末和日军占领时期，都是它发展最好的时期，因为末世与战乱年月，没有人管得着它，而到了相对和平的时期，它就要以理智且逶蛇的姿态对待来自政府和道教组织的限制。当然，政府的限制不仅仅针对先天道，也针对所有的扶鸾结社活动，甚至对道观里面的道教也被视为"迷信"而严厉限制，在 1900 年至 1930 年间，政府有五次限制与取缔的行动。其中在 1936 年厉行的取缔禁令，最为严厉。②

这五次的限制与取缔的行动对包括先天道在内的所有道教组织带来的直接效果就是：扶鸾结社运动不能够像以前那样持续，那样富有规模，甚至转为了地下活动的方式。我们通常所说的"运动"，一般具有公开性、持续性、规模性等特性，当扶鸾结社活动不具这些特性时，它们至多算是小运动，或者只算是活动。当结社的创立者们想要将自己的活动持续下去并合法

---

① 游子安《香港先天道的脉源与发展》引洪正心《先天道教回顾与前瞻》："至清初康熙年间，由黄九祖德辉复接道脉。……遂起而阐教，为三期普度开始，自是以后遂演进为先天道。沿革至今，而广东之道脉分为两支：一由湖北陈复始先师，自咸丰十年来粤至清远上廓，传之于林法善，繁衍道务，是为广东上六府之道脉。一由贵州省入广西达广东之高雷廉琼，乃符道祥先师之道脉，是为下四府之道脉。"（游子安：《善书与中国宗教》，台湾博扬文化事业有限公司 2012 年版，第 314、315 页）

② ［日］志贺市子《地方道教之形成：广东地区扶鸾结社运动之兴起与演变》中引潘淑华的研究："第一次是光绪二十四年（1898），由张之洞提倡而开始的庙产兴学运动。第二次是辛亥革命后不久。第三次是 1923 年广州市政府强制施行的投标公产。第四次是 1928 年南京国民政府内政部公布了'废除卜筮星相巫觋堪舆办法'、'神祠存废标准'之后，在各地开展的破除迷信运动。1931 年信奉扶鸾、儒释道三教的陈济堂总司令统治广东以后，反迷信的风潮暂且平息，但在 1936 年 8 月陈济堂失势后复苏，这正是第五次对民间宗教统治的高潮期。"（黎志添编：《十九世纪以来中国地方道教变迁》，香港三联书店 2013 年版，第 205 页）

生存时，他们就需要借助于一个合法的"他者"搭载自身。这个离自己最近、也最合理的"他者"，应该是制度化的道教，然而，制度化的道教并不愿意承认他们。虽然道、儒、释三教合流在宋明时期就已经完成了，至少在观念层面上，道与儒释都相互地接受了对方，但在组织形式以及祭祀上还是各守其道，佛教的寺庙里不会祭祀孔子、老子，孔庙里也没有祭祀佛、老，道观里面也没有孔子、释迦的位置，在官方承认的全真道观里面甚至只有全真七真的神像。而在扶乩结社的"斋"和"堂"里面，尤其在先天道的"洞"或"斋"里，不仅三教圣人都是无分别的供奉着，而且，玄天上帝、文昌帝君、关圣帝君、孚佑帝君、观音大士、主坛真人、黄龙真人等"七圣"都供奉。尽管先天道自认为属于道教，但制度化的道教组织并不想承认它，这种情况持续了很长时间，甚至到了20世纪50年代，根据笔者在陕北的调查，那里的先天道组织还试图与全真教组织合作。① 然而，合法的全真教不仅没有给予扶乩结社组织以"度牒"，让其取得合法性，就连全真教也都自身难保了。民国政府虽然发布取消"淫祀"、反对"迷信"的禁令，甚至数度公开拍卖道教的庙产，但类似的禁令在执行上总不是彻底的，传统道观里的道士还可以通过自己出资的方式赎回全部或部分庙产，而结社的宗教组织也通过透蛇的方式，曲尽其意地获取政府的默许得以生存下去。② 但不

---

① 笔者在陕北白云观的调查，20世纪50年代，有称"混元教"的组织，希求归入当地的全真教以取得合法身份。这个混元教，当为一贯道即先天道组织。

② 志贺市子根据自己的历史调查，说道："属于先天道的道堂、斋堂，虽亦受破除迷信运动的影响，但部分道堂与地方政府维持良好的关系，故影响不大。例如，清远飞霞洞的领袖与国民党的官员和当地地主阶层关系密切。据《飞霞洞志》所登载的几张照片显示，在民国七年八月，国会议员及官员曾访问飞霞洞。翌年八月，岭南学校（岭南大学的前身）的教员和学生也曾到此访问。飞霞洞并不是非公开、秘密的社团，而是获得政府高官和近代知识分子支持的道堂。紫金县的紫霞洞——统辖惠州、潮州、嘉应州的先天道系道堂之总堂，也得到当地政府的保护，民国十八年七月紫金县政府遵照广东省政府训令，发出保护紫霞洞的布告：'紫霞洞，为紫金名胜之地，所有洞内屋宇树木等物，未便任人破坏，自应照案妥为保存，以重古迹。'此外，1937年6月，由于紫霞洞'被当地歹徒骚扰，请令县援案保护'的缘故，紫金县名胜区建设委员会以及县长都发出保护布告。由此可见，紫霞洞和当地政府的关系相当良好。"（黎志添编：《十九世纪以来中国地方道教变迁》，香港三联书店2013年版，第207、208页）

合法的"利剑"总是悬在头上，随时都可能落下来的。①

　　为了生存和发展，扶鸾结社的活动一定要搭载一趟"便车"，从不合法

① 在1930年的广州市社会局《关于办理破除迷信案》中规定："第四条：执业范围，限于诵经、礼忏，不得涉及左列各项：（一）放焰口；（二）度仙桥；（三）盂兰会；（四）万人缘；（五）书符；（六）念咒；（七）择日；（八）开路；（九）回殃；（十）问米；（十一）降乩；（十二）问签；（十三）破地狱；（十四）过刀山；（十五）跳茅山；（十六）种银树；（十七）烧神炮；（十八）看水碗；（十九）卖神水；（二十）求神方；（二十一）烧纸马；（二十二）送千灾；（二十三）打寿生斋；（二十四）接送亡魂；（二十五）嫁娶亡魂；（二十六）走五丈文；（二十七）其他涉及导人迷信之情事。第五条：执业时须各戴道冠，穿红色或黄色道袍，所用法器限于盂、磬、铃、铎、小铙钹、小钟鼓，不得加用其他器具。第六条：家中及法坛，只准悬挂老子像，不得陈设其他神怪偶像，及不得焚烧大小纸扎。第七条：所念经本，只限于《道德经》、《黄庭经》、《玉皇经》、《玉皇忏》，不得唱诵淫词俚曲。第八条，执业时间以上午八时至下午十二时为限，不得逾时，尤不得男女混杂。第九条：凡代人诵经者，每日工资不得超过一元，并不得讹索酒食及财务。"（广州档案馆，全宗号10，目录号4，案卷号728，第93、94页，转引自赵春成、郭华清、伍玉西：《宗教与近代广东社会》，宗教文化出版社2008年版，第110、111页）这个方案主要针对的是正一火居道士，但又可以说，没有哪一条不是针对凭乩结社的道团组织的（包括先天道在内）。相对来说，居观的全真道士无论在哪个意义上，都比结社的道团组织更具有合法性，职是之故，正一道士试图把自身混同于"龙门派"："道等与三元宫道士，同为'龙门派'，崇奉'老子'，受市民邀请，为亡魂诵经礼忏。但仍分两途，一称'正一'，承接修斋建醮，一称'祈福'，承诵倒头救苦经等。"（转引自赵春成、郭华清、伍玉西：《宗教与近代广东社会》，宗教文化出版社2008年版，第108页）而三元宫的全真道士则尽力撇清自己与他们的关系："本宫道士，为龙门派之全真道士，纯为宗教信仰，修身炼道。先经'簪冠'仪式，由常住发给道牒，易服蓄发，遵守清规。对外亦有承接法事，并非视为正业，乃与人修持耳，且以本宫名义对外接洽，从无一人或一家之行动。至所得香油费，悉归全宫收入，非同个人营业，归于私囊，以赡其家。"（广州市档案馆，全宗号10，目录号4，案卷号728，第114、115页，转引自赵春成、郭华清、伍玉西：《宗教与近代广东社会》，宗教文化出版社2008年版，第108、109页）在1937年广州市社会局的《文化股主任范谔呈社会局长》中，提出了下列辨别是否道士的标准："须经簪冠而持有道牒，并易服束发，致力潜修，是为全真道士。纵属火居道士，虽不易服束发，而簪冠道牒不能缺废，然后为正式道徒。且道牒须终身抱守，不能传之子孙，其代人作法事，则火居道士绝无此举，若全真道士，虽时有之，然所得经资，系公诸宫观，而不能以此赡养妻孥。"（广州市档案馆，全宗号10，目录号4，案卷号729，第21—23页，转引自赵春成、郭华清、伍玉西：《宗教与近代广东社会》，宗教文化出版社2008年版，第114页）然而，无论是宫观里的全真道士，抑或获得官方承认的正一道士，他们的合法性都比较脆弱，在民国政府所谓"破除迷信"的政令下，都难以自全，唯独以"慈善"形式组织起来的道团组织，却可以获得确定的合法性。

变成合法。这就是从清末、民初以来蓬勃发展的慈善结社运动，这就是说，扶鸾结社是一场小运动，它的存在需要借助慈善结社的大运动，因为这个大运动从清末以来就是合法的。现在我们来考察一下这个慈善结社运动是否存在，然后再来分析扶鸾结社是如何"搭车"的。

日本学者夫马进在他的著作《中国善会善堂史研究》中提出，中国的慈善结社始于明末清初，"民间人结成像同善会那样的善会组织并开展经常性的救济活动"。① 不过，让夫马进感兴趣的不是善会善堂所从事的救济活动，而是为何那些"善行"采取了结社的形式。单从善的行为本身来说并不一定新鲜，孟子的"推己及人"、"与人为善"、"善与人同"，以及儒家的"大同"理想，都包含了广化善行的内容，而历代的王朝也都设立了相关的官方救济救助机构，但当这些善行从官方转化为民间的行为并以此结社成组织时，善行就新鲜起来了。据夫马进的考察，最早的结社要推究到明后期的"东林党"活动，东林党创始人顾宪成在《东林约会·九益》中曾提出"善无方，与人为善亦欲无方"的原则。不过，东林党的"与人为善"其实是同仁同学间的励志提携，相互帮助，并不是指社会救济的善行。但是，它有了结社自治的性质。最初的善会属于佛教的"放生会"之类的组织，而高攀龙在万历年间组织成立的"同善会"与"放生会"可能相互受到影响。"同善会"不是纯粹的社会救助组织，但具有社会救助的性质，它主要还是要推行善有善报、恶有恶报的社会教育教化。这可能是慈善结社的直接源头。清朝初年的善会组织，诸如普济堂、育婴堂、保育会以及放生会等与官府保持了一定的距离，创立善会善堂的人士，主要为地方绅士、候选官员以及商人。这些慈善组织虽然与政府有着千丝万缕的关系，但是它们还是自组织性质的。既然是自组织，那么在组织内部就没有被派定的高下尊卑，而是相对平等地在一个董事会下面进行合作。当这些善会组织做成一定规模时，官方就会伸出手来将其延揽过去，将其变成正式的官方组织，如夫马进所指出的："由于新型的善堂取得了如此好的成绩，国家便随即有意识地将之运用

---

① ［日］夫马进：《中国善会善堂史研究》，商务印书馆 2005 年版，第 16 页。

到传统的鳏寡孤独政策中去，这就是雍正帝的上谕、杨名时的上奏、王士俊的实践。"① 这是慈善组织"民转官"的情形，也有"官转民"的情形。② 对于"民转官"的情形，夫马进似乎把这个过程理解为对雍正帝"上谕"一个带有滑稽性质的误解，从而带来了如此的社会效果。应当说，个别的、偶然的事件，只能解释某些或短时期的现象，不能解释一个普遍或长时期的现象。民为之所以转为官为，一个直接的缘由是如夫马进所注意到的事实，当民间的善会善堂达到一定规模时，它所救助的对象也就越多，这样就远超这些善会善堂的支付能力；为募集到更多的资金，需要政府的出面协调，这也是民间慈善组织希望看到的，而当政府进驻这些善会善堂时，其性质也就发生了变化。另一个清朝政府不愿讲出的缘由是，对于这种民间自组织的善会善堂，很难说让他们放心，民间结社即便如何有利社会治安，也不能失去控制。可以说，官方喜欢民间自组织的善行善举，但对于这些自组织就难以喜欢起来。所以，当民间结社到达一定规模时，政府的介入只是一个早晚的事情，尤其是在清王朝仍然处于强大的状态之时，诸如康熙、雍正、乾隆时代那样。对于"官转民"的情形，有两种缘由：一是受到这类事务纠缠时，感到厌烦，这就如同雍正皇帝讲的，这是些"道婆之政"，不如交与民间去办；二是清王朝社会控制能力下降，无力介入，如道光之后，咸丰、光绪时期的政府表现。对此，梁其姿对明清慈善组织的研究表达了如下意见：

清政府介入慈善组织的发展过程，大概有这样的一个梗概：最初

---

① ［日］夫马进：《中国善会善堂史研究》，商务印书馆 2005 年版，第 446 页。依夫马进的研究，对当时北京广宁门外普济堂和广渠门外的育婴堂所取得的成就，雍正皇帝下了一道谕旨："劝募好善之人，……照京师例，推而行之。"不过，这道谕旨被地方官员误解了，于是各地官员纷纷设立官方的育婴堂、普济会，甚而将民间的类似组织充为官方机构，并自愿捐助变相为摊派。

② 如同治年间的"同善堂"，本来是官员派驻该会主导"施棺"、"掩埋"等事务的，但"在同治四年二月十七日的公牍中已经出现了'掩埋局绅董'一词，同年闰五月三日的公牍中出现了'同善堂掩埋董事'的称呼，这说明了同善堂掩埋局在开设后不久，其经营就委托给了地方绅士。"（［日］夫马进：《中国善会善堂史研究》，商务印书馆 2005 年版，第 470 页）

期的善会及善堂在救济项目及组织方面，主要继承明末的传统，并没有任何的政府参与；顺治、康熙两朝皆没有对善堂采取任何政策。但清廷一开始即严禁文人结社，间接地影响了善会善堂的领袖层，他们不再是如明末高攀龙等关心政治的重要文人，而是地方商人及一般绅衿，成员方面的改变，也反映在清初善会较明末善会着重于通俗佛教的意识形态。

　　……

　　在经济较发达地区，这种以政府督导为主的互惠关系在中央势力衰退后有所改变，变化在嘉庆、道光时期已见端倪，在太平天国之乱后就极为明显。变化的特点在于官方的监督、资助相对减少，而善会渐趋向较小型、成本较低、服务范围较小、形态较灵活的组织。……这个重要变化，关键在于太平天国乱后，因为社会"善后"问题得处处依赖善堂，使得善堂的性质复杂起来。①

这个表述反映了一般而普遍的情况，即清廷对结社的担忧，尤其是文人结社，监督、进驻是必然的；在社会力量发生变化而朝廷不得不依赖这些善会善堂时，也就只有放手了。不过，有两个问题需要指出：第一，随着时间的推移，结社组织的成员也在悄然发生着变化。最开始的那批善会、善堂的成员，主体还是绅士、候选的阁僚，商人数量少。② 到了太平天国运动之后，情况发生了变化。③ 越来越多的商人加入到了善会善堂，商人的加入，并不只

―――――――――

① 梁其姿：《施善与教化——明清的慈善组织》，台湾联经出版事业股份有限公司 1997 年版，第 128、130 页。

② 据夫马进对同治年间杭州《同善录》中 21 位善举董事的统计，只有一人是"米商"，其他的人"或者是乡绅、生员，或者是通过钱财购买来官职的所谓地方绅士，杭州的善举事业就是在他们这样一批地方绅士的率领下展开的"。（[日] 夫马进：《中国善会善堂史研究》，商务印书馆 2005 年版，第 476、482 页）当然，并不排除有的官绅的头衔其实是地主和商人用钱买来的，即便如此，这也改变不了儒生办善业的基本事实。

③ 用作数据分析的杭州善会是在太平天国之前的，而在太平天国之后发展的杭州善举联合体的成员结构就迥然异样，在同治六年至光绪二十四年间，杭州的善会、善堂的捐助者主要都是行业协会和商人的十一个行业，诸如盐捐、米捐、木捐、箔捐、锡捐、绸捐、

是捐钱而没有话语权，"钱"本身就意味着"权"，所以，不仅自生的善会善堂越来越多，且董事会的结构也发生了根本的变化。第二，在佛、道两教之间，清朝政府重佛教，这是基本情形，佛教或者直接以寺庙的方式从事社会救济，但不等于说佛教直接办善会善堂。至少在广东的情况就是如此的。

夫马进的研究还表明，结社的善会善堂主要发生在城市，诸如杭州、上海、成都、广州等十几个经济较发达地区。这个完全处在情理之中。主要因为：城市人口集中，爆发出来的社会问题也集中，救助起来比较容易；社会自组织比在广大农村地区更需要；经济发展也使得社会救济成为可能。其中上海的善会善堂发展的比较早，且有延续性。在太平天国运动之前，上海已经有十所以上的慈善组织，诸如育婴堂、同善堂、同仁堂、同仁辅元堂、全节堂等。这些慈善组织在太平天国之后延续下来了，只是其结构与人员发生了变化。在一份道光二十三年至二十九年的上海同善堂"司总"（类似香港东华三院的"总理"，即董事）名单中发现了郁松年等数名船商的名字，而在同治元年上海同仁辅元堂的"司总"28人名单中，有10人是船商，不乏"船商之最著者"，他们甚至担当着善会善堂的主要责任人的角色（像一个叫作"经纬"的船商就曾在太平天国运动结束后，领导了同仁堂与同仁辅元堂的合并与重启），可见"责任者的更新却是在切切实实地进行着"。①

清宣统元年（1909）所编的《全粤社会实录初编》"序"说道：

今日之办慈善事业者，已成社会中之一般趋势矣。无论慈善团体，

典捐、丝捐、钱捐、土捐、煤铁捐等。对此，夫马进总结道："杭州善举联合体的资金来源，主要是征收厘金时的附加税和同业行会的捐助这两大项。正可以说是来自于'国家'和'社会'这两个方面。但是，因征收厘金时加收的附加税靠捐是一种商业税，因此，上述的两大资金来源均出在商人身上。"（[日] 夫马进：《中国善会善堂史研究》，商务印书馆2005年版，第485页）

① 夫马进依据的数据是沈宝禾在咸丰五年所作《忍默恕退之斋日记》，其中在二月二十五日处夹的一张纸条，上面开列了24家上海船商的名称。（参见 [日] 夫马进：《中国善会善堂史研究》，商务印书馆2005年版，第557、558、559页）

固责无旁贷，即非慈善团体，然一闻救灾恤难，莫不踊跃奔赴，一若以此为救群救国之唯一手段也者。①

广东的慈善结社运动开展得较晚一些，主要在光绪年间。《广州志·民政志》记载道：

> 清代广州一些商绅人士，通过募捐集资，兴办善堂、善院、善社等慈善团体。咸丰四年（1854），建立润身社，为广州最早的善社。同治十年（1871），建立爱育善堂，为广州最早的善堂。光绪二十五年（1899），建立城西方便医院（原称方便所），为广州最早的善院。至宣统年间，据不完全统计，先后曾建有善堂、善院、善社四五十所。民国以后，新建有十多所，其中民国二十三年，主粤的陈济棠倡建仁爱善堂，并指定其管辖全省慈善团体。日军侵占广州期间，慈善团体业务深受影响或无形停顿。民国三十四年12月，国民政府市社会局对尚存的13所慈善团体进行整理，部分慈善团体恢复业务。②

这段文字记叙了广州地区慈善结社活动的基本过程，它表明了慈善活动的发起人身份为"商绅人士"，③ 最早兴办慈善的时间在咸丰年间，兴起慈善结社运动的时间则为光绪至宣统年间，慈善结社为私人性质，而民国时期的陈济棠的官办慈善，不过表明陈在主政广州期间想有所作为，并非想要把慈善结社收归官有。广东的慈善结社，应该是受到了上海地区的慈善结社的影响，宣统年修的《南海县志》有关于"爱育善堂"的记载：

---

① 《全粤社会实录初编》，调查全粤社会处，1910年。
② 《广州市志·民政志》，广州出版社，第612页。
③ 余英时的《中国近世宗教伦理与商人精神》对"商绅"合称，提出了一个解释："一、宋以后的士多出于商人家庭，以致士与商的界线已不能清楚地划分。二、由于商业在中国社会上的比重日益增加，有才智的人便渐渐被商业界吸引了过去。又由于商人拥有财富，许多有关社会公益的事业也逐步从士大夫的手中转移到商人的身上。"（余英时：《中国近世宗教伦理与商人精神》，台北经联出版社1987年版，第98页）

　　　　粤地向无善堂，次壬（王次壬）首与钟觐平协谋创办，初假洋行
会馆，而堂基未有地也。适潘氏以逋盐饷，家被籍没，次壬谋于谦均，
请以其宅改建为堂，谦均喜从其请，并捐廉奉，提倡次壬仿上海普育
堂章程，名其堂曰爱育。迄今善堂林立，实滥觞于此。……

　　　　钟觐平，字辅廷，……粤中未有善堂，同治十年觐平与同志十二
人首倡创设，……

　　　　论曰：吾粤向无善堂，有之自爱育堂始，嗣是相望继起，至今林立
省会，称九善堂，延及县属各乡所在多有，举凡灾荒疾疫，患难死丧，
无亲党收卹者，胥赖以全济之，至于邻境告灾，亦复捐助巨资，不分
畛域，德施所及，一视同仁，先河之功岂云小哉！

王次壬与钟觐平合谋创立善堂，没有地方建堂，正好潘姓的人因盐饷触犯清
律，所有家产遭没收，王、钟二人的主意得到当地官员谦均的支持，不仅把
没收的潘姓的地施与他们，还自解腰包，捐助善堂建设。又给王、钟二人提
议仿上海普育堂的模式。善堂发起时间与《广州志》所说一致，都是同治十
年，应当是《广州志》沿用了《南海县志》的记载。只是《南海县志》所说
爱育堂为粤地首间善堂，《广州志》没有采纳，认为润身善社创办于咸丰四
年，比爱育善堂早17年。① 据《广州志》的记载，仅在光绪年间，成立的各
类有规模的善堂、善会组织就有17所，加上咸丰、同治、宣统的三所，至

————————

① 　不过，贺跃夫在《晚清广州的社团及其近代变迁》一文指出，润身善社建立时间为1869
　　年，爱育善堂的建立时间为1871年，中间只隔了两年。该文写道："绅商主办的慈善机
　　构相继出现于19世纪下半叶至20世纪初。在此之前，官府倡导或主办的慈善机构包
　　括育婴堂（乾隆九年落成）、恤嫠公局（嘉庆二十三年设）、普济院（康熙六十一年设）
　　等，它们均坐落于东城和东郊，经费主要来自官府，士绅参与经理。但这些慈善机构相
　　对于迅速扩大的城市，不仅数量较少，而且规模均较小，发挥的作用也十分有限。……
　　这些官办机构远远无法满足太平天国后城市社会救济的需要，因而以商人行会和绅商为
　　主导的善会纷纷兴起。据笔者统计，这一时期广州新设善堂十五家，其中除润身善社
　　（1869）、爱育善堂（1871）、寿世善堂（1875）、广仁善堂（1884）和述善、明善二善堂
　　（光绪年间，具体年代不详）外，其余九家均设于1900年的十几年间。"（《近代史研究》
　　1998年第2期）

民国初年，已有规模的善堂善社 20 所，总数则达到四五十所，其中最有名望的就是城西方便医院、润身善社、爱育善堂、崇正善堂、惠行善院、述善善院、广济医院、广仁医院、明善善院。①

　　如此的规模与扩张速度，确乎是一种社会运动了。以广州地区为例，结合全国的情况，这种运动的到来，除了以上已经谈到的条件，诸如城市经济的发展与满清政府的没落，还需要附加新的助推条件，即城市的快速扩张带来的社会救济需求，还有最重要的是光绪年间灾难的反复出现。光绪年间是一个多舛的时代，各种自然灾害频发，鼠疫、飓风、水患并至，大的灾害就有七八次，本来就飘摇欲坠的清王朝根本没有能力组织救灾，朝廷给粤督抚的指令只是大而无实的"酌量处置"。② 既然政府没有救济的能力，就只

① 《扶危济贫——史话广州九善堂》："九善堂的创办资金主要为行商的捐款，但是要维持善堂的长期运营不是件容易的事，单靠商人捐款比较艰难，当时采取的筹款方法主要有以下几种：第一，利用创办资金购置产业，如田地、店铺和住房，出租借以赢利。爱育善堂最盛的时候，拥有铺屋 180 多间，及南海、番禺、中山的田产 2500 多亩。第二，采取多种途径吸收社会捐款。如方便医院除鼓励社会人士到院捐款外，自己还组织人员沿街劝捐，或者在各地（包括港澳、南洋及欧美）设救济箱等方式来筹集款项。第三，将余钱放到商号或银号来获取利息，以惠行善院为最。九善堂举办的善举五花八门，涉及广泛。日常工作主要有赠医施药、施粥施衣、施棺代葬，有的也开办留医或义学。当大的突发性灾难到来之时，九善堂就得组织进行急赈，这时它们会联合起来施赈，大灾难发生时善堂的施赈范围比平时广得多，往往遍及全省。"（广东民间工艺博物馆，2006 年 1 月 4 日，见广州市政府官网：www.guangzhou.gov.cn）

② 据《广州百年大事记》（《广州文史馆稿》，1984 年）记载：
光绪元年 五月三十一日，飓风又袭广州，前次灾后屋修复毁，堤筑而复溃。
光绪三年七月十六日，广州外围北江石角围堤缺口及连州山洪陡发，居民淹死万余人，清廷命粤督抚酌量处置。
光绪四年四月十一日，辰刻大雷雨，暴雨拔树倒屋，申刻白鹅潭猝起旋风，刮向杉木栏至顺母桥一带，倒塌房屋一千五百余间，覆船数百艘，伤毙数百人。
十一月十九日，寅初地震。
光绪十八年五月，鼠疫由广西、粤南地区传至广州。
光绪十九年一月六日，广州六七月天下雪，平地积雪寸余。
光绪二十年三月，广州鼠疫大作，初发于城南南胜里（玉带濠旁），不十月，蔓延全城，死者数万人，全城陷入恐怖景象，历时半年始息。
光绪二十四年六月中旬，广东各地连日大雨，东、西、北江同时暴涨，冲决堤围。南海、三水、清远、高要、鹤山、四会等地共决堤八十余处，为数十年未有之巨灾，广州受到严重威胁。

有指靠百姓自己了。通常来说，一个社会出现灾难的时候，也就是良知良能涌现的时候，将社会分散的意志组织起来合成团体，就需要上面已经提到的那些社会条件，要不然，在历史上有那么多的大灾大难，如何解释并没有形成像光绪年间的结社慈善团体呢？而光绪年间是一个需要这样的团体、也确实涌现出了这样的团体的时代。

正式的宗教团体，如佛教寺庙、道教道观，可以办一些慈善的事，但并不直接办慈善团体，因为它们自身就是一个合法团体，不会放下正式的身份不用而去采取一个不正式的身份。乐意办社会慈善团体的是原本不合法、试图争取合法身份、依靠扶鸾而结社的道教团体。先天道在广东的兴起也是在太平天国以后的同治年间，发展于光绪、民国时期，但它却不属于慈善结社运动的一部分，因为它一开始就是宗教团体而非慈善团体。先天道信奉儒家的礼、佛家的戒、老子的道，而在修行上却是主张远离尘世的个人清修，在道堂的命名上亦可见一斑，诸如藏霞洞、宾霞洞、仙院、精舍、斋堂等等，信奉者入道也是为了个人的"藏修自游"，然而，这样的信仰注定在修持上不能只顾及自身的得救解脱，尤其儒家讲求的入世安排的思想，不会只对先天道的"礼"上有所影响。所以说，先天道不是慈善团体，但它天生的要关注慈善，既自我得救，也要善济他人。开始的时候，先天道关心的主要是信徒们自身的生养死葬的安排，随着道团组织的日益扩大，把自己一生托付给道团的"斋公"、"斋姑"（诸如"自梳女"）越来越多，如此，原本只关注自己道务的道团组织就变相地在承办社会慈善事业了，而到了一个宽松而合法的社会环境中，就公开办理社会慈善，一如如今的先天道香港总会，俨然是一大慈善组织。① 不过，这不等于说先天道在清末民初就搭上了慈善

---

① 游子安《香港先天道的脉源与发展——兼论道统在港、泰地区之延续》在论及 1924 年成立于香港的福庆堂的时候写道："福庆堂与其他先天道的道堂比较，有其独特之处。首先，在组织性质上，它有别于 1920 年代前后建立的斋堂，及后 1962 年注册为'慈善机构'，据说是较早一批以'庙宇'名义在华民政务司注册的道堂。而九龙的道德会龙庆堂（奉祀玉皇上帝、观音诸神）在日治时代，是香港道教第一间注册之慈善社团，开拓道堂慈善社团制之先河。"（游子安：《善书与中国宗教》，台湾博扬文化事业有限公司 2012 年版，第 319、320 页）另外，黎志添、游子安、吴真的《香港道教》也说道："这些为斋姑而

结社的"车"。就是说，先天道的发展与清末民初的慈善结社是同步的，但是不同调，至少在那份"广州市旧有的主要善堂、善院、善社情况一览表"上，其中九大善堂（清朝、民国九大善堂各有不同，两者加起来共有十四大善堂）中似乎没有先天道的身影（唯独崇正医院或许与先天道的崇正善堂有关系）。而在《广州年鉴》上作为地下活动的"仙天道"（即先天道）又赫然在目。这就说明，先天道在民国的广东还是处在合法与不合法之间。也正是这个原因，先天道最没有安全感，一些道堂早在民国二三十年代迁徙到了香港，在那里取得了合法身份。

尽管如此，"搭车"还是普遍情形。至宝台、省躬草堂、云泉仙馆、普济坛、信善堂、崇正善堂以及其他各类善堂，都以慈善团体的名义展开活动，以至于 1941 年《广东年鉴》也难以区分开哪些善社是没有道教背景的，只笼统地说"广东道教团体之形式，除道观外，其较大组织者尚有所谓'善社'"。光绪二十年创立的省躬草堂的经历具有典型性。记录省躬草堂扶乩结果的《省躬录》，人神对话的意味很浓，大抵都是人遇到现实问题，叩问神该如何应对。其中在 1911 年 12 月的乩示中说到了草堂的性质，"使知吾堂所奉道教，无非以慈善为主"，即道教的性质，采取慈善的形式。在 1912 年间对政府规定的结社集会章程的时候，乩示要求："今宜就此时机，仿照所列章程，逐一参考，然后呈于该管之民政司长、及地方有司"，即同意依政府章程合法登记。在 1925 年的乩示中，就草堂的性质再次阐明：

> 是则吾堂之设立，谓宗教乎？非也。谓为善堂之财团法人乎？又非也。然则本堂是何名义乎？吾所以名之曰省躬，省躬者，人皆有躬，即人皆应省，是以联合同人，建此屋宇，以为省躬之同志，在此聚谈。

设的早期先天斋堂可算是香港养老事业的开端。入住斋堂的斋姑无儿无女，退休后根据自己的经济状况与栖息的斋堂议定生活条件，作为养老送终的归宿。1940 年代，这种负责生养死葬的斋堂发展成为先天道安老院。先天道是最早主办安老院的香港道教团体。"（黎志添等：《香港道教》，香港中华书局 2010 年版，第 108 页）

　　面对不断变化的形势，省躬草堂表现出了特有的机智与灵活，对此，
志贺市子评论道：

　　　　民国以后，在政府强化对民间宗教的强大压制当中，草堂判断了
　　传统的乩坛或者庙宇的形态很有可能被淘汰，……采取了灵活运用的
　　战略，即，民间信仰的庙宇要是被淘汰，便主张供奉正统道教的道堂，
　　或者说宗教全面要是被淘汰，则强调实行善举的善堂的性质。那么，
　　善堂要是被注册为财团法人时，草堂主张不是与一般善堂之属的财团
　　法人一样，而是省躬之同志聚谈之地方而已。①

这个评论是中肯的，也反映了当时广东地区扶乩结社的道堂、道坛所采取的
透蛇、应变的措施。总的来说，就是将不合法的宗教活动尽可能地变成合法
的慈善活动，从而求得宗教团体自身的生存。
　　现在我们应该思考一下扶乩活动与宗教团体、慈善团体的关系了。扶
乩在近代广东结社而起的宗教团体中是普遍现象，几乎可以说没有哪一派哪
一家不采用扶乩或扶鸾（现今香港流行扶乩，台湾流行扶鸾）。各道坛、道
堂的坛主、堂主们，通过扶乩，或叩问未来，预决吉凶，或遇难题，请示出
路，各道坛、道堂的缘起、名称，乃至迁移，都要请神圣乩示，扶乩成为了
人与神最直接有效的沟通方式，人们也因此聚集到了乩坛周边，进而结成宗
教与慈善社团。正因为扶乩有如此的神通，从而对神的信仰似乎就变成了对
手段的信仰，所谓"扶乩信仰"。从基本功能上讲，扶乩与古代的巫觋沟通
天人没有多少差别，有"迷信"之嫌；而扶乩所叩问的神圣是如此之多，如
先天道里就有七位神圣，其他各派既崇拜太上老君、佛祖、孔子，又崇拜吕
祖、关圣帝君、齐天大圣，还有观世音、济佛等等，有"淫祀"之嫌。故
而，许地山在研究扶乩信仰的时候，就直接把自己的研究称为"扶乩迷信底

① 　[日] 志贺市子：《近代广州的道堂——省躬草堂的医药事业以及其适应战略》，载黎志添
　　主编：《香港及华南道教研究》，香港中华书局 2005 年版，第 329 页。

研究"。① 然而，仔细分析一下，我们会发现，它与迷信有些区别。巫觋的通天与通灵的仪式，并不一定有明确的神或者灵的对象，或者说那个"天"也并没有神的"格"，因而人们对信仰的对象并不明确，所以，类似的信仰称为"迷信"。而扶乩所叩问的对象虽则为多神，但有明确的对象，每个神圣又都有自己的情信，有一定的"格"，人们也知道为何信仰，尤其是对那些参与信仰的士绅和商人来说是如此，那么这样的信仰至多是有"迷信"之嫌。扶乩活动对于宗教结社成团体，又变身为慈善团体，它所发挥的作用是无可替代的，它就如同"纽结"，把不同的人聚结在一起，而通过这个"它"，也是解开它与结社的各类形色人物关系的关键。

---

① Monica Esposit 在 *DAOISM IN THE QING* 中说道，扶乩产生于唐代，其根源在于萨满教的精神占有："The practice began in Tang times, with a cult in honor of Magu and was structurally organized under the Song, but its origins go back to shamanic spri possession. It centers on receiving automatically written messages transmitted by the spirits of gods, immortals or culture heroes who ' take possession of a writing implement to compose what they will'.Spirit-writing was embraced by many literati not only as a means of predicting their lifespan, fortune and examination topics, but also to cure illness, bring rain and procure other necessities of life. Spirit-writing specialists or mediums appeared everywhere and in all social classes. Like professional fortune-tellers, they could predict disasters and provide medical advice ing the form of charms or prescriptions." 只是未知扶乩活动与道教许多经书的"降授"有无关系，如果说道教经书的"降授"不是以整本经书一次性地赋予或被发现，而是以受恩的状态写出的话，那么这种扶乩的方式就不只开始于唐代了，至少也要追溯到陶弘景写《真诰》的时代。而 Bartholomew P. M. Tsui 在其著作 *TAOIST TRADITION AND CHANGE* 中说，扶乩虽然说不清楚从何时进入到全真教的，但在明代，它已经在某些宗派或秘密宗教中成为启示性的经卷（诸如《宝卷》之类）产生的途径。原文：During the Ming Dynasty, it was used as the means by which revelatory writings like the pao-chuan（宝卷）were produced in sectarian and secret religions. Fu-chi therefore ensures an immediate and authoritative response from the divine being and provides a convenient method for resolving daily difficulties. (p.73)

第二章　商人伦理与宗教伦理

一、商业、扶乩与慈善的关系

商业、扶乩与慈善之间，就是一个三角关系。商人参加扶乩活动，出于本能的需要，想通过扶乩预知未来，规避风险，绝境逃生，捕捉转瞬即逝的商机，在一个乱世里面经商，在无助当中祈求神助，这就是商人参与扶乩的直接原因。扶乩正是满足了商人的心理需求，才会在商业比较发达的三角洲地区流行起来，而扶乩的真正职能则是诱导人们向往宗教，它是一个通向宗教的方便门户。一旦叩问神圣成为经常行为，那么乩手就与叩问者之间形成一种结社团体。而这个团体想要取得合法身份，就要以慈善的面貌出现，且慈善也是商人回报神圣、回报社会的最好办法。而且，慈善也并非只有付出、没有回馈，慈善给予参与的商人诸多方便，诸如使得他们能够与传统地位的绅士同起同坐，改变商人重利轻义的名声，甚至取得政府赐予或民间称道的社会地位，从而使得慈善反过来滋养了商业和宗教。

这么说并不意味着商人之外的人没有扶乩与宗教及其慈善的热情，依照宗教学的一般理解，人皆有宗教情感，人皆有宗教依赖，如同人皆有善性一样，这是古今无异的共性。按传统农业社会的结构，士、农、工、商，在这个方面没有不同，恰如除商人之外，士者想要求官会求神，农民祈求好年成、工者（手工艺者）祈求好手艺，也会求神。只不过，有两个方面的情形不同于传统，也显示不同身份的意义。第一，在清末、民初采取扶鸾（乩）

结社的方式从事宗教活动，进而转变成慈善运动，这是过去历史不曾有过的。虽然"降授"活动古已有之，但它主要限于宗教教派内部，没有演变成具有社会意义的结社活动。所以，扶鸾结社的出现，可以且应当被看成是人神关系改变的形式，或者说人与宗教关系在新的时空条件下的更新。[①] 这个观点有助于我们理解何以扶鸾结社发生在这个时段而没有发生在历史上的过去。第二，士者、工者、农民虽然也会问神，在扶乩（扶鸾）活动兴盛起来之后也会参与其中，但时机对于三者来说要稀疏得多，读书人一年一度赶考，手工艺人一年一次求神赐艺即可，农民看日落日出以计时，时间对于他们似乎并不蕴涵着机会，所以，三者即便参与问乩，也是问完走人，他们没有因此变成结社团体的成员。只有商人例外，他们有太多的事情需要及时问乩，时间与机会息息相关，频繁的叩问，使得他们最终变成了这些宗教结社的成员，并且，宗教结社与他们自己的生意从来就不相冲突，在价值取向与人生归依上完全吻合。这就是商人与扶鸾结社的本然联系。这也有助于我们理解何以扶鸾结社活动发生在商人中间而没有发生在农民中间这一现象。

香港道堂、善堂背后普遍有着商人背景是一个不争的事实。诸如：圆玄学院创办的发起人和主持人赵聿修是新界知名的商绅，后来的主持人汤国华也是有实力的商人，现任主持人陈国超也有商人的背景；巨商陆吟舫（1878—1960）为至宝台、青松观的发起人，并从 1952 年至 1959 年连任八届青松观理事会理事，他还是圆玄学院的创始人和慈善机构东华三院的总理，青松观在侯宝垣道长羽化后，董事会成员几乎是清一色的商人背景。至于香港富有道教组织背景的慈善组织东华三院、保良局，更是"富商巨贾、社会贤达、中外名流"扎堆的地方。在接受采访的过程中，圆玄学院的李家

---

① Louis Dupre《人的宗教向度》（*THE OTHER DIMENSION*）："宗教并非一成不变的东西，它的伸缩性远比我所知道的要大。它不停地变换面貌并转移阵地。它不是以接受一个客观存在的圣界为唯一标准，更不是一种纯粹主观的意识状态。那么，宗教究竟是什么？我认为它是人类心灵与实在界之间的一种复杂的辩证关系。这种关系是辩证的，因为它兼具主动与被动双重性格，但是更主要的是因为它不停地否定既得的立场。在这种否定过程中，它为人类生命开拓了一个新的向度。"（Louis Dupre：《人的宗教向度》，台湾幼狮文化公司 1996 年版，"导论部分"）

俊先生说了这样的话：

> 商人具有两重性，一方面是商人，另一方面还有宗教信仰，从而也就有社会身份，社会身份对他们很重要。[1]

也就是说，从商这种身份具有私人性，而从事宗教活动的身份才具有社会性，所以，"亦商亦教"可谓香港各类宫观、道坛的一大特色。如王赓武主编的《香港史新编》记述的：

> 今日的香港道教，以弘扬道教为专业，以悟道修真为宗旨的道士不多，宫观、道坛等组织亦是亦商亦教，与传统道教的形式及规模大异，但却保留并发扬了植根民间、博施济众的特色和精神。大小宫观道堂对参与社会事业，可谓不遗余力。[2]

商人与宗教活动的关系之密切，无须过多论证。问题是商人作为世俗的"人"与他们所崇拜的对象、超越的"神"之间存不存在一种相通与相似关系，只有这种关系存在，才可能有"人神共舞"的情形。即便依照传统西方的基督教的理论，即绝对超越的神与不超越的人不可通约，人不可能揣测神，也不可能改变神依自己的形象造人的事实，这才有"上帝爱罪人"的说法，即上帝爱自己创造的、背负着"原罪"的人。这种神格与人格在"格"上的（personal）相通，是最大的相通之处。从而，人在荣耀、取悦神的过程中也自荣与自悦，为自己成为神的义人而荣耀，为得到神的护佑而欢悦。而在主张"内在超越"[3] 的中国，虽然并未改变神的超越性、人的俗世性

---

[1]　根据采访笔记整理。

[2]　王赓武主编：《香港史新编》，香港三联书店 1997 年版，第 787 页。

[3]　"内在超越"这一概念在汉学界几成共识，之前，余英时、汤一介、杜维明等先生论证过这个问题（参见余英时：《中国思想传统的现代诠释》，江苏人民出版社 1991 年版；杜维明：《现代精神与儒家传统》，三联书店 1997 年版），笔者在《中国宗教的超越性问题》中也论述过这个问题（参见李大华：《理性主义及其限制》，三联书店 2003 年版）。

的基本格局，却认为人与神具有内在的相通性，人们总是在内在的本来的心性上去发现神性，像佛教禅宗以及道教内丹学说所推崇的那样。对于华南及香港的全真道来说，这种相似与相通拥有更为具体而实在的内容。首先，商人所崇拜的神与他们自身是否具有气质上的吻合；其次，以这种神所代表的庙宇所宗奉的道德教化学说是否符合他们的期盼。这两个问题需要分开来论说。

在多神崇拜的华南地区以及香港，人们崇拜最为广泛的对象当属吕祖。据香港道教联合的调查，吕祖为香港地区最为普遍的供奉对象：

> 一九九九年香港道教联合会访问团体会员，五十八间受访道堂中以吕祖为主神的占最多，共二十四间，由此可见，吕祖是香港道堂普遍供奉的神仙。……今天，主祀吕祖的港澳宫观，计有云泉仙馆、玉壶仙洞、青松观、信善坛、金兰观、万德至善社、玉清别馆、蓬莱阆苑等，其中包括龙门派、纯阳派诸派。兼祀吕祖的道堂坛庙更是多不胜数，如啬色园、蓬瀛仙馆、藏霞精舍、红十字会、筲箕湾天后庙、元朗厦村灵度寺等。①

吕祖为全真道的祖师，全真道侍奉自不待论，但"主祀"加上"兼祀"吕祖的占据香港庙宇、宫观的大半，足以表明吕祖在香港地区的特殊地位已远远超出全真道的范围了。所以，以吕祖与商人的关系为分析对象，具有典范性。

商人行事宗奉的是经济伦理，那么这种经济伦理与道堂的道德伦理要求是否融洽，这是一个经济伦理与宗教伦理的关系问题。我们先来看看道堂的伦理规范。在1941年的《广东年鉴》里，说广州地区的道堂"互以修身行善为约则，采纳儒家修养精神，如提倡孝弟忠信礼义廉耻以为社员规约"，很显然，孝、弟、忠、信、礼、义、廉、耻八德皆为传统的儒家伦理，这是

---

① 游子安主编：《道风百年》，香港利文出版社 2002 年版，第 28、29 页。

一种最普遍的要求做人的伦理与道德，自然也适用于商人。① 但是，我们在
《至宝真经》、《樵阳玉书》以及《为善最乐》等善书中所看到的、现今香港
全真教以及其他道派所尊崇的宗教伦理则是"九德"。《至宝真经》：

> 礼义信廉节惠，仁慈孝顺和忠，九美奉行不怠，加以内外善功，
> 岂只能消浩劫，还堪仙爵高封，人若勤修正道，所求事事皆通。福祸
> 由人自召，何苦自昧其衷。道教无为清净，儒言允执厥中，佛教真如
> 本性，原为万法皆空，三教同归一善，细求三宝能逢。在世当修世法，
> 五常八德为宗，学道先参外果，然后伏虎擒龙。

这部经乃是何启忠在 1942 年一次扶乩过程中吕祖乩示出来的，何启忠在"后
跋"中解释道："民国三十一年，壬午冬月，广州宝盛沙地，第三号，至宝台，
承镇坛黄大仙乩谕，谓是日有群仙驾幸坛台，嘱各人肃仪恭候。届时乩手何启
忠，凝神注想，如法默祷，握乩运转如环，旋得吕祖降题云……"在这段
经文中，提出了"九美奉行不怠"，又提出了"五常八德为宗"。"九美"就是
礼、义、信、廉、节、惠、仁、孝、忠，那"五常八德"呢?"五常"自然是仁、
义、礼、智、信，"八德"是否就是《广东年鉴》所提到的孝、弟、忠、信、礼、
义、廉、耻? 这是可能的，但不必然是，或许就是九德中除去"惠"之外的
礼、义、信、廉、节、仁、孝、忠。再看万德至善社刊印的《樵阳玉书》：

> 常发慈悲，九美修治，摄伏皈依，是之为道。日月同辉，帝之所
> 化。博施普济，佛仙圣人，其理一揆。……好应分明，持九美以立身;
> 外功完满，修全真之妙径。三宝皈依，太上化生，为帝者师，为王者
> 师。阐玄微之大法，开道运于初元，化度群生，显无为之秘奥。

---

① 在民国的青帮红帮中，我们发现也是以"八德"作为约德的，如洪门有"内外八堂"的
建制，"内八堂"为"龙、盟、香、佐、陪、刑、执、礼"，"外八堂"为："孝、悌、忠、
信、礼、义、廉、耻"。洪门的"规律"乃至清帮的"法规"也是依照儒家的这些价值观
念建立起来的。(参见濮文起：《民间宗教与结社》，国际文化出版公司 1994 年版)

在罗信广为之作的跋语中，说道："丙申岁复谕降真经，信广与信棣、信溢、崇颜、崇冠、崇求、崇娴，诸道侣侍鸾，于十一月念一日开始，至丁酉年六月念三日完成，号曰《樵阳玉书》。全书以性命双修为经，以道、经、师三皈依为纬，阐述大道玄微，晓悟三业之修，龙章凤篆，至笈金科，诚修行之宝典，登天之航梯也。"意味这部书也是吕祖降受的，但是在七个月零二天的时间里面连续降受的，它号称《樵阳玉书》，其实也是吕祖降下来的经书。在这部书里，两次论及"九美德"，即"九美修治"，"持九美以立身"，只是没有列举出九美的具体名目，但在该书的扉页上印出的标志，则是"忠、孝、仁、义、礼、廉、信、节、惠"九德。再看广州芳村信善堂编撰《为善最乐》中记述的1935年扶乩的记录：

> 遂蒙降乩："（跟）我学道得，但要依我治身之道，以忠、孝、廉、节、义、信、仁、兼惠、礼，不准违背，终身信守。"悉依奉教，欣慰莫名。至民国二十四年己亥腊月初五日，得蒙吕祖恩师许为信徒，遂获初衷，实平生之庆幸也。[1]

这段话虽然只是吕祖降乩开示人，但同样提出了九美德以修身，而且，这里所提的九美德与至宝台和万德至善社的九美德完全吻合。这无异于表明，在吕祖所降受的经书与乩语中，从1935年、1942年到1957年的三次不同时期，都提出了修身的"九德"而不是"八德"；"九德"当中都加进了"惠"之德。不论乩语与降受的经书是否可靠，但从宗教社会学的角度来说，这种现象至少反映了一个宗教社会实践、发展的倾向，甚至可称为宗教运动。

我们再来分析一下这三段话中所表达的内容及其内外关系。《至宝真经》中所列"八德"与《广州年鉴》所列"八德"都是传统儒家所讲求的"德"。

---

[1] 转引自〔日〕志贺市子：《香港道教与扶乩信仰》，香港中文大学出版社2013年版，第224页。

"九美"与"八德"的关系，从经文看，"九美"要求从道者奉行不怠，并加以内外善功，方可修得善果正道。"五常八德"虽然属于"世间法"，但修道者仍然要以此为宗，换句话说，修出世间法要以世间法为宗，世间法修好了未必就可以出世间，但离了世间法是不可以修成出世间法的。依照至宝真经的逻辑，包括"惠"在内的"九德"还都属于世间法，也可称为"外功"、"外果"。出世间法，则是要修内功、得内果，也即"伏虎擒龙"，也就是修炼内丹，内丹功才能超凡脱尘，超生越死。《樵阳玉书》所说"持九美以立身，外功完满，修全真之妙径，三宝皈依，太上化生"，其实与《至宝真经》相类，也是把"持九美以立身"看作"外功"，而内功则是要"修全真之妙径"，"三宝皈依"指精气神归一（炼精化气，炼气化神，炼神还虚），"太上化生"则指阳神出壳，神超三界，永脱生死。至于《为善最乐》中的乩示，只是用来劝善的，作为一个道徒的基本道德要求，并非超越之道。

　　然而，"九美德"在全真道乃至其他教派中担当了何种角色呢？从全真教派的青松观和万德至善社来看，"九美德"既是德性，又是教规教戒，正面看就是美德，反面看去就是戒律，如非礼、非义、非仁、无诚信、不孝顺、不和惠、不廉洁、不节制等，就是信徒要力戒的了。这无异于说"九德"的流行象征着一个以德代戒时代的开启。从儒家的仁义礼智信，到仁义礼信孝节廉惠忠，这是一个加法，拥有"五常"之德，配得上"君子"的称呼，而拥有"八德"或可称"仁人"，而拥有"九德"，可做合格道士，信善堂的道徒所接受到的吕祖的"不准违背，终身信守"的训诫，也就是受诫者被恩准为道士的戒条。在香港全真教派的宗教实践中，至今这"九美德"都充当了道徒入门仪式所授的"戒律"，所谓"以德为戒"。"一"这个加法似乎表明了道徒应该具有的秉持、操守比常人要高一些；但是，比照《全真清规》，可就是减法了，如果按照王常月的"三坛大戒"，在形式上看，"九美德"还不及"初真十戒"，更不及"中极戒"和"天仙戒"，以及传统意义的"七十二戒"、"百八十戒"了。远的不论，就以"长春真人清规榜"为对照，"九德"也是简略多了。然而，简略只是戒条的减少与文字的简略，并不意味着要求不高，差别在于"九德"只有九个字，为原则性的、概念性的、总括性的，真正要做到并非容易，一个"仁"字，一个"忠"字，都要一生去努力践行。不过，正因为"九德"是原则性的、概念性的、总括性的，它不是具体的要求，在这个意义上，它比较容易做到，因为人们只要向往它，崇尚它，就意味着在践行着"九德"，一个人在没有明确作出有违"仁"和"忠"的事情，那么就还是应当被视为"仁"和"忠"的。而全真清规的戒条，则是操作性的、具体的、可实行的，它们当中的某些戒条反而容易触犯，如"长春真人清规榜"规定："处静者勿起尘情，所有尘劳，量力运用，不可过度；每一衣食，不可过用"，这应对于"九德"中的"节"，守持"节"之德者，偶有某天某次的衣食过度，不会被认为不守"节"，而在庙里的守戒的道徒即便偶有过度，也会被认为不守戒规。那么，"九德"的推出有何现实意义呢？它的意义在于：它不繁复，简练易记，虽然崇高却容易实行，人们不会因此而像清规那样被束住手脚，这在一个工商经济发达的时代更易推行。从效果来说，"九德"看起来崇高，实际上是宗教道德的下移。它从高高在上的庙堂中，下移到世俗的社会，使"心向往之"的人们能够实行得起来，因为他们只要心向往之就可以了。

可是，从"八德"到"九德"，却是在做着加法。这个"惠"字的德加进去富有某些现实意义。"惠"字本是古已有之的，但它具有多义性，它时而作为德性，时而作为行为。《诗经·邶风》："终温且惠，淑慎其身。"《荀子·君道》："宽惠而有礼。"《尔雅》："惠，爱也。"这里表示温良、宽厚的德性。《诗经·邶风》："惠而好我，携手同行。"《易经》"益卦"九五："有孚惠心，勿问元吉。有孚惠我德。"[1]《荀子·君道》："夫文王欲立贵道，欲白贵名，以惠天下，而不可以独也。"《广雅释言》："惠，赐也。"这是表示施及他人好处与利益的行为。这种行为对于所施及的对象来说，就会被看作某种恩德，如《国语·晋》四所言："未报楚惠而抗宋，我曲楚直。"

《孟子·滕文公》："分人以财谓之惠。教人以善谓之忠。为天下得人者谓之仁。是故以天下与人易，为天下得人难。""分人以财"属于"以天下

---

① 《象传》解"德"为"得"："有孚惠心，勿问之矣。惠我德，大得志也。"

与人"的恩惠，"为天下得人"属于得人心的仁慈，相比起来，前者易，后者难，故此，"仁"比"惠"更称得上德性。这是褒义的"惠"。《管子·明法》："夫舍公法而行私惠，则是利奸邪而长暴乱也。行私惠而赏无功，则是使民偷幸而望于上也。行私惠而赦有罪，则是使民轻上而易为非也。夫舍公法，用私意，明主不为也。故《明法》曰：不为惠于法之内。"① 在这里，当惠与私利联系起来时，就属于贬义的了。当"惠"与"公"联系，或者只讲求施与别人而不求回报，就是褒义的，就像在《孟子》书里所说的那样。相对来说，主张"兼相利"、"交相爱"的墨子，则是把惠与忠联系起来，以"惠忠"为一种交往原则下的德性："内有以食饥息劳，持养其万民，则君臣上下惠忠。"（《墨子·天志》中）在交往的原则下，即便"惠"字表达的是德性之义，但它注定要涉及人的行为，如此它不是一个天生禀赋的问题，而是一个社会行为，而一旦作为社会行为，就必定涉及行为的主体与行为的对象。"惠"字的特殊意义在于，仁义礼智忠孝等这些德性，虽然也都有一个行为的主体与对象，但它们更多地涉及自己对于他人、主体对于对象的责任与义务，更多地涉及如何奉献，而不考虑对等的回报。而"惠"作为德，尤其是处于墨子所设想的交往场域下的社会，它不只是拥有仁、义、礼、智、忠、孝这些德性的责任、义务与奉献，它也会涉及回报，这就是墨子"兼相爱"、"交相利"思想的必然产物，"相"的特殊意义在于其相互性与对称性，即爱、利别人，也希望得到别人的爱与利。墨子不是商人，但他是中国商人经济伦理的鼻祖。不过，在等级社会里，"兼相爱"显得过于理想化，倒是"交相利"比较实际，可以行得通，尤其在商业交往当中行得通。与此相关，"惠"作为德性，由于它本来就具有施与、赐予、分人以财、给人好处的意义，就容易满足"交相利"的条件，所以，它注定要与利益、实惠乃至互惠等意义联系起来。

从直接讲互利到互惠，并把惠作为德性，这是一个依商业交往活动的

---

① 黎翔凤《管子校注》："王念孙云：'私意，当依朱本作私惠，义见上下文。《群书治要》亦作私惠。"（黎翔凤：《管子校注》，中华书局 2009 年版，第 1212 页）

频繁而随之产生的思想历史过程，但我们没有清楚的证据显示何时完成这个过程。能够肯定的是，清末民初，"惠"作为加进去的德性，是与商人有关的。因为"惠"德既有一般意义上的贤良之义，亦有给予他人以利益、实惠之义，在某些时候的"让利"也是"惠"德的体现。《善与人同录》记述吕祖的一段话：

> 至若伦常事业，首从孝悌做起，内能尽乎父子兄弟之道，夫妇之和，推而及乎朋友之信，能尽五常之道，即是修道之根源。为仙之种子，无不有此发生矣。至如贸易场中，所以求利以养家也，而利有自然之利，公平以取，谁识其非。所虑诡计变诈，惨刻以谋，以伪乱真，将虚作实，损于人而人不知，昧乎心而理不直，则虽立刻致富，终为损福折寿，贼子祸孙之根，则当深戒也。①

经商就要求利的，如果避谈利益，也就成不了经济伦理。作为一种商人身份的宗教追求，利益是养家所需，是一种职业，在职场中，追求"自然之利"，这是天经地义的，只是当"公平以取"，不可以"诡计变诈，惨刻以谋，以伪乱真，将虚作实，损于人而人不知，昧乎心而理不直"。如若背离这些伦理，即便获利，只能是私利，将有"损福折寿"的惩罚。在这种人神对话中，透露出商业经济伦理。合理合法地取得自己的利益，为"惠"德的要求，虽则"惠"德仍旧只是世俗的要求，而宗教的追求自然在这个伦理之上，但先做好寻常的人，再去追求神仙，这是一个基本的理路。这种情形应当且只能被视为宗教伦理的一部分。在《省躬录》里面，有一篇《劝商文》，直言经商的合理性，主张以"信义"来"牟义"、"理财"，所谓"贪利而忘义者，利源反绌，轻利而重义者，利路恒通"②。

---

① 《善与人同录》，旅港云泉仙馆藏版，1958年，第62、63页。

② 这是一篇称为黄龙道人在光绪二十四年十二月初一夕的降书，名《黄仙师劝商文》，其言："今夫商也者，首以信义为重者也。信义之重，信可及于豚鱼，义可坚于金石。以之牟利，则天下之利数以开；以之理财，则天下之财源以辟。而商务由是兴焉。……古人之

与此相关，传统意义的"诚"、"信"等儒家伦理，随着它们进入商业职场，也会发生某种变化。《中庸》讲："诚者，天之道也；诚之者，人之道也。"《孟子·滕文公》："父子有亲，君臣有义，夫妇有别，长幼有叙，朋友有信。"这里的"诚"、"义"、"信"都是在亲情、君臣、友朋及其熟人范围内的德性，皆不涉及市场交往关系，即便是"来而不往，非礼也"这句话，也无关市场交往关系，这是儒家一向看低商人的缘故。不过，教化的作用使它们成为了最普及的德性，自然也渗透到商业活动中，只是这些德性一旦到了商业职场，且依旧是商人基本的操守时，它们也就会发生适应性的变化，即从原先那个范围扩大到职场范围的所有人群，包括不相识的陌生人之间，而且，"诚信"、"信义"不只是父子、君臣、友朋及其熟人关系的彼此担当，也具有了彼此守信用、重承诺、无诈无欺等内容。这就如同亲戚或官场里面的人，与商场的人，同样都在说要讲诚信、重信义，但彼此所理解的含义有差别一样，前者讲这些话不包含利益的意思，后者讲这些话中包含了利益的意思。然而，商人无论出身于何种背景，都会自幼受到儒家伦理教化，何况许多商人还都从儒生蜕变而来，他们将儒家的德性带进职场再自然不过，可是，当他们彼此自觉地将这些伦理规范作为商业伦理加以运用的时候，一则内涵作了变通，二则也是主动把某种类似"紧箍咒"之类的东西加于自己的头上。我们当然可以将此种情形理解为商业活动自身的需要，也只有这样才能够维持良好的商业秩序。只是单从"需要"不足以说明所有人的情况，诸如有人想：这世界人如此之多，每人行一次骗，一生都还忙不过来呢！像这样的人还真不少。所以，将伦理秩序加于自己头上，终究还表明商人在世俗社会里向往善的理性追求。

货殖，逐十一，权子母，无非存心忠厚，处世公平，不必指天日以为盟，自不至有沸腾之物议。不必誓鬼神以为证，自不至有叵测之人心。尔无我诈，我无尔虞，其所以取信于人者，在于平日，而不在于临时也。"此外，还有玉仙师的《劝士文》，广祖师的《劝农文》，云仙师的《劝工文》等。

二、神格与人格

"九美德"作为全真信徒的德性与戒条，是吕祖在乩语中降授的，甚至是关照到商人行为的特殊性的，那么吕祖与商人之间虽则是神与人的关系，但彼此之间必定有着某种气质的相通之处，就像在信奉基督教的黑人心目中基督的皮肤也是黑的一样，商人心目中的吕祖一定是很护佑他们的主神。① 所以，这里有必要考察一下吕祖的精神气质与商人的精神气质相关性。

相对来说，吕祖在所有神仙中最具复杂性，他具有多重的"格"，如是，就有一个历史学上的吕祖和宗教学以及宗教社会学上的吕祖。历史学上的吕祖，是历史文献上所记载的吕祖，而宗教学以及宗教社会学上的吕祖是作为宗教历史现象或社会现象的吕祖。通过前者，我们可以得到吕祖视作一种特殊现象出现的历史时空和他所经历的历史变化。通过后者，我们可以了解这种现象出现的宗教意义以及社会意义，或者说如何经过人们一代又一代的参与，使其获得了这些意义。所以，需要分开来看待这两种现象。

先从历史文献来看吕祖。吕祖，名吕岩，字洞宾，号纯阳，元武宗时诏封为"纯阳演正警化孚佑帝君"。唐代沈既济（天宝至贞元时人，约750—797年）的《枕中记》可算是最早记载与吕祖相关的小说：开元年间有道士"吕翁"经邯郸道上于一舍中以"黄粱"一梦，使一心沉醉功名的"卢生"见悟，"夫宠辱之数，得丧之理，生死之情，尽知之矣"。由于这则小说的广泛传颂，以致人们后来把"吕翁"与"吕洞宾"联系起来，以为吕翁就是吕洞宾，北宋太宗时期编撰的《太平广记》也原封不动地转述了这则故事。不过，故事虽然美妙，史家乃至《仙鉴》、《吕祖全书》皆不认为吕翁就是吕洞宾。五代时人孙光宪著《北梦琐言·张濬相破贼》云："唐黄巢犯阙，僖宗幸蜀，张相国濬白身未有名第，时在河中永乐庄居。里有一道人，

---

① 这也就像在美国有的教堂里的基督画像，其肌肤就是有色的。

或麻衣，或羽帔，不可亲狎。一日，张在村路前行，后有唤'张三十四郎，驾前待尔破贼'。回顾，乃是此道人。相国曰：'某一布衣耳，何阶缘而能破贼乎？'道人勉其入蜀，时遇相国圣善疾苦，未果南行。道人乃遗两粒丹曰：'服此可十年无恙。'相国得药奉亲，所疾痊复。后历登台辅，道者亦不复见。破贼之说，何其验哉？"这则故事并无显明的证据表明这个道士就是吕洞宾，但因其发生地点在河中永乐庄，这与后来传说中的吕洞宾属于永乐庄相应和，故有人猜想这个"道人"就是吕洞宾，美国学者康豹（Katz）据此说道："很可能写于宋代初年的一个故事似乎说到吕洞宾，虽说这故事没有说出吕洞宾的名字。"[①] 吕洞宾的名字首次出现在文献当中，应该就是北宋初年陶穀（903—970）撰《清异录·含春王》：

> 唐末冯翊城外酒家门额书云："飞空却回顾，谢此含春王。"于"王"字末大书"酒"也，字体散逸，非世俗书，人谓是吕洞宾题。

此外，北宋的乐史（930—1007）撰写的《太平寰宇记》中记述了吕洞宾一些与丹药有关的事迹。这些事迹虽则只有传说的性质，但吕洞宾作为神仙的名字清楚地出现了，而且从脱口而出的称谓，也可看出，吕洞宾在北宋初年已经是一位世人通晓的人物了。北宋神宗元丰五年（1082）的《吕仙诗碣》中有吕先生诗云："秋景萧条叶乱飞，庭松景里坐趋时。云迷鹤驾何方去，仙洞朝元先我期。肘传丹篆千年术，口诵黄庭两卷经。鹤观古檀槐景里，悄无人迹户长扃。"[②] 比较完整地记述吕洞宾行状的有三则：黄鉴（北宋真宗时期）的《杨文公谈苑》、范致明（北宋哲宗时期）的《岳阳风土记》和岳州石碑的"吕祖本传"。《杨文公谈苑·类苑》卷四十二：

---

① 康豹：《多面相的神仙——永乐宫的吕洞宾信仰》，齐鲁书社2010年版，第68页。因为《新唐书·张濬传》并没有这个故事的记载，作者不能确信这个"道人"就是吕洞宾，但还是认为"很可能"是吕洞宾。

② 陈垣：《道家金石略》，文物出版社1988年版，第292、293页。其中碑文下有注文："元丰五年八月一日登州防御推官，知县事朱□记。"

　　吕洞宾者，多游人间，颇有见之者。丁谓通判饶州日，洞宾往见之，语谓曰："君状貌颇似李德裕，它日富贵皆如之。"谓咸平初，与予言其事，谓今已执政。张洎家居，忽外有一隐士通谒，乃洞宾名姓，洎倒屣见之。洞宾自言吕渭之后。渭四子，温、恭、俭、让，让终海州刺史，洞宾系海州房。让所任官，《唐书》不载。索纸笔，八分书七言四韵词一章，留与洎，颇言将佐鼎席之意。其末句云：功成当在破瓜年。俗以破瓜字为二八，洎年六十四卒，乃其谶也。洞宾诗什，人间多传写，有《自咏》云："朝辞百越暮三吴，袖有青蛇胆气麄。三入岳阳人不识，朗吟飞过洞庭湖。"又有"饮海龟儿人不识，烧山符子鬼难看。一粒粟中藏世界，二升铛内煮山川"之句，大率词意多奇怪类此，世所传者百余篇，人多诵之。①

《岳阳风土记》：

　　先生名岩，字洞宾，河中府人。唐礼部尚书渭之孙。渭四子，温恭俭让。让终海州刺史。先生海州出也。会昌中，两举进士不第，即有栖隐之志。去游庐山，遇异人授剑术，得长生不死之诀。多游湘潭鄂岳间，或卖纸墨于市以混俗，人莫识也。庆历中，天章阁待制滕宗谅坐事谪守岳阳。一日，有剌谒云："回岩客。"子京云："此吕洞宾也，变异姓名尔。"召坐，置酒高谈，剧饮伴若不知者。密令画工传其状貌。既去，来日使人复召之客舍，主人曰："先生半夜去矣。"留书以遗子京，子京视之，默然。不知所言何事也。今岳阳楼传本，状貌清俊，与俗本特异。

　　"吕祖自传"的碑文刊行在吴曾（宋高宗时人，生卒不详，绍兴十一年献书）的《能改斋漫录》上：

---

① 杨亿口述，黄鉴笔录：《杨文公谈苑》，上海古籍出版社 2012 年版。

　　《雅言系述》①有《吕洞宾传》云："关右人，咸通初，举进士不第。值巢贼为梗，携家隐居终南，学《老子》法"云。以此知洞宾乃唐末人。

　　吕洞宾尝自传，岳州有石刻。云："吾乃京兆人，唐末，累举进士不第。因游华山，遇钟离，传授金丹大药之方；复遇苦竹真人，方能驱使鬼神；再遇钟离，尽获希夷之妙旨。吾得道年五十，第一度郭上灶，第二度赵仙姑。郭姓顽钝，只与追钱延年之法。赵姓通灵，随吾左右。吾惟是风清月白，神仙聚会之时，常游两浙、汴京、谯郡。尝著白襕角带，右眼下有一痣，如人间使者箸头大。世言吾卖墨，飞剑取人头，吾闻咂之。实有三剑：一断烦恼，二断贪嗔，三断色欲，是吾之剑也。世有传吾之神，不若传吾之法；传吾之法，不若传吾之行。何以故？为人若反是，虽握手接武，终不成道。"嗟乎，观吕之所著，皆自身心始。而学者不能正心修身，徒欲为侥幸之事，可乎？

　　以上数段文字，虽然并非正史，但它们表述了一个准确的吕洞宾事迹的年月，即"吕洞宾现象"的出现年代，至少在北宋已经广为传诵。究竟吕洞宾是何时人，史料仅能证明他至少在北宋初年之前。②将以上几段史料加以比照，在吕岩的出生与生活时间上，《杨文公谈苑》不说吕岩的时间，《岳阳风土记》言吕岩"会昌中，两举进士不第"，《雅言系述》言吕岩"咸通初，举进士不第"，《自传》应该不属于他人写传，而是"降授"的结果，言

---

① 《雅言系述》为王举《宋书·艺文志》载曰："王举《雅言系述》十卷。"

② 卿希泰主编《中国道教史》第二卷在引述了多种历史史料与传说之后，对吕洞宾的生卒年月不予置论。（参见卿希泰：《中国道教史》（第二卷），四川人民出版社1996年版，第750—754页）康豹（Katz）：《多面向的神仙——永乐宫的吕洞宾信仰》，引述李裕民的研究表示，吕洞宾是"五代之季、北宋至初的一个隐士"。（康豹（Katz）：《多面向的神仙——永乐宫的吕洞宾信仰》，齐鲁书社2010年版，第67页）又引述景安宁的研究，"吕洞宾很可能生于891年前后，约卒于1000年，活了110岁"。（康豹（Katz）：《多面向的神仙——永乐宫的吕洞宾信仰》，齐鲁书社2010年版，第68页）朱越利认为，"吕洞宾实有其人，是五代至太宗末年（907—997）左右的人"。（朱越训：《道教考信集》，齐鲁书社2014年版，第456页）

自己"唐末，累举进士不第"。① 会昌与咸通相隔二十年，不应当在两个时段里举进士不第，而如果是唐末累举进士不第（以黄巢农民起义算的话），则又要晚十五年以上。出生地点上，彼此所说地点差别不大，"河中"、"关右"、"京兆"，在唐代皆指关中以东地带。出身上，《杨文公谈苑》与《岳阳风土记》皆言吕岩乃吕渭之后。吕渭，唐德宗贞元时期人。② 如以元年计算，与"会昌"五十五年，与"咸通"七十四年，与"乾符"八十八年，以二十多年为一代，这三个年代皆有可能，即与"吕渭之后"、"吕渭之孙"说不矛盾。随着吕岩在北宋以后民间的传颂以及吕祖不断的应化故事的增加，有关他的身世又有更多的增添，使得人们在论及他的时候难以做出取舍，这就是我们在看到元代《纯阳帝君神化妙通记》、《仙鉴》、《金莲正宗记》，以及清代人在编辑《吕祖全书》时，在描述他的身世时，也只是以上述材料为基础，并将其他传说杂列出来而不加评议的原因。

事实上，我们能够依据上述史料确定吕岩由人修成神出现的至迟年代，却不能确定他的上限，因为这些史料只具有传说的性质，而"自传"的"降授"使得它又不能当作知识来运用，在这个意义上来说，以这些材料来确定吕岩的上限年代注定是徒劳无益的。然而，如果我们用可以当作知识来运用的著作来考察其年代，或许会有收获，这就是《钟吕传道集》和《灵宝毕法》。

《钟吕传道集》传为正阳真人钟离权著，纯阳真人吕岩集，华阳真人施肩吾传，《灵宝毕法》为吕洞宾撰。这两本书虽属不同人撰，但前后连贯，所论具有一致性。前者为钟吕之间的问答形式，专述修仙过程中一个个问题，如论真仙、论龙虎、论铅汞、论抽添等等；后者则专讲修炼过程。从时间关系以及内丹学说的逻辑关系来说，这两部书应当在崔希范《入药镜》之后，而在施肩吾《西山群仙会真记》、张伯端《悟真篇》之前。理由当从以下几方面去看：第一，在施肩吾的《西山群仙会真记》中，多次引用"吕公

---

① "降授"的结果难以作为有效的历史证据，但"降授"出现的时间则是有效的，以及其所提供的时间、地点、事件可作为考察历史人物的线索。

② 《新唐书·列传》："吕渭，字君载，河中人。……贞元中，累迁礼部侍郎。……四子：温、恭、俭、让。"

曰"，又提到"海蟾"、"崔公"，还有吕公对崔公《入药镜》的引用，而绝口不提张伯端以及《悟真篇》，① 这表明吕公、海蟾、崔公都在作者施肩吾之前，而施肩吾却在张伯端之前。当然，施肩吾的生平存疑，论者疑有两个施肩吾，一个是唐宪宗元和时期的，另一个是北宋、甚或金元时期的。② 元和十年的施肩吾与吕祖《自传》"唐末"之说不合，那么金元时期也不实，③ 他最可能是生活在五代时期的或北宋初（907—1000）的那段时间。《西山群仙会真记》引用了《通玄真经》（即《文子》）、《玉华灵书》、《太上隐书》、《三清贞录》、《九天秘篆》等书，这都是《正统道藏》所未收录的古书，而其论述的修丹内容与《钟吕传道集》、《灵宝毕法》、《崔公入药镜》相契合，可知此书早于《悟真篇》。第二，《钟吕传道集》和《灵宝毕法》所谈皆为内丹炼气结丹，都是功夫性质的，而且不言"性命"之说，与唐代张果、陶植、羊参微、彭晓以及崔希范的炼气还丹之说为同类主张，而与施肩吾、张伯端主张的性命双修相区别。性命双修是道教内丹学说成熟的标志，而这个过程是在张伯端那里得以完成的，这也说明《钟吕传道集》和《灵宝毕法》是早于《悟真篇》的。④ 第三，《悟真篇》所论内丹学说的神气、性命、药物、火候

---

① 《入药镜·真龙虎》"吕公曰：'因看崔公入药镜，令人心地转分明。阳龙言向离中出，阴虎还于坎上生。二物会时为道本，五方行尽得丹名。修真上士如知此，定跨赤龙归玉京。'又曰："《入药镜》曰：肾中生炁，炁中暗藏真一之水"云云。

② 《文献通考》卷二二五题："似有二人。"《四库总目提要》："肩吾，字希圣，洪州人，唐元和十年进士。隐洪州之西山，好事者以为仙去。此书中引海蟾子语，海蟾子刘操，辽时燕山人，在肩吾之后远矣，殆金元间道流所依托也。"任继愈、钟兆鹏主编《道藏提要》："按是书与施肩吾编著之《钟吕传道集》内容大体一致。北宋末曾慥所辑《道枢》亦摘录是书，题曰《会真记》，故此编不晚于北宋。"（任继愈、钟兆鹏主编：《道藏提要》，中国社会科学出版社 1991 年版，第 177 页）

③ 笔者曾以施肩吾为元和时期人，这里更正。

④ 在《隋唐时期的道教内丹学》一文中，笔者曾提出："道教内丹学就是一种从内修内炼的众方术中游离出来又涵摄众方术的修道理论，它的发展经历了归众方术为行气、修心，又经行气、修心两端分殊显扬的主要理论过程，尔后合而成体的。行气、修心为内丹学的两大理论支柱，为后来内丹修性修命的雏形。""关于行气的方式、过程，各家所述皆有异趣，张果以主张专精用心体察真气在体内的流转见长，陶植、羊参微以主张真阴真阳互涵、铅汞性情合亲、龙虎互逐见长，彭晓以注重炼气之'数'与'候'见长，吴筠以主张气运存形、形神一贯见长，崔希范的《入药镜》统领各类行气之纲，只是语焉不

是最为全面的，且皆用隐喻形式，从内丹理论的形成过程来说，如果没有《崔公入药镜》、《钟吕传道集》、《灵宝毕法》和《西山群仙会真记》的前后积淀，是不可能突然冒出来这么纯熟的学说的。这也就是说，只要我们将以上几本重要的内丹学说著作放入历史过程中，就不能不承认《钟吕传道集》、《灵宝毕法》属于晚唐、五代时期的著作，从而使得吕岩的生存年代不言而喻了。

作为宗教学和宗教社会学上的吕祖比历史学上的吕祖要复杂得多，他的社会担当也要多得多，每一代人都在加入对他的新的理解，[①] 对他有着总是超于过去的期待，他也就不得不担当起人们的期待，拥有比过去更多的社会能力。但是，这并不足以说明他一定或者必须拥有这些社会能力，因为人们也可以对其他的神，诸如关圣帝君、广成祖师、文昌帝君等有着类似的期待，而这些期待并不一定都能够得到满足。在一个多神的文化系统里面，虽然每一个神都神通广大，毕竟每一个神还是有其司责，而且我们也看到在那些扶乩的记载中，经常会看到一个神（如广成祖师）先出来对叩乩的信徒们打个招呼，说某某神将要驾临，各位当静候其旨，云云。这就是说，神是有分工的。但是，吕祖在诸神当中无疑担待最多，这是由于他能够满足人们的需求最多。这种情形一方面要归结为地域、文化、教派乃至信众的行业关系，另一方面要归结到吕祖本身的情性，例如他具有无限量的包容性和普度天下人的宏愿，"惟其誓愿宏大，是以浮沉浊世，行化度人。虽愚夫愚妇，罔不闻名起敬。"[②] 而在诸多神仙里面，吕祖的身份与性情最为丰富，这也是

详，唯钟离权、吕岩一派涵盖各家所长，纲目具备，提供了一个可窥见隋唐炼气全貌的理论系统，《钟吕传道集》分门别类地叙述了真仙、大道、天地、日月、四时、五行、水火、龙虎、丹药、铅汞、抽添、河车、还丹、炼形、朝元、内观、磨难、证验等行气炼丹十八事，《灵宝毕法》则翔实叙述了炼气还丹的全过程。"（载《道教文化研究》第五辑，上海古籍出版社 1994 年版）

① 《枕中记》中"吕公"与"卢生"黄粱梦的故事，在经过改编后仍然进入到了《吕祖本纪》里，只是人物变成了钟离权与吕洞宾了，两人在长安酒肆相会，钟离借梦点化吕洞宾，所谓"黄粱犹未熟，一梦到华胥"。

② 刘体恕汇辑本：《吕祖全书·吕祖本传》，乾隆七年（1742）本，香港德信印务公司影印，1965 年。

他广受欢迎的一个重要缘由。考察这些身份和性情，有助于理解他与信众的关系，尤其是他与商人的特殊关系。

形象方面，《新唐书》在描述吕渭四子的时候，用了"皆美才"的字眼。《吕祖自传》言"尝着白襕角带，右眼下有一痣，如人间使者箸头大"。即在最初的史料和"自传"中，吕祖并没有具体的描述，但在《吕祖本传》中，他被描述成："生而金形木质，鹤顶龟背，虎体龙腮，翠眉凤眼，修颈露颧，额阔身圆，鼻梁耸直，面白黄色，左眉角一黑子，左眼下一黑子，箸头大。两足纹隐如龟折，……喜顶华阳巾，衣白黄襕衫，系皂绦，状类张子房。"

名称方面，最初的文献称"回岩客"，为吕洞宾"变异姓名尔"。后来的则随方显迹，自称"回道人"、"回道士"、"回处士"、"宾法师"、"无上宫主"、"同客人"、"吕元圭"等，又受封"孚佑帝君"、"吕祖"等。

身世方面，最初史料称"洞宾自言吕渭之后"，"两举进士不第"，或"累举进士不第"，后来演变成"生天宝十四年十四日"，或"生唐德宗贞元丙子"，还有称"于贞观丙午年四月十四日生"；为"唐宗室姓李"，易姓"吕"；"咸通中，举进士第"，"以科举授江州德化县令"云云。

混俗方面，最初的史料有："多游湘潭鄂岳间，或卖纸墨于市以混俗，人莫识也。"后来《吕祖全书·灵应事迹》则有"武昌卖墨"、"武昌鬻梳"、"长安市药"、"庐山淬剑"、"泰州货墨"、"仙乐侑席"、"谒张参政"、"造访妓馆"、"谒石舍人"以及"游天应观"、"游庐山寺"等等。

风雅方面，文献言"吾惟是风清月白，神仙聚会之时，常游两浙、汴京、谯郡"，有诗"秋景萧条叶乱飞，庭松景里坐趋时。云迷鹤驾何方去，仙洞超元先我期。肘传丹篆千年术，口诵黄庭两卷经。鹤观古檀槐景里，悄无人迹户长扃。""朝辞百越暮三吴，袖有青蛇胆气粗。三入岳阳人不识，朗吟飞过洞庭湖。"又有"饮海龟见人不识，烧山符子鬼难看。一粒粟中藏世界，二升铛内煮山川"等，但在《全唐诗》、《吕祖全集》中则演为五七言律、五七言绝句、词赋、诗歌等，计五卷之多。《吕祖全书·吕祖本传》赞曰："一剑横秋，清风两袖。道在函三，丹成转九。苍梧北海，白云帝乡。甘河一滴，源远流长。"

化俗方面，"吕祖自传"言："世言吾卖墨，飞剑取人头，吾闻哂之。实有三剑：一断烦恼，二断贪嗔，三断色欲，是吾之剑也。世有传吾之神，不若传吾之法；传吾之法，不若传吾之行。"后来的传颂中，衍生出更多的显化的神迹，如"化水成酒"、"化墨成金"、"遗金化石"、"度化海蟾"、"死鱼复活"、"显化四彝"、"神光绘像"、"云中显像"等等，而遍布各地的降鸾降乩，更是显示了他的无处不在，《吕祖全书·吕祖本传》赞曰："莫大神通，全在忠孝，利己利人，千秋大道。自古至今，因缘非渺，信笔描来。当前写照。"

明万历杨良弼在"吕祖全书文集后原序"中赞道："夫仙真以道相授，自黄帝、广成子崆峒问答之后，已有佹言见于载籍，嗣后述作贻世者，代不乏人。至唐吕祖，则度人誓愿尤为深重。由唐贞元暨今，且八百年，而分身化现，殆无日不在世间接引种人，犹虑遇合不易，又撰为诗歌传布焉，甚盛心也。"①

综合以上，我们可以得出吕祖的性情与气质的一般特征：他出身名门，相貌俊逸，仕途不顺，皈依仙道；他教养良好，敦厚儒雅，却又洒脱自在；他不常所处，游走江湖，可点石成金，又可遗金化石；他讲求忠孝，又利己利人；他神通广大，善接引众人。这些特征没有商人不喜欢的。商人的经历多与此有关，他们当中的许多人属于儒商，即便不是儒生出身，也有此向往；商人常年奔走于外，追求利益，但不违忠孝，商场上的变幻不测，使得其心理上期望有一个善于应变的神伴其左右。一句话，吕祖的精神气质与商人相通。这是商人信奉吕祖的内在原因。

三、商人给道教带来的变化及其世俗化问题

不管商人出于何种原因加入了岭南道教，既然商人已经加入到了其中，就必定给道教，尤其是全真道教带来变化。这些变化可从以下方面看得出：

---

① 《吕祖全书》卷五，乾隆七年（1742）本，香港德信印务公司影印，1965年。

（一）改变了宗教结社的性质，进而改变了慈善组织的性质

使得原先的纯粹宗教团体，一变成为宗教与慈善兼容的组织，再变成为"亦教亦商"的宗教团体。商人开始只是参与结社活动，后来逐渐成为了主体，在宗教结社向慈善组织转变的过程中，他们就是主人。

在结社乃至慈善组织中成为了主人的商人，又给结社和慈善组织带来了什么呢？这也是日本人夫马进的研究所关注的，他在引述美国人玛丽·兰坎（M.B.Rankin）以及罗威廉（W.T.Rowe）的研究成果时强调：他们二人的著作认为，中国在清代末年曾经出现过类似欧洲近世所曾有过的"公共领域"（public sphere）。善堂善会的意义在于，它既不属于国家的官僚机构，也不属于私人，在此意义上，它成为了"开创了公共领域"的先端。对此，夫马进评议说：

> 长达 300 年的对善会善堂问题的关注，其出发点大致来自于如下两个方面。一个是对"社会福利"问题的考虑，另一个则是对"市民社会"问题的关注。①

这样的关注是有充足理由的。在长达千年的历史中，中国社会中具有现代意义的因素没有出现在农民的生活中，也没有出现在宗教社会生活中，更难以想象在国家的官僚制度内能够产生出来，只是在市场交往领域里面，才出现了这些因素，诸如公平的观念、契约关系、民主商议等。至于说何以在一个清王朝没落、社会动荡不安的社会条件下滋生了"公共领域"以及"市民社会"，可以说，这种情况的出现的确有着商业经济与工业经济滋生的社会背景，而一个王朝政治的没落以及社会的动荡，甚至是自然灾害的频发，恰好担当了它产生的催化器。即便扶鸾结社走向慈善化，也只是搭了社会慈善、社会运动的"车"，借了它的"壳"，不难看出它与慈善运动的不同

① ［日］夫马进：《中国善会善堂史研究》，商务印书馆 2005 年版，第 17、18 页。

的性质，以及它给宗教团体带来的改变。这种改变最显著地体现在管理组织的变化，即将中国商人式的民主带进了宗教慈善组织，从原先的师徒相传、子孙相传的管理，变成了民主化的理事会、监事会制度。

《广州年鉴》所说的"广州的善堂，采取董事制或委员会制管理"，就是慈善会的一种普遍情形，而从至宝台慈善会的成立过程我们已可窥见当时道教慈善会的一个掠影。各个道堂的民主化、公司化有快慢，却都走完了这个历程。这里看两则资料：

> 在香港陷日期间，因创堂的道长老去，为适应时势，集合社会贤达之士共襄道务及善业，于是将原来的推尊长老主持堂务的制度，改为理事会选举制，并以非牟利的慈善社团名义注册，开创道堂慈善社团及理事制的先河，此举成为了日后香港不少道坛的管理模楷。①

> 建馆初期，蓬瀛主要为道侣潜修静养之所，清贫自守，……直到一九四九年，蓬瀛见因缘成熟，遂应时代之需进行改组，在香港华民政务司署登记为道教社团，将住持之职衔，改为馆长，……一九五〇年，蓬瀛修订章程，实行重大改革，采用理监事制。此时起，蓬瀛已由一所私人潜修之道堂蜕变进展为政府注册不牟利慈善及宗教团体。一九七二年更获准注册为有限公司，馆务进一步扩大。②

在机构设置上，所有的香港道教团体皆已成为民主管理体制；在人员结构上，各道堂的主体都是商人出身者；在经营方式上，各道堂都是非营利性的宗教慈善组织。香港的道教团体经历的这个过程虽然有早晚的区别，但都

---

① 游子安主编：《道风百年·龙庆堂》，香港利文出版社 2002 年版，第 156 页。

② 游子安主编：《道风百年·蓬瀛仙馆》，香港利文出版社 2002 年版，第 136、137 页。另外，《蓬瀛仙馆 80 周年馆庆》记述："理事和监事每届任期两年，由馆员推选，均为义务工作。理事会设正副馆长，负责统领馆务，由理事互选，并设各项职务，以第四届理事会为例，即设有总务、司库、核数、交际、文牍、福利、园林、宣道等职；监事会则肩负监察理事会运作的责任。"

完成了这样一个蜕变。这中间自然受社会变化、政府管理方式的影响，但整体上，这个蜕变是符合商人加入扶鸾结社、组成慈善组织、实现民主自治以及商业化管理的自然历史过程的。

（二）也改变了商人自身，他们从世俗的人变成了道人

自从商人加入道教慈善组织，他们接受了度牒，获得了道号，他们就算是道人了。至宝台、青松观的发起人之一陆吟舫于 1960 年正月离世，当时香港华侨日报报道了"绅商团体千人执绋"的盛大场面，其中一则"哀荣录"写道：

美丽丝织厂经理陆吟舫道长

本港商界闻人陆吟舫，道号陆至真道长，（八）日晨忽感道体不适，即送东华医院，迄止该日午十二时半，遽归道山。……其生前对社会慈善事业，莫不悉力以赴。曾历任东华三院及保良局总理、元朗博爱医院总理、普益商会会长，现为美丽丝织厂经理、青松观理事长、圆玄学院及松荫园佛教社董事，亦为蓬瀛仙馆、报道堂、云泉仙馆道侣。凡百善举，均乐于躬亲领导，深得社会人士称道。今遽归道山，至为悼惜。自噩耗传出，赵聿修、梁子贞等即行组设陆公吟舫治丧委员会。

从某种意义上来说，商人自加入宗教组织时起，他们就获得了双重身份，从而也是把自己的一生托付给了宗教组织，故而，当他们离世的时候，他们的灵骨自然也都会回归到"道山"，得到稳妥的安置，道团会为他们设专门的灵堂，长期供奉，作为他们在世对道教事业奉献的回报。陆吟舫只是众多商人加入宗教组织的一员，他的"待遇"具有代表性，像主持陆吟舫的丧葬仪式、长期主持圆玄学院道务的道人赵聿修，其出身也是巨商。而我们只要再看看香港道团组织的董事会组织机构，就可以看到，其基本成分为商人，以青松观为例，当侯宝垣道长还在世的时候，道团以他为核心建立了各届董事会，作为德高望重的职业道长，人们习惯称主席侯宝垣为"侯

爷"，当他在 1999 年离世之后，青松观成立了新的董事会，出任董事会董事的人可谓青一色的商人，而新任主席，人们不再称"道长"或"某爷"，而称"主席"，这种称谓上的微妙变化，表明了商人出身的道士完全替代职业道士，成为完全意义上的主人。商人加入了道团组织，他们自然还是做他们习惯做的世俗的活，但他们在工作之余就要做超世俗的事情，在生意场上，他们是生意人，而回到道庙，穿上道服，他们就是道士，所谓"亦商亦教"。在时间分配上，前者为主，后者为次，但在某些时候这个顺序也会颠倒过来，当他们承担了道坛组织的主要职责时，他们要以此为主，像圆玄学院的赵聿修、汤国华，以及青松观的周和来都属于这类情形。

现在我们要来谈一下南方全真教的世俗化问题了。这个问题的实质是：南方全真教的运动方向是否符合宗教世俗化的运动？在谈论这个问题之前，我们需要回顾"世俗化运动"这一理论及其对这一理论的批判。

世俗化（Secularition），为现代化理论中的一个决定性概念，它有正负两个方面的意义，如美国学者彼得·贝格尔（Peter L. Berger）所说：

> "世俗化"一词和从它派生的"世俗主义"一词，一直作为一个富有价值判断内涵的意识形态概念被使用，有时有正面的含义，有时有反面的含义。在反教权的和"进步"的圈子里，它逐渐代表了现代人从宗教保护之下的解脱，而在与传统教会有关联的圈子里，它作为"非基督教化"和"异端化"等等而受到攻击。……我们所谓世俗化意指这样一个过程，通过这个过程，社会和文化的一些部分摆脱了宗教制度和宗教象征的控制。当然，在我们谈及西方现代史上的社会和制度时，世俗化就表现为基督教教会之撤出过去控制和影响的领域——它表现为教会与国家的分离，或者对教会领地的剥夺，或者教育之摆脱教会权威。①

---

① ［美］彼得·贝格尔（Peter L. Berger）：《神圣的帷幕》（*The Sacred Canopy Elements of Asociological Theory of Religion*），高师宁译，上海人民出版社 1991 年版，第 126、128 页。

也就是说，在传统的教会，尤其是天主教会看来，世俗化表达的是以人为中心的反教权运动，意味着人们对传统教会的脱离，这可以说是文艺复兴运动的另一种说法，故而，在教会看来，它是贬义的；而在人文主义看来，它是积极的、进步的。作为一个社会历史过程，路德宗、加尔文宗的宗教改革运动，可以说是自文艺复兴运动以来，宗教内部的世俗化运动的完成。所以，在韦伯的宗教社会学里面，世俗化理所当然地属于正面的、积极的、进步的。在韦伯看来，宗教世俗化意味着宗教组织放低了身段，向世俗社会、向社会生活的渗透，经商赚钱，乃至"从牛身上刮油，从人身上刮钱"，被认为是向上帝证明自己的能力，是合乎宗教教义的。在这个过程中，滋生、培育出一种特有的新教经济伦理以及特殊的精神气质，这个经济伦理看起来是如此的矛盾，既积极入世，又在入世中清修苦行。韦伯没有说这种经济伦理和精神气质造就了资本主义文明的话，但说了这样的话："没有这个强大的同盟军，资本主义决不可以前进半步"。无论韦伯如何表达，这种经济伦理和精神气质对于资本主义与现代文明的作用是决定性的，是读完他的《新教伦理与资本主义》这本书必然会得出的结论。对于资本主义以及现代文明，新教伦理是否存在着如此大的影响，这是一个问题，由此引来诸多的批评，但是韦伯的这套理论以其非凡的想象力和理论的严密性，产生了巨大而持续的影响，至今人们也难以从他的理论的笼罩中走出来。众所周知，韦伯的理论脚踩在两个基石之上，一个是历史进步论，一个是理性主义。历史进步论意谓资本主义文明的出现是社会历史的进步，世界各国要踏进现代文明，资本主义文明乃是必经阶段，在韦伯看来，资本主义就意味着现代化。哲学上的理性主义，运用在宗教研究中的彻底性，表达为成熟的宗教，意味着对于巫术的脱离，基督教是彻底脱离了巫术的，所以它是理性的成熟的宗教。在这两个基石之上所形成的现代化学说，注定是一个一元论的理论。真正的问题在于：韦伯所依据的欧洲、北美宗教经验是具体性质的，而他所得出的现代化结论是普遍性质的，在方法上，这样得出的普遍性结论是否充分和有效？一般说来，一种社会理论总是从具体到抽象，从个别到一般，韦伯的理论似乎也是这个理路，只不过，他是从一个具体和个别到了抽象和一般。故而，韦伯的理论不在于他的推演有什么问题，而在于他的前提。人们质疑的也是他的两大前提，尤其是历史进步论（而在韦伯的时代，历史进步观念不可逆转地获得普遍认同）。从欧洲和北美的经验来看，韦伯能够有理由得出他的结论，那么这个结论放在欧洲、北美之外是否有效就有待验证。关键在于他的"理想模型"是否够理想。"理想模型"的产生应该是归纳的结果，是在众多的经验事实中抽取其同质的因素，然后选择出一个具体的对象来分析，以它的具体来表现普遍，那么这个选择出来的具体对象所经历的过程，也就是普遍要经历的过程了。其实，韦伯做过验证，只是他验证的并非这个理论能否运用到亚洲、非洲等地，而是验证了亚洲、非洲没有从它们的宗教内部产生欧洲、北美那样的新经济伦理和精神气质，所以它们没有从传统中走出来，这如同以欧洲、北美为模型，作了类比推理。类比的效用在于"像不像"，越"像"就越"是"，即相似点越多就越可能是同类型，并不能检验模型是否典范。所以，当韦伯运用他的理论分析中国的宗教时，就遭遇到诸多的诘难。

　　韦伯也是把儒教作为宗教看的，儒教乃是一种"世俗宗教"①，它是"此岸性的"②，儒家有着自己的伦理，但仅仅是"人间的俗人伦理"③，它只是"顺应尘世"④。儒教也有一种"理性"，但只是"秩序的理性主义"⑤。道教乃是一种"神秘主义"，是为了"把灵魂从感官中解放出来"，⑥它"没有神同被造物之间的紧张关系"。⑦道教与商人之间有着特殊的关系，⑧但"在道教里面找不到一点点'市民伦理'"，⑨在道教里面"找不到通往理性的——不管是

---

① ［德］韦伯：《儒教与道教》，商务印书馆1994年版，第194页。
② ［德］韦伯：《儒教与道教》，商务印书馆1994年版，第196页。
③ ［德］韦伯：《儒教与道教》，商务印书馆1994年版，第203页。
④ ［德］韦伯：《儒教与道教》，商务印书馆1994年版，第207页。
⑤ ［德］韦伯：《儒教与道教》，商务印书馆1994年版，第221页。
⑥ ［德］韦伯：《儒教与道教》，商务印书馆1994年版，第231页。
⑦ ［德］韦伯：《儒教与道教》，商务印书馆1994年版，第237页。
⑧ 参见［德］韦伯：《儒教与道教》，商务印书馆1994年版，第247页。
⑨ ［德］韦伯：《儒教与道教》，商务印书馆1994年版，第247、248页。

入世的还是出世的——生活方式论之路"。① 儒教和道教的相同之处是，没有像基督教那样将此岸与彼岸对立起来，② 没有脱离巫术，没有从宗教伦理内部产生出新的经济伦理，如果有某种"商业的可信赖性"的话，那也是从外部积累起来的。③ 一句话，中国有大量有利于资本主义产生的条件，但没有"造就"资本主义。

韦伯对中国的宗教说不上有多么深入的了解，但他的洞察力是毋庸置疑的，他根据有限的了解就能刺中中国文化的痛处。对于没有造就资本主义的结论，中国学者也无话好说，但对于中国宗教的那些论断，中国学者就不乐意接受，余英时先生的《中国近世宗教伦理与商人精神》一书，可谓这方面的代表之作。余先生首先对韦伯的"理想类型"提出了质疑：

> 他的具体研究对象是喀尔文教派，他所全神贯注的则是通过具体的历史经验而建立一种"理想型"（"Ideal-type"——笔者注）。所谓"理想型"虽不是韦伯最先发明的，但却是因为经过他的大规模的运用而卓著成效的。所谓"理想型"，最简单地说，即是通过想象力把历史上的事象及其相互关系连结为一整体。这样建立起来的"理想型"，其本身乃是一个乌托邦，在真实世界中是找不到的。但是，从另一方面看，"理想型"超越了经验而同时又包括了经验。它本身不是历史的本相，但为历史本相提供了一种清楚的表现方式；它本身也不是一种假设，但其目的则自在引导出假设的建立。……韦伯所研究的历史经验是特殊的，但是，就宗教信仰和经济行为之间的关系而言，则他所提出的问题又是具有普遍性的。④

在余英时看来，韦伯所得出的中国不可能出现"资本主义精神"这一

① ［德］韦伯：《儒教与道教》，商务印书馆 1994 年版，第 256 页。
② 参见 ［德］韦伯：《儒教与道教》，商务印书馆 1994 年版，第 280 页。
③ 参见 ［德］韦伯：《儒教与道教》，商务印书馆 1994 年版，第 286 页。
④ 余英时：《中国近世宗教伦理与商人精神》，台湾经联出版社 1996 年版，第 62、63 页。

结论"也许是正确的","但是他获得这一结论的理由则是站不住的"。① 韦伯的理由之所以站不住，在于他在论述中国宗教问题时缺乏历史经验的理据；韦伯的"理想型"宗教伦理精神，就是"入世苦行"，然而，"我们必须说，中国的宗教伦理大体上恰好符合'入世苦行'的形态"。② 余先生以其擅长的历史学方式，以具实的历史文献，表明中国宗教在唐朝的佛教禅宗和金元时期的道教全真教那里，便完成了"入世转向"，厉行的就是入世苦行的精神，"儒家从来就是入世之教，"③ 故而不存在入世转向问题，但从韩愈之后的新儒家，并不缺乏类似"新教伦理"的运动，儒家并非没有彼岸世界，它的彼岸世界就是"天理世界"，也不缺乏此岸与彼岸之间的紧张，只是它的内在超越性决定了其紧张也是内在的（韦伯恰恰不懂得这个）而不是外在的。至于中国商人，尤其是明清商人，"对于宗教和道德问题确有积极追寻的兴趣"，他们曾经主动地去建构了自己的道德规范，以最理性的方式来达到致富的目的。总之，韦伯缺乏中国历史知识，其"关于儒家、道家的理解可以说基本是错误的和片面的"。④

余先生对韦伯的反诘是有道理的和立得住的，对中国宗教精神的分析也不可不谓深入，单就"入世苦行"来说，也并非只有基督教才有，禅宗主张的禅戒并用，全真教主张的尘劳和清规并举，都应当被看作另类的"入世苦行"。但是，有两个方面是不同的：一是禅宗和全真教的入世苦行发生的节点不同于基督新教；二是禅宗和全真教的入世苦行并没有与商业经济发生直接的联系。禅宗和全真教的入世虽然也表现为世俗化，但不像基督教的世俗化发生在工业资本兴起时期，所以没有形成社会化资本经营的热情，自然并不会催生出资本主义，设想基督教的世俗化运动如果发生在中世纪，也同样不会有新教那样的社会历史影响。禅宗和全真教的入世意味着打柴担米、过俗世的生活，而基督新教的入世意味着挣钱和资本扩张；禅宗和全真教的

---

① 余英时：《中国近世宗教伦理与商人精神》，台湾经联出版社 1996 年版，第 67 页。
② 余英时：《中国近世宗教伦理与商人精神》，台湾经联出版社 1996 年版，第 69 页。
③ 余英时：《中国近世宗教伦理与商人精神》，台湾经联出版社 1996 年版，第 43 页。
④ 余英时：《中国近世宗教伦理与商人精神》，台湾经联出版社 1996 年版，第 168 页。

苦行意味着并非经济的宗教伦理，而基督新教的苦行意味着建构新的经济伦理。至于余英时先生认为中国没有产生资本主义的原因，并非中国缺乏入世苦行的精神，或许是"由于中国没有政治和法律还没有经历过'理性化的过程'（the process of rationalization）"，这似乎是有别于韦伯的另一种历史决定论的观点。①

不过，这里已经涉及宗教的世俗化是不是一次完成的问题，只要我们不把世俗化看作是消极意义的或者韦伯《新教伦理与资本主义》中的专有词汇的话，而是一个广义的、积极意义的词汇，这个问题就很有意义。我们知道基督教的路德宗教改革是一次世俗化运动，而它的精神力量来自"因信称义"，这正是保罗将基督教从犹太人当中带出来、由此走向"普世化"过程中的主张，对此孔汉斯说道：

> 路德的称义论的基本论述即"唯有通过恩典"、"唯有通过信仰"、"人同时是义人和罪人"，确实得到《新约》的支持，尤其得到在称义学说上起了决定性作用的保罗的支持。②

彼得·贝尔也说道：

> 如果对新教与世俗化之间的历史关系的这种解释被接受（今天他大概已被学术界大多数人所接受），那么，关于新教世俗化的能力是一种新产生的东西呢，还是渊源于圣经传统更早的因素之中，这个问题就不可避免地要出现。我们可以论证说，后一个回答是正确的，事实

---

① 余先生的这个判断会引起另一个疑惑，究竟是生产决定了政治、法律制度，还是政治、法律制度决定生产方式？此外，"理性化"这一概念也容易引起歧解，一方面我们可以说政治、法律制度本身就是理性化的，在这个意义上，即便君主制度下，中国的政治、法律都是理性化的产物；另一方面如果"理性化"指的是韦伯所说的那个意思，那么无异于说中国没有经历西方类似的现代化过程，这等于又回到了推论的起点上去了。

② ［德］孔汉斯：《基督教大思想家》，包利民译，社会科学文献出版社2001年版，第141页。

上，世俗化的根子可以在古代以色列宗教最早的源泉中发现。换言之，我们可以断言，"世界摆脱巫魅"在《旧约》之中就开始了。①

孔汉斯把新教改革的动因追溯到保罗，而彼得·贝尔追溯到了《旧约》，并指出，《旧约》中就有"'非神圣化'及'非神话化'的倾向"，并认为圣经传统的宗教发展是一个"独立的变量"，而世俗化影响下的宗教，只是"从属的变量"，所以，"起源于圣经传统的宗教发展可以被认为是现代世俗化世界形成的原因"。② 依照这个观点，不仅保罗，即便是基督的"道成肉身"，也被认为是对于传统的"背叛"，③ 就像路德的改革被梵蒂冈看作"背叛"一样，然而，基督教恰恰就有这个核心的特征，"也可以不自觉地为世俗化过程服务，那就是基督教会的社会形式"。④ 从广义的世俗化来说，从《圣经·旧约》开始的"非神圣化"和"非神话化"，经过"道成肉身"，保罗的基督教普世化，一直到路德宗、加尔文宗的宗教改革，都可称得上"世俗化"，区别只在于路德宗之前的宗教改革对宗教自身的发展产生了重大影响，而路德宗的改革伴随着资本运动，不仅对基督教本身，且对人类社会的进程产生了重大影响。

由此来看中国宗教的情形。如果我们认同佛教禅宗的入世苦行就是一场世俗化运动的话，那么这场宗教内部的运动不仅彻底解决了禅宗中国化的问题，⑤

---

① ［美］彼得·贝格尔：《神圣的帷幕》，高师宁译，上海人民出版社 1991 年版，第 134、135 页。

② ［美］彼得·贝格尔：《神圣的帷幕》，高师宁译，上海人民出版社 1991 年版，第 152、153 页。

③ "在传统的穆斯林看来，基督教'背叛'真正一神教的本质，乃表现在'道成肉身'的教义中，这种教义认为任何东西或任何人都能够与上帝并立或作为上帝与人之间的中介，这个古典的看法也许有某种道理。"［美］彼得·贝格尔：《神圣的帷幕》，高师宁译，上海人民出版社 1991 年版，第 145 页。

④ ［美］彼得·贝格尔：《神圣的帷幕》，高师宁译，上海人民出版社 1991 年版，第 147 页。

⑤ 有关这个问题，印顺认为，道安那个时候，就是佛教的人间化的开始，"道安对中国佛教所做的一切，在今天看来，就是我们现在所说的佛教人间化的过程"。（印顺主编：《宗教的现代社会角色》，人民出版社 2014 年版，第 4 页）

也解决了禅宗世俗化的问题，不仅"獦獠"（所谓的南方蛮人）可以学佛，且不识字的愚夫愚妇皆可以学佛，以至于郁郁黄花、青青斑竹皆有佛性，且"禅戒并行"也保持了禅宗自身的同一性，这样的世俗化应该说是比较彻底的。然而，禅宗到了现当代又经历了一次世俗化（有曰"社会化"）运动，借此实现它的现代转向。全真道教在创立伊始就经历着两个向度的运动，一个是世俗化、社会化，一个是自身的庙宇化和禁欲化，通过世俗化、社会化，积极参与社会实践，甚至做常人不堪做的事情，把根子扎在民众的土壤中；通过庙宇化和禁欲化，以宣誓自身与世俗欲望断绝的信念。前者获得了民众的拥戴，后者不仅保持了传统的"道与俗反"的同一性，且超越了传统，所以，我们看到的是全真教在两个看似对立的方向都获得了成功。但是，无论禅宗，或者全真教，都不可能培育出资本主义精神，因为资本主义的生产方式还没有出现，它们的世俗化、社会化的内容都没有涵括基督新教的那种内容，所以说禅宗、全真教的世俗化、社会化发生的历史节点不在资本主义的门槛。而且，由于宗教自身的运动，历史上曾经发生的世俗化、社会化运动，也不可能持续几个世纪，"坚持"到最后能够迎来资本主义。就像禅宗当年不坐禅、不立文字，到后来也照旧坐禅、立文字一样，全真教初期的那种开放姿态（诸如王重阳在山东开办的各种"社"、"会"），到后来越来越封闭，陷入师徒相传的孤立循环。所以，世俗化不是一次就完成了的。

发生在19世纪的华南扶鸾结社以及慈善与运动，乃是道教的一次世俗化运动，它发生的时间正好是在国家政权控制力降低、商业资本和工业资本极其活跃的时期，外加自然灾害的频繁，全真教也正好搭上了资本运动"这班车"，神从庙堂上走下来，资本则进入了坛堂，而开门办慈善、开门阐教（诸如拜天师，不拜人师，广纳信徒）已成不可逆转之势，传统的"演教"，在内涵了演变成了"普济劝善"。

第三章　全真宗脉及学脉关系

一、清代全真教在广东的传播

　　全真教究竟何时进入岭南地区，这仍然是一个学界未能解决的问题。从已知的事实看来，全真教至迟于康熙年间进入岭南地区，这主要是以康熙中全真教龙门道士杜阳栋、曾一贯来到罗浮山为标志。

　　陈铭圭的《长春道教源流》可谓全真教史的权威之作，他在这部书中对曾一贯来粤传教的过程叙述道：

> 曾师一贯，号山山，不详何许人，其师李清秋，龙门派第十代孙，得至人传授真诀，一贯传其学，恬修道成，以符药救人。康熙间入罗浮，筑道场于紫霞洞。五十五年广州旱，当道邀请求雨，雨大注，因委管冲虚观，山中五观，余四曰稣醪，曰九天，曰黄龙，曰白鹤，俱延为住持。后迁紫霞洞道场，于稣醪洞令弟子柯阳桂主之，师自居冲虚，未几羽化，葬冲虚观前狮子山，师遗有佩剑，能辟邪，有病祟者取剑悬卧内即愈，今尚存。①

这段文字表明了曾一贯出自龙门第十代孙李清秋，也表明了他于康熙年间入

---

① 陈铭圭：《长春道教源流》，《藏外道书》第 31 册，巴蜀书社 1992 年版，第 147 页。

住罗浮紫霞洞，并在康熙五十五年（1716）应当局之邀，为旱灾祈雨。但是，并不清楚他是哪里的人，并于康熙哪一年入住罗浮山紫霞洞。这个方面的资料，陈铭圭所录《浮山志》补充道：

> 酥醪观以曾山山为第一代住持，介生师（赖本华）称康熙四十五年师于紫霞洞，造云霄阁。五十五年当道延师祷雨，立应，因委管五观，权驻冲虚。……今墓在冲虚观前之狮子山，题龙门正宗第十一代祖，总住持，讳一贯，号山山曾师，下云，五观同祀。全真之居罗浮，实自山山始。①

这则资料源自曾一贯的徒孙赖本华（原名赖洪禧）的《浮山小志》："康熙四十四年，曾山山炼师奉道所营造也。"这进一步明确了他是山东人，并在康熙四十四年营造罗浮山紫霞洞，四十五年已经在并招收弟子了。然而，对于杜阳栋，陈铭圭只字未提。只是在陈铭圭之子陈伯陶的《罗浮志补·述略》中才对杜阳栋有叙述：

> 字镇陵，潍县人，入道于灵山乾元宫。康熙庚午（二十九年，1690）来游罗浮。戊寅（三十七年，1698）为冲虚观住持。尝与梁佩兰论养生，引义玄畅，佩兰赠诗，有"庚申夜长守，子午阳当壮。心凝水火交，骨屹山岳状"语。乙酉（康熙四十四年，1705），惠州旱，官绅请之祷，即雨。西湖玄妙观道士王守拙曰："杜公立玄门柱石也。"遂请为住持。后复创归善之南天观，修广州之三元宫。年七十六，于三元宫内坐化。②

---

① 陈铭圭：《浮山志》，《藏外道书》第32册，巴蜀书社1992年版。

② 梁佩兰的这首诗收录在《六莹堂二集》中，题"赠杜贞陵炼师"。（参见黎志添：《广东地方道教研究》，香港中文大学出版社2007年版，第64页）

《罗浮志补·罗浮指南》在叙述到冲虚观的时候，还写道：

> 明洪武初山中诸观废，聚其材搆丛林观，时冲虚尚在。永乐十年七月，遣道士黄道常同市舶提举卢善敬设醮观中，醮毕，瘗所降玉简于前，作亭覆之，名玉简亭。观中旧为金阙寥阳殿，左为诸仙祠，右为葛仙祠，自永乐至隆万间，观为最盛。启祯时渐圮，韩日缵、袁崇焕先后募修。明末群盗啸聚，山下焚掠靡遗，观被毁，惟中殿存。国朝康熙丙辰（十五年，1676）惠守吕应奎、博罗令陶敬充修，戊寅（三十七年，1698）龙门派道士杜阳栋来往住持复修。卢挺山囊云观租数千石，黄冠纵恣，互相讦讼，遂为有权力者所侵蚀，此当在杜阳栋未住罗浮之前。康熙末道士曾一贯有道术，省中大吏延之求雨，辄验，乃命为五观住持。①

依照以上所述，杜阳栋在康熙二十九年（1690）来到了罗浮山；康熙三十七年（1698）当了冲虚观的住持；康熙四十四年，应惠州地方官的请求，做了祈雨的法事；因为法事灵验降了雨，他受邀做了惠州西湖玄妙观的住持；后来又去了三元宫，主持了三元宫的修建，在七十六岁时于三元宫坐化。而曾一贯作为"康熙末道士"，也来到了罗浮山。关于曾一贯来罗浮的事迹，陈伯陶重述了陈铭圭的叙述，在陈伯陶的陈述中，杜阳栋在先，曾一贯在后，有所谓"杜曾"的说法。②依照陈伯陶的叙述，杜阳栋早于曾一贯十六年来到罗浮，杜阳栋祈雨法事（康熙四十四年）也比曾一贯的祈雨法事（康熙五十五年）早十一年，而且，也不是陈铭圭所说的"全真之居罗浮，实自山山始"，而应当是从杜阳栋开始了，陈伯陶正是如此断定的：

---

① 陈伯陶：《罗浮志补·述略》，《藏外道书》第 32 册，巴蜀书社 1992 年版。

② 黎志添据此认为："杜阳栋住持冲虚观的时期，至迟应止于康熙五十六或五十六年之前，即是他住持冲虚观后十八年或以前。"（黎志添：《广东地方道教研究》，香港中文大学出版社 2007 年版，第 69 页）

道之始，始于杜阳栋、曾一贯，龙门派也。其支分为惠州之玄妙观，会城之三元宫、应元宫、五仙观，番禺之纯阳观，其余菴院分衍不可胜数，要皆以华首、冲虚为归，此明以来神仙释道之大略也。①

可能是由于陈铭圭的《长春道教源流》和《浮山志》、康熙年间宋广业《罗浮山志汇编》以及吴骞《惠阳山水纪胜》皆不言杜阳栋住持冲虚观事，加上依照全真龙门的派字"一阳来复本，合教永圆明"，杜阳栋低曾一贯一个辈分，广东、广州现代方志皆言杜阳栋是曾一贯的徒弟。② 这个说法并不十分有效。我们知道，全真龙门派自王常月始，的确有一个派字的辈分，但由于传代律师有快慢，这个辈分派字到后来只是一个参照物而已，未必辈分在前的就一定属师、在后的一定属徒。再说，没有任何资料可以支持杜阳栋为曾一贯徒弟的说法。③ 陈铭圭只言曾一贯，不言杜阳栋，或许因他没看到杜阳栋的材料有关，④ 或许因为维护罗浮曾一贯一系的正宗地位有关。然而，陈伯陶勇于改写其父所述历史，应当是看到这段史实之后而为之。

此外，民国三十三年三元宫住持、龙门正宗二十三、二十四代周宗朗、何诚端所立《广东省广州市粤秀山三元宫历史大略记》记述道：

迨至明季清初，本宫开山始祖、龙门正宗十二世玄嗣杜公（讳阳栋，字镇陵，山东莱州府潍县人也）、广东巡抚李棲凤、平南王尚可喜、总镇金弘振等来宰是都，所见宫内尘俗之辈，并无羽流，有失名

---

① 陈伯陶：《罗浮补志·罗浮指南》，《藏外道书》第32册，巴蜀书社1992年版。

② 如《广州宗教志》："龙门第十一代道士曾一贯入驻罗浮山冲虚观，其门徒杜阳栋于康熙三十九年（1700）应邀任三元宫住持，龙门派遂传入广州。后来修建的纯阳观和修元精舍等道观，均属龙门派。"（《广州宗教志》，广东人民出版社1996年版，第94页）

③ 对此，黎志添也持否定态度，参见其著《广东地方道教研究》，香港中文大学出版社2007年版，第73页。

④ 尤其是有关杜阳栋与梁佩兰"论养生，引义畅玄"、西湖玄妙观"杜公立玄门柱石"的材料。

胜实际，用钱遣去。天旱祷雨，在罗浮山聘到杜公，登坛果应甘雨，因而任为本宫住持。至于重修之事，历代皆有。顺治十三年，李棲凤捐俸重修三元殿并钟鼓两楼，尚可喜捐铸大钟；康熙三十九年，金弘振捐俸发起，杜阳栋督工重修，开为道观丛林，板梆传餐，十方云游道侣，借为留丹栖息之所；雍正三年，住持韩复兆、梁复竖碑纪事；乾隆五十四年，总督嘉勇公福捐俸发起，住持郁教宁、黎永受、杨圆炯师徒，相继募化督工，至乾隆六十年完竣，从此规模宏敞，庙貌壮观；道光十七年，云南储粮道邓士宪发起，住持黄明治募化督工重修；咸丰六年，因兵事破坏，同治八年，两广总督瑞麟捐俸发起，住持黄宗性募化重修，由肇庆运来青牛迹古石，设置于吕祖殿前阶下；光绪二十八年，住持梁宗琪募化重修。光绪二十九年，梁宗琪将本宫田产实业六百二十三亩，尽数拨出，兴办时敏中学校，培育人才，钦奉敕赐"葆光励学"四字匾额，恭悬殿前。光绪三十三年，又奉敕赐"护国佑民"四字匾额，恭悬头门。从此本宫道侣四十余人，给养之资，别无挹注，只靠香火醮务以度生活，所赖神灵运化，免受饥寒。民国八年，住持张宗润重修一次。至二十七年，世界翻新，三元、太上、鲍姑、吕祖、灵宫各殿，并头门、钵堂、客堂、斋堂尚属坚固，其余后座斗姥、文昌、北帝、钟离、武侯、天后各殿，一连六座，以及东西包台房屋多间，风雨飘摇，管理不到，匪人乘机盗拆，墙垣崩颓。民国三十二年，住持周宗朗、何诚端发起，在宫募化护法，欧阳霖等极力赞助，谨于是年癸未三月二十一日辰时，卜吉重修，后山修复玉皇宝殿，东隅修复祖堂、禄位堂。春秋两祭，并在堂前右廊将唐吴道子"观音像"真迹，勒于壁间，以志景仰。至于五老洞遗迹及后山余地，恢复经堂，修设花园，乃郝诚伯募化督工。又西隅虬龙井旧址，张信纲备资修葺虬龙古屋一间，纪鲍姑在此得道之仙迹。建设藏经阁，搜集古代圣贤著作之书，保存国粹而已。①

───────────

① 　此碑存于广州三元宫碑廊。

这可以说是记述清代至民国三元宫修缮的历史，又是自康熙年间杜阳栋以下世代传法的谱系。在清代的地方金石志有关三元宫的记载中，都没有谈到杜阳栋重修三元宫之事，但与上述《三元宫历史大略记》有关的事迹则时有记载，如顺治十三年李棲凤《修建三元殿记》，记载了三元殿修建的盛举；① 道光十七年《重修三元宫碑记》为住持、龙门派道人黄明治所立，记述了是年重修三官殿、灵官殿、雨仙殿、观音殿、祖堂等工程的过程；② 同治八年朱用浮所撰《重修三元宫碑记》，记述了道士黄宗性（号佩青）与诸道友许下重建三元宫、使其"巍峨如故"的宏愿，广募捐奉累年而成的史迹。方志金石志中有清乾隆四十五年《鲍姑祠记》、③ 乾隆五十年《重建斗姥殿碑记》、④ 同治九年江璟撰《重修广州三元宫碑铭》等史料，⑤ 在《三元宫历史大略记》中则未提及；但是，后者记载的包括杜阳栋师徒重修三元宫的故事，则前者没有提及。尽管如此，就像我们不怀疑方志金石志史料的可靠性一样，对于《三元宫历史大略记》的可靠性也不应当怀疑，不仅因为后者所言之史实前后相续，完整严密，间与方志金志相印证，且也表明了类似"住持韩复兆、梁复竖碑纪事"之事，在方志金石志中并没有记载，这说明三元宫有自己"纪事"的传统，只是这些"纪事"的材料遗失了。

依照《三元宫历史大略记》，以及现代《广州宗教志》的资料，可知杜阳栋以下历代嗣法世系：

杜阳栋──韩复兆、梁复──郁教宁──黎永受──杨圆炯──

---

① 参见宣统《番禺县续志·金石志》，载黎志添、李静编：《广州府道教庙宇碑刻集释》（上册），中华书局 2013 年版，第 40、41 页。

② 参见宣统《南海县志·金石略》，载黎志添、李静编：《广州府道教庙宇碑刻集释》（上册），中华书局 2013 年版，第 47、48 页。

③ 参见宣统《番禺县续志·金石志》，载黎志添、李静编：《广州府道教庙宇碑刻集释》（上册），中华书局 2013 年版，第 42、43 页。

④ 参见宣统《南海县志·金石志》，载黎志添、李静编：《广州府道教庙宇碑刻集释》（上册），中华书局 2013 年版，第 44、45 页。

⑤ 参见汪璟：《随山馆丛稿》，载黎志添、李静编：《广州府道教庙宇碑刻集释》（上册），中华书局 2013 年版，第 50、51 页。

黄明治、程明善——黄宗性、梁宗琪、张宗润、周宗朗、谢宗晖、吴宗海——何诚端、褣诚谦、黄诚通——郑信文、吴信达、苏信华、余信昌——朱崇佐、潘崇贤

其中杜阳栋、韩复兆、郁教宁、黄明治、黄宗信、梁宗琪、张宗润、周宗朗、何诚端、郑信文、吴信达、苏信华为三元宫历代住持，朱崇佐为南雄洞真古观住持，潘崇贤为纯阳观住持。依照龙门派字"一阳来复本，合教永圆明，至理宗诚信，崇高嗣法兴"的世系关系，中间少了"来"、"本"、"合"、"至"、"理"五字辈，传统的龙门传法世系的严格性，决定了中间不至缺字辈，或许因中间这些字辈没有参与三元宫的重修而不见经传。虽则如此，这个世系表并不能够说明历代传法人皆属于杜阳栋的直系师承，这主要是因为罗浮山冲虚观与三元宫的互动关系所致，且罗浮山的道派势力远大于三元宫，即便在杜阳栋曾经住持的惠州玄妙观，在杜阳栋去广州三元宫之后，其后的历代住持也未必就是杜阳栋的徒子徒孙。①

相比之下，曾一贯以下罗浮山的道教传法世系则很完整，这自然与罗浮山道教组织的完整与势力大有关，也与陈铭圭、陈伯陶父子前后相续的整理有关，兹据陈铭圭《长春道教源流》、《浮山志》（其中包括《浮山志》、《浮山小志》、《浮山新志》等），陈伯陶《罗浮指南》、赖不阿荣《罗浮山道教史略》等，依照龙门派字列出其传法世系：

---

① 黎志添《广东地方道教研究》引陈合琼乾隆三十三年所立玄妙观重修碑"康熙三十七年，延冲虚大师主持，整饬之"，以"冲虚大师"为杜阳栋，并引吴骞《西湖纪胜》所录《重修景贤祠并祀田碑记》，以康熙六十一年玄妙观有道士"邓本慧、林复德"，认为此二人"应属于杜阳栋的再传弟子"。（参见黎志添：《广东地方道教研究》，香港中文大学出版社2007年版，第70、71页）

曾一贯——柯阳桂①——蔡来端②——童复魁③、曾复高、胡复安——江本源④、赖本华⑤——方合炬⑥、萧合三⑦——邓教煌⑧、陈教友

---

① 参见陈铭圭《长春道教源流》："柯师阳桂，号善智，福建泉州府晋江县人，家世仕宦，师幼习举子业，然性耽清静，慕老庄之学，弱冠弃家游罗浮，礼曾一贯为师。罗浮酥醪洞，相传安期生与神女于此会，燕醉后呼吸水露，化为酥醪，故名。晋葛洪隐罗浮，曾建北菴，宋代旧有观遭乱，久废，一贯与师择今地重为兴筑，师操行清洁，住三十余年，度弟子百余人，乾隆十年六月二十日，无疾而化，年五十三，门人瘗于观右之铜鼓岭，岁时临奠焉。"

② 参见陈伯陶《罗浮指南》："康熙末道士柯阳桂于洞中创建酥醪院，雍正初改为观。柯，曾一贯弟子也，羽化后其徒蔡来端、童复魁、江本源相继为住持。"

③ 参见陈铭圭《长春道教源流》："童师复魁，号慵菴，浙江绍兴府会稽县人，柯阳桂再传弟子也。乾隆辛亥入道罗浮酥醪观，时年三十八矣，精进有得，复云游二十载乃归，众共推为住持，制府重之，复举任道会司之职。师御下严整，山中道释俱奉命惟谨，客有避难入罗浮者，所历寺院款给优厚，询其故，俱云宴住持预言有佳客至，不敢慢。……嘉庆辛酉九月初三日坐化，寿九十八，其徒江本源葬之柯阳桂塋次。"

④ 参见陈铭圭《长春道教源流》："江师本源，字瀛涛，号松竹山人，广州府番禺县人，入道罗浮酥醪观，继童复魁为住持。师自有戒行，通儒释之学，能诗文，士大夫喜从之游。以观为浮山最深处，乃辟佛子隩塗经筑玉液亭为义浆，以济行者。又以广州白云山蒲涧安期生尝采药其间，复倡筑安期仙祠。晚营生壙于观左之望冈墩。嘉庆丙子毗陵汤贻汾来游，为题其壙曰：江瀛涛藏于此。化后门人即瘗仙蜕于壙中。"陈伯陶《罗浮指南》："江号瀛涛，番禺人，通玄学，能诗文，于观左筑浮山第一楼以居游客，又搜取洞中诸胜为十境，一时名士如张维屏、黄培芳、谢兰生、汤贻汾、恽敬辈俱与之游，且谓酥醪为灵秘，以得至为幸。"

⑤ 参见陈铭圭《长春道教源流》："赖师本华，号介生，原名洪禧，字畴叶，广州府东莞县人，初习举业，为诸生以诗名，后入罗浮酥醪观，礼童复魁为师，习静一室，不与人接，垫江李惺游罗浮，慕其人，请与相见，师以耳聋辞，惺怅然题诗于壁曰：'山外游来一窳公，山中却有赖痴翁。痴翁不与窳公见，知道痴翁耳诈聋。'后年八十余，化于观中。其子孙迎遗蜕返葬乡间，有《罗浮新志》，《红棉馆诗钞》传于世。"

⑥ 方合炬，原名文炳，同治乙丑（1865）曾与陈教友同为酥醪观住持。

⑦ 萧合三，字虚生，号梅村，新会人，陈伯陶《罗浮志补》："为酥醪观住持，善诗，有洞中即事诗。"

⑧ 冲虚观住持，乾隆戊子（1745），重修葛洪衣冠冢，立碑为记。

（铭圭）①——张永坚②、谢永靖③、何永安④、陈永焘⑤、伍永罴⑥——陈圆琯⑦、金圆白⑧、陈圆是⑨、黄圆升、黄圆空⑩——莫明星⑪、余明志⑫、李明

---

① 陈教友，名铭圭，字京瑜，一字友珊，酥醪观住持，著《长春道教源流》，录《浮山志》。重建酥醪观，《浮山志》卷二："余重建酥醪观，于光绪戊寅（1878）十一月落成。观中道侣因作黄箓醮。醮日，五色云现，纷纷郁郁，遍复高岫，朝日丽之，采绚万状，时人咸以为瑞。""因捐募万金，重修观宇，自是始复旧观。"陈伯陶《罗浮指南》："同治间，观（酥醪）渐坏，先君子募万金重修之，复增筑丹房精舍，道俗云集，遂与冲虚并称大观。观之右斗台石刻有酿泉、鹤冢、南山拜松处、群玉诸字，观之南六里有符竹峰，又名丫髻峰，俗称四方山。"
② 张永坚，字云根，新会人，白鹤观道士，《罗浮志补》："工诗，有《无心齐草》，刘彬华称其得法温李。"
③ 谢永靖，字菊斋，沈阳人，道光末为酥醪观住持。
④ 何永安，号磐石，顺德人，为酥醪观住持，《罗浮志补》："后于广州创太清宫，有《五芝苗庭》，年八十三羽化。"
⑤ 陈永焘，酥醪观住持，1930 年羽化。
⑥ 伍永罴，1930 年与陈圆是同为酥醪观住持。
⑦ 陈圆琯，冲虚观住持，嘉庆初主持冲虚观修复。陈伯陶《罗浮指南》："嘉庆初，观复坏，十二年住持陈圆琯募修，改中殿为三清殿，改诸仙祠为吕祖堂，又移葛仙祠于中座，改其右为祖堂。"道光辛卯年（1831）无疾而化。
⑧ 金圆白，吉水人，谢永靖徒弟。
⑨ 陈圆是，1930 年与伍永罴同为酥醪观住持。
⑩ 黄圆升、黄圆空皆 1930 年道士，参与重修黄仙观。
⑪ 莫明星，明福观住持，乾隆年间募捐重修明福观，复原名九天观。
⑫ 陈铭圭《长春道教源流》："余师明志，号笑尘子，原名慈鹤，广州府顺德县世家子，父宦于蜀产焉，少随父任，读儒书，通玄理，弱冠即有出尘之想，回粤后试弗售，娶妻生子焉，既而曰：世途险诈，室家累人，何郁郁久居此？同治甲子，年逾不惑，遂入罗浮之酥醪观，杜门不出，惟焚香斗室，昼夜诵道德、黄庭等经，虽风雨寒暑无少辍，尝谓吾侪，修道丹药本无可凭，不若诵经以存心，使心无欺念，还吾本体，自能超凡入圣，神游太虚。住山十年，计所诵经不啻数千万遍，每语人曰：吾诵经有血气调和，冬不慄，夏不汗，饥渴可忘，疾病罔作，其效如此。一日具斋，邀道侣告别云，明晨下山。众恠之。夜漏三下经声犹未辍，天将晓，启户视之，趺坐榻上化矣。榻前遗书诸道侣，勉以修身立命，非嘱刊其语录训世，时甲戌八月也。师缄默寡言，诵经之暇，惟以诗自娱，道侣汇梓之名曰：《笑尘子集》。"

彻①——王至贤②、严至垣③、杨至澄④——温理文⑤——余宗耀⑥——黄诚通、赖保荣（诚字派）——梁信友⑦、余信昌

然而，上述世系只是一个形式上的前后辈分，实际情形与此殊异。由于传法传戒有别，有的道士传递快，有的慢，故而名义上辈分高的未必为师，在时间上往往在后，如仅以时间的先后，其次序应当是：

曾一贯——柯阳桂——蔡来端——童复魁——邓教煌——莫明星——曾复高、胡复安——江本源——赖本华——李明彻——陈圆琯、金圆白——余明志——张永坚、谢永靖、何永安——方合矩、萧合三——陈教友——王至咸——温理文——余宗耀——梁信友——陈永焘——伍永㩙——陈圆是、黄圆升、黄圆空——黄诚通——余信

① 李明彻，字青来，广州纯阳观开山祖师，道光九年（1829）立《鼎建纯阳观碑记》。该碑根据李明彻的笔记所刻，详述纯阳观的创建过程。光绪五年清戴肇辰等修《广州府志》："纯阳观在河南漱珠冈地，近卢循故城，宋之万松冈也，古松怪石溪山如画。嘉庆二十四年，羽士李青来始建为道院，观后有台，为青来礼斗处，总督阮元题额曰'颐雪坛'。"明彻精于天象学，有著《寰天图说》留世。陈伯陶《罗浮志补》："年十二入道冲虚观，深悟道妙，兼通推步之术，著有《寰天图说》四卷，粤都督阮元以为隋张宾、唐传仁均后崛起一人，会修通志，聘主绘图事。道光甲申于漱珠江万松山创建纯阳观，……又著有《黄庭经》、《道德经》注证道书。壬辰（光绪十八年，1892）年七十八羽化。"

② 王至贤，号寿山，东莞人，酥醪观道士，光绪四年负责重修酥醪观。陈伯陶《罗浮志补》："早岁得病几死，梦道士纳丸药口中，遂醒，因入酥醪观为道士，先君子重修观时，深资其助，后为住持，羽化后葬观右铜鼓岭。"

③ 严至垣，字斗枢，香山人，陈伯陶《罗浮志补》："本生长美洲，学成弃去，入道酥醪观，性聪敏，学琴于师，十日尽其技。"光绪间蜕化。

④ 杨至澄，湖南人善拳槊，陈伯陶《罗浮志补》："光绪甲午来罗浮，居梅花仙院。"

⑤ 温理文，号静云，归善人，冲虚观住持，光绪年间重修冲虚观。陈伯陶《罗浮指南》："有道士在观羽化，验其箧，有金钱，值银数千圆，温遂取以修是观。"又曰："洁身长爪，修龙虎大丹，尝云游外省十余年，后为冲虚观住持。光绪癸卯年（1903）六十五，自知死期，端坐无疾微笑而化。"

⑥ 余宗耀，冲虚观住持，民国元年，维修冲虚观，陈伯陶《罗浮指南》："工未完，近日住持余宗耀、梁信友复修，移葛仙祠于吕祖殿前。"

⑦ 梁信友，冲虚观住持，民国元年后，曾维修了冲虚观。

　　昌——赖保荣

　　所以，后面这个世系表比前一个世系表更能反映罗浮山全真龙门派的学脉与时间关系。在陈铭圭的《长春道教源流》中所列举的世系表中，只有曾一贯、柯阳桂、童复魁、江本源、赖本华、余明志，加上陈铭圭，一共七代。或许在陈铭圭看来，只有这七人，才可以称得上一代律师或宗师吧！

　　在罗浮山，除了杜阳栋、曾一贯的全真道教龙门派之外，还有与杜阳栋、曾一贯同在康熙年间从北方来传教的张妙升，陈伯陶《罗浮指南》写道：

　　　　康熙中有崂山派道士张妙升来居，创建黄龙观，并重新精舍及祠，观之东门向老人峰，观后有八卦台，隐翠岩明石刻犹存。……今白鹤、九天、酥醪皆龙门派，盖其初并杜曾徒侣，惟黄龙为崂山派，出于孙玄清，孙亦长春四代孙也。

又说：

　　　　张妙升，号云仙，山东人，崂山道士，有奇术，与杜阳栋同兴冲虚观，为道俗所仰。观中长生井，味甚冽，升妙所凿也。顾嗣立、梁佩兰、陈阿平俱有赠诗。后开创黄龙观，为初祖。

　　如果说陈伯陶关于全真教的叙述表明了全真教进入广东并非只有曾一贯这条线、还有杜阳栋这条线的话，那么上述这段记述则表明：全真教龙门派传入广东也不只一派，还有崂山派。崂山派的创立者孙玄清虽也属于龙门派的第四代，但已分灯自立了，他作为这一分派"金山派"的宗祖，虽然自身还标立"玄"字（"道德通玄静"），但其子孙传法就不遵守龙门派字的规矩了，如其徒孙张妙升的道号就不再属龙门系列，而属于"金山"派字"玄至一无上，天元妙理生"的第八代。①

杜阳栋、曾一贯、张妙升，全真龙门派沿三条路径传入罗浮，各自也有自己的传法宗脉，但这只限于开初的情形，后来酥醪、冲虚的势力渐大，故除了曾一贯一脉的宗脉代代相续，其他两个的宗脉关系不很明晰了，其中道光年间进入广州纯阳观的李明彻、创立广州太清宫的何永安，无疑是把罗浮的宗脉传递到了广州，如此，还能够说道光以来广州的全真道士都属于杜阳栋么？

人们称李清秋、曾一贯这一道派称为"南宫派"，即是表明这可称为一个独立的道派，清人梁教无著《玄门必读》："南宫宗祖李清秋，为龙门第十代孙，得至人传授真道口诀，道成，得证天仙。后秘授曾一贯祖师，法派曰南宫派。"故此，在后来广州的道士声称自己为罗浮道士也就不足为怪了。

从所传道法来看，由于曾一贯、杜阳栋和张妙升都没有著作，这里仅能根据陈铭圭《长春道教源流》的叙述，做一些分析。曾一贯师从李清秋，曾"得至人传授真诀，一贯传其学，恬修道成，以符药救人"。并于康熙五十五年，"当道邀请求雨"，从这中间可以看出一些端倪。全真教自清初王常月推"三坛大戒"，历代传戒也就如同传法，而"戒"只是一个入道的正式仪式，其"戒"的内容都是公开的，没有特别隐秘的东西，真正隐秘的乃是修炼内丹的功夫，而功夫则分北宗、南宗、西派、东派等等，各派师父"传药"与"传火"的关键在于"真诀"，可见曾一贯所传之"学"，应当是

---

① 孙玄清，字金山，号紫阳，海岳山人，"自幼在崂山明霞洞出家，师事李显陀，后游铁查山云光洞，遇真人通源子授以五行升降天门运筹之法。年十九，即墨县太和真人携驻黄石宫，隐居苦练二十余年，道法大进，后遇张斗篷真人，共谈修真口诀，遂豁然贯通。"（《中华道教大辞典》，中国社会科学出版社 1995 年版，第 196 页）《孙真人紫阳疏》自述："至嘉靖三十七年，功事完毕，赴京白云观，坐钵堂一年，造释门宗卷八部六册。"《玄门必读》、《诸真宗派总簿》俱载其事迹。任颖厄称："孙玄清创立的金山派是全真龙门派在明代成就最大的一个支派，崂山明霞洞也因此成为金山派的祖庭。"（任颖厄：《崂山道教史》，中央编译出版社 2009 年版，第 42 页）"金山"派诗："玄至一无上，天元妙理生，体性浮空坐，自然全是真。常怀清静意，合目得金丹，道高扶社稷，留名万古传。弘扬开大化，正法度贤宗，温良恭俭让，宽仁慈善容。潜心存本位，密念守规中，勤修延寿命，内息润黄庭。安义黍珠成，凝照慧光灵，冲举云霄外，永与太虚同。"

内丹之学，这也是全真教"性命双修"的本来面目。"以符药救人"，则要分别看待，符箓并不是长春道教的本色，而是江东道教茅山、龙虎、阁皂诸山的长处，在长春传教的记录中皆不言符箓；但以药救人，则是全真乃至龙门派的传统，早重阳"立教十五论"里面，就要求道人要学会医术。至于"求雨"的法术，或许为道教清微派的长处，但也非清微派所专有，各派都会这一方术。综合起来看，曾一贯所传递的既有全真龙门的正宗，也有正一、清微的长处，清微与全真在元明时期就已和全真融合起来了，而这也算是岭南全真派的一个传统。曾一贯的徒子徒孙中，其文字记载多法脉世系关系，少有"真诀"、功法、戒律乃至科仪方面的记载，大概这些方面皆重于实行，而不重言说，只有陈伯陶在谈到温理文时，说他"修龙虎大丹"，龙虎大丹在这里当然指修内丹了。但是，"笑尘子"余明光，作为陈铭圭认定的曾一贯派系的传人，他的修炼似不寻旧路，主张"昼夜诵道德、黄庭等经"，又认为"修道丹药本无可凭，不若诵经以存心，使心无欺念，还吾本体，自能超凡入圣"，则有返本归宗的意图。至于李明彻通"推步之术"，明天文之象，绘地理图，则应当属于岭南龙门派的别生一面了。

从陈伯陶《罗浮指南》所记述的杜阳栋来看，他与梁佩兰"论养生，引义玄畅"，佩兰赠诗"庚申夜长守，子午阳当壮。心凝水火交，骨屹山岳状"，以及"惠州旱，官绅请之祷，即雨"，他的修炼方术与曾一贯区别不大，梁佩兰赠诗内容多为内丹修炼火候方面，祷雨方面则与曾一贯如出一辙。张妙升留下的文字记述更少，只是从孙玄清所留下的"派字诗"看，他宗奉的乃是儒道兼宗，儒家的德性与道家的德性合修，同时主张炼金丹，守规中，驻黄庭，即以性功见长。想必张妙升的修炼方术大抵不出其师承关系。

二、明代广东有无全真教

如果说我们肯定曾一贯、杜阳栋和张妙升是全真教最初进入广东地区的传教人，那么也就肯定全真教是在清代康熙年间进入广东的了。① 由于缺乏确凿的历史资料，我们只能有根据地说全真教龙门派于康熙年间进入了广东，却不能说在康熙之前乃至明代，全真教没有进入广东地区。陈铭圭在《长春道教源流》中作了一个并非确切的判断：

> 元以后，至于国朝，全真派遍布于江南各行省，惟粤无闻。然寰宇访碑录有临桂栖霞洞全真观记，云杨璧撰，至元十七年（1280）。是元初全真教已逮粤西矣。今粤东罗浮及会城诸道观询其派，又皆全真也，其来不知何。

陈铭圭关注的就是两个问题，一是根据《栖霞洞全真观记》，肯定元初全真教已经传至粤西，即全真教在元初进入了广东地区；二是陈铭圭感到困惑，在他生活的道光年间，会城广州各个道观的道士都声称自己属于全真教，却不知他们究竟是哪一派的。应该说，陈铭圭的这个不确定的判断，提出了一个重要的问题。对于第二个问题，由其子陈伯陶在《罗浮志补》以及民国的《三元宫历史大事记》中补充了，即会城三元宫、应元宫等当属杜阳栋传递的龙门派。而第一个问题则属于一个历史的悬案。既然在《栖霞洞全真观记》表明在元初全真教已进入粤西，这个问题已经不悬了，问题在于粤西传入的全真教属于哪个支派并不清楚，又为何没有因此进入粤东呢？这才是真正的问题。对此，我们需要根据相关材料做一些分析，甚至做一些必要的横向比较。

由于长春道教在全真教中的兴盛，人们逐渐地以为邱祖龙门派为全真正宗，只有这一派才代表全真教，而在长春道教这一派当中，又以为只有龙门派字的才是正宗，这样的误解给研究工作带来了困难，如果我们在历史材

---

① 黎志添认为："全真教之传入广东境内，乃始于清初顺治至康熙之间的时间。倘若全真教传江南是与蒙元平定南宋同时，那也可以这样说，全真教之传入广东地区，并开启广东道教历史的新一页，这大致与满清平定广东同一步调。"（黎志添：《广东地方道教研究》，香港中文大学出版社 2007 年版，第 108 页）

料中找不到龙门派字的踪影，就说全真教没有传入这个地区。故此，只有破除这个误解才能开阔研究视野。我们知道，王重阳之后，全真教分为七个派别，除了"龙门派"外，还有诸如马玉的"遇仙派"、谭处端的"南无派"、刘处玄的"随山派"、王处一的"嵛山派"、郝大通的"华山派"、孙不二的"清静派"等，而派中又生派，以龙门派为例，又有"金山派"、"天柱观派"、"云巢派"、"太微派"、"金辉派"、"霍山派"、"南宫派"等。全真七子各自所成立的教派，除了龙门派之外，其他教派并不开派字法脉，单以龙门派中的派中派，也未必都守龙门派字的规矩。在这个意义上，如若仅限于以全真派字寻全真教是有问题的。一个更为重要的事实是，龙门派字辈的做法也非龙门宗一贯的做法，很可能只是从清初王常月开始的。① 长春嫡传弟子，称"志"字者居多，诸如尹志平、李志常、王志坦等，但也不局限"志"，也有称"道"、"德"者，如宋道安、宋德方、潘德冲等，说明长春在世时并不严格派字辈；而长春的再传弟子，也有称"志"字的，如梁志安、常志敏、秦志安等，却都是第三代的弟子了，甚至第四、第五代再传弟子也有返以"道"字为号的，诸如张道贵、单道开等，这说明弟子的道号皆属师父所赐，只是表明皈依道教而已，并没有字辈的讲求，也如同佛教皈依时师父赐个号，无须标明辈分。长春道教辈分的严格，理当从第四代孙赵道真始，且也无证据表明是赵道真建立了派字的传统，派字的正式建立可能就是从第七代王常月开始，即赵道真——张德纯——陈通微——周玄真——张静定——赵真嵩——王常月，王常月被称为"第七代律师"。由于清初王常月公开传授三坛大戒，人们便称他为"律祖"，这个说法不无道

① 有关这个方面，莫尼卡和高万山等学人做过专门的研究。莫尼卡："龙门派的创立可以追溯至丘处机（1148—1227）。但在王崑阳（卒于 1680）的领导下，才最终成为一个拥有正式谱系和宫观组织的正式道派。"（见张广保编：《多重视野下的西方全真教研究》，宋学立译，齐鲁书社 2013 年版，第 459 页）高万山《1700—1950 年的全真教》："早期全真教（直到元末）并不存在法派。更准确地说，当时的全真教就像一个庞大的、独一的法派，但并没有采用辈分排字制度。近代的法派形成于明代，其形成过程值得深入研究。"（见张广保编：《多重视野下的西方全真教研究》，宋学立译，齐鲁书社 2013 年版，第 398 页）

理。① 自然，不用怀疑从长春那里应当有一个清规戒律的传统，或者说《全真清规》并非从王常月那里才开始建构，但是，公开传戒，并以传戒为手段将传戒变为传宗则是从王常月始。既然传戒与传宗都是从佛教那里借鉴的，那么"戒"与"宗"在佛教那里的分别是值得注意的。佛教的"戒"，亦即戒律，指佛祖为信徒制定的用以制恶的戒条，"律师"是指通戒律的僧人。佛教的"宗"与"宗师"，《释氏要览》卷上："宗师传佛心宗之师。又云，宗者尊也，谓此人开空法道，为众所尊故。"律师的职责在于背诵、讲解戒规戒条，而宗师的职责在于传授佛心，禅宗传法所实行的"以心印心"，也就是"传佛心宗"。佛教中有一个唐代道宣所创立的律宗，自成一个宗派，但这在佛教中只是一个小传统，而作为主流的禅宗虽然主禅戒并重，但其主要的还在于传心法，而不是传戒。在上述意义上来看王常月的传戒。单从传三坛戒来说，他所传的不过是经过整合改造的传统的道教戒条戒规，并不等于传法传道。在王常月的著述中，《龙门心法》与《碧苑坛经》比三坛大戒及其戒说更符合传宗传道的要求，因为前者包含了许多隐秘的"心法"与"参悟玄微"的内容，而三坛戒则更多地讲解宗教伦理问题。然而，王常月以公开传戒替代隐秘传宗，却产生了宗教学和社会学的双重意义，他使得龙门的宗教伦理深入人心，也使得龙门宗派的组织性强于以往任何时期，龙门派得以广泛传播开去，且代际关系明晰化了。② 相比之下，其社会学意义则

---

① 任继愈认为："全真道初创时期，戒条简单，尚无繁文缛节。据王常月《钵鉴》所记，从丘处机开始，采撷道教传统戒律，仿佛教沙弥、比丘、菩萨三戒之制，制定初真、中极、天仙'三坛大戒'，单传密授，故四百年来不能广行，玄门多不知全真有三坛大戒。赵真嵩曾付嘱王常月：'吾有三百年来独任之事。再传于子，时至而兴，大阐宗风。'"（任继愈：《中国道教史》，上海人民出版社1990年版，第652页）对此，余英时《近世宗教伦理与商人精神》一书也提到，全真教的宗教伦理是从《百丈清规》那里学来的。

② 尽管龙门律宗中还有"律师"与"宗师"的区别，但"律师"是主流，"宗师"只是旁系，《金盖心灯》在记述周大拙时说道："周大拙，名元朴，原名知生，号大拙，陕西西安人。……住世一百一十年，始得天台道者张宗仁承当法戒，复得顿空氏传宗脉，重负乃释。师颜色如童，登峰顶如履平地，于景泰庚午岁十月望日他适不知所终，是为龙门第四代律师，宗仁名静定，顿空氏名静圆，姓沈原名旭。"又注解说："自周律师传张沈二人，始有律师、宗师之分。"

大过宗教学意义，也就是说，王常月并不是在修炼理论、宗教哲学或宗教伦理方面有了前人不曾有过的创见与发明，而是在宗教传播和宗教社会实践方面有了不同前人的做法，并取得了成功。故此，王常月的律宗一系，被《金盖心灯》、《玄门必读》等称为"玄门正宗"。明了上述关系，我们可以说在历史文献中看不到龙门派字，只能说觅不到全真龙门派的传递，不可以说看不到全真教。

在上述意义上，我们来推究陈铭圭所提出的问题。他所说"全真派遍布于江南各行省，惟粤无闻"，应当是他寻不到有派字的龙门派子弟，未必是全真没有传播到广东地区。从元世祖至元十七年（1280）到清光绪戊寅（1878）陈铭圭重修酥醪观，中间五百多年，若说全真无法经粤西传播到粤东，则与情理不符。陈铭圭在这里只是质疑，并没有得出结论说全真教在清康熙之前不曾进入广东。

然而，我们也难以找到确凿的证据表明全真教在何时进入了粤东地区。对此，考察一下全真教在明代的情形，或许有助于理解广东地区的状况。陈铭圭在谈到武当道教及其张三丰时说道：

> 明初道术最著者三人，周颠、张中、张三丰，皆能前知者。周颠，太祖亲为撰传；张中，宋濂以所闻于太祖为之撰传，然皆不详何派。张三丰事见于说部及志，乘者并谓其居武当，则全真派也。武当自张道贵、张守清后，多兼习清微上道，惟三丰无之名，山藏称其有问养生术，竟日不答，论三教等书，决江河所言，皆道德仁义忠孝之旨，此全真正学重阳长春之的裔也。①

又说：

> 全真之教行于北方，其始至南方者武当一派也。惟当世祖平宋时

---

① 陈铭圭：《长春道教源流》，《藏外道书》第31册，巴蜀书社1992年版，第147页。

遣使召龙虎山三十六代天师张宗演，命主领江南道教，终元之世，江南掌教皆其后裔，而张留孙、吴全节复更迭为大宗师，故武当全真一派亦不得不修正一清微之法，盖其势然也。然观张道贵至李德囧诸人，考其功行尚不失全真本旨，而张守清弟子且递传于两湖江浙间，盖自是而大江以南全真教几遍之矣。……全真道人邱玄清，富平人，初从黄得祯出家，洪武初来游武当，礼张三丰真仙，三丰曰：山当大显，无几何时矣。因结三菴，命弟子分居之，曰五龙菴，命玄清居之；曰南岩菴，命卢秋云居之；曰紫霄菴，命刘古泉、杨善澄居之，而自结菴以奉玄帝。①

关于张三丰的身世与教派，历来迷离，但多不怀疑张三丰实有其人，只是这个神人行踪难觅，也不知所终。依陈铭圭的看法，张三丰及其武当弟子皆属全真派，根据之一在于张三丰所讲"道德仁义忠孝之旨"，皆属于全真教"儒门释户道相通"的风格。另外，张三丰的弟子邱玄清及其再传弟子皆属全真。② 既然弟子不假，所奉之教为全真，那么张三丰的身份与教派也就不应当有问题了。张三丰的身世、教派究竟如何，是历史学要深究的问题，不是这里要讨论的重点，这里要讨论的是宗教现象学上的张三丰以及在他之后的弟子们的教派问题，也就是说，不管张三丰的身世和教派如何，但宗奉他为师的弟子们的存在以及他们是全真教派，是毋庸置疑的事实。我们就在这个事实基础上讨论全真教的南传问题。值得注意的是，陈铭圭所提

----

① 陈铭圭：《长春道教源流》，《藏外道书》第 31 册，巴蜀书社 1992 年版，第 147 页。

② 卿希泰主编《中国道教史》（第三卷）引明代任自垣《太岳太和志》卷六《张全一传》，张三丰及门弟子有邱玄清、卢秋云、刘古泉、杨善澄、周德真等，另据《三丰全集》，张三丰的弟子还有沈万三、余十舍、陆德原、王宗道、李性之等。（参见卿希泰主编：《中国道教史》（第三卷），四川人民出版社 1993 年版，第 473、474 页）杨立志《武当道教史略》引《华山志》："有孙碧云道庵，庵下溪中，有巨石大窝，世传孙碧云受张三丰仙人之道术，驭鹤引凤"，云云。不过，该著并不表明张三丰属于何种教派，"张三丰入武当山后，并未公开自立门户，而是以游方高道的身份收徒授道。其弟子原本各有师承，所承道派也不相同，但道教并无严格的门派界限，也不斤斤计较于宗派门户。"（杨立志：《武当道教史略》，华文出版社 1993 年版，第 193、200 页）

及的张三丰在将诸弟子分到五龙、南岩、紫霄等菴之后，"而自结菴以奉玄帝"。玄帝，即玄冥，也就是玄天上帝，又称真武大帝，在明朝奉为国家的保护之神。我们知道，明朝重正一而忽全真，所奉真武神，并无正一、全真之分，故而两派皆可崇信。以武当山为根据地的全真教派，也恰好搭载国家政权所宗奉的"玄帝"之车，从而将全真教向南方铺张开来。依陈铭圭的看法，全真教的南传是从武当山开始的，所谓"全真教行于北方，其始至南方者武当一派也"。至于如何进一步南传，则是一个相当混沌的问题，最基本的可能性就是借助于玄武崇拜的形式。

在明朝至清康熙期间的广东各种方志中，没有全真教龙门派字的记载，甚至也没有全真教先性后命、性命双修的记载，只是在 2002 年的《广东省志·宗教志》有这样一段记述：

> 南方道教中的正一道与全真道龙门派渐次相融，万历元年（1573）全真道龙门派第八代李守仁，前往南雄的洞真古观担任住持，严格遵守道规，建制为全真龙门派丛林。广东各地道观不断趋向于面对社会和民间，使道教日趋世俗化和民间化。

不知这段话的来源如何，明清两代的方志俱不载这段史实。在对现在南雄洞真古观住持梁崇升的采访中，他说道：原先的碑刻和文献都在文革中全部毁灭，他从"文化大革命"前的洞真观住持朱崇佐那里得知，明朝全真道士李守仁来此传戒，由此改变了原先的正一道传统，成为全真道观。这段历史由于没有文献，就成为了口传历史了。[①] 不过，在明清两朝的方志中，有各种玄帝、真武的记载，诸如明成化九年（1473）《广州志》：

> 玄真堂，在郡南西淋都平洲□罗涌甲堂，有田一十五亩八分九釐。

---

① "明万历六年（1573）全真龙门派第八代弟子李守仁，奉派来洞真古观主持，他'重兴钟鼓、梳妆二岩，倡建万福灵洞、崆峒亭'。"（参见朱德林：《南雄古建筑之一——洞真古观》，中国评论学术出版社）

真武堂，在郡西金利都丰冈堡。元至元三年（1337），民陈明贵创，岁久颓朽。国朝永乐十五年，民陈亚奴重建，有田三十五亩七分二釐。

玄真堂，在郡西三江都大榄堡。宋末堂毁。宋姓者据之为居。居者常病，昏见一人披发入室，忽不见诘，旦，宋以其事告于里翁刘万石，刘曰：吾为儿时，闻所居乃古之真武堂址也，所见得无其神乎？于是，捐财□工重建。岁久复朽。国朝洪武三十年，民曾仲仁复兴之，水旱有祷辄应。

广真堂，在郡西三江都丰湖堡。堂毁，内有铜铸真武神像，甚灵验。永乐十年，徙于玄妙观。事详观嘉庆阁。①

《广州志·顺德县》：

玄真观，在县凤山南，昔道人游隐堂修炼于此。中有紫霄圃、藏真菴、炼丹井、洗砚池四景。乡人赵康鼎有诗《紫霄圃》。

另《广州志·东莞县》：

真武堂二，一在县西城隍庙侧，元季毁。国朝洪武十八年，民人张允嘉化缘重建。一在县东北沙腰村，岁久毁。国朝永乐十二年乡人陈□等重建，有田地四十亩。

《广州志·新会县》：

真武堂，在县西。

---

① 《广东历代方志集成》，据北京图书馆《古籍珍本丛刊》。

明成化《广州志·阳山县》：

> 玄真观，在县治东二百步，元至顺二年（1331）道士李知赞建，元末为兵火毁。

明正德十六年（1520）上官崇修《琼台志·琼山县》：

> 真武宫，在城中府西南百步许，祀真武玄天上帝。元建，国朝洪武、正统、天顺间，知府陈永彰、指挥张玉、副使邝彦誉继修。今城北楼亦有真武宫。

又《琼台县·临高县》：

> 真武庙，在县西。国朝永乐初，知县朱原律重建。又西塘都亦有真武庙，俱元创。

又《琼台志·会同县》：

> 真武堂在县东，永乐癸未典史徐廷玉创建，成化间知县陈钊重修。

又《琼台志·乐会县》：

> 真武堂在县治西，洪武己酉知县王恭建。正德丙子知县严祚重修。

又《琼台志·崖州》：

> 真武堂在州南城上，宋建。国朝永乐乙未千户洪毅募建，弘治戊午指挥周远迁于城北上，又城南永镇寺亦祀真武。正德间千户洪策

重修。

又《琼台志·感恩县》：

> 真武堂在县东，洪武丁巳乡人许侬班募创，永乐丁酉土人娄吉福重修。

明嘉靖二十一年（1542）李玘修《惠州志》：

> 真武庙，在万石坊，改为南隅社学。

明崇祯六年（1633）陆鳌、陈烜编《肇庆府志》：

> 真武殿，岩壁削立，此当最高处，登眺者径后左方稍级，以纳足攀跻奇险，进展殊□。
> 真武堂，一在鸦冈下，一在县治北。嘉靖三十二年建。①

明崇祯十年（1637）张经国修《廉州府志》：

> 真武庙，在玄妙观之后，嘉靖十九年知府陈健即旧启圣公祠改为之。②

清康熙十二年（1673）史树骏修《肇庆府志》：

---

① 据日本藏《中国罕见地方志丛刊续编》影印。
② 据《稀见中国地方志汇刊》。另康熙六十一年（1722）徐成栋修《廉州府志》："真武庙，在元妙观之后，嘉靖十九年知府陈建即旧启圣公祠改为之，今迁北谯。""元"，为避康熙帝玄烨之讳。

罗清，四会人，少事道教，往武当从师受法，遂能役使鬼神，祷雨立应，邑有邪魔为害，以法灭之。今英德有罗公祠。

另《肇庆府志·封川县》：

真武庙，县西六里，知县潘海改为曹忠穆祠，未几移于五通庙、真武庙。①

康熙三十年（1691）郭尔厄、胡云客修《广东历代方志集成·南海县》：

元妙观，……洪武初，征南将军廖永忠新之，十五年开设道纪司。万历二十一年，道众捐金募缘重建玉皇宝殿。三十年，太监李凤重修真武殿。②

雍正九年（1731）郝玉麟修《广东通志·连州》：

元真观，在瓦窑冈。

又《广东通志·阳山县》：

元真观，在县东三百步，元至顺二年建。

清康熙二十六年（1687）《韶州府志》：

---

① 据国家图书馆馆藏本影印。
② 据《稀见中国地方志汇刊》影印。

真武阁，在洲头街下，万历间知县赵佑卿建。①

清同治十三年（1874）修《韶州府志》：

真武阁，在平圃街。②

从以上这些方志资料看，真武、玄帝的信仰应该在宋、元代传入广东，标明年代、最早建玄武庙的是阳山县（玄真观，元至顺二年，1331）和广州府（真武堂，元至元三年，1337），建庙最多的时间为明洪武、永乐、嘉靖、万历年间（1385—1593），这正是武当道教最为活跃的时期；建庙的人既有地方官员，也有民间人士和道士；真武、玄武或玄真（元真）庙宇名称有分别，所侍奉的都是同一个神，或称玄帝，或称真武、玄武、玄真；其分布比较普遍，除州府外，主要的县都有了这样的庙；从信仰内容上看，真武不只是国家或地方政府的保护神，也是民间社会的主要守护神，不仅祷雨、驱鬼、驱邪很灵应，且某些人不小心居住了真武的庙址（像"宋姓者据之为居"那样），"居者常病"，如此等等，表明真武的信仰在民间社会已具有深厚根基。而真武的信仰，理所当然地属于武当的传统，且在明以后属于全真、清微的武当传统。清康熙十二年（1673）史树骏修《肇庆府志》所记载的一则事件值得关注，所述"罗清"，"少师道教，往武当从师受法"，既已从武当从师受法，那理当属于一个出家的武当派的道士了，而《肇庆府志》是把这则事件放在明代人物中间来叙述的，就是说尽管罗清的生卒年月并不详实，但他肯定是明代的人物。至于说罗清"役使鬼神，祷雨立应，邑有邪魔为害，以法灭之"，似乎不像北方全真道士清静修炼心性的做法，则要分别对待。有关这一点，陈铭圭已有评论："终元之世，江南掌教皆其后裔，而张留孙、吴全节复更迭为大宗师，故武当全真一派，亦不得不修正一清微

----

① 见《广东历代方志集成》，据北京图书馆《古籍珍本丛刊》。
② 见《广东历代方志集成》，据北京图书馆《古籍珍本丛刊》。

之法，盖其势然也。"他所说的正欲表明武当派全真道士受到了正一、清微派的影响，以致在清代的全真道士都做过类似的法事，诸如曾一贯、杜阳栋。

另外，《至宝真经》中记载至宝台四大真人中的黄玄宪：

> 黄师，讳泽民，号侣渔，别号巨川，粤东顺德县陈村人。明洪武二年六月廿二日戌时诞生。七岁就傅，文有奇气，受业时爱读老庄书，日记万言。十四岁游泮，穷经博奥，搜览群籍。二十五岁婚同邑陈氏女，生三子。三十二岁举进士，出宰浙江三年，以丁父艰居家读礼，绝意仕途，私行江淮，得遇吕师于酒家，叩其姓字，口口相对，顿悟为吕仙翁，遂弃家遁入罗浮，遇龙派嫡嗣邱长春祖师第四代门人谭通明先师，为取号为玄宪。四十五岁时，谭先师冲举，深得其奥，吕纯阳先师复时加照拂，遂得大还丹法，往来燕赵间度世。清顺治初年三月初八日，端坐杭州雷风观羽化。民国三十年羊城阐教，慈悲护道玄宪大真君。①

依照这个说法，明朝洪武至永乐年间，全真龙门派已经进入广东罗浮山了。如果说全真教在明代已经进入了广东地区，而我们在明朝以前的广东道教人物中却找不到全真教徒，这种情形如何解释呢？或者说，在此历史情形下，我们可不可以说在清康熙以前的广东道教属于正一教呢？② 对于这两个问题，我们要在已经作出的解释基础上进一步分析。

《罗浮山志汇编》中有一则记载，事关罗浮道教的宗派性质：

> 李无无道人识语云：太上本教清微，汉天师立教正一，葛祖立教灵宝，许祖立教净明，今清微奉行不善，皆火居道士，正一天师自有后

① 《至宝真经》据《至宝源流》"黄玄宪大仙宝传"撮录，为香港陈湘记书局藏版，大众印务书局有限公司承印。

② 黎志添认为，"清代以前，广东境内道士主要是以府县的正一道观道士和在家道士为主体"。（黎志添：《广东地方道教研究》，香港中文大学出版社 2007 年版，第 107 页）

人，灵宝寥寥，净明无几，元初邱处机长春子立全真教，罗浮乃灵宝法坛，他教道人岂可住持？如今江右龙虎山乃天师子孙住持，他教焉能住持也。

李无无乃康熙时人，他的这番话具有明确的指向，① 即当时官方命全真龙门道士曾一贯住持罗浮山冲虚等五观，遭遇到李无无道士的反对。其反对的理由主要是：罗浮山本是灵宝法坛，应当由灵宝派的道士住持，而不当由全真派道士住持。在这个陈述中，李无无道士显然以清微、灵宝派自居。陈铭圭在这段话之后加了一段评论：

故自元以后，龙门派几遍天下，今灵宝既寥寥，以之管领仙山，尚得焚修之正，李无无所论近于固我，今酥醪观正殿祀雷祖，以山山师通五雷法，其左右祀纯阳、稚川，于全真、灵宝两家亦未偏废也。②

依陈铭圭的意思，龙门已然是遍行天下的主流教派，而灵宝既然已经寥寥无几，就应当让位于龙门，再说曾山山虽属龙门，但通灵宝之术，且在曾山山开辟的酥醪观里面，也是以雷神为主神，纯阳和稚川只是配祀左右，全真、灵宝完全兼容了。所以，李无无的那番话除了表达自己的灵宝立场之外，于道教事业发展无补。值得玩味的还不止于此。首先，李无无所谓"太上本教清微"，只是一个观念，并不是实际，清微派产生于宋代，而不是在清微之后才有正一。③ 其次，李无无所称"灵宝"，似乎为南方传统，这也只是观念，并非从古至今就有一个灵宝派的传统。李无无之所以有此

① 陈铭圭《浮山志》补充道："正一教实祖清微，今火居道士皆称正一，盖源于汉天师。……李无无系康熙时人，山志汇编刻于康熙丁酉（1717），故知为康熙时人。时大吏命曾山山师住持五观，其言盖有所指。"
② 陈铭圭：《浮山志》，《藏外道书》第 32 册，巴蜀书社 1992 年版。
③ 南宋广东地区早已流行清微雷法，诸如南宗陈楠、白玉蟾曾传《先天雷晶隐书》、《洞玄玉枢雷霆大法》、《景霄雷书》、《太上九天雷霆大法琅书》等。

观念，乃是根据灵宝的祖师葛巢甫为东晋葛洪从孙。岭南供奉葛洪有很长历史，然而，葛巢甫并未到南方传教，故此，也未必有灵宝派的传统，但是，把葛巢甫与葛洪联想起来，似乎从葛洪那个时期始就有灵宝传统，这是误解。再次，"灵宝"也并非与"正一"有多少区别，尤其是在明以后的三山符箓被政府统一起来之后，所以，李无无所谓的"灵宝"与"正一"的区别，实际为出家与在家的区别，意谓灵宝是出家居庙的，而正一是在家火居的。

在陈铭圭对李无无道士的评语中，还有一段话是值得注意的："今五观道脉皆出长春，无南宗道士矣。四观皆龙门派，祖邱长春，惟黄龙观为崂山派，祖明孙玄清，孙亦长春法嗣也，特居山东崂山，因别名派也耳。"陈铭圭在做这个评论的时候距离李无无反对曾山山入主冲虚观的时间，中间有一百多年，故此，他所说的当然属于光绪年间的罗浮五观的情形，而非康熙五十五年的情形。但是，他要回应的依然是李无无的诘难。陈铭圭不再说灵宝道士如何如何，而说"无南宗道士"。这般说法的意图无非想要表明，在曾山山入主罗浮之前，南方道士的主体不是灵宝道士，而是南宗道士。这无异于说李无无道士所说的灵宝道士，其实就是南宗道士。

实际情况也正如此。与北宗全真派相对峙，南方的南宗金丹派在南宋时期已在广东地区扎根，南宗四祖陈楠就是罗浮山所在博罗县人，其行踪遍布岭南地区；① 五祖白玉蟾为海南人，少年即追随陈楠学道，其形迹虽则遍布长江以南地区，但广东罗浮始终都是其根基，并教出了彭耜等一行弟子。岭南自古多云游道士，在南宋之前，诸如葛洪、鲍姑、苏元朗、黄野人、单道开、罗万象、陶八八、轩辕集、何仙姑等，之后又有陈楠、白玉蟾、莫道人、陈仁娇、妙明真人、九仙女、草衣道人、全真子等等，这些云游道士大多"不知何许人"，也不常所处，很难有道脉宗派可寻，而这正是道教南宗的风格，他们没有严密的教团组织，也没有官方认可的受箓或传戒关系，只

---

① 《广东历代方志集成》："陈楠，字南木，号翠虚，博罗白水岩人。盘耆箍桶，沉浮廛市，尝作盘耆颂云：终日盘盘圆又圆，中间一粒土为尊，磨来磨去知多少，个里全无斧凿痕。箍桶颂云：有漏教无漏，如何水泄通。既能圆密了，内外一真空。"

有私人的相传相授关系。由于这个原因，岭南地区的道观庙堂也不固定为哪一派道士所占有，只是依什么样的道士住持，这些庙就属于什么派别，当南宗道士居主体地位时，大多宫观属南宗；当正一道士或全真道士占主导作用时，宫观则属正一或全真。诸如罗浮山的道观以及惠州玄妙观，在杜阳栋、曾一贯来罗浮之前，多属南宗道士居之，之后则皆全真道士居之。这中间当地政府的态度变化是起推动作用的。实际上，在道士身份并不确定的情况下，要区分他们属于哪个宗教派别是困难的，尤其是在全真龙门派尚未南下广东地区的情形下，在各种方志所记述的宫观事迹中，皆难以识别出他们的宗教派别，因为他们没有派字与辈分的讲求。加上南宗风格的影响，各派道士皆重精神超越，不重门派出身，甚至从哪里来、年龄多大等都隐而不显，这更增加了识别他们身份的困难。在明代岭南道士当中，只有"全真子"的名号，似乎与全真教的名称有关系，却不必然。① 但是，既然到达广东的道士有来自北方各地，其中全真道士隐身其间当是自然之理，只是他们不显身份而已。而且，在南宗与北宗逐渐合流的情形下，两派在修仙理论方面差异本来就不大，都是性命双修，只是"下手处"有先后而已。南宗对岭南道教的影响是长远深固的，这种情形的确只在龙门派杜阳栋、曾一贯南下罗浮之后，才发生了根本的改变。

　　华南地区的情形与江南地区有类似之处，对照一下江南全真道教的发展，有助于理解华南地区的全真教的发展状况。全真教传入江南地区的时

① 《罗浮志补》："草衣道人，不知其何许人，尝游诸名山，及罗浮结茅菴栖息采果实啖之，蛇虎驯绕其旁，年近百岁，颜如童时。卖药城市间，以手摩病人额及腹，投少剂即起。既还山中卧，累日不起。有全真子晨昏往候凡七日，见其足微伸，手渐展，须臾起，曰：子为谁？命取所脱草衣，全真子持□惟谨，道人喜乃以《龙虎金液还丹通元论》授之，全真子拜受。道人与别曰：吾将南游矣。其后有人见道人与全真子采药于增城蒲山，复入城至一士人家，曰：君家有笃病，乃祟所为，书符令佩，以水噀其面，后数日病者愈，治具款留道人，兀坐仰空语，问之曰：适遇翠虚、九霞二先生，将偕之入山矣。遂欢饮至夜出门去，竟莫知所往。李时行谓往入罗浮见道人背负一囊，贮书数卷，问：何书？曰：此九鼎刀圭火符之诀，五雷金书玉篆之文，吾得之九霞，九霞得之翠虚者，非其人不授。言讫去，行水石间若飚发，望之倏不见，因为作传，载之集中。"

间，也就是南宗与北宗合宗的时期，应当是在元明时期，然而，这个时期的融合过程较为混沌，有说不清道不明的感觉。① 总之，两者一交即合，从历史结果来看，是南宗自觉归附、合并到北宗去了，从有限的史料看，元代最有影响的南宗道士李道纯自称"全真道人"，"中和"了南北二宗，还以全真道士的身份界定了什么是"全真"，② 陈致虚"守全真道士身份"，还梳理了南北宗的共同道脉渊源，③ 但是，他们与北宗的全真道士没有任何道脉承传关系。其中，李道纯在为《中和集·炼虚歌》所写的"引言"中有一段文字值得关注：

> 辛卯岁，有全真羽流之金陵中和精舍，尝谈盛德，予深重之。自后三领云翰，观其言辞，有志虚安静之志，于是乎横空飞剑，而访先生，是乃己亥重阳日也，观其行，察其言，足见其深造玄理者也。

---

① 有关这个过程，卿希泰主编的《中国道教史》、任继愈主编的《中国道教史》、陈兵的《道教的道》皆有专述，而吴亚魁的《江南全真道教》一书总结道："这一过程究竟表现为南宗的主动依附、北宗的积极容纳，还是其他更趋复杂、多样的情形？关于此，借用柳存仁的话说，我们'当说茫然'。"

② 笔者认为："李道纯的做法是：既不破坏南宗的传统，依然坚持炼精化气、炼气化神，炼神还虚的三个阶次，只是把初炼性功作为了炼精化气的起始，炼性功其实就是'先持定慧而虚其心'，而且最后阶段的修炼还纯粹是性功。如此，即不违南宗的三阶次修炼功夫。南北二宗在修炼论上就'中和'起来了。"（李大华：《李道纯学案》，齐鲁书社 2010 年版，第 18 页）

③ 笔者认为："陈致虚也是以全真道士自居的，但是，他所主张的那套修炼的方式则几乎是南派的丹法。他在'自序'中叙述了一个内丹修炼的传承脉络，不过，这个脉络大半是想象中存在的线索，比如说从黄帝、老君、河上公、魏伯阳、钟离权、吕洞宾的递相承传，只是说道张伯端以下的南宗以及王重阳的北宗的时候，才是一个比较确定的承传关系。如果说张伯端是否从刘海蟾那里得到真传是无法确认的事实的话，那么说王重阳从纯阳吕洞宾得到传授则完全是一种想象。尽管如此，这种想象仍有助于把南派与北派看作同宗同源，南北二派只是在性命修炼方面存在些许的差异而已。问题是，他在立场上是全真道的，而他的修炼理论方面则几乎是南派道士的，如他所表述的'丹法参同十八诀'与南派白玉蟾的'丹法参同十九诀'是何其相同，是完全的南派道士的那套功夫。"（李大华：《李道纯学案》，齐鲁书社 2010 年版，第 19 页）

辛卯岁为元世祖至元二十八年（1291），己亥岁为元成宗大德三年（1299），这个过程表明李道纯与全真道士有了九年的交流，并取得了南派与北派双重道士的身份。[①] 但这并不说明李道纯接受了全真教的戒律并取了派字的道号，不仅李道纯本身，即便是他所传教的弟子也都没有受戒或派字。同样，陈致虚的情形也大致相同。这表明所谓的"合宗"，乃是南派自觉地"合"，是一种宗教派别的自我认同，不存在全真龙门派的受戒传灯的关系。真正龙门派的受戒传灯，大概发生在康熙年间的律师王常月南下江南，尽管《金盖心灯》有一个似乎完整的传法世系表，那也只能是闵一得所做的追根溯源的功夫而已。

然而，南宗、北宗为何要合宗，且由南宗合并到了北宗，则是一个值得深究的宗教学问题。大致推测，一是南北宗确有可合的根据，既然都认吕祖、刘海蟾为祖，且都是要修炼内丹，又都主性命双修，那么"合宗"说到底是自己跟自己的合，即同宗下不同分派的合，至于先命后性、或先性后命的差别，完全可以在修炼"下手处"的先后讲求上统合起来的，即不存在根本的分歧。二是南北二宗在教团组织、传教方式等方面的差别，在长期的宗教社会实践中也显出长短，至少南派道士认知到了这种长短，北宗全真教的那种组织纪律性，以及派字所产生的道侣之间的紧密关系，使得它在传教的过程中更有力量。

在上述意义上，我们也可以说，华南地区的道教有着类似江南地区的过程，在清康熙年间杜阳栋、曾一贯来到罗浮之前，也有一个说不清道不明的时期，只是华南地区没有出现像李道纯、陈致虚那样的具有历史影响人物的推动，从而使得这个过程更为混沌，不排除某些全真道士到了岭南地区之后，非但没有为全真教张目，反倒淹没在南宗游方道士中了。

---

① 参见李大华：《李道纯学案》，齐鲁书社 2010 年版，第 5、6 页。

三、法脉传绪

如果说广东道教龙门派在清代经由了杜阳栋、曾一贯在罗浮山五观和广州三元宫的并弘的话，那么香港全真道教龙门派则进一步分灯分流了，就其主要的来说，有青松观、云鹤山房、蓬瀛仙馆、云泉仙馆、万德至善社等派别。这里分别论之。

青松观、云鹤山房、灵雯仙馆，都是"醉道人"何启忠领衔创立起来的，其前身都属于广州至宝台慈善社。何启忠，字裕波，道号诚意，又号至坚，生于 1916 年，广东顺德羊额乡人。于民国二十八年（1939），其 24 岁这年在罗浮山冲虚观出家，师于龙门第二十三代李宗荣，[①] 获龙门弟子。他的出家也有些特殊的因缘，在他 15 岁时，曾因其侄子生病，陪伴其就医，问医生如何才能治愈，医生告诫可求纯阳吕祖师赐医方，于是他们前往当地的乩坛"广业坛"，顺便何启忠问自己哪一天合适回到广州国民大学附中读书，得到的回答是"非越初六日不可行"，正好在初四这天发生了"万顺轮"遭海盗鱼雷炸毁事件，这让何启忠感到惊奇，于是决意去乩坛学习乩法，当他学乩的过程中，即扶得"此人结香火因缘甚深也"的吕祖乩语，这使得他感觉到自己有一种特殊的责任，后来干脆在本乡创立了最初属于自己的乩坛"云慈仙馆"。在日本占领期间，何启忠家的纶纱绸庄生意做不下去，在颠沛流离期间，他觉得也许这是学道的好时机，于是他去了罗浮山并被接纳为道徒。在民国三十年，他 26 岁时又重操旧业，成为商人，他的绸布庄生意依托于广州杨巷的"有纶号"，在这个商号的楼上有个废弃的乩坛，供奉的正是吕祖，于是他在经过整修之后，重新开坛，结果

---

① 《宝松抱鹤记·玄真掌教何大宗师启忠道行略》："冲虚观大宗师李宗荣道士为龙门正派嫡嗣，其人精丹鼎炼养，兼得大洞符箓，民国三十二年癸未，寿九十六岁仙去，曾炼神于清远七星岩，诚异人也，师随之学法，蒙受以阴符经注、清华秘文、黄庭经注解、天仙正理玄元真旡编等书，又授灵元剑法。"（第 241 页）

取得了成功。① "此时群众各以其事叩，指示明白，其应如响。"之后，何启忠又创立了"齐山坛"，"讲因说果，施医赠药。"后来，何启忠因地方受限，难容纳日益增多的信众，于是将乩坛迁至宝沙盛地，改乩坛名为"至宝台"。三年之后，在广州他再拜龙门派第二十二代师张理津、第二十三代师叶宗茂②，并且，他还参师于佛教禅宗的虚云法师③、密宗黄见智居士④，又曾就师于先天道陈允柏、同善社梁任⑤，还向来自上海的中医师陈存仁学中医，学针灸于顺德梁觉贤。从他的经历看来，他虽有师承，但学无常师，儒释道同参，并且他打破了传统的规矩，同宗门内也可破除辈分关系，从其道号既取"诚意"、又采"至坚"，即可见一斑。当他将齐善社改为至宝台，走慈善、宗教一体之路后，在 20 世纪 40 年代中后期，其事业蓬勃，信徒增至"万数千人"。然而，1949 年农历己丑十二月，在广州政权发生改易之后，情况骤变，34 岁的何启忠南游到了香港。⑥ 庚寅年，何启忠与从广州至宝台来的陆吟舫、叶星南等十八人，于 1950 年农历庚寅年正月十八日，在香港九龙油麻地共同创立了青松观，⑦《宝松抱鹤记·松鹤龙吟》记述了建观过程：

---

① "有纶地位广州，未事变前为生牲堂熟药店，已有吕祖仙坛之设，但经世变后楼上之吕祖坛除吕祖像、香灯数事外，皆烂傢私、鼠粪、蛛丝为闲地耳，其后自启忠宗师请乩乃复重光而为齐善及至宝台之策源地矣。是为我何大宗师顺天应运、济世布化之始也。"（《宝松抱鹤记》，第 241 页）

② 叶宗茂，"讳景山，东莞人，为广东粤秀山应元宫住持，广州黄沙修元精舍常住，常以太上玄科、济炼科仪经忏祈祷威仪等授之。"（《宝松抱鹤记》，第 243 页）

③ "虚云和尚一百有七岁莅穗城六榕寺，主持水陆道场，师往皈依之，为取法名曰宽启。"（《宝松抱鹤记》，第 243 页）

④ "黄居士授以秘咒符箓等，云可驱役风雷，鞭笞百鬼。"（《宝松抱鹤记》，第 243 页）

⑤ "顺德伦教镇有跛道士梁任先生者，西樵人，有异术，能扶乩，师常参师之，颇契机要，亦有所得。"（《宝松抱鹤记》，第 243 页）

⑥ 有关 20 世纪 40 年代创办"齐善社"、"至宝台"的情况，参见本书"香港全真道堂之缘起"章节。

⑦ 《宝松抱鹤记·松壑龙吟》："人事粗备，遂进行觅地以妥仙灵。初拟租九龙渡船街，三十七号，四楼，后以事不果。庚寅年二月初五日，再租九龙油麻地，伟晴街，六十七号四楼，以五千三百元港银顶受，月租一百六十元。订妥规章，初由何启忠炼师，暨其师佟何宝根先生，两人进驻该楼。画家何启荣先生，星夜绘制山水长松之青松观图。盖承吕仙预示十年后事也，后果大验。"（第 320、321 页）

蒙吕祖师降示，谓善为至宝，今日组坛于九龙，宗旨亦以一善为皈，况渊源出自至宝台耶。世人云，善似青松恶似花。今将以青松观三字，为此坛命名也。况青松二字，细味之，可分析为十二月十八公数字，意即以纪念月日，为创立本坛之始，而创立本坛者，又恰为十八人，数理巧合，有如是者，爰列举而出之，永以为本观开山祖师。十八人，乃三水陆吟舫，南海叶星南，顺德何启忠，三水卢少华，鹤山易泽峰，新会陈德明道号台镜，顺德罗惠贞道号宝祥女士，番禺梁文庄女士，南海九江黄浥举，顺德胡太初，顺德周艾侬，顺德郑志衡，中山小榄麦时修，顺德伍伟森，顺德黄平女士，东莞胡安，台山黄燥，顺德黎铁，诸先生是也。……吕祖师卜吉于公历一九五〇年，民国三十九年农历庚寅年，二月十二日辰时，为青松观供奉纯阳吕祖先师崇升大典。是日正午开幕，斋筵美酒，款待宾客。自是以启忠炼师为该观常住，偕同何宝根先生侍坛。朝真谒圣者，与日俱增，玄门香火，因以渐盛。于是仙宗法脉，自此开宗。蒙吕仙赐示，据龙门正宗而立青松观法脉，诗曰：“紫云绕九龙，万世振玄风，真一无上道，飞身达帝宫。”

在这些开山的十八人中，何启忠、陆吟舫、叶星南、罗宝祥、陈德明、梁文庄、黄浥举等人，为广州至宝台道侣，也是最初的发起人。青松观的开坛时间、命名都是依据乩坛扶出的，也就是吕祖莅临而降授的，公历时间1950年2月12日，为农历庚寅年的腊月二十六日，故在时间上与青松观的“青”字的拆分十二月暗合。十八公则与“松”字的拆分暗合，故有“十二月十八公数字”的讲求，这成为了青松弟子所奉为不可思议的圣意。① 根据吕祖的释义：“此坛将来，必定伟大，非亭台楼阁可比也。”②

何启忠并没有因为与道友创办了青松观而停止其传播全真龙门以及结

---

① 据叶长青道长的访谈录：“先出来的结果是‘月公见’，是‘青松观’每个字的半部分。完了要那些老前辈斋戒沐浴十五天再扶乩一次，再求一次，才赐全名。”

② 见青松观编乩语汇编《万世青松》。

何启忠
易泽峰
何台远
何启荣
朱友镜

叶星南
陆吟舫
何纪瑞
卢少华
卢浩文

创立青松观时的一次聚会

社扶乩的步伐，在青松观建立之后，1952 年，何接受了太白台抱道堂的邀请，负责该堂的"侍鸾应法"，而把青松观的观务交予叶星南负责。1953年，何启忠在九龙弥敦道创立灵霄仙馆。①1954 年，又在油麻地开"太玄精

---

① 香港《华侨日报》于 1953 年癸巳刊登消息："九龙弥敦道，五三六号，四楼，灵霄仙馆，当事人何启忠，钟焯，定今日正午十二时，举行吕祖先师崇升典礼，是日设备茶点，款待来宾。"1954 年四月该报续登消息："昨在该馆内，举行文酒雅集，到吴肇钟、苏世杰、李凤公、刘帡宇、张韶石、罗叔重、廖深泉、梁伯誉、杨大名、朱子范、陈琳、陈铁儿、

舍"。①1959 年，农历己亥正月，何启忠正式在太白台美轮大厦十五号四楼创立新的道堂，通过扶乩赐名的方式，名为云鹤山房，何启忠常住山房，主持道务。

1952 年，农历壬辰年 12 月 18 日，青松观正式注册为香港合法慈善团体，定名为"青松仙馆"，并成立了青松观理事 / 监事会，广州至宝台道侣侯贵华（宝垣）成为理监事。同年，以原址不敷应用，迁址于九龙弥敦道二百号五楼，由于地方受限，其宗教活动施展不开，这个时期可谓"辛苦经营时期"。1957 年，青松观理监会决定成立筹备建观委员会，筹划构建新观址办法。1960 年，青松观理监会决定筹购青山麒麟围田心村的园林胜地为永久观址，从此开始了屯门青松观新址十年的建设时期，至 1969 年纯阳宝殿落成，从此青松观蔚为大观，俨然一南国洞天福地。②1970 年购入深水埗

何启荣、黄叱石、潘庆蕤、杨乃和、李杰苏、郭晓波、董伟庭、叶星南、梁重民、叶文远、颜益之、欧少苏、许桂修、徐伯耀、梁公寿、郭荣修、胡慧通、何坤渡、麦蕙贞、李蕙和、冯六、曹林、麦幸、黄慧初等，均文艺界名宿及社会名流。作画赋诗，即席挥毫，觥筹交错，宾主尽欢。是日各大道堂经生，皆殷商巨贾，亦到馆参加诵经礼忏，散花法事，为众生消灾弭劫，祈祷和平。高雅庄严，二难兼并，一时称盛。"

① 1954 年 4 月 14 日，香港《华侨日报》："炼师何启忠，学宗三教，融会贯通，来港弘法阐道，历有年所，顷自辟太玄精舍于油麻地，广东道，五百四十三号四楼，恭奉吕纯阳祖师，精研教义，修养性天，闻崇升在即，各界人士，多有致贺。届时，将见一番盛事云。"在同年四月的《华侨日报》上专门刊登了"太玄精舍释义"："太玄精舍之肇始，道本于微，道本于实，而进于玄，而玄也者，不显其旨，而纳于实践，以切合人生所需求。老子云，道在瓦甓（注——当为庄子语），盖言道旨虽玄，实则显浅，俯拾即是，更不须艰深求之也，而与孔氏之道也者，不可须臾离也，可离非道也。实同一辄。近五十年来，吾国社会之动荡，人心之彷徨，达于至点，不有安慰，其心灵之矛盾，更不知如何收拾已。太玄精舍，为研究道之本原而设立，非所同于一般集体迷信之机构，其所以昭示于人者为道，即孔氏言修身之意义。夫惟修身，推己及人耳。该精舍本于研究之意，故以时雅集，研究道经者，与研究中英日语言文字者，研究书画金石文字者，均一时咸集，且都港中艺坛名士。"

② 《善若青松》："青松观创坛后，曾获吕祖示：'仙坛十载后，宏大一崇楼'，这个预言，果然于六十年代应验了……1960 年（庚子）春，侯宝垣道长与同门偶游青山麒麟围，发现该处有广大园林福地可作为观址之用。当时青松观虽然财力未逮，但仍然勉力筹措。经过几个月的奔驰，终于成功购买了该块土地。于是，青松观便开始进入了关键性的十年建设时期。……1961 年 1 月 30 日，为纯阳大殿举行奠基典礼，宣告了屯门祖观基建工

大南街两幢旧式三层楼宇，作为扩迁九龙观址之用。

青松观、云鹤山房既然都是从广州至宝台迁徙发展而来，后来它们作为两个道团组织，既与至宝台保持了某种程度的一致，又有新的东西，而它们之间既有相同之处，也有分殊。首先，他们保持了至宝台"善为至宝"的慈善组织传统，至宝台在民国时期的广州的发展，就是一边做善事，一边弘教，到了香港之后，这两个宗教团体依旧如此，云鹤山房的前身抱道堂就是以做慈善事业著称的，而青松观可谓伴随着慈善业逐步壮大起来的。其次，它们仍然以乩坛作为主要工具，凡重大事情，诸如设坛、建观、择期、命名、纳新等，都要通过扶乩得到圣仙，尤其是吕祖的开示，吕祖总是主神，尽管全真龙门原本主祭长春祖师，但在这里吕祖的地位是神圣不可动摇的。在香港以道教命名的宗教慈善组织，甚至包括那些非体制道教的组织，都崇信吕祖，尽管在现在，保持扶乩的道团已经不算主流，但吕祖的地位从来就没有动摇过。

但是，与至宝台不同的方面也是显而易见的。在供奉的神仙方面，原先至宝台主要供奉吕祖以及黄玄宪仙师、李志能仙师、白眉仙师（白忠生）、碧罗仙姑（黄咏冰）四大真人，① 青松观、云鹤山房除了继续保持吕祖的主

程的正式展开；1961年农历九月初四，设立简便之行宫以恭奉吕纯阳祖师、王重阳祖师和丘处机祖师三代圣像；1964年，四师殿'翊化宫'落成；以其两偏厅权充安老院宿舍，设立筹备办事处，开始收容男女老人入住，并于当年的11月16日正式成立'青松安老院'；1966年2月，大牌楼'众妙之门'及梅萼轩（老人休憩室）落成，同年十月，大殿前之'旭日'、'宝月'两亭也宣告落成；1967年，纯阳大殿前之'朝礼亭'落成；1969年，纯阳宝殿落成，观内的建筑都以此殿为中心，殿内恭奉着吕纯阳祖师、王重阳祖师和丘长春祖师三代圣像。"

① 《至宝源流·至宝台仙坛度牒》记述："本台自罗浮山冲虚观分迹，全真道士何启忠，创设于羊城以自修，供奉儒释道三教至尊，而以燮元镜运、吕祖先师为道祖，复由李志能大仙，白眉仙翁，碧罗仙姑、龙门正派、第四代祖师黄玄宪，飞鸾演教，展发玄微，圣迹昭彰，威灵特显。"有关黄玄宪形状，见本章第二节。《至宝真经》："李师志能，讳尚贤，字启宽，山西省太原府人，明永乐初二月初四日诞生，幼失怙恃，精修业道，薄仕进，自课馆穀糊口。二十岁婚郑氏，生五子，均卓然自立。有道士过门，求施与，语顿悟，遂参玄奥，皈依仙宗。三十岁远赴华山遇马丹阳祖师，授以丹法。潜修百余年，遍历艰苦，卒以成道，八月廿二日飞升。后遇吕师得证位金仙。民国三十年，奉派来粤为至宝

碧萝仙姑

黄玄宪仙师

白眉仙师

李志能仙师

至宝台供奉的四大真人像

神供奉，将王重阳、邱处机供奉在吕祖两侧，这表达了向全真龙门的回归，而四大真人"则因地方所限，未能设立，只于朝圣时前虔宣宝诰，聊表微诚"。① 至宝四大真人中，黄玄宪和李志能有一个隐约的全真派背景，白伟忠、黄咏冰则只与作为神仙的吕祖发生过联系，未必有全真的背景。这种微妙变化，预示了香港至宝派的全真道士在经历了扶乩结社的过程后，又向传统的全真教的回归，对于从内陆走向殖民地的道教来说，追回自己的正宗脉络，也是重塑自身的神圣性质。

至宝台是有派发度牒的传统，这也是延续全真教龙门派的传统，只是在清代广东全真教发放度牒未必都获得了官方承认，甚至说就是各宫观自己的行为，不用说，至宝台虽在民国时期成为了合法慈善组织，但其所发放的度牒也是私人性质的，其有效性在于至宝台的社会声誉提供的保障，其实，它的最直接作用还在于在教团内部信徒日益增多的情形下，有此度牒可以表明在教团内部的合法地位。云鹤山房在六十年代还发放度

台镇坛大仙，圣号琅玕赞化玄通广大志能李大真君。""白师讳忠，生而皓眉，遂以白眉为号，清乾隆戊午年六月初六日辰时领太白金星命诞降。幼承家学，精武艺，膂历过人，尤妙枪棒，好读书，有大志。十六岁父母俱殁，终鲜兄弟，家中落，充安勇三年。二十岁随师逐寇，跨南雄岭，日昏迷路，只身走险岩，与一乌猿搏不胜，为所挟御风而行，盖乌猿奉华嶽帝君命挟而来见也，帝君令仙女来迎，真人踌躇不敢进，乌猿从后一掌，遂脱凡胎，时三月初三日寅时。白师自得奇遇后悟道日深，通灵不昧，万化万能，派命西樵山镇守山君，自是行人不为猛虎所伤。旋谒吕祖于西樵山白云洞，奉派与黄玄宪、碧罗祖、李志能三位代师共阐玄风焉。玉皇赐爵为樵阳得道神威伏虎白眉真人。""碧师黄姓，讳咏冰，字洁坤，陕西省西安府咸阳县人，父母晚年无子，祷于纯阳观，清乾隆戊午五月廿二日丑时诞降。八岁就学，能诗善画，诸子百家无不读，尤爱道经。幼承家学，精琴剑技击，膂力过人，双全文武。十八岁父母俱殁，寄姑母家，为婚梁氏子纳聘，后梁家毁于火，婿死焉，仙姑闻而恸绝，矢志守节，后有巨贾谭氏求纳为小星，仙姑闻婚期夜踰墙遁，只身万里，备历风霜，至湖南省湘乡，盘川告罄，不得已觍颜卖艺借为生活，无赖子思辱之为所挫，吕师知之，开示当地，净庆宫女冠慧明道长访得之，携仙姑归，自是闭户不出，精究岐黄，透参玄理，暇则艺菊，晨夕相对，黄花晚节，借以见志，十年如一日也。乾隆乙酉七月初八日申刻，大丹告成。诣慧明师前请曰：弟子久沐恩光，深感栽成大德，昨蒙吕师恩诏，为大罗剑仙别矣。端坐羽化。时年廿八岁耳。圣号度凡觉迷大罗剑仙碧罗仙师。"

① 《善若青松——青松观六十周年回顾》，第 8 页。

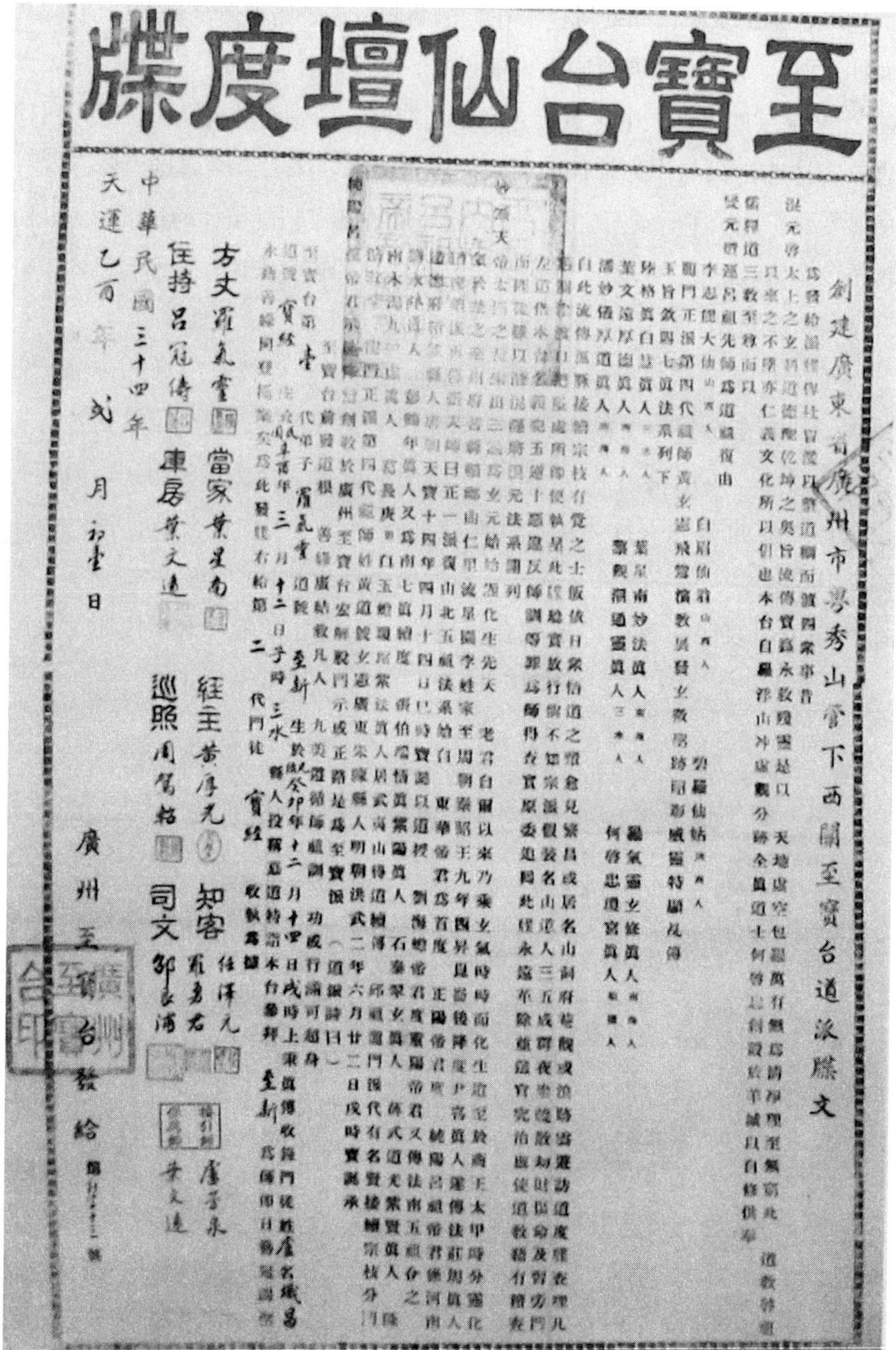

至寶台仙壇度牒

創建廣東省廣州市粤秀山雲下西關至寶台道派牒文

方丈羅氣靈 當家黄星南

任持吕冠傳 庫房葉文遠

經主黄厚光 知客盧勇君

巡照周鶴鳴 司文鄧良浦

中華民國三十四年 天運乙酉年 戊月初壹日

廣州至寶台發給

至寶台度牒

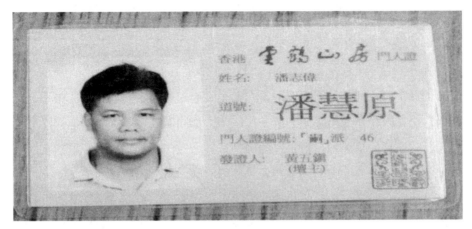

云鹤山房道人潘慧原的门人证

牒，① 但在现在，传统意义上的度牒变成"门人证"了；发放度牒自然也要接受龙门派字。在广州至宝台时期，在给至宝"七真"派发的度牒上，已经分迹立宗了，称"至宝派"，而标志就是有了自己的派字诗：

> 至宝台前发道根，善缘广结救凡人。
> 九美遵循师祖训，功成行满可超身。

值得注意的是，在这个度牒上，无论是七真的道号（陆格真，白慧真

---

① 《宝松抱鹤记·云鹤山房道派牒文》："自昔东华帝君，度正阳帝君，度纯阳帝君，度海蟾帝君，度重阳帝君，度邱、刘、谭、马、郝、王、孙，七位真人。自昔至今，流传宗派，子孙后代，接续宗枝，但修行之士，投拜明师，参求入道，须用宗派牒文，云游天下，若遇关津隘口，如系太上门人，各州府县，执此派牒，验实放行。如遇不知宗派，假装各处名山道人，或三五成群，夜聚晓散，骚扰庙宇，劫财伤人，往来作细，难辨真假，若无派牒文凭，查明送官依律治罪。庶道教不至紊乱，棍徒难以潜入。谨遵。龙门正宗，开山启教，邱大祖师，讳处机号长春真人。贰十三传师祖，叶宗茂；贰十四传宗师，姓何，号诚意，字启忠，醉道人，上秉真传，收录门徒，姓梁名凤鸣，号信祥，生于民国己未年，十贰月，廿四日，申时。顺德县大都乡人，投称慕道，特诣本山房，参师谒圣，即日簪冠受箓，永蕃善缘，同登极乐矣。为此发牒。右给贰拾伍传坤道信祥弟子，收执为据。云鹤山房知山梁云骏（印）招彩云（印）常住何启忠（印）大中华民国五十年岁次辛丑吉旦。"（《宝松抱鹤记》，第475、476页）

人，道号至真；叶星南，妙法真人，道号至和；罗气灵，玄修真人，道号至新；叶文远，厚德真人，道号至勤；黎观潮，通灵真人，道号至同；何启忠，琼宫真人，道号诚意，又号至坚；潘妙仪，厚道真人，道号至妙。），① 还是至宝派的派字诗，都是吕祖降授的，在七个发起人之间，并没有师徒关系，包括何启忠在内，作为至宝派的第一代宗师，都同属"至"字派，他们没有拜过人师，而拜的是天师吕祖，这的确是开一个龙门新派的先河。虽然在六十年代的云鹤山房的度牒上还坚持着"投拜明师，参求入道"的信条，但拜天师已经成了一个不可逆转的趋势。云鹤山房作为至宝台的分宗，也有自己的派字诗：

> 云霞五色霭玄都，鹤舞鸾翔太极图。
>
> 山海千年绵道脉，房栊日永住蓬壶。

只是这个派字诗并没有表明是吕祖降授的，还是何启忠拟定的，在这个派字诗的释文中，强调了"全真龙门武当法派"的性质，② 表明至宝台的再次分迹立宗。而在青松观的发展中，在这个方面比至宝台、云鹤山房走得更远。青松观的派字诗是这样的：

> 紫云绕九龙，万世振玄风。
>
> 真一无上道，飞身达帝宫。
>
> 大教青麟闽，广结十方缘。
>
> 丹诚修至性，同赴弥罗天。
>
> 恩德泽环宇，泰运显盛名。
>
> 兴仁弘善业，松韵远传声。
>
> 劲苍欣长茂，枝繁叶向荣。

---

① "七真"封真人号，参见《至宝源流·至宝台仙坛度牒》。

② 参见《宝松抱鹤记》，第387页。

乐静观微妙，心香应太清。

悟澈还虚理，抱本合圆明。

果满功成日，瑶阶朝玉京。

　　这个派字诗是经扶乩叩问吕祖产生的，这个派字只给予每个新的道徒入道的先后次序，并不表明先后之间有师徒乃至辈分关系；仅此还不够，道徒的道号还需要经过扶乩叩问，取得第二个字，这才形成一个完整的道号，如果第二个字在扶乩中不能产生，就意味着吕祖不接纳这个道徒，那么这个人就不能成为合法道徒，也就不能成为青松观的新成员。以青松观上一届的董事局主席团为例，梁发，道号环权；赵球大，道号赴敬；何多樑，道号罗本；黄健荣，道号天生；叶长青，道号泽宁；总秘书周和来，道号恩晋。其中赴、罗、天、恩、泽、环六字属于派字，表明入道的先后，而敬、本、生、晋、宁、权则属于叩乩得出的另一个字，两字合成一个道号。青松观扶乩产生派字与道号的方式，客观上产生了如此的效果：彻底贯彻了拜天师、不拜人师的原则；道徒与道徒之间没有任何师承关系，有的只有平等的关系；同时，这也为入道者设立了一定的门栏。当然，并不能绝对地说青松观里没有过人师，这主要取决于是否存在一个典范式的、德高望重的人物。侯宝垣道长，大家称"侯爷"，就被先后入道者尊为共同的人师。侯虽然不是青松观创观的"十八公"之一，[①] 他对青松观的长期守候、经营和屯门永久基地的奠基作用和特殊贡献，还有他的人格力量，使得他获得了一致的拥戴；在他羽化过后，道侣们为他在青松观内树立了铜像，并设立了专祀他的道堂，也就是说，他既是大家共同的人师，也由凡入圣，成为神仙。而在他之下，所有的道徒都是平等的，不再有真正的人师了。

　　蓬瀛仙馆成立于1929年，自修龙门派道人何近愚（道号宗愚）、陈鸾楷（道号宗缘）与广州三元宫住持麦星阶（道号宗光）同游香港，他们在粉

---

①　依照至宝台的派字，他属于至宝派的第二代（宝字），与何启忠、叶星南之间存在着师承关系。

岭发现此地"崇山叠翠，环绕万松，其名为双鱼洞，于朝曦初照时，半山中有五色祥云浮起，真有天然仙境焉，遂与李君（李道明，粉岭安乐村本立园主）畅谈时事，感世道之沦胥，怅吾身之迟暮，非寻得净土，无以助潜修，非提倡道宗，无以挽颓俗，因发起创修龙门正宗道院之议，拟购该山麓之片土兴建仙馆"。① 现今无法猜测他们是有意识寻求这么一个地方修建道院，还是无意识碰到这一胜地而发起这一动议，但从"感世道"与"怅吾身"的叙谈看来，应当早有此心愿。只是为何在香港寻一个"天然仙境"，则超于常理，或许是大隐于市吧。但从最初的用意看，他们只是想要建一个"龙门正宗道院"作为清修之地，即逃离尘世的喧嚣，专事修炼。这一动议得到了八十多位道友的响应，尤其是阮禅兴道长的捐助，② 得以购置该地，并于1930 年草创供奉吕祖的玉清宝殿，取名"蓬瀛仙馆"。③ 经过多年的扩地修建，逐渐形成了西斋、坤堂、梅亭、从福亭、积厚亭、乐善亭、喜雨亭、蓬莱阁、永思堂、明台等建筑群，成为一个都市的逍遥地。然而，在以后的发展中，特别是在战后，蓬瀛仙馆发生了某种转向。随着仙馆于1949 年登记为道教社团组织，1950 年采取理监事制度，原先那种不问世事、只满足道侣清修的向度与管理方式，开始转向关注民生，注重社会慈善与福利事业，施衣、赠药、济贫等福利事业逐步发展起来了。而这自然是与香港地区人口的快速增长和社会福利与救济缺乏的社会需求密切相关，同时又是与香港所有道团的慈善化同声同调。

与至宝台经过了民间结社而合法化，最终回归宫观的途径不同，蓬瀛仙馆只是全真教道教宫观的分流而已，故而，它在恭奉的神圣方面属于原本就是全真教的，如它的"兜率宫"的主殿里供奉的就是太上道祖、吕祖和邱长春祖师，但是，它在许多方面又大胆地超越了全真龙门的规范，如主殿起

---

① 《创建粉岭蓬瀛仙馆碑记》。

② 《蓬瀛80》记载："道董阮禅兴道长于1930 年羽化时，遗嘱捐赠白银五千元予作本馆经费。这笔捐款纾解了创馆初期经费支绌的问题。"

③ 道董周绍光有诗："崇山叠翠绕万松，双鱼祥云现天空，人间仙境潜修地，创建蓬瀛赖众功。"

兜率宫三圣图

名"兜率宫","兜率"（梵文 Tusita 的音译）本是佛教用语，意谓六欲天之一；又如馆内设慈航殿、斗姥殿，以及供奉六十甲子太岁神等，① 将佛教、民间宗教的祀奉的神都融合在一起了，虽然这在道教内也不算是新鲜事，但于全真龙门正宗来说，这还是走得比较远的。

在传宗派牒方面，蓬瀛仙馆似乎遵守着龙门派的传统，它没有新立一派，或者说它并没有分宗，它依然是全真"龙门正宗"。从蓬瀛1947年发放的度牒以及1950年蓬瀛创建董事的道号看来，蓬瀛沿用了"全真派字"，如"至理宗诚信，崇高嗣法兴"。

① 2013 年蓬瀛仙馆梁德华先生采访录："蓬瀛仙馆从明年开始，就添加一个活动，就是拜太岁。拜斗是以拜斗母为中心的，但是拜太岁是有每年当年的太岁，每一个人都有自己的本命太岁。所以我们会设一个专门的科仪，专门拜太岁。上海城隍庙、新加坡城隍庙也是拜太岁。所以我们也尝试一下，明年大年初四到十五，一共是十一天，每一天拜太岁。之后呢，每一个月，初一拜太岁。"

云泉仙馆创始于道光二十八年（1848），创始人为李明经，道号宗简。他将原来西樵山白云洞玉楼书院改为了云泉仙馆。原先玉楼书院在乾隆年间乃是学子云集之地，后来有人在书院院舍之外搭建茅棚，供奉神像，一时兴盛起来，这之后才有冯太仆、仇庶常、李宗简等官绅和道士将其扩建为云泉仙馆。仙馆主神为吕祖、王重阳和邱长春三位帝君。① 云泉的道友入籍时并非经由全真道士的传戒，而是自己"科钱入籍"，故而也不遵守道观的戒律，而是自己拟定了一个仙馆的约定，称为"云泉仙馆规条"。同样，云泉仙馆

---

① 关汉瑶、黄耀成、陈天杰撰《西樵山专集·西樵云泉仙馆史记》："一、云泉仙馆之兴起　早有南海石冈李攻玉于清乾隆四十二年（1777）建起攻玉楼，后有南海金瓯堡人，岑怀瑾又在乾隆五十四年（1789）兴建起三湖书院。自从攻玉楼建成，学士逐渐发展，校舍当需增大，又改名玉楼书院（它是云泉仙馆前身）。从此，士子们聚集这里攻读，有更好更多的地方，康有为自称，能读书有成，以在三湖书院潜修三年，故为得力，反映了明清两代、西樵山形成文人学者，荟萃之'别有天地'。……主事人不在，院舍荒芜，需雇员工看管，时日久了，员工们为求补助日常生活之需，就用世人信仰神灵风尚，于是在玉楼书院外，搭起茅棚，安古神像，让人参拜，渐而香火兴盛，不少文人雅士游息此间，再将玉楼书院扩建为云泉仙馆。"（载《南海文史资料》第三辑，第51页）"二、供奉吕祖　然而，加入云泉仙馆者，名曰道教，但一不斋戒，二不束发，三不穿袍，四不念经，五不蒲团打坐。只不过是自己科钱入籍，颐养天年，各界人士均可参加，是一种民间群众团体组织。若有诞节日，或需开坛做法事，'经生'主要向外雇请，馆友中人，平时喜爱音乐、擅长吹奏箫笛或擅于敲击钟鼓者，则参加伴奏经（呪）而已。"（同上书，第52页）"三、颐养院规章　自咸丰二年（1852）起，在馆内更明确地建立成颐养院，凡参加入馆按规定办法，先由馆中两人介绍保荐，填具姓名、年龄、籍贯、职业、住址，经过三个月审查，认为品德纯正，则在祖师坛前扶乩，赐定道号，馆章拟定派别有：'野、静、修、真、耐、松、梅、竹、柏、青、唐、虞、因、友、早、冲、霄、外、通、灵'二十字为派系，每过若干年，又换下一字派，入馆弟子定号，顺嵌一字殿其后，合成道号，纪入《同门录》，为馆名册。比如，'野'字派，则有莘野；'青'字派，则有拾青；'冲'字派，则有谢冲；'霄'字派，则有醉霄等道号。准予参道，就发给《馆章》、《善与人同》、《白云洞志》共六本书。一次过，征收入道费项，初期收银二十两，到光绪中收三十六两，到民国初年收一百三十元，民国十四年叠增至二百元，再增高时（'友'字）收四百元白银。一向规定入道三年后，可常住馆内食宿，养老终身。"（同上书，第53页）"四、组织人事　仙馆第一任住持，是南海人李宗简，号莘野，早因科名未遂致仕，隐居，精心为云泉仙馆大事经营。"（同上书，第54页）《云泉仙馆简介》称，"李宗简根据'全真龙门派'罗浮山冲虚观和广州三元宫清规戒律，制定云泉仙馆规章制度。"另外，可参见《善与人同录》、《云泉仙馆条规》、《白云洞志》。

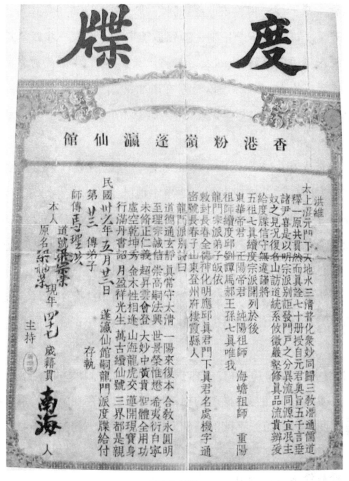

蓬瀛度牒

也不遵从全真的派字论辈，而是自创了一个传递的辈分："野、静、修、真、耐、松、梅、竹、柏、青、唐、虞、因、友、早、冲、霄、外、通、灵"。《西樵云泉仙馆史记》说：

自咸丰二年（1852）起，在馆内更明确地建立成颐养院，凡参加入馆按规定办法，先由馆中两人介绍保荐，填具姓名、年龄、籍贯、职业、住址，经过三阅月审查，认为品德纯正，则在祖师坛前扶乩，赐定道号。馆章拟定派别，有："野、静、修、真、耐、松、梅、竹、柏、青、唐、虞、因、友、早、冲、霄、外、通、灵"二十字为派系，每过若干年，又换下一字派，入馆弟子定号，顺嵌一字殿其后，合成道号，纪入《同门录》，为馆友名册。比如："野"字派，则有莘野；"青"字派，则有拾青；"冲"字派，则有谢冲；"霄"字派，则有醉霄等道号。准予参道，就发给《馆章》、《善与人同》、《白云洞志》共六本书。

云泉的香火在南海西樵山本来很旺盛，只是由于日军的入侵，才打乱了它往常的宗教生活。抗战期间，西樵山地区沦陷，云泉仙馆道友在黄樵、何海科等倡导下，1938 年在澳门成立"西樵云泉仙馆旅澳同门联谊处"，最终于 1965 年正式注册为"澳门云泉仙馆"；1938 年，香港也成立了云泉仙馆旅港"临时贺诞会"，并于 1944 年在西樵山祖馆道长吴礼和、陈鉴波、陆本良、高廉、唐澄甫等倡导下，在香港德辅道西 107 至 109 号，成立了"香港云泉仙馆"，吴礼和任第一任馆长，最终在 1965 年正式注册成为澳门云泉仙馆。

虽然澳门、香港的仙馆看似西樵山的仙馆的分馆，但实际上不仅澳门与香港，且澳门、香港与西樵山的祖馆之间，也不存在隶属关系，故而香港云泉仙馆在西樵山祖馆派字诗的基础上，续写了自己的派字诗：

> 野静修真耐，松梅竹柏青。
> 唐虞因友早，冲霄外通灵。
> 云荫樵山日，泉流香海时。
> 玄宗传太上，道统绍裘箕。

这个派字产生的办法与至宝台传至香港之后的做法类似，皆是遵从天师而不遵从人师，不仅二十字的辈分由吕祖扶乩得出，每个允许入籍道侣的道号的另一个字，也由吕祖乩示给予。值得注意的是，看起来，云泉仙馆的建立似乎属于地方乡绅和一些好道者的个人潜修爱好，但这种结社自养当中，就包含了类似先天道的结社自救的性质，尤其当社会陷入动乱岁月的时

香港云泉仙馆赞化宫

候。而且，在仙馆建立过程中政府要员的参与，也表明了这种带有慈善性质的结社，从一开始就具有合法性。

　　然而，现今的云泉仙馆是以全真教派著称的，但在扶乩结社过程中，看不出全真的踪影，甚至仙馆在光绪乃至民国时期做诞节法事时，都是延请外来的道人（"经生"）来做，自己只是根据个人的音乐爱好"参加经呎伴奏"而已，这该如何理解？这种情形恰好需要从"参加经呎伴奏"的现象去理解。我们知道的是，为云泉仙馆做斋醮法事的道士来自广州三元宫，其经忏的科本也来自三元宫，这就是云泉与全真道的根由。如果说云泉仙馆是经由扶乩结社，而后来自动皈依、转正为全真教派，那么宗教仪式上的同根同源就成了关键的因素。香港云泉仙馆刊印的资料也显示，"虽有用全真教派之经忏科仪，但非与'全真支派'或'正一派'等教派相关"。① 有关这个

① 见香港云泉仙馆自印资料"香港云泉仙馆——道脉"。依照这个说法，香港云泉刊印的《云泉仙馆简介》称云泉仙馆第一任住持李宗简"原系广州市应元宫道士"，似相抵牾。

方面，我们将在香港道教科仪章里面去谈。

万德至善社在香港立社的时间相对较晚，它是由广州应元宫龙门第二十四代曾诚炽道长传入香港的。20 世纪 50 年代初，曾诚炽将应元宫里的 12 寸高的吕祖神像带来香港，在九龙石尾碋的一处石屋房居住下来，并由此开始持鸾开乩。只是借助于吕祖的乩示，曾诚炽与谭信烈、罗信广、黄信余等四人购买了马票，中了奖，得了 8400 元，依此为基础，他们在九龙烟厂购得铺面，前铺做药材生意，后铺设立吕祖道坛，借助灵宝天尊的乩示，得到"万德至善社"的坛名。以后，万德于 70 年代开辟的新界南山"万德苑"、80 年代在旺角登打士街宝亨大厦创立万德至善社总坛，逐渐发展成为"三坛四社"。万德至善社奉行龙门派的派字，在香港由曾诚炽往下开"信"字派，现今传至"崇、高、嗣、法"字派。万德供奉的主要有纯阳吕祖、玉皇大帝、三清圣像、观世音菩萨、斗姥、王灵官等，所宗奉的经典主要如关帝、五祖、七真、柳元阳等宝诰，尤其是历时七月扶乩得出的《樵阳玉书》，

万德问乩建筑内景

特为珍视。传递善音的方式，则是通过问乩，不仅如此，万德的所有建筑设施的设计，坛内坛外的所有装饰、陈列，乃至施工单位的选择，一律经过问乩，而在乩手的培养方面，万德也最用力，相比香港其他道观缺乏乩手的状况，万德在这个方面最不乏人才。

值得注意的是，香港全真龙门各派，既注重七真，也注重五祖，并且在纯阳吕祖的统摄下，将南北二宗结合起来了，与北方全真龙门只重七真不同，这反映了南方全真教与南宗的根深繁复的关系。与此相关，香港全真教也没有建立起像北方全真教那样的十方丛林制度，原因在于一来是香港地界紧张，难以辟出用来供道士出家的地方，二来应当是受南宗不强调出家的传统影响，所以说，做全真道士、却未必出家，这个方面并非是从香港开始的。

第四章　香港的道教科仪

一、科仪的源流及其核心价值

科仪也称为斋醮仪式，斋是斋戒，醮是祭神鬼，两者的活动都有一定的仪轨，都是庄严的仪式。本来斋与醮是有分别的，南宋时期的蒋叔舆在《无上黄箓大斋立成仪》中说："忏罪谢愆则谓之斋，延真降圣乞恩请福则谓之醮。斋醮仪轨不得而同。"这个界定被后人批为过于狭窄而不合实情，斋、醮在法事过程中总是连用的，即斋坛法事后，接下来就设醮，所谓"散坛设醮"。① 陈耀庭《道教仪礼》认为，斋醮连用大约是在唐代以后的事。② 《太

① 柳存仁认为："杜光庭的《太上黄箓斋仪》（卷五十）早立下了'散坛设醮'一门，举行了斋坛的法事之后，不管是否已蒙神庥，跟着就是'谢恩设醮'（用蒋氏《立成仪》15、6b 自己的话），这倒很合乎中国传统的处理人事关系打铁趁热的作风；不过斋主习惯上又得多开销一笔罢了。"（柳存仁：《和风堂文集》（中），上海古籍出版社 1991 年版，第 759、760 页）

② 陈耀庭指出："宋吕元素在《道门定制》卷六的'斋品'中称，'广成先生曰：醮者，祭之别名也。香花灯烛，果酒茶汤，降天地，致万神，禳灾祷福，兼利天下，其法出于河图龙文、元化帝瑞神经，率以涓洁为先，精神为本，丹心苦志，以希感通，随所祈禳，修词拜表，精楷典实，务在严恭，其或鲁莽灭裂，欺诞真圣，自贻罪遣，何福善之能致乎'。从吕元素引用唐末杜光庭的一段话，可见在唐时道士的心目中，'醮'已包含着'斋'的内容，即'以涓洁为先，精神为本，丹心苦志，以希感通'等。也就是说，'斋'包含着'祭醮'，而'醮'也包含着'斋戒'。正是在这样一种理解的基础上，斋戒连用就普遍起来了。"（陈耀庭：《道教礼仪》，宗教文化出版社 2003 年版，第 66 页）

上洞渊神咒经》卷十五"步虚解考品"："但请高行三洞法师，洁置灵坛，转经诵咒，奏表成章，建斋设醮，祠谢五帝。""修斋设醮，切须讽咏，怡神灭鬼，功德无边。""或有修斋设醮，不依科仪之考。"① 然而，这部约成书于两晋之际的经典，也未必表明道教在这个时候才开始拥有自己的科仪，可以想见的是，在张道陵创教伊始，应当有了自己的宗教仪式，据称属于太上授予张道陵天师的《正一威仪经》中，就收录了正一道士入道受箓的威仪达三十种一百三十二条。② 没有任何证据能够证明这部威仪经是太上授予张道陵的，两个最可能的情形是：第一，它属于"降受"的，就像《真诰》一样，却不一定是降受给某位正一道士的，只是降受称这本经属于太上授予张道陵的；第二，它属于某个正一道士撰却假托太上授张道陵。不管属于哪种情形，都表明道教自己是有一套严备的科仪制度。有关张道陵创教的历史，由于缺乏历史史料，主要都是一些传说，如说他行"正一盟威之道"，并著有《老子想尔注》。葛洪《神仙传·张道陵》：

> 老君寻遣清和玉女，教以吐纳清和之法，修行千日，能内见五脏，外集外神，乃行三步九迹，交乾履斗，随罡所指，以摄精邪，战六天魔鬼，夺二十四治，改为福庭，名之化宇。③

---

① 此经有杜光庭所作序："西晋之末，中原乱罹，饥馑既臻，瘟瘕乃作，金坛马迹山道士王纂常以阴功济物，仁逮蠢类，……今以神咒化经，复授予子，按而行之，以拯护万民也。即命侍童披九光之韫，以经及三五大斋之诀授之于纂曰：勉而行之，阴功克充，仙阶可冀也。言讫道君及侍卫众真皆西北而举，纂遂按经品斋科行于江表，生民康乂，疫毒消弭，自晋及今，蒙其福者不可胜纪。"但《道藏提要》认为："非一人一时之作"。（参见《道藏提要》，中国社会科学出版社1991年版，第253页）

② 《道藏》洞神威仪类列其目有：受道威仪二十四条，法服威仪五条，入靖威仪四条，启奏威仪四条，读经威仪八条，讲经威仪八条，事师威仪六条，奉斋威仪九条，受戒威仪三条，忏悔威仪两条，礼拜威仪三条，烧香威仪六条，燃灯威仪三条，鸣钟威仪五条，鸣磬威仪一条，章奏威仪三条，醮请威仪五条，法具威仪一条，食器威仪一条，器用威仪一条，居处威仪四条，卧具威仪一条，屦履威仪一条，井泉威仪二条，用水威仪一条，饮食威仪五条，动止威仪一条，游行威仪二条，住观威仪六条，死亡威仪六条。

③ 《列仙传·神仙传》，上海古籍出版社1990年版，第30页。

所说"行三步九迹，交乾履斗，随罡所指，以摄精邪"，这大概就是天师道最早的宗教科仪了。而《三国志·张鲁传》载：天师道"不置长吏，皆以祭酒为治"，无非表明天师道的政教合一性质，以宗教职务代替行政职务，但"祭酒"本身的性质就是主持宗教仪式的。

陆修静为学界认为道教斋醮科仪的制定者，其《道门科略》向来被视为纲领性文件，他在其中讲道：

> 太上患其若此，故授天师正一盟威之道，禁戒科律，检示万民逆顺祸福功过，令知好恶，置二十四治，三十六靖庐，内外道士二千四百人，下千二百官，章文万通，诛符伐庙，杀鬼生人，荡涤宇宙，明正三五，周天匝地，不得复有淫邪之鬼，罢诸禁心，清约治民，神不饮食，师不收钱，使民内修慈孝，外行敬让，佐时理化，助国扶命。唯天子祭天，三公祭五岳，诸侯祭山川，民人五腊吉日祠先人，二月八月祭社灶。自此以外不得有所祭。若非五腊吉日而祠先人，非春秋社日而祭社灶，皆犯淫祠。……令以正月七日、七月七日、十月五日，一年三会，民各投集本治，师当改治录籍，落死上生，隐实口数，正定名簿，三宣五令，令民知法。其日天官地神咸会师治，对校文书，师民皆当清静肃然，不得饮酒食肉喧哗言笑。会竟民还家，当以闻科禁威仪教敕大小，务共奉行，如此道化宣流，家国太平。……道家法服，犹世朝服，公侯士庶，各有品秩，五等之制，以别贵贱，故孝经云，非先王之法服不敢服。[①]

以上陈述，确乎是规定了道教斋醮科仪的主要方面：第一，依然遵循了太上老君授天师正一盟威之道以及禁戒科律的说法，亦即道教以及科仪并非来自世间，世间只是奉行它们而已。第二，道教的科仪其实就是一系列的仪式

---

① 《陆光先道门科略》，《道藏》第 24 册，文物出版社、上海书店、天津古籍出版社 1988 年版，第 779—782 页。（以下省略出版社名称）

与形式，包括了禁戒条规、斋戒忌日、章文朱符、行为规范以及服饰定制等。第三，这些道教科仪以一种强制的形式，规定、约束着人们的行为，来自超越的道君的规制，其目的在于服务世俗社会，即"使民内修慈孝，外行敬让"。从这当中，可以看出来，这些科仪主要表现为外在的强制，以致具有宗教内部的自然法的性质，其中有奖励，上德之人可以为神仙，中德之人可以倍寿，下德之人也可延年，更有惩戒，如"颠倒杂乱，永不自觉，如此之师，灭后绝种，如此之民，则天横破丧"。① 而科仪的作用也就在令其"自觉"了。可见，道教的科仪并非一次性地由道祖给予或降受来的，而是逐步完善丰富的。据蒋叔舆编撰的《无上黄箓大斋立成仪》，其中的第十六卷科仪门一为陆修静撰，② 这个重要的道教科仪书经过了陆修静、张万福、杜光庭、李景祁、留用光、蒋叔舆等若干代道士的努力才最后成型的。

早期科仪虽然有自己的仪式，但似乎并没有后来的歌舞等丰富的形式。宋人吕元素《道门定制·序》：

　　　　至简易者道，至详备者礼。凡人之所以事天者道也，因事天而起至诚之心者，有礼存焉。此圣人垂世立教之本旨也，然于繁简之间当有所折中而不可过也。道门斋醮简牍之设，古者止篆朱章而已，其他表状文移之属，皆后世以人间礼兼考合经教而增益者，所在无定式，或得之详备而失简易之旨，使力所不逮者不可跂及，或失之鲁莽而使尽敬事者无所考定，不惬其意，元素常窃患之，欲别为校定，使之适中俾略者不得隐，而繁者不得逾，则事天奉道之礼不因人而隆杀。③

---

① 贝格尔在谈到宗教仪式的作用时说："人总是在忘却，因此必须一次次地提醒他们。事实上我们可以论证，建立文化的最古老和最重要的先决条件，就是设立'提醒者'的制度，如果考虑到这些制度所要反对的人的'健忘'性质，这种制度在若干世纪之中的可怕性质就完全符合逻辑了。宗教仪式一直是这种'提醒'过程中的关键手段。……"（[美]贝格尔：《神圣的帷幕》，高师宁译，人民出版社 1991 年版，第 49 页）
② 陆修静还撰写了《洞玄灵宝斋说光烛戒罚灯祝愿仪》。
③ 《道门定制》，《道藏》第 31 册。

这段话表明，道教属于侍奉天的宗教，既是侍奉天，那就必定有自己的仪式；只是早期道教的斋醮仪式"止篆朱章而已"，即极其简要，后来包括"表状文移"在内的其他科仪，都只是依照"以人间礼兼考合经教而增益者"，即依照儒家世俗的礼仪增加而来，这也如陆修静所说的那样，依照《孝经》的模式，"非先王之法服不敢服"。所谓"所在无定制"，意味着道教的斋醮科仪不是"太上"一次性给予的，故并非从来如此，而是处在不断地变化中。事实上，只要我们留心就会发现，道教的斋醮科仪从儒家所尊崇的《仪礼》、《周礼》和《礼记》中，可以找到根源。我们看到，道教斋醮仪式中的表章奏文，主礼者皆以"臣"自称，其文体类似世俗的臣子递交皇帝的上书奏折；而科仪所呈现仙阶谱系的等级次第，又类似世俗的官阶等级。宗教的追求虽然是超越的，但其关怀则是世俗的，所谓花开在云中，根则在泥土。

若以先后而论，天师道最早拥有自己的科仪；若论科仪见长，道教在以后形成的诸派中当数灵宝派。《道藏》三洞四辅中关于戒律和仪式的部分，收录灵宝派的洞玄部中，戒律类有《太上洞玄灵宝上品妙戒经》等十二种，威仪类有《灵宝领教济度金书》及金箓、黄箓、玉箓仪式八十六种，高于上清派和正一派的戒律和威仪经书。故有"斋法出于灵宝"一说。[①] 不仅如此，灵宝科仪所受到的重视远胜于上清、正一，即便到了现代，道教的科仪依然带有灵宝的印记。何以灵宝一派以戒律和威仪见长呢？这大概要从各派所发轫的历史条件及其自身所形成的特点去看。上清派宗奉《大洞真经》，又信奉《黄庭经》，以存思存神见长，这派与后来形成的内丹学说关系密切，又与传统中医学相关；正一派的原初面貌是天师道，这派注重符水经箓，也重斋醮仪式，这与社会民俗、民医，乃至禁戒法术关系密切；而灵宝一派，经由葛洪神仙道学的传递，由葛洪族孙葛巢甫发起，信奉《灵宝经》，主张普度一切人，注重符箓科教和斋醮仪轨，正好补强了道教在超度众人与宗教仪

---

① 有关这个问题，参阅附录《从宗教仪式与戒律看道教的两种倾向》一文。任继愈指出："重斋戒科教，劝善度人，是灵宝派的两个显著特点。"（任继愈：《中国道教史》，上海人民出版社 1990 年版，第 133 页）

式这两个方面，尽管灵宝派在组织上并不像上清和正一那样势力大，但这一派所注重的这两个方面却成了各派都要实行的，成为了道教的公共财产。超度众人，意味着道教从神仙道教注重个人得救而不管大众的偏颇中走了出来，从而具有了普世性。科教及其斋戒仪式本来就是道教各派都要追求的，而灵宝派在这个方面的见长树立了一个灵宝科仪最灵的信念。然而度人，无论是度活者，抑或超度死者，都是通过仪式来进行的，这决定了灵宝注定是将信念与仪式完全结合在一起，也就形成了灵宝派一个显明的特性，以致后世做斋醮仪式的，总把《度人经》作为主要的念诵的经文。柳存仁《和风堂文集》（中）："迟到南宋，作斋醮法事的人，他们念诵的仍是《度人经》、《洞玄灵宝自然九天生神玉章经》、《太上洞玄灵宝救苦拔罪妙经》、《太上九真妙戒金箓度命拔罪妙经》、《元始天尊说生天得道经》这些部经典，而这些'妙经'，灵宝一系的势力很大是极明显的。"① 我们知道，上清派主要从事存思存神的个人修炼，并不必要从事集体的斋醮仪式；正一派所从事的符水治病活动，也不必要举行大型的斋醮仪式，尽管正一派也是以斋醮仪轨见长；只有灵宝这一派，所从事的度人拔罪活动与斋醮活动分不开。

道教的斋醮科仪不是一朝一夕完成的，同样，它们也不是由某一个派别、某一个源头产生的，而是各派都有自己的一套斋醮科仪，呈现出宗派化的情形。这就是从《道藏》中所看到的，洞真、洞玄、洞神各有一套科仪，如：洞真部中，戒律有《太上洞真智慧上品大诚》、《三洞众诚文》等十二种，威仪类有《太上玉清谢罪登真宝忏》等二十八种；洞玄部中，戒律类有《太上洞玄灵宝上品妙戒经》等十二种，威仪类有《灵宝领教济度金书》以及金箓、黄箓、玉箓仪式等八十六种；洞神部中，有戒律类《太上老君戒经》、《老君音诵戒经》等七种，威仪类有《正一威仪》、《元门十事威仪》等二十六种；四辅中，太平部有《洞元灵宝道学科仪》等，正一部有《太上三五正一盟威经》、《太上正一盟威法箓》，等等。

① 柳存仁：《和风堂文集》（中），上海古籍出版社 1991 年版，第 755、756 页。该文又引杜光庭《太上黄箓斋仪》语"皆以斋法出于灵宝，'自然朝'为斋之祖宗，故先行'自然朝'示不忘本也。"（同上书，第 763 页）

宗教仪式的多样化表明了它们的丰富性，但宗派化并不符合道教发展的需要。如果说在唐之前处于这种状态的话，那么在唐朝就处于相互整合的时期了，而唐朝道教不重派别的趋势则配合了这种整合。唐玄宗时期的张万福和晚唐道教礼仪集大成者杜光庭，就曾做过这种整合工作。张万福生活在唐玄宗时期，为开元盛世的见证者，在那样一个时期，朝廷的祈愿太平长久和平的斋醮法事自然不少，他就曾目睹并记录了金仙、玉真二公主在长安归真观两次受箓受法的供奉盛况。《道藏》中收录了他的《传授三洞经戒法箓略说》、《醮三洞真文五法正一盟威箓立成仪》、《三洞众戒文》、《三洞法服科戒文》、《洞玄灵宝道士授三洞经诫法箓择日历》、《洞玄灵宝无量度人经诀音义》等书。当然，这些著述并非都是他的创作，他所做的主要工作还是从三洞经书中辑出三洞共同的东西或者不可缺少的东西，但有的内容记述唐朝斋醮法事的具体陈设、仙真位置以及开坛启醮过程，则具有时代意义。在他的著述中，有的属于念诵经文的方法（《洞玄灵宝无量度人经诀音义》），有的属于三师名讳及住观方所仪轨（《洞玄灵宝三师名讳形状居观方所文》），有的属于记录唐代开坛设醮的仪轨（《醮三洞真文五法正一盟威箓立成仪》），有的属于道士出家受箓选择吉日的历表（《洞玄灵宝道士授三洞经诫法箓择日历》），有的属于道士法服、法具方面的（《三洞法服科戒文》），但更多的还是戒律方面的，如在《三洞众戒文》的"序"中，他说道："三洞诸经说戒多矣，难以具详。学道求真，莫不先持斋戒。……其传授经法次第，已如三洞法目，今又依经箓出戒文，附诸法次。受法之日，随法转授，令道士诵习，防非止恶，以制六情。"可见他在斋戒与醮事方面的倾向性。可以注意到，除了保留"洞玄灵宝"之外，其他皆以"三洞"称之，即是说，他倾向于以"三洞"名义统和"上清"、"灵宝"和"正一"，去除宗派性，强调道教经戒礼仪的统一性。在《传授洞经戒法箓略说》中，他列出的"戒目"有：三归戒、五戒、八戒、无上十戒、初真戒、七十二戒、百八十戒、天尊十戒四持身品、太清阴阳戒、想尔二十七戒、洞神三洞要言五戒十三戒二十戒门、百二十九戒、闭塞六情戒、智慧上品大戒、三元百八十戒、智慧观身三百大戒等。在这个序列中，原本分属于各宗派的戒律被设置在一个统一的道教戒目下，意味着不管上清、灵宝，或者正一，皆在这个统一的戒目下选择自己的戒律，它们曾经是别的宗派的戒律，但现在不是了，它们就是自己的戒律。应当说，张万福破除宗派界限，有其社会基础。唐代的道教本身派别显得并不重要，要说派别，上清是主流，灵宝衰微，正一不显，所以，上清派所做的任何创造性的工作，都代表了整个道教所做的工作。

如果说在张万福那里尚有上清、灵宝与正一分宗的痕迹的话，那么在杜光庭那里这种痕迹就更不显明了。杜光庭可谓道教斋醮科仪的集大成者，但与张万福比较起来，他更倾向于道士的醮事科仪。杜光庭著述宏富，除了《道德真经广圣义》、《老子说常清静经注》、《历代崇道记》、《道教灵验记》、《墉城集仙录》、《神仙感遇传》、《录异记》、《虬髯客传》等学术与文学著作外，《道藏》中收录与他相关的斋醮科仪方面的著作有二十多种，这些科仪著述，有的是他撰写的，如《广成集》，更多的属于他"编集"的，所谓"编集"，主要是四处采集的，其中为道教盛大的三大斋醮仪"金箓斋仪"、"玉箓斋仪"、"黄箓斋仪"都是他"编集"的，在这些编集的著述中，他一般保留了原来的名称和面貌，如《太上三五正一盟威阅箓醮仪》、《太上灵宝玉匮明真大斋忏方仪》、《太上黄箓斋仪》、《太上洞渊三昧神咒斋十方忏仪》、《洞神三皇七十二君斋方忏仪》等，这些斋醮仪完整规定了各类道场的仪则，如《金箓斋启坛仪》详细叙述了建坛、张榜、法物、燃灯、行道日数等法式；《金箓大斋宿启仪》叙述行斋节次，礼师存念、五方咒、鸣鼓法、称法位、十念、存神烧香；《金箓大斋启盟仪》述高功升座、启堂法事、捻香祝辞、下静、高功下座率众官望坛拜、讲唱四结愿等；《金箓斋解坛仪》述礼师存念、宣五方神咒、鸣法鼓集神、请称法位、礼方、忏悔、三启、宣表、回将牒、焚化、十二愿、存神烧香等。这类的编集工作是一种功夫性的，说不上有多少创造性，但这种工作的作用是重要的，他为道教保存下来了唐朝原本的斋醮仪式。要知道，杜光庭生活在战乱时期，道教典籍丢失很多，他曾在相对平安的西蜀地区广泛收集道书，如此的艰辛应当被看作一种辑佚工作。

但在《道门科范大全集》中采用一句话注在下方："杜光庭删"。意思是，原来这些醮仪的名称及其内容都比较繁复，经过他的删减才成为这个样子的，在这一过程中，去宗派化也是他的一个基本的意图。他想为道教保存下来一个权威而通用的科仪范式，而不是具有宗教派别性的科仪范式。他的《道门科范大全集》收录的科仪有：

生日本名仪、忏禳疾病仪、消灾星曜仪、消灾道场仪、灵宝太一祈雨醮仪、祈求雨雪道场仪、灵宝祈求雨雪道场三朝忏仪、灵宝祈求雨雪拜章仪、文昌注箓拜章道场仪、祈嗣拜章大醮仪、誓火禳灾道场仪、安宅解犯仪、解禳灾星运仪、南北斗同坛延生醮仪、南北二斗同醮宝灯仪、北斗延生清醮仪、北斗捍厄仪、真武灵应大醮仪、道士修真谢罪仪、上清升化仙度迁神道场仪、东岳济度拜章大醮仪、灵宝崇神大醮仪等。

在这些仪式中，出现灵宝和上清派别的很少，以"灵宝太一祈雨醮仪"来说，他在前面加了一段题语："不许公吏上坛与事。此醮大有感应，可作十二位座位，不许苟简。"① "不许公吏上坛与事"、"不许苟简"，表明道士对待这一醮事的特别庄严与隆重，担心公吏践踏了神圣，苟简其事不庄严，而"感应"就存在于神圣与庄严当中。毋庸置疑，这个斋醮仪式是来自灵宝派的，而杜光庭在将它收录进《道门科范大全集》的时候，没有删去"灵宝"的标志，其缘由当从这段话中窥见端倪。而"灵宝"的字样没有删，不是他不想删，可能是他不敢删，如果删了，就不再"大有感应"了。

从《道门科范大全集》中已可窥见灵宝斋醮科仪已经取得了独特的地位，似乎灵宝科仪并不是灵宝派的一样，而是道教中最灵的科仪。宋人在重新整理道教科仪的时候，也是遵循了张万福、杜光庭的做法，如蒋叔舆编《无上黄箓大斋立成仪》的时候，所确立的"斋坛安镇经目"中，全是灵宝经，对于上清、正一经皆不提及。而吕元素在编纂《道门定制》的时候，所遵从的也是"简易"，所谓简易，当然就是寻求统一，而去除繁复。这个统一的过程进行得很顺利，原因在于两个方面：第一，当改朝换代、尤其是期间发生战乱的时候，道教的典籍丢失的情况很普遍，而当有人像杜光庭那样

---

① 《道门科范大全集》，《道藏》第 31 册。

能够把散佚的科仪典籍收集起来的时候，那么这些典籍就成为了不二之选择，人们只能够接受它们，而不能说它们属于什么派别的。第二，尽管传统的茅山上清派、龙虎山正一派、阁皂山灵宝派各有自己的斋醮仪式，但是在龙虎山正一派取得了世俗政权授予的统治权的时候，就会推动斋醮仪式上的统一性，既然灵宝斋醮仪式已经取得了独特地位，那么就以其为则，灵宝的也就是正一的，又何况正一、灵宝二派早就共用科仪了。①

然而，道教的发展在斋醮科仪方面既循简易通行之则，又不断地新生个别化、专门化的需要，这主要是新生教派的产生所带来的。南宋、金元时期产生的全真教就是这样的。

二、全真科仪

全真教作为道教新生教派，有无斋醮科仪，这在学界有些争议。其实，这主要看在哪个意义上讲，既然宗教皆有宗教仪式，全真教当然也有，只是它是否从一开始就有？或者说它是否以斋醮仪式见长？答案是否定的。这可从两方面看：第一，全真教创始人既是一觉独悟，就没有严格的师承关系，甘水镇遇仙真点化，这当限于悟道，而不可能将复杂的斋醮仪式教与他；第二，全真既是以修炼心性见长，就不可能又以斋醮法事见长。

全真究竟何时有比较系统的斋醮科仪值得探讨。王重阳在其著述中很少提及斋醮之事，他在传教过程中所做的皆为心上功夫，大概只在两三处提到醮事与篆符，《终南刘蒋姚二官设醮》：

谈心应遇佳时，下修成大醮仪，俗喜逢真吉善，今虽有罪慈悲。

---

① 对此，柳存仁评价道："正一（就是张天师这一派）当然设醮是他们的看家本领。……只是正一这一派，也不曾垄断过斋醮。盖从很早的时候起，这些法事，它是与上清、灵宝各派共之的，而且《灵宝》诸经，在多数的道籍里，又一向被大家视为斋醮行事的根源。"（柳存仁：《和风堂文集》（中），上海古籍出版社 1991 年版，第 754 页）

怀道德洪禧助，拔先宗胜广施。谢圣贤多拥护，人名姓已天知。①

《道友作醮篆符简》：

　　抵良辰集众仙，将玉篆遂同编。丝不断依从古，口相传各取阅。字金书谁敢悟，田丹诀我惟先。然水木火金土，一灵符便奏天。②

　　这两处文字尚不足以证明重阳自己做斋醮法事，还是只去观斋醮法事，如若他亲做这类法事，这算重阳传教的大事，那么理当在文献中反映出来，且有仪轨的记述，就像丹阳、长春所做的那样。另外，在秦志安撰的《重阳王真人》中也有一则：

　　（重阳）初游登州，望仙门外，见画桥太险，遂言曰："此桥异日逢何必坏。"众皆莫晓其意。后经一纪，太守何公恶其险极，遂毁其险而平甃之，今改遇仙桥者是也。继有文登县作醮，于五色云中见白龟甚大，背有莲花，祖师端坐于莲蕊之上，须臾侧卧而归。县宰尼厖亲见其事，拈香恭礼，命画师对写真容，三州之人皆仰观焉。

　　这则斋醮事虽与重阳有关，却只是重阳身后的言传逸事了，而李道谦所编《七真年谱》中也不提重阳与斋醮法事。真正与斋醮仪式有直接关系的，当在丹阳、长春的传道过程中。

　　丹阳的著述中有不少的词赋是记述斋醮法事的，如《加持马从仕宅醮》：

　　悟来乐道恣情咍，醮食须求面一杯。幸遇黄冠行法事，助他清醮

---

① 《重阳全真集》，《道藏》第 25 册。
② 《道藏》第 25 册。

谨［让］禳灾（依《道藏辑要》改）。加持洁巳居环堵，追荐亡灵上玉台。瑞气祥云相引去，蟠桃赏玩宴蓬莱。

这是应邀做幽科法事以追荐亡灵。《甘水仙源录》载王利用所撰《全真第二代丹阳抱一无为真人马宗师道行碑》记述：

> 冬十月下元日，文登令尼庞古武节，请师作九幽醮，师谓姚铉、来灵玉曰："空中报祖师至，青巾白袍，坐白龟于碧莲叶上。龟曳其尾，见于云表。道俗欢呼，焚香致拜。居无何，回首侧卧，东南而去。"

（重阳坐白龟于碧莲叶上之事，当与秦志安所述事同）这又是一次幽科法事。《金莲正宗记》载《丹阳马真人》：

> 壬寅年五月，东牟大旱，嘉苗槁矣。遍祷山川，一无所应，州县官长礼请先生，庶获沾足。名香一爇，膏雨沛然。逮秋七月，郡人设大醮于朝元观，连日阴雨，道俗惶恐，疑将败其坛（左土，右单），先生曰："无忧，今日必晴。"果如其言。……癸卯年四月十三日主行芝阳醮事，而风雨大作，众人哀祷，庶获晴霁。先生叩齿冥目，似有所祝，须臾，云敛日出。

这是祈雨醮事。不过，丹阳《洞玄金玉集》中有一首《发叹歌》道出了另一个实情：

> 芝阳道友访文登，非是寻芳觅翠荣。具说宰公投尺牍，邀予掌醮救亡灵。救亡灵，事最好，有些小事当分剖。惟恐后进相效颦，赶斋赶醮不修道。不修道，怎了仙？了仙须炼气绵绵。倒卷辘轳灯树落，斡旋宇宙性灵圆。性灵圆，当积行，引人回首归清静。慈悲援溺布桥梁，恻隐扶危立梯隥。立梯隥，作渡舟，度人物外作真修。奈何道友

求追荐，孜孜祷我救阴囚。救阴囚，如何是？予乃无为清静士。未尝趁醮和天尊，不会登坛行法事。行法事，请黄冠，洁己登坛作内观。予应加持处环堵，默祷本师天仙官。天仙官，重阳也，发叹起慈行悯化。千重地狱枷锁开，一切亡灵罪情舍。罪情舍，暨孤魂，同游紫府入仙门。不夜乡中得真乐，长春洞里捧金樽。

在这首歌里，丹阳说出了两个实情：第一，重阳师教与他的本事，并非斋醮法事，而是内丹修炼之事，在他看来，内丹修炼才是"真修"，所谓"了仙须炼气绵绵，倒卷辘轳灯树落，斡旋宇宙性灵圆"，说的正是颠倒乾坤、三还九转的内丹修炼功夫。而斋醮法事，虽是"救亡灵"、"和天尊"，究竟是外事，非直接修道。第二，丹阳自身也并不擅长斋醮法事，而当他被人簇拥着推上法坛之时，他也就只好勉强行事，此时他在内心上默默祈祷重阳师能够"发叹起慈行悯化"。《七真年谱》中也记述了不少丹阳的斋醮法事，兹不赘述。

在长春的著述中，有关斋醮的记载更是不少。《磻溪集·世宗挽词》：

臣处机，以大定戊申春二月，自终南召赴阙下，蒙赐以巾冠衫系，待诏于天长观。越十有一日，旨令处机作高功法师，主万春节醮事。

《磻溪集·登州修真观建黄箓斋》：

承安四年冬十月，大兴黄箓演金科。赤书玉字先天有，白简真符破邪久。三级瑶坛映宝光，九厄神灯摛星斗。巉岩破残酆都山，列峤升仙不可攀。四夜严陈香火供，九朝时听步虚环。千门万户生欢悦，六街三市齐铺设。金花银烛相辉映，表里光明自通彻。忽闻空外显嘉祥，萧索轮囷有异常。玉帝传宣行大赦，仙童骑鹤下南昌。幽魂滞魄皆超度，白叟黄童尽钦慕。天涯好事未尝闻，压尽山东河北路。

在这首叙事诗中，作者既描述了黄箓醮坛的设置、阵列、符咒、灯火、仙乐、步虚，也讲述了自己在醮坛上的神圣体验，如玉帝传宣行大赦，仙童骑鹤下南昌，幽魂滞魄皆超度，以及此时所呈现的一片吉祥欢畅的人神共舞景象。《长春真人西游记》中记载了许多长春从大雪山回来的路上所行事醮：

> 十月朔，作醮于龙门川。望日，醮于本州朝元观。十一月望，宋德方等以向日过野狐岭见白骨所发愿心，乃同太君尹千亿醮于德兴之龙阳观，济度孤魂。前数日稍寒，及设醮二夜三日，有如春。……十二月既望，醮于蔚州三馆。师于龙阳住冬，旦夕常往龙冈闲步，下视德兴，以兵革之后，村落萧条，作诗以写其意云："昔年林木参天合，今日村坊遍地开。无限苍生临白刃，几多华屋变青灰。"又云："豪杰痛吟千万首，古今能有几多人。研穷物外闲中趣，得脱轮回泉下尘。"甲申之春二月朔，醮于缙山之秋阳观。……九月初吉，宣抚王公以荧惑犯尾宿主，燕境灾，将请师作醮，问所费几何？师曰："一物失所，犹怀不忍，况阖境乎？比年以来，民苦征役，公私交鬯，我当以观中常住物给之，但令京官斋戒以待行礼足矣，余无所用也。"于是作醮两昼夜，师不惮其老，亲祷于玄坛。醮竟之夕，宣抚喜而贺之曰："荧惑已退数舍，我辈无复忧矣。师之德感，一何速哉！"师曰："余有何德，所祷之事，自古有之，但恐不诚耳，古人曰：'至诚动天地'，此之谓也。"……丙戌正月，盘山请师黄箓醮三昼夜。是日，天气晴霁，人心悦怿，寒谷生春，将事之夕，以诗示众曰："诘曲乱山深，山高快客心。群峰争挺拔，巨壑太萧森。似有飞仙过，殊无宿鸟吟。黄冠三日醮，素服万家临。"五月，京师大旱，农不下种，人以为忧。有司移市，立坛恳祷，前后数旬无应，行省差官赍疏，请师为祈雨醮三日两夜。……丁亥，自春及夏，又旱，有司祈祷屡矣，少不获应，京师奉道会众，一日请师为祈雨醮，既而消灾等会亦请作醮，师徐谓曰："我方留意醮事，公等亦建此议，所谓好事不约而同也，公等两家，但当殷勤。"遂约以五月一日为祈雨醮，初三日为贺雨醮。三日中有雨，是名瑞应。雨过

三日，虽得非醮，家雨也。或曰："天意未易度。师对众出是语，万一失期，能无招小人之訾邪？"师曰："非尔所知也。"及醮竟日，雨乃作。望日，盈尺。越三日四天，廓清，以终谢雨醮事，果如其言。

从长春斋醮所祷之事来看，有祈雨、禳邪、消灾、度亡等，最大的醮事乃黄箓大醮，这一醮事所应对的正好是平民百姓，在战乱年月里，它适应了最普遍的社会需求。至于长春与王处一共同主持金世宗"万春节醮事"则又是一盛事了。

然而长春在哪里学来的斋醮仪式，不得而知，但他做了那么多的斋醮法事则是事实，我们几乎可以肯定，他和丹阳等最终掌握了斋醮仪式，或许他和丹阳一样经历过被推举上法坛做醮事的经历，尽管他们当时还不擅长法事，但社会需求的力量是强大而不可抵御的，推动着他们很快学会，并将所学到的付诸实际，就像是他们从师傅那里学来，从来就会做法事一样。从他们所做仪式来看，虽然阳事、阴事科仪具备，只是这些科仪并非皆属后来人们所称的全真科仪，长春所行之黄箓斋应当是杜光庭、蒋叔舆所增益的《无上黄箓斋仪》，长春羽化后白云观弟子为他所设"灵宝清醮三百六十分位"，也当不出正一、灵宝所行之仪则。反观重阳羽化之时，马邱谭刘四子护柩，归殡终南，也不曾建醮做法事，而是依照儒家之礼则，守孝了四年，或许彼时全真弟子还不时兴斋醮仪式吧。不争的事实是，丹阳、重阳之后，全真各支脉皆有了科仪，他们从何处学得科仪或许并不重要，重要的是他们运用属于陆修静、张万福、杜光庭等人持续整理、釐定的名义上属上清、灵宝、正一的科仪范本，在此基础上，全真教派再去发展出来属于全真的科教仪轨。

三、正一与全真斋醮法事的科仪与科本

闵智亭《道教仪范》将道教的科仪分为戒律、醮坛威仪和斋章表三大类。其中戒律方面因道教各派的要求不同，诸如坚持十方丛林制度的全真教

在对出家道士的要求与主张不出家的正一道士，各自立了一套不相同的戒律，全真道的《三坛大戒》要严于正一道的《道门十规》，且在宗派传承上全真以传戒为凭，正一以授箓为证。章表方面，虽则有一定的固定格式，在内容方面是日新的，因而不仅不同宗派，即便同一宗派也是万千花样的。唯独醮坛仪式，尽管也处在变化中，毕竟形成了相对固定的形式，从而有了现代所说的正一灵宝科仪与全真科仪。

　　根据全真道士闵智庭和彭理福所整理的全真道教科仪，宫中常行科仪有：早晚坛功课经、天地科仪、祝将科仪、祝寿科仪、庆贺科仪、祈禳科仪、祭孤科仪、玉皇朝科、三清朝科、三元朝科、九皇朝科、接驾科仪、真武朝科、诸真朝科；斋醮道场科仪有：开坛科仪、三元午朝科、摄召科仪、施食科仪（焰口）、请水科仪、荡秽科仪、祀灶科仪、扬幡科仪、请圣科仪、大回向文、送神科仪、上大表科仪等等。

　　这里仅就太平清醮和度亡醮为例，比较一下香港正一道士和全真教两种法事的分别。依据大渊忍尔《中国的宗教仪礼》、黎志添《广东地方道教研究》和蔡志祥《从喃呒师傅到道坛经生》，香港正一道士在新界建太平清醮"分别有五日六夜、四日五夜或三日四夜三种不同的醮期安排"。[①] 包括了以下主要科仪：取水净坛、扬幡、启坛、发奏、启坛迎师、三朝三忏、分灯、禁坛、祭小幽、迎圣、礼斗、颁赦、放生、祭大幽、酬神等。所行的科本主要有：《清微发奏科》、《净坛科》、《分灯科》、《发功曹科》、《迎圣科》（含东班朝元科、西班朝元科）、《清微礼斗科》、《小幽科》、《颁赦科》、《放生科》、《普施科》等11种科本。正一道馆所坚持的属于"三忏三朝"制（一日早午晚三次朝礼、一日三次拜忏）。

　　香港正一道士承续了广州正一道士的传统，所做幽科法事多在殡仪馆里举行，据黎志添的调查：

　　　　香港市区各殡仪馆所作的打斋法事仪式，已经因为城市化和商业

---

① 黎志添：《广东地方道教研究》，香港中文大学出版社2007年版，第195页。

化的影响，使整个原来为时几天几夜的斋法，变成十分简化的丧礼仪式。现在，殡仪馆一般在晚上举行的打斋法事仪式，大约只需要四个小时便完成了（从晚上六时至十时或七时至十一时），科目包括：1. 开坛请圣，2. 启灵招亡，3. 开经拜忏，4. 破九方地狱门，5. 引亡魂游十王冥殿，6. 沐浴，7. 过金银桥，8. 散花解冤，9. 祭幽（俗称"坐莲花"），10. 送亡离位。①

青松观从 2004 年、2005 年分别接手了元朗厦村和锦田乡十年一次的太平清醮，圆玄学院则在 1999 年承接了新界大埔林村的太平清醮。这两项大型斋醮活动原为正一道士承办，为元朗厦村 2014 年（甲午年）举办的太平清醮，则从农历三月初一就开始上头表，六月初六日上二表，九月三十日上三表，之后从九月三十日大型醮事一直进行到闰九月初九日，连续十天，所采用的科仪有：上三表、祭小幽、取水净坛、扬旛、发城隍牒、迎神、启坛、请圣、拜玉皇忏、玉皇朝科、诸天朝科、摄召、沐浴、过桥、拜吕祖忏、吕帝朝科、北帝朝科、拜北帝忏、关灯散花、拜三元赐福宝忏、三元朝科、斗姥朝科、迎榜启榜、拜关帝忏、关帝朝科、礼北斗、拜太乙忏、太乙朝科、十王转案、颁赦状、放生、祭水幽、放水灯、放焰口、化大士、圆隆、大供诸天、送神、拜表谢恩等。青松观坚持"三忏两朝"制，如闰九月初四日早午晚三次拜玉皇忏、上午下午两次玉皇朝。圆玄学院与青松观在斋醮仪式设计上与青松观也相差无几，只是青松观的主祭时间比圆玄学院多了五天（圆玄为五天六夜），而圆玄的仪式中也有"七真朝"为青松观所未采用。从醮事的性质看，既是清醮，当然阳事斋醮多一些，阴事斋醮少一些，只是作为大型斋醮仪式，也理当阴阳结合，以阳事为主而已。

对于全真道来说，主要从事宫观的祈福诵经、超幽法事，但也会应社会的要求为个人提供个别性的服务，这类法事为超荐幽科据多，所行仪式主要为"开位摄召"、"沐浴过桥"、"破狱"、"关灯散花"、"施食炼度"等。

---

① 黎志添：《广东地方道教研究》，香港中文大学出版社 2007 年版，第 214 页。

厦村醮图

香港全真教所用科本主要有：《玄门开位科》、《玄门破狱科》、《玄门启师科》、《三元赐福宝忏》、《三元灭罪水忏》、《玉皇宥罪锡福全忏》、《玉皇本行经》、《太上玄门早晚课》、《愿召真科》、《正阳仁风宝忏》、《吕祖无极宝忏》、《太乙济度锡福宝忏》、《太上慈悲九幽拔罪宝忏》、《武圣保安法忏》、《玄门安座先灵赞本》、《玄门赞星科》、《玄门关灯散花科》、《纯阳唿口经忏》、《供诸天科》、《清微礼斗科》、《先天斛食济炼幽科》、《东岳谢罪往生普福证真法忏》等。此外，还有《瑯玕宝卷》、《青松赞本》、《瑶坛赞本》、《至宝真经》等。

从清醮（阳事）和幽醮（阴事）两种法事所采用的仪轨和科本来看，正一和全真的差别并不很大，如都有取水、扬幡、迎师迎神、朝忏、分灯、礼斗、放生、愿召等科，两者也有共用的科本，如《清微礼斗科》等，但是，在香港的全真科仪比正一科仪，不仅在科范上，且在科本上显然要丰富得多，这主要取决于两者在诸多方面的不同。① 正一道士是分散的，他们以

---

① 陈耀庭《道教礼仪》曾将上海的正一道与北京白云观的早晚功课作了一个比较：早课方面，"在'诵神咒'和'诵经'部分完全一样，在'诵宝诰'部分则少了'北五祖师宝诰、南五祖师宝诰、七真宝诰'以及'报恩宝诰'，多了'弥罗宝诰、雷祖宝诰'以及'王帅

锦田乡 2015 年太平清醮图

打醮为职业（世称喃呒道士），虽然他们的醮事活动比全真道士更频繁些，①
但是他们缺乏系统的训练，尤其缺乏大型醮事的协作，也难以拉起大型的队
伍；他们组织分散，科本缺乏，且难以进行这方面的建设；他们缺乏宫观，
必就难以将斋醮活动变成公共产品并吸收公众参与。② 总之，他们的弱点恰

诰’。"晚课方面，"在‘诵神咒’部分完全一样，在‘诵经’部分多了《元始天尊说功德
法食往生经》、《太乙救苦天尊说拔罪酆都血湖妙经》，在‘诵宝诰’部分则少了‘吕祖宝
诰、丘祖诰诰、灵官宝诰、三茅真君宝诰、东岳宝诰’以及‘王帅诰’。"（陈耀庭：《道
教礼仪》，宗教文化出版社 2003 年版，第 13 页）

① 黎志添《广东地方道教研究》："以笔者的调查估计，每晚在各殡仪馆举行的道教斋法丧
礼仪式，至少有五十次坛场之多，应占各种宗教丧礼仪式之首。由此可见，纵使香港的
宗教传统已经十分多元化，部分丧葬是以佛教和基督教仪式进行，但这仍然无法改变中
国华南地区民众的习俗，他们普遍已接受和共同采用‘道教化’的打斋丧葬习俗。"（黎
志添：《广东地方道教研究》，香港中文大学出版社 2007 年版，第 210 页）

② 这个方面，蔡志祥有文《从喃呒师傅到道坛经生》（台湾"中央研究院"民族所编：《信
仰、仪式与社会》，香港中文大学出版社 2003 年版），另请参见本书"生与死的关怀"章。

香港夏村的太平清醮法会侧影

好就是宫观道教的长处。所以，宫观道教，尤其是全真道士，在香港虽然很少是全职的，却能够组织系统培训，能够组织起来建设科仪和科本，能形成公众产品，并由此开展多样性的科仪活动，除了以上所叙述到的太平清醮和度亡打醮，宫观道教一年中有上元、中元、下元法会，清明思亲法会，赞星法会，各种神圣诞会，乃至每周都有活动，更不用说趁国家大事发生期间组织各宫观协作的特大型法会，诸如1986年蓬瀛仙馆与青松观合办的"道教全真法会"，圆玄学院承办的九七回归"太上金箓罗天大醮"，2009年蓬瀛仙馆与北京白云观、台北指南宫联手启建的"祈求风调雨顺国泰民安驱瘟息灾经济繁荣社会和谐阴阳利泰祈福大法会"，2015年由啬色园承办的"赞星礼斗万人大法会"等。

　　这些活动保证了斋醮仪式的连续性，在科本方面不仅有那么多品种可供选择，且也有足够多的机会去演练它们。

　　在青松观修奉的诸多科仪中，尤以"赞星礼斗"科仪最能得到广泛信众的参与。青松观每逢农历的正月初三、正月十五、九月初九、十二月

2015 年香港道教日赞星礼斗大法会图

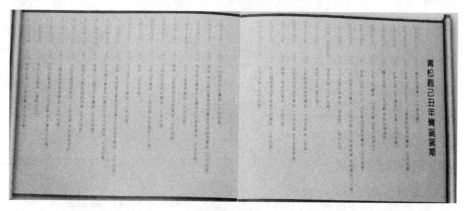

青松观己丑年贺诞

二十二，都公开为信众举行"赞星行大运"仪式。信众除了得到高功、经生为他们进行赞星科仪、祈祷消灾延寿之外，更可亲身参与由坛内经生带领的"行大运"仪式，以祈得到星斗护佑，时来运转。① 不唯青松观是如此，其

---

① 《善若青松》，青松观，2010 年，第 122 页。

他宫观也很重视礼斗法会，蓬瀛仙馆更是把礼斗常年化。在 2015 年道教日活动中，举行的"赞星礼斗大法会"上，其程序为：

禁坛荡秽、清洁坛场、开金榜、洒净——跪拜十一大曜星君——礼十方——开坛——《琳琅赞》——扬幡——《祝香咒》——上三宝香——请圣赞——行三宝罡——献五供——《斗姆颂》、《九皇赞》——星牌及斗桶开光——《发灯神咒》——称职请圣——入意、宣疏——进表——《步虚赞》——宝诰——《北斗神咒》——《护命真经》——《瞻星礼斗小赞》——开天门——公众行祈福灯阵——送圣回銮——回向——结坛

这里就青松观和蓬瀛仙馆的"道教全真法会"作以比较分析。这两个全真道教团体，在经忏的使用上没有多少分别，且都使用的是三忏两朝制，但在启坛方面则迥然相异，青松观一路使用的是"八卦瑶坛"，而蓬瀛仙馆方面则使用的是"五姥坛"；另外，青松观使用了自身特色的经本《瑯玕度世宝忏》，蓬瀛仙馆则一律采用香港通行的经本；还有，青松观的朝科皆为朝神，蓬瀛仙馆都是朝灵。这第三个方面或许是两家分工的差别，但前两个方面都为自身特色，我们注意到，青松观所有法事启坛都参用了八卦瑶坛，而蓬瀛仙馆、云鹤山房则一律采取了五姥坛。青松观的启坛科仪应当追溯到民国时期的广州至宝台，而蓬瀛仙馆则要追溯到民国时期的广州应元宫。①

香港全真教乃至其他道教宫观，都比较重视一年中的三元法会，尤以农历七月中的中元法会为盛。以蓬瀛仙馆为例，他们在四天的法会中，采取了上表、扬幡、启坛、三清忏、破狱、诸天朝、玉皇忏、玉皇朝、开金榜、开阴榜、朝灵、摄召过桥、观音忏、三元朝、三元水忏、太乙忏、太乙朝、玉枢经、保安忏、礼斗、关灯散花、吕祖忏、斗姆朝、三清幽科等仪式，这与青松观的中元法会所采取的斋醮仪式大同小异，也是三忏两朝，所不同的是蓬瀛仙馆都是朝灵，青松观则是朝神。由于中元法会主要是为了超度荐拔，所以法会实际上是一个大型的阴事斋醮，然而这也是一年当中香港市民

----

① 青松观自用的科仪本《瑶坛赞本》中有曰："联班朝礼　朔望有期　坛开八卦　守诚矜持。"可见至宝台是以八卦坛开始的。

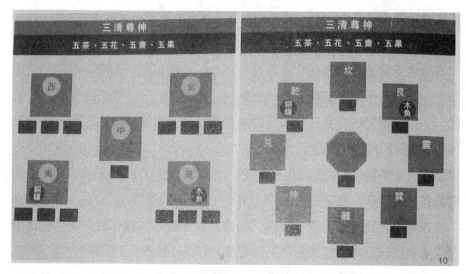

《香港道坛科仪》中的比较图

参与程度最高、最隆重的法会活动，这也反映了香港人深层的观念。他们不像内地那样注重正月里的庙会活动，毕竟庙会活动主要属于赏玩的性质，而中元法会在参与度上类似庙会，但参与者没有任何赏玩性质，而是借此凝重地祭奠先人的活动。只有在赞星之类的法事或者其他节日期间逛庙宇宫观，甚或像圆玄学院、云泉仙馆每年一度的菊展，才可以满足人们赏玩宗教文化的需求。

何以香港道教皆采用"三忏两朝"制，这是一个值得推究的事。侯宝垣道长在《重刊朝科序言》中讲道：

> 本宗坛沿用之朝科忏本，得之穗城三元宫传来。故凡修崇法事，每日三忏两朝，如法赞诵，当宣意后，再有护表关文，仰仗使者，宝马金鞍，飞达圣宫。该朝科备列有十三圣宫之朝仪，以配礼忏。

这是说香港道坛的朝忏本源自广州三元宫，但并未说明"三忏两朝"是否来自三元宫。黎志添、游子安、吴真等人将如今三元宫与香港的中元法会的科仪作了对比，发现三元宫是先朝后忏，而香港是先忏后朝。而且，三元宫也并未遵守"三忏两朝"制，多是一朝一忏。对于先忏后朝，黎志添等人作了一个推测：

> 据一些前辈道长的见解，如罗恩锡道长和尹启辉道长，"先忏后朝"的做法与过往道场主科的个人编排选择有关。此外，这样"忏"、"朝"先后程序的编排范式也不是所有香港道堂在科仪编排上都共同遵行的。……除了侯宝垣道长那样出于执著"三忏两朝"科仪范式的因由之外，吴耀东道长以安排容易为理由作如下解释说："拜忏目的可以说是一种功课，供给亡魂，并且是可以不停地做的。以往，在中元法会，做早忏可以很早就开始，而拜晚忏亦可以一直做到晚上，甚至达至通宵。至于朝科则不需这样不停地做，安排上只需要一早、一午便足够了。"①

在上述基础上，我们可以做进一步的分析。依照全真科仪的传统，应当是朝科在先，忏科在后，三元宫的中元法会实际是遵从历史传统；从二者的比重来说，宫观常用的科仪自然是朝科为多，而设坛立醮由于因应了社会的需求，朝科、忏科参半。但是这个传统到了香港发生了变化，直接原因还是罗恩锡、尹启辉等人所说到的那样，一是"与主科的个人编排选择有关"，二是吴耀东说的，忏科可以随时做，不受时间限制，而朝科更要庄严，不可随时做，很晚的时候再做朝科乃是对神圣的不敬。另一个原因似乎在于侯宝垣道长的"执著"，其实这个执著是有其社会原因的。由于香港的大型法会，诸如三元法会、思亲法会，这些常做的大型法会都是在宫观做的，拜忏谢罪、超度荐拔的成分很重，故而忏科的需求超过朝科，即便是在外建太平清醮，忏科的戏份也不轻，这种需求一旦落实在科仪等程序中，就由三朝三忏变成了三忏两朝，这也就如同荣耀神的次数可以少一些，而给人们悔罪的次数多一些一样。这就是香港社会给全真道教本身带来的变化。

---

① 黎志添、游子安、吴真：《香港道堂科仪历史与承传》，香港中华书局 2007 年版，第 25、26 页。

四、香港科仪本的诸种来源

　　香港道教的科仪本，以广州三元宫为主要来源，却又出自多门。除了直接从三元宫流出外，还从广东南海茶山洞、西樵山云泉仙馆以及民间流传，多个方面地凑集于香港。目前各个道教宫观都馆藏或翻印了部分科本，其中以青松观道教学院出版的 19 种 20 册注释本最为齐整，基本满足了通常阴阳两种法事的需求。① 以下拟以青松观道教学院科仪本为参照，将这些科本的来历与时间早晚做一个分疏。

　　《先天斛食济炼幽科》（又称《三教幽科》），现在香港云泉仙馆藏，"清同治元年（1862）岁次壬戌孟冬月立，三元宫住持黄宗性募化敬刊，羊城粤秀山三元宫藏"，西樵山云泉仙馆珍藏。同时，香港云泉仙馆还藏有光绪戊子（1888）刻本，原为西樵云泉仙馆藏本。② 青松观藏本为甲寅年（1974）印本，跋语中注明为同治元年三元宫本的新刻本，为"信女冯雪贞敬送"。

　　《高上玉皇锡福宝忏》（即《玉皇宥罪锡福宝忏》），"广州光复中路三元堂印"，为"林辅德堂铅印敬赠"，不著明年月，原为旅港云泉分馆藏，现在香港云泉仙馆藏。另外，香港青松观也藏有"丁酉"年本，称《玉皇宥罪锡福宝忏》。在该书的跋语中，侯宝垣道长写道："宝垣忝列玄门，潜修经忏历多年来，每感难求真本，况棠梨离乱，经卷每多散佚。丁酉之秋，幸于书坊搜罗经忏旧本，凡数十种类，皆国内名山洞府所藏，辗转流传于港地者，诚道教经典之珍本也，其中有《玉皇宥罪锡福宝忏》、《玉皇本行集经》，为昊天至尊玄穹高上帝会同三清三宝天尊，大放一十七光炫座说法之妙谛。宝垣意本弘道之愿，应予重刊，至其他珍本，亦将继续付梓，以资广传，冀作玄

---

① 只是在青松观刊印的科仪本中，唯独无《东岳谢罪往生普福证真法忏》这本经忏。

② 吴耀东道长在采访中说道："云泉仙馆的经忏，西樵山本身有《吕祖忏》、《济炼幽科》、《仁风宝忏》、《关帝宝忏》，其他的经忏本有从《道藏》中抄出的，有从黄大仙抄出的，有从茶山洞偷听的。"（根据记录整理）

门之科范，咸藉太上之忏经，德化人心，皈于正善，则世道遐昌矣。道历四六七三年，岁在丙辰孟夏。"盖此书得之于丁酉年（1957），而于戊午年（1978）年刊印。

青松观道教学院科仪本

《吕祖仙师宝忏》（即《吕祖无极宝忏》），丙戌年（1946），旅港云泉分馆珍藏，辛丑年云泉仙馆重刊。据称原版为光绪癸巳年西樵山白云洞云泉仙馆刻板。①

《东岳往生登真法忏》，香港云泉仙馆藏，同治二年刊印，"刊版藏粤秀山三元宫"。

《玄门启师科》，青松观藏，丁未年（1967），新会陈石溪抄写。

《玄门开位科》，青松观藏，甲寅年（1974）刊行。

《太乙济度锡福宝忏》，青松观藏，戊申年（1968），新会陈石溪抄写本。

---

① 刘仲宇在注释这本经忏时说道："《吕祖宝忏》，据我们现在的了解，只在岭南地区传播，现今在香港地区的道教界仍占有十分重要的地位。"（刘仲宇：《吕祖无极宝忏》，青松出版社 2008 年版，第 268 页）

《正阳仁风宝忏》，青松观藏，丙辰年（1976）刻本。

《玄门朝科》，青松观藏，丙辰年（1976）刊。侯宝垣在序言中说"本宗坛沿用之朝科本，得之穗城三元宫传来。故凡修崇法会，每日三忏两朝，如法赞诵"。在该本的后记中说道："本观为于丙辰孟冬，曾应香港道教联合会举办下元解厄消灾集福迎祥万缘盛会，假青山本观内，铺设八座瑶坛，诵经礼忏。本观担任大会主坛，一连功德七昼连宵，每日联合各坛辰午朝参达百余羽众，由斯可见，朝科仪范为法坛之必修者也，为使同门以科修奉，爰校缮刊成，是为序。"意谓这本宝忏是为此次法会而专门刊印的。

《三元赐福宝忏》，青松观藏，丙辰年（1976）重刊。侯宝垣在该书序中说道："原板木刻得自穗城之三元宫，为应同门流通传诵，谨将忏本重新校缮，兹告刊成，特撰芜言，爰为之序。"

《太上玄门功课经》，青松观藏，己酉年（1969）"青松观藏经阁重刊"。①

《玄门安座先灵赞本》，青松观藏，戊申年（1968），鹤旋抄写。

《赞星科仪式》（即《玄门赞星科》），青松观道教学院藏，鹤旋抄写，未著年月，疑与《玄门安座先灵赞本》同年（1968）。

《玄门关灯散花科》，青松观藏，丁未年（1967），新会陈石溪抄写。

《三元水忏》，青松观藏，甲午年（1954）刊印。另外，青松观藏有提为壬寅年（1962）的《三元灭罪水忏》，为"辛丑季冬吉旦弟子马风义敬送"。

《玉皇经》（即《玉皇本行经》），青松观藏，为清咸丰三年（1853），浙江宁波府慈溪县印，板存慈溪县西治心堂，"玄弟子叶贞一全孙炳深、孙培深敬刊"。

---

① 黎志添、游子安、吴真等著《香港道堂科仪历史与承传》在经过比较青松观本《太上玄门日诵》与三元宫同治四年（1865）本《太上玄门早堂功课经》、《太上玄门晚堂功课经》（现存澳门吴庆云道院），认为二者在内容上有别，如青松观本早功课比三元宫本多一部《太上灵宝天尊说禳灾度厄真经》，晚功课又多一部《太上道君说解怨拔罪妙经》，青松观本与北京白云观本是一致的，"我们有理由相信青松观本《太上玄门日诵》和三元宫本《太上玄门早堂功课经》及《太上玄门晚堂功课经》乃出于不同的来源，因此不能说《太上玄门日诵》是由三元宫移来的。"（黎志添、游子安、吴真等：《香港道堂科仪历史与承传》，香港中华书局 2007 年版，第 35、36 页）

青松观道教学院科仪本

《供诸天科》，青松观藏，甲午年（1954）刊印。

《三官消灾灭罪宝忏》，又称《元始天尊说三官消灾灭罪忏》，青松观藏，甲午年（1954）刊印。云泉仙馆藏有同治元年（1862）三元宫旧版。

《清微礼斗科》，青松观藏，丙申（1956）年刊印。侯宝垣道长在跋语中题道："《斗经》之流传世间，堪称普遍，久已家家信仰，户户祈恩，凡祷求增福延生，感应颇为灵显。青松观创坛之初，遵奉吕祖师，虔设斗坛，于每年四时八节、庚申甲子、三元诞辰，及七垣九曜、南宸北斗各诞期均斋戒虔诚，朝斗礼忏，为善众道侣祷增福寿，解厄消灾。"

《破狱真科》（即《玄门破狱科》），青松观藏，丁未年（1967），新会陈石溪抄写。

《武圣保安法忏》，黄大仙庙有1923年藏本。另青松观戊午年（1978）、云泉仙馆于戊辰年重新刊印。① 《玄门摄召科》，青松观藏，丁未年（1967），

---

① "《太乙济度锡福宝忏》、《正阳仁风宝忏》、《武圣宝安法忏》等都是目前未能确实考证其出处的忏本，不过，我们已知《武圣保安法忏》最早版本是1923年啬色园普宜坛之藏版，而蓬瀛仙馆有一部癸未年（1943）版，封面有'粉岭蓬瀛仙馆《武帝宝忏》弟子陆宗广敬奉'字样。此外，啬色园有《正阳仁风宝忏》1943年刊本。"（黎志添、游子安、吴真等：《香港道堂科仪历史与承传》，香港中华书局2007年版，第35页）

新会陈石溪抄写本。另青松观有癸亥年（1983）印本《摄召真科》，当为丁未年《玄门摄召科》抄写本的重印。

《九幽拔罪宝忏》，青松观藏，戊申年（1968），新会陈石溪抄写本。（天运戊申春新会陈石溪敬抄并记于屯门山）。

《瑶坛赞本》，青松观藏，癸亥年（1983）重印。

《琅玕度世宝卷》，青松观藏，丙辰年（1976）刊印。

《青松赞本》，青松观藏，庚子年（1960）刊印。

《纯阳焰口经忏》，青松观藏，为民国广州至宝台藏本。

《至宝真经》，青松观藏，为民国广州至宝台所藏本。

《松荫赞本》，青松观藏，丙申年（1976）印行。

这28种经忏本中，香港道教学院注释出版了19种，二十册（《玄门功课经》分为早课和晚课两册），这些是各道坛普遍采用的科本，而《瑶坛赞本》、《琅玕度世宝卷》、《青松赞本》、《纯阳焰口经忏》、《至宝真经》等为青松观间或使用的经忏本，《东岳往生登真法忏》或为云泉仙馆和蓬瀛仙馆所使用的经忏本。《松荫赞本》为松荫佛道社所使用的经忏本。

这些科本的来源可谓"多途"，主要是道堂流传、个人献书和市场搜罗三个途径。道堂流传也分两种具体情形，一是从广州、南海等地的宫观里面传出来的经忏本，二是香港各宫观的相互抄录。从各种口述历史中得知，三元宫曾在二战期间有所谓"担子"寄存香港的事情，据说担子里面是道教做法事的法器和经忏本，最后这批经忏本留在了蓬瀛仙观，侯宝垣道长曾于1953年在蓬瀛仙观住观约半年，据周和来、叶长青等人的叙述，在这逗留期间，侯道长有了意外收获，周和来在接受访问的时候说道：

　　　　可能是1953年吧，哪一年我记不很清楚了，侯爷到蓬瀛仙馆住了一段时间。实际原因是青松观有一些理事对侯爷不大理解，觉得不一定需要他，那么侯爷就离开了。有几个月侯爷离开了青松观，那时候正好是关秋在蓬瀛仙馆。按蓬瀛仙馆的说法是1953年侯爷到那住了一段时间，大概是几个月吧。侯爷在那边就教了几个对科仪有兴趣的礼师，其中梁德华的父亲可能是其中一个人。就在那段时间他们想起了自己三元宫的一个担子，结果侯爷让打开看看有什么可用的东西，就这样侯爷应该是头一回接触了三元宫的整套的经本。因为有了这套经本，侯爷能够使用的科仪从这里就可以发展了。发展的过程，我记得最早我们也还有一点点不多的手抄本，那个年代没有复印啊，50年代没有复印机什么的，拿着这点经本第一件事就是必须手抄。所以那个时候最早是手抄本，因为这样，侯爷后来找了一位毛笔字写得不错的人，我们现在所使用的大部分的经本的原文都是这个人手写的。最早的时候做法事只有几个人，大家也没那么多钱搞印刷，所以他们使用的都是各自的手抄本。到后来，估计到60年代，开始有一点经费也有一点捐助的时候，侯爷就把这些经本全都印刷，印刷后不管是香港的哪一个庙哪一个道坛，他们有兴趣的都可以来请。①

在青松观所刊行的经忏中，明确表明是来源三元宫的，有《先天斛食济炼幽科》、《玉皇宥罪锡福宝忏》、《玄门朝科》、《三元锡福宝忏》这几本经忏书，但是，虽然这些经忏本都是从三元宫流传出去的，却并不一定就是蓬瀛仙馆的三元宫的"担子"中的经忏本，其中《先天斛食济炼幽科》的最古本为西樵山珍藏的云泉仙馆同治元年（1862）的刻本，青松观重印的这个科本虽然也是以这个刻本为底本，却是"信女冯雪贞敬送"；《玉皇宥罪锡福宝忏》（《高上锡福玉皇宝忏》），在旅港云泉仙馆馆藏本虽称"广州光复中路三元堂印"，但青松观刊印时侯宝垣道长称此书属于"幸于书坊搜罗经忏旧本数十种"之一；《玄门朝科》和《三元锡福宝忏》则几乎可以肯定是三元宫的"担子"中的经忏本，这在侯宝垣道长的"序言"中说得很清楚。不过，还有些科本虽然没有明确表明是从三元宫流传出去的，但也有可能是三元宫的本子，诸如《三元水忏》、《供诸天科》、《三官消灾灭罪宝忏》为青松观于1954年刊出，《清微礼斗科》为1956年刊出，这个时间与侯宝垣道长在蓬

---

① 根据访谈整理。

瀛仙馆逗留的时间一致。自然不能排除各宫观互相抄录与对校的情形，如云泉仙馆与青松观之间，其中《吕祖无极宝忏》与《先天斛食济炼幽科》、《高上锡福玉皇宝忏》，都是民国时期西樵云泉仙馆和旅港云泉分馆的藏本，早于青松观搜罗经本的时间。① 据吴耀东道长的回忆：

> 西樵山本身有《吕祖无极宝忏》、《济炼幽科》、《仁风宝忏》、《关帝宝忏》等，其他的经忏从《道藏》中抄出的，还有从黄大仙抄出的，还有从茶山洞偷听记录下来的。……《仁风宝忏》是卫仲禹扶乩扶出来的，30年代在香港扶出来的；《武圣宝忏》估计也是在香港扶出的。②

这就是说，不仅从西樵山云泉仙馆带来这些经忏本，南海茶山洞也有些经忏本流传到香港，香港黄大仙自身也有些经忏本。茶山洞的经忏本其实也是广州三元宫的抄写，之后再传入香港的。其中《正阳仁风宝忏》就是在香港各道坛中相互传抄最多的经忏之一。

个人献书也是一个重要途径。青松观所收藏并重印的《先天斛食济炼幽科》就属于"信女冯雪贞敬送"；《三元灭罪水忏》为"辛丑季冬吉旦弟子马凤义敬送"。

---

① 黎志添、游子安、吴真等著《香港道堂科仪历史与承传》："直接由三元宫版藏而来的科本经书有蓬瀛仙馆所藏《高上玉皇宥罪锡福宝忏》（刻有'同治元年粤秀山三元宫版藏'）、《东岳谢罪往生普福登真法忏》（刻有'同治二年季夏立信绅马仲清全缘司徒氏捐资重刊版藏于粤秀山三元宫观内'），云泉仙馆所藏《元始天尊说三官消灾灭罪忏》（刻有'三元宫虔造施送同治元年孟春吉日'），以及经过增改后于青松观于1974年重刊的《先天斛食济炼幽科》（原名《济炼幽科》，刻有'同治元年羊城粤秀山三元宫藏版'）。不过，《先天斛食济炼幽科》也不是首先直接从广州三元宫移传过来的；最早《济炼全科》的手抄本是在20世纪40年代经茶山庆云洞的道长传入香港通善坛的。"（黎志添、游子安、吴真等：《香港道堂科仪历史与承传》，香港中华书局2007年版，第33、34页）不过，云泉仙馆也珍藏有《高上玉皇宥罪锡福宝忏》和《东岳谢罪往生普福登真法忏》，前者也是"同治元年粤秀山三元宫版藏"，且为旅港云泉分馆收藏；后者也是"同治二年季夏立信绅马仲清全缘司徒氏捐资重刊版藏于粤秀山三元宫观内"。从时间上看，云泉仙馆收藏的这两个经忏本与蓬瀛藏本没有关系。

② 根据2015年3月24日笔者访谈整理。

市场收罗应该是最主要的来源。其中青松观收藏的《玉皇本行经》就明确是从市场上买来的，在书的背面还有价钱；《玉皇宥罪锡福宝忏》、《玄门启师科》、《玄门开位科》、《太乙济度锡福宝忏》等一批经忏本都很可能是从市场上搜罗来的，恰如侯宝垣道长所说的那样，"搜罗经忏旧本数十种"，而"鹤旋"和"陈石溪"即为"字写得好"而传抄这些经本的人。

综合起来说，尽管香港道坛的经忏本来源"多途"，但通行的经忏本中，三元宫依然是主要的来源，因为其中蓬瀛仙馆的"担子"经忏书、云泉仙馆藏的西樵山经忏书、南海茶山洞所抄写的经忏书，乃至侯宝垣道长于市场搜罗的经忏书，大多是从三元宫流传出来的，只有《玉皇本行经》、《吕祖无极宝忏》、《正阳仁风宝忏》、《武圣保安法忏》以及带有各宫观自身色彩的且在本宫观实行的经忏本，才与三元宫无关。

所谓各宫观自行的科本，主要是指那些带有自身历史色彩的经忏本，或者从《道藏》或《道藏辑要》乃至《广成仪制》中辑出的经忏本，这些经忏本并不在各道堂中流通。如青松观的《瑶坛赞本》、《琅玕度世宝卷》、《至宝真经》、《纯阳焰口经忏》等就属于前者，且属于至宝台在乩坛上扶出来的；而云泉仙馆印行的《太上玄天北极法主荡魔天尊宝忏》、《文昌帝君救劫集福宝忏》、《太上三清三宝至尊报德酬恩法忏》、《慈航灵感度世宝忏》、《太上坤元后土宝忏》等就属于后者。这里着重分析一下青松观的《瑶坛赞本》中的科范内容。其《琅玕大赞》：

琅玕宝洞　白玉瑶天　辉煌金碧满莲池　香风送　大觉仙　来临法会　赴高筵　消灾难　福无边　云墩水瑟动尊前　霓裳舞　羽衣蹁跹　龙虎伏　凤鸾眠　空悬白鹤　似霞烟　鹿含芝草　寿绵绵　离恨忘忧地　壶里坤乾　逍遥乎　长生不老　快乐无边　琅玕宫内　至宝金仙

《至宝小赞》：

赞至宝　善为皈　仰凭仙力渡群迷　法界现光辉　快乐胜生

西　同门登寿域　福禄众人齐　道脉绵长天地久　含灵得道上天梯

《琅玕忏》：

飞鸾启化	大阐玄风	度人无量	救苦消灾
外修善果	内积阴功	青天有路	接引原人
赠医施药	派粥疗饥	金丹同炼	至宝参玄
步虚礼斗	扶正驱邪	诗词布道	木笔沙笺
联班朝礼	朔望有期	坛开八卦	守戒矜持
道徽示范	仙裔本枝	修功立德	普度沉沦
羊城启化	四海同钦	运际阳九	生民流离
曷为有岸	恻然兴悲	开创至宝	一善樊笼
琅玕宫上	大觉金仙	度人不尽	众生同升
道曰无极	法似纯阳	拜得高真	劫烬轻扬
坛台顶礼	入道洋洋	皈依正道	世世其昌
真灵不昧	万古留香	红尘洗脱	白鹤高飞
蓬莱路近	三岛居之	功成行满	列圣来仪
游于紫府	养在方壶	乾坤掌握	宇宙不孤
混元包裹	万类咸亨	仁慈所被	草木同生
云蒸霞蔚	日月照临	星辰河岳	水火五行
鉴诸备矣	雷厉风行	同归一善	悔过自新

　　这部青松观的经忏，产生于1949年之后1976年之前，其主要内容极可能也是扶乩的结果，也包括了主持人（加持）许多的编排内容。其中论述了至宝台、青松观的名称，所谓"琅玕宫内　至宝金仙"，"羊城启化　四海同钦"，"羊城立教　至宝开宗"，"至宝台中有衔众圣　青松观内列位先贤"；论述了至宝台仰仗乩坛以阐教的事迹，如"诗词布道　木笔沙笺"；也论述到至宝台以慈善救济的史迹，如"赠医施药　派粥疗饥"；论述到至宝

台、青松观的科仪采取的是八卦瑶坛开坛，如"联班朝礼　朔望有期　坛开八卦　守诚矜持"。在科本上还加注了特别的内容，如"继念至宝真经全卷，由帝是唐朝进士起，至含和常配虚空止"等要求，可见这完全是至宝、青松派自用的科仪经忏本。它反映的是香港全真道教科仪的地方化与门派化，其中也可洞见全真道教科仪在其发展中所经历的自身不断丰富和变化的过程，就是说，这些科仪并非是一成不变的。

五、香港道教科仪的唱腔用韵及其人才队伍

从香港道堂普遍采用的"三忏两朝"制，到各道坛所使用的科仪经本，再到经生人才队伍及其唱腔，无不打上了青松观侯宝垣道长的烙印，这已经彰显着青松观与侯宝垣道长在香港科仪当中的特殊位置。我们有必要弄清楚这个历史过程。

香港各个道堂有自己不同的传递路径和发展历程，各自并不相属，之间没有统一性，在科仪方面也是各显神通，香港的正一道火居道士、全真道宫观、先天道观、黄大仙观等都各有自己的经忏科仪，只是这些科仪并不成系统，或者说没有一套完成的科仪，相互之间互借互通以及佛道杂陈的情况也比较普遍。① 据黎志添、游子安、吴真等人的调查，20世纪50年代以前，

---

① 黎志添、游子安、吴真等著的《香港道堂科仪历史与承传》认为，由南海茶山洞传入香港通善坛，本来有一套"纯正的"道教科仪，但是，通善坛的道家经忏秘不外传，后来，这套源于茶山洞的道教科仪传统逐渐消失了。周和来在采访中透露："这个庆云洞，根据他们自己写的历史呢，有一个很好笑的，他们从前只是一个很小的地方，在1915年广州曾经发生一些大的水灾，把整个南海、佛山地区淹了，那个年代在整个广东，最大的庙就是三元宫。过去庆云洞的人自己不会念经的，只是修道的一些人吧。后来当然他们的人也多了，这些人都是只是有兴趣搞一些慈善事业，就不会念经的。每一年他们都要找三元宫派一些道士到他们那边去念经。后来他们可能发展起来以后，就会觉得，我们每一年要请人来，不方便啊。正好呢，这一年在广州水灾以前呢，他们也是请三元宫的人过去念经，念完了以后就是水灾，结果三元宫道长说，现在水灾我们带来的经书先不拿走，我们先回去，结果他们就回去了，东西就是放在庆云洞。……那个年代没有复印

道堂所做的科仪受佛教影响很大，"根据 1926 年啬色园普宜坛林边觉在《普庆幽科》（1918 年刻印）留下的题识资料，当年啬色园是放弃了原来由西樵普庆坛承袭过来的道腔，并锐意改用禅腔，结果是使外界'反生钦羡，近世潮流，趋向佛教，梵音一道，尤属典盛'。"① 该项调查引用的两位道长的口述，表明了这个事实，其中周庆添道长说道：

> 五十年代以前，道坛内多摆设大悲忏坛，而非现时常见的五姥坛。当时道堂科仪，虽是以吕祖忏为主，但进行释家仪式，甚至散花科也是属于释家的。②

吴耀东道长说道：

> 四十年代，香港道堂有道家（教）经忏的是极少的。当时，包括云泉仙馆、啬色园（黄大仙祠）和抱道堂都是请佛家和尚做法事。道堂弟子入坛学习的都是释家仪式。沙田西林寺住持浣青大师也有来教。（另外）平大师（容达平）当年亦逃难来港，没钱，便将一担法器箱卖给云泉仙馆，内有佛像、法器、道具经书等，而我们就卖米给他，他就教我们释家唱赞。道家（教）和释家的赞（腔）差别并不太大，释

机，没有摄像机，没有录音机，他们就找一些人，每个人负责抄写一本，全抄好了，抄好了以后呢，全放回去。这个水灾过去了，他们就说，因为他们在山上，可能淹不上，还是再请三元宫的法师们过来，再念经，叩谢神恩。然后他们就派人看着他们怎么做就记录下来，又找一些人记录他们怎么唱。他们就这样记了，记了以后再想办法，记完了以后呢，庆云洞就有了一套，我们现在的说法叫剽窃，偷学了很多，中间有了很多我们要念咒，哪个地方要画符，他们完全不会的，就是做个模样，经验有了，怎么做基本有一个概念，他们以后慢慢地自己排演以后，下一年还请三元宫来，又加深他们的印象。"（根据采访录音整理）这应当就是茶山庆云洞全真科仪的真实来源。

① 黎志添、游子安、吴真等：《香港道堂科仪历史与承传》，香港中华书局 2007 年版，第40 页。

② 黎志添、游子安、吴真等：《香港道堂科仪历史与承传》，香港中华书局 2007 年版，第40 页。

家的特色是柔和、较沉，而道家则要求高旷。当时由平大师教释家（仪式），我也学懂做瑜伽焰口。[①]

上述情况与我们调查的情形相吻合，20 世纪四五十年代的道教科仪与佛教仪式关系密切，主要是道教借助于佛教的仪式，以至于佛道不分，而一些兼综佛道的宗教团体，本来就佛道不分。据青松观周和来先生讲述，西樵山的云泉仙馆、南海的庆云洞，那几个比较大的宫观传到香港的，"基本上都是佛教的科仪。"[②] 在经忏本匮乏的情况下，道教从佛教那里学了不少的东西。据青松观叶长青先生的讲述，侯宝垣道长当年曾跟松荫园佛道社学过科仪，其中当年的《松荫赞本》（丙申年——1956 年刊印）至今保存在香港道教学院，这个本子里面包含有《观音赞》、《孚右帝君赞》、《灶君赞》、《王灵官赞》、《土地赞》、《三峰祖师宝诰》、《华佗先师宝诰》、《济佛宝诰》等。叶长

道教科仪本

①　黎志添、游子安、吴真等：《香港道堂科仪历史与承传》，香港中华书局 2007 年版，第 42 页。

②　根据采访录音整理。

青先生说，不仅如此，在唱腔方面，侯宝垣道长也跟佛教学过，侯道长所使用的手诀也是佛教的。对于青松观来说，不止于在香港是如此，即便在民国时期的至宝台，在忏科方面也使用佛教的大悲忏。

20世纪50年代，在香港活跃过道教科仪"四大天王"的时期，这"四大天王"分别是梁本泽、潘可贤、罗恩锡和吴耀东。之所以称为"四大天王"，是因为道教经忏人士奇缺，所有的道堂要做一台幽科法事，必须要请这四人当中的一、二位才能完成，所以道家经生被视为"天之骄子"，吴耀东道长说过："当年除了通善坛，基本上，所有坛都由四大天王包起来做。"① 这四人都是从西樵山云泉仙馆来的麦幸道长所传授，麦幸先后教了云泉仙馆的吴耀东、罗恩锡，啬色园的梁本泽、潘可贤。② 问题是，无论是自身具有一套道教科仪的通善坛，还是啬色园与云泉仙馆合起来的"四大天王"，都坚守法事不外传的观念，不授徒教人，所以各道堂之间缺乏互动，经生与经书极其匮乏的局面没有改变，且随着老一代加持（高功）的逐渐老去，这个局面越发严峻，而道教发展的情势很需要道教作出改变。正是在这个情形下，青松观的侯宝垣道长带领了一场持久的香港道教经忏的重建。

在民国时期，至宝台也是有自己的科仪的，但科本很少，主要用的是

---

① 黎志添、游子安、吴真等：《香港道堂科仪历史与承传》，香港中华书局2007年版，第48页。

② 吴耀东道长在采访中说道："我学的时候，没有师傅教我，而是偷听的。七八岁的时候记忆力非常好，听了就会，所以没有开班来教我。……我7岁就在西樵山入道。同时就开笔。西樵山的道长很多都是有功名的进士，老道长们就帮我开笔（开学）读书，同时又开机入道，那时是7岁。"（根据采访录音整理）另外，黎志添等人引用的吴耀东道长的采访又说道："香港沦陷时，（罗恩）锡在云泉仙馆帮手义派白粥。煲粥时要加黑豆、果皮、薑，为防贫病老弱多食，大寒凉。每晚入夜，我跟麦幸师父去主家处学做法事。麦幸师父是茶山庆云洞郑希甫师公教。我系有上代根寻，并非自学。当时未有女经生。全港仅得一台男经生，五至七众，若有贺神诞，各道堂欲放济炼幽科者，均须预约排期分先后做。道家经生犹如天之骄子，所有加持系秘传不教外人。"后面所说的跟麦幸师父学做法事，当与前面所说的七岁开始学做法事非同一时间，后面的这次应该是有目的的系统地学习。吴道长还说，他比罗恩锡更早一些学做法事。

《吕祖无极宝忏》、《纯阳焰口》、《大悲忏》等，后来自己有了《至宝真经》作为了科本。在香港成立的作为至宝台延伸的青松观，此时极需要开展科仪，其中一个至关重要的就是经忏的科本，但是香港道堂的经本本来就不多不齐，加之互不相通，所以，要找齐道教那些经忏本非常困难，1953年侯道长到蓬瀛仙馆逗留期间，可能是最初接触到三元宫的经忏本，于是找人开始抄写，这应当就是青松观最初的经忏本。随后的日子，侯道长采取了各种途径搜寻经本，如在市场上"淘"，从国内某些人士手中"换"，据青松观叶长青先生叙述，侯宝垣道长曾在国内物资匮乏时期向三元宫的一个道长手中以油、米等物，交换三元宫的经忏手抄本，如《玄门赞星科》就是这样交换来的。叶长青说道：

> 他在50年代，从古董商人手中，搜罗很多当时的经本忏本，特别是20世纪50年代反右运动后，在道教宫馆抄走了很多经忏，来到香港以后用麻包一包一包地装着。那些古董商马上打电话给侯爷，那个时候没有现在那么方便，有地铁什么的，要转几次车，去上环半山腰的荷里活道，五毛钱一本，侯爷蹲在地上打开麻包，一本一本地拣。侯爷说佛教不要的，我们道教要。买回米后，先整理，整理完影印出来，印出来还送给别的道堂，送了不止，还派人去教。侯爷说不光我们青松观要扶起来，其他道堂也要扶起来，这样香港的道教才有运，才能发展。①

搜集道教的经忏本是一个持久而艰难的过程，现在青松观保存的最早的经忏抄写本是1954年，最晚刊印的是1983年，中间1956年、1957年、1962年、1967年、1968年、1969年、1974年、1976年，陆续刊印了。现在看到的经忏本，应该是1983年重印的《瑶坛赞本》，标志着整套的青松观科仪本的完成。

---

① 根据采访录音整理。

在唱腔用韵方面，也有一个重建的过程。其中跟佛教学习是一个比在道教里面学更容易的途径，叶长青先生讲道：

> 20世纪50年代后，像我们青松观是1950年成立的，我们要发展经忏，当时条件很有限。就凭以前在我们前身的广州至宝台，至宝台一些很简单的经忏，想把它们丰富起来都没门路。结果侯爷就跟当时的佛教学习，因为佛教传承比较好，从广东过来香港，而且流过来很早，20世纪二三十年代已经传到香港了。当时有个买办叫何东，他的三姨太信佛教，所以佛教上个世纪在香港跑马地就有一个很大的庙，叫东莲觉院。可以看出，佛教的传承，特别是广东佛教的经忏，来到香港是没什么问题的。但道教就很困难，为啥呢？像三元宫、冲虚观，他们有一套却不外传。而且他们做法会，要到庙里头做，不会随便把经忏传授、公开。那么侯爷那个时候怎么办？只能学香港佛教的音乐、经忏，然后他们几个老道呢，对佛教音乐的一些调做变化。变了以后发展到现在整个香港，大的道教宫馆、全真的道堂，都有这一套（经忏科仪），这确实是侯爷一个很大的功劳。他的功劳在于没得学，就跟佛教学完（经忏），学完还跟几个老道对佛教音乐实现变腔，变完套进我们道教的音腔。①

实际上，侯道长学无常师，他跟很多人学过科仪，其中他曾跟吴耀东道长学过，②也跟其他一些从三元宫、庆云洞等地来的道长学过，甚至当过佛教的高功法师。③周和来先生说道：

---

① 根据采访录音整理。
② 吴耀东道长在采访中说，侯宝垣道长跟他学过科仪，他也跟侯道长有过合作。黎志添、游子安、吴真的《香港道堂科仪历史与承传》中说："根据我们从众多口述访问所得的资料，侯宝垣道长曾经跟随多位早年著名的前辈道长学习道教经忏科仪，例如有麦幸、陈怀、梁注江、罗恩锡、潘可贤和吴耀东等多位道长。"
③ 周和来在采访中说，侯道长曾当过佛教的高功法师。（据采访录音整理）

侯爷在香港重整这一大堆的科仪的时候，是通过从前有几个是西樵的，或者是三元宫的，再加上庆云洞的几个老道长，他们也是解放以后走到香港的，通过请这几个老道长到这里来，拿着这些经，叫他唱一个多少钱。……很早的时候，就真的只有佛教的东西。这一段可能很多文字还没有记录，那个年代有几个老道长呢，侯爷当时是请他们过来专门教这些。①

在众多学习途径的情况下，侯宝垣道长其实是守道家之本、采众家之长，他并不拘泥于某一家，而是将这些经忏的唱法拿来仔细比较。在这个方面，我们看到在唱法上并不存在一定如此的准则，或者说他会循着全真十方韵，或者三元宫的韵，以美为向度，以圆润为标的，反复地试唱、录音，一步一步地校音，在唱法上反复精选，逐步地摸索出一个适合全真科仪的香港唱法。除此之外，他还借助于粤剧的唱腔，他"虽不唱粤曲，但常看粤剧，以观摩和学习人家的长处。现在香港道堂惯用的唱腔，起初经历了摸索阶段，并不断琢磨，同时在一班粤剧界老馆的影响下形成"。② 在这个过程中，邓九宜道长是他的伙伴，他参与并一起经历了这些探索的过程。③ 邓九宜，俗名邓天保，1956年青松观第五届董事会成为董事，一直到1993年，担任

---

① 根据采访录音整理。

② 黎志添、游子安、吴真等：《香港道堂科仪历史与承传》，香港中华书局2007年版，第67页。

③ 周和来说道："邓九宜是青松观第四代弟子。我们所谓的一代就是每一年分配一个支派，他是第四支派。'九宜'是他的道号。青松观的传派诗是'紫云绕九龙'，他是'九'字派。从这可以很清楚地看到，他是第四年才进来的。这个时候，也就是侯爷参与青松观事务第二年或第三年左右，他大概是1952年左右参与青松观事务的。这个时候青松观正在发展，这个科仪的事情，有很多东西还是刚刚起步。大概就在这个时候，有几位三元宫的道长和那个时候的庆云洞（南海茶山）的一些道长，庆云洞实际是香港通善坛的根。几位道长那时候有到青松观来教侯爷一些科仪，我听侯爷说那时候还是要给钱的。这个钱我估计还是青松观出的，所以肯定不会是侯爷一个人在学，还有其他当时在青松观里面的一些叫作理事的也好，或者说有参与这些工作的人一起来学。所以，你说他们两个人的关系，我觉得是同学的关系多一些。"（根据采访录音整理）

了十届董事会成员。有关侯宝垣与邓九宜在发音及其唱法上的区别，周和来说道：

> （邓）唱法上用韵基本是一样的，经文也是一样的，只是在有些字上邓九宜加了乡音进去，尤其是在高功的念白。高功念白是由他一个人唱的，在这过程中他有一些很突出的个人乡音表现。①

香港道教学院的利丽峨、陈煜与笔者共同做了一个实验，将麦太（麦炳基的夫人）唱的"步虚"与粤剧"唐伯虎点秋香"同步反复放唱，发现两者是同一个调，不同的词。② 这说明香港道教的科仪唱腔用的是地方韵，既不同于全真教的十方韵，也不同于三元宫的韵。这种地方韵，用叶长青先生的话来说，这就是香港的"十方腔"了。然而，外间仍然有一种说法，说侯宝垣的科仪是从佛教那里拿的，叶长青叙述道：

> 侯爷对这种说法很介意。这个也促成了闵爷（闵智亭）要过来教我，说要把正宗全真的仪范，传承到我们这三个人身上，希望以后我们青松观的经忏科仪，可以有全真的，特别是北方全真的一个流承。③

在叶长青看来，经过闵智亭道长的那次面授之后，香港的全真科仪算是完成了建构。然而，饶有趣味的是，周和来先生在采访中说道：

> 云泉仙馆的唱腔与香港的很接近，庆云洞的那一套从三元宫来的，

---

① 香港道教学院的利丽峨、陈煜在仔细比较侯宝垣道长的唱腔与其他后学者的唱腔之后，认为侯道长的唱腔"延绵不绝，中间不停，似佛；用丹田之力，温厚"。

② 麦炳基夫妇都是侯宝垣道长的学生，叶长青说，"侯爷在蓬瀛时候收了17个弟子，其中就有麦炳基。"（根据采访录音整理）

③ 三个人，指周和来、林国柱、叶长青。据了解，闵智亭道长这次交予三人的主要是在仪轨方面的，诸如如何步虚、如何运用手诀等，在唱腔方面因为属不同的韵，故不易改变。

但后来也可能改了。越南有一个庆云分院，2002 年我去越南交流，发现他们唱的跟我们一模一样，我们还能做配合，基本一致，用的音乐基本相同。不仅如此，还有一些小的道堂，如永安堂（其根在清远）也在胡志明市，属先天道系统，他们的仪度及法事，用的同样的经本，同样的唱法。①

前面说到了茶山庆云洞有一套所谓"纯正的全真科仪"，因为他们原本是跟三元宫学习的，后来在香港也改成释腔了。联系到吴耀东所说的三元宫与西樵山云泉仙馆唱法的区别，叶长青所说的侯宝垣道长与几个老道长"对佛教音乐的一些调做变化"，可以判断出，侯宝垣、邓九宜道长所摸索出的香港"十方腔"是融合了道教唱法与佛教唱法乃至粤剧的唱法为一体的，这才会有周和来先生所感觉到的越南庆云分馆的唱法"跟我们的一模一样"。如果庆云洞还是三元宫的那套唱法，就会明显地感觉到不同了。

香港目前各个道堂有名望的经忏主科（高功）基本上都与青松观有关系，他们或是直接或间接由青松观的经师培养出来的，这与青松观从 20 世纪 50 代以来的持续努力是分不开的。侯宝垣道长从 20 世纪 50 年代初开始搜罗经书、校正唱腔，到 60 年代初担任青松观经忏主任，开始培养经生，至于 1999 年羽化，他为香港重建道教科仪的努力没有停止过。他还经过艰难的说服工作，破除难尊女卑观念，从 60 年代开始培养坤道主科人才，后来活跃在道上一批女主科，如郑九松、麦加珍、梁暖馨、凌十正、邓波儿等，都是这个时代的杰出人才。侯宝垣道长在音乐、唱腔方面的极好的天赋，使得他对道教科仪有特别的爱好，更使他有一种在香港建立字正腔圆的全真科仪的使命感，据弟子和好友的回忆，他是在经历了寻找经书和跟人学科仪的艰难之后，才决意要建立香港道教科仪的，并力图打破故步自封，把青松观的科仪普及到各个道堂。

---

① 根据采访录音整理。

六、科本试析

香港道教所用科本既遵从道教的大传统，也遵从全真教的小传统，同时，还有自身的历史。这里仅就流行香港、且体现香港历史的几种科本进行分析。

《吕祖无极宝忏》，相传于清代扶乩产生，云泉仙馆的现藏本为丙戌年（1946），为旅港云泉分馆收藏，辛丑年（1961）云泉仙馆重刊了该科本，据称原版为光绪癸巳年（1893）西樵山白云洞云泉仙馆刻板。没有更清楚的史料显示它的产生年代。其结构为：吊掛、启坛赞、至心皈命礼（吕祖师宝诰）、开忏咒、发炉咒、上启、至心皈命礼（萨祖宝诰）、至心皈命礼（钟离太祖师宝诰）、至心皈命礼（许祖宝诰）、至心皈命礼（吕祖师启请文，两次）、至心皈命礼（吕祖师宝诰，六则）、至心朝礼（四则）、回向赞。该书沿袭了乾隆年间刊印的三十三卷本《吕祖全书》有关吕祖的历史传说，其中"至心皈命礼"，基本采取了前人关于吕祖出生与行状的记载，其中吕祖宝诰中"玉清内相"诰与《吕祖全书》的"吕祖诰"几乎完全相同，只在个别词句上不同，如《吕祖全书》称"宝剑光芒，斩人间之妖怪"，《吕祖无极宝忏》称"宝剑光腾，扫人间之妖怪"；最后一句《吕祖全书》称"孚佑妙通帝君"，《吕祖无极宝忏》则称"孚佑帝君"。但"咸通得第"诰与《吕祖全书》只有开头部分字句相同，其后文字则大有差别，如《吕祖全书·吕祖诰》：

> 咸通及第，赐宴琼林。受君命而两坐琴堂，避巢兵而一家归隐。终南遁迹，山麓韬光。文章饱蕴于心胸，道妙包罗乎天地。鹤形龟息，金骨琼肌。受正阳之秘旨，作大罗之天仙。九转功成，十年苦行，体太上好生之德，为玄门不老之宗。三醉岳阳，度城南之枯柳。几居黄鹤，卖普济之仙桃。大悲大愿，大圣大慈。祖师纯阳，演正警化，孚佑帝君，兴行妙道天尊。

《吕祖无极宝忏·吕祖师宝诰》：

　　咸通得第，赐宴琼林。受君恩而两任琴堂，避巢兵而一家归隐。匡庐遁迹，鹤岭韬光。文章广运于心胸，气象包罗于天地。鹤胎龟息，圣骨神肌。体太上好生之德，为玄门不老之儒。剑光飞电，缘浅难逢知己。壶精映月，道弘莫悟仙机。三醉岳阳楼，度柳成玄。九廻黄鹤溪，卖桃博济。大圣大慈，大仁大孝。三会扶教，誓愿度人，纯阳真广慈尊。

　　两者所采用的韵脚相同，长短句式也同，但文字表达内容有别，且在句读上略有不同，后者在文字上比前者少了一句。这说明后者遵循了前者，但内容上并非同一个版本，而文字长短的差异表明，后者可能是根据吟唱的需要在格式上做了改变。至于《吕祖无极宝忏》所具有的六则以"至心皈命礼"出现的"吕祖师宝忏"，以及"萨祖宝诰"、"钟离太祖师宝诰"、"许祖宝诰"和四则"至心朝礼"等皆为《吕祖全书》所未有。而《吕祖全书》中有的在文字形式上符合做道场科仪的如"忠孝诰"以及"五品经赞"、"清微三品经"等，《吕祖无极宝忏》中又没有。这说明《吕祖无极宝忏》并非是《吕祖全书》的改写，它在文字形式上满足了以岭南唱腔的需求，而在内容上则可能是扶乩的结果。

　　《吕祖无极宝忏》在内容上表现了以下方面：

　　第一，崇尚生命价值的至上性。"启坛赞"说：

　　智可全军，焉能自全？功名香饵，人何争吞？妄想如丝，徒劳何益？……谁不爱生，视之独轻，此在他物，或谓无关。人之一身，何甘自戕？身虽为累，实道之基。此基一失，复堕轮回。清静自如，不贪不痴。以心思身，以身思情。何起何沉，静中一念，为善为凶。防御功深，恶念自消。打空尘欲，守定清真。形如槁木，心若寒灰。总皆弃物，乌用踌躇。

"至心朝礼"说：

> 有等荣华者，天下号财星。邓通曾饿死，休夸石季伦。虽称敌国富，时乖服上刑。争似庞居士，将财弃海滨。斯人能解悟，自不致伤生。伤生人最苦，吾欲度斯人。唯恐人不悟，故作如是经。

> 长生久视，道之一名。何为长生？何为丧倾？道本长生，心了性明。了了既了，明明既明。了了非了，明明非明。非了是了，非明是明。明明了了，识我本形。形中有神，神中有伸。伸而不屈，超达飞升。

财货、功名、利禄，皆人之所欲，然而，比起身家性命来说，都算是"他物"，殊不知，人们多为"外物"牵累，拿身家性命去赌注，以致"自戕"、伤生、害性。这里所说的"清静"、"防御"、"守定"，不只是对待那些"外物"的不思不念，而是要"悟"得上述道理，认识那些"总皆弃物"，然后才能够坚守本真，像"形如槁木，心若寒灰"。由于对人们不能解悟，才在"至心朝礼"中反复强调"伤生人最苦，吾欲度斯人。唯恐人不悟，故作如是经"。"道本长生，心了性明"，则是在悟的基础上，了澈心性，追求长生之道，这只能通过修道的途径，才能做到。"了"是指了心，"明"是指明性。"了了既了，明明既明"，是在心与性两个方面，先了了心，性才能明澈。要是心没有"了"，性也不明，所谓"了了非了，明明非明"。使"明"得以明，"了"得以了，那么就可产生一个飞跃，"识我本形"，即认识自己本来面目，不需要财货、功名、利禄的原来面目。至于"形中有神，神中有伸"，则是申述道教形神不二的一贯主张。

第二，救苦除罪，劝善惩恶。"开忏咒"说：

> 玉都师相，吕圣真君。大慈大悯，大惠大仁。善能普度，六道四生。遇缘即化，金光耀明。六丁护卫，神将飞临。大灾急难，永化为尘。蓬莱阆苑，一任啸吟。仙宗玄教，至杳至冥。太虚太极，无幻无

形。口口传道，传道道存。存乎至道，神鬼潜奔。邪魔远遁，祸灭祥生。谨能持奉，道业斯成。

"至心朝礼"说：

> 吾以诚格，非以财临。守道诸子，先修汝心。勿肆高傲，勿着玩空。戒暴戒怒，积德积仁。劝孝于亲，劝忠于君。劝信于友，劝恤于贫。劝慈于物，劝和于邻。莫夸己胜，莫灭他人。富亦无根，何须自矜。贫岂常贫，何须怨嗔。贫不求陷，富不骄凌。善善恶恶，报应昭明。汝若修善，子孙旺兴。汝若作恶，后代凋零。恤孤怜老，戒杀放生。日积月累，必获修功。三元保举，万圣助成。他年行满，拔宅飞升。

在人们的印象中，吕祖是慈祥而潇洒的，同时又是庄严而有威仪的，《至心皈命礼》的描述也再现了这一点。慈祥体现了他的平等、救济与超度，潇洒体现了他的大智慧，庄严体现了他的神圣，威仪体现了他惩罚邪恶与妖魔的力量。

《至心朝礼》实现了对《太平经》"承负"观念的直接阐扬，又与《太上感应篇》等道教劝善书庶几无别。只不过，拥有神格的吕祖，虽然为经商的人士所喜爱，他也可以帮人致富，但吕祖对人是平等观看待的，不会只关照富人（"非以财临"）而不顾及穷人，财富本身会转移的，而不会在某家生根，富非永远的富，穷非永远的穷，那种没有德行而想要守住财富也是不可能的，所谓"富亦无根，何须自矜。贫岂常贫，何须怨嗔"。关键在于一个"诚"字，这里的"诚"并非指诚信，而是虔诚地信仰神，尔后通过修心，由内及外地培养出自己的人格。在这里把信仰与劝善完整地融合起来了。

第三，圆融三教。

上述五个"劝"，即劝孝、劝忠、劝信、劝恤、劝慈、劝和，已经把儒家的伦理与道教的信仰结合起来了。《至心皈命礼》说：

> 玉清内相，金阙选仙，化身为三教之师，掌法判五雷之令。
>
> 身为三教纲维，慧力开玄，威锋摄祟，大圣大慈，大仁大孝。
>
> 敕济世迷，演经化度。证明性命之阶，励劝忠孝之本。斋戒忏礼，万神咸钦。消灾解厄，增福延龄。在坛众生，皈依信礼。

在《至心皈命礼》里面，叙述了吕祖受命于玉皇，降临世间，济度众生的使命。所谓"三教之师"、"三教纲维"，是说吕祖是道儒释一身三任的，既以"性命之阶"追求超越，又以"忠孝之本"敦厚人伦，还以"轮回"劝诫众人。

在这本科仪书的"上启"中，高功法师也开宗明义地阐明了这一法坛中融合南北二宗的南方全真教性质，所谓"南宗始祖，海蟾祖师。北宗始祖，重阳祖师。龙门主教，长春祖师"。虽然这不属于神谕，只是做法的主持的表白，但它也表明了这部经忏书的性质。

《正阳仁风宝忏》宗奉的主神为正阳帝君钟离权。除了与《吕祖无极宝忏》所具有的度人、劝善等共同点之外，它也有自身的一些特性。

第一，它也是把生命看作至上的价值，主张修养生命。"开经偈"说道：

> 大德本生，生于养生。大德承道，由道养生。仁慈荫泽，助天地生。悠悠千古，一若初生。……天赋尔一心，如木已成琴，毋使其丝乱，莫失本来音。天生尔一肝，如马配其鞍，所主者为己，常护得中安。天生尔一脾，助尔筑元基，顺天地之意，由忠别是非。天生尔一肺，是助汝安位，宝镜永光辉，从公无不逮。天生尔一肾，如八卦之镇，还天地玄真，受上天明训。天赋尔玄灵，是助汝常明，鉴别由于目，如日月常明。五官各有守，如宾亦如友，代主神之筹，侍元神左右。一人之上灵，世号曰天庭，接天地之气，承太上之荣。中则为元干，承上灵之案，主一体安康，助神登觉岸。下则为础石，亦曰本身航，如亭基坚立，元始发于刚。一身各部分，其功用皆均，小五行齐备，亦曰本君臣。禀天地正气，集在一凡身，道成可冀望，皆是有缘

人。正气入于体，浩然主其位，本天地光辉，不闭复不翳。元灵之谓何，是道入于体，以一为依皈，从玄而入世。

这是一套关于人的身体的学说，从人体脏腑各自的司职，到各部分之间的协调与制衡，以金木水火土五行的相生相克以及转化流行观念，表达了生命的健康。在这部经忏中，提出了"做天地完人"（"开忏偈"）的思想，其所说的"完人"并不只是道德意义的，而是把身体的健康看作基本要素，也即仅道德完善是不足以称"完人"的。钟、吕皆以内丹修炼著名，为丹家的祖师，故而在这部经忏中自然也是要突出身体内炼的思想的。

第二，度人劝善。"志心朝礼"说道：

> 劝尔世间人，守身莫染尘，持一己之志，承百世之真。有思则有虑，无着则无嗔，玄机常自勘，大道此间寻。修身为务本，念念不忘真，净心而净意，清念复清神。……仁风举世播，黎庶得常方。仕宦有政绩，士人气亦康。农有其常制，无寸土芜荒。百工皆得试，其气亦坚刚。商贾得其正，无片语欺谎。大道何坦坦，王道何皇皇。

> 劝尔世间人，修养善终身。仁义礼智信，守此作常文。处世心胸广，常怀一本仁。推己而人及，古者曰推恩。惜物为先性，善字本心仁。爱为天性母，体物近于仁。恻隐而慈爱。仁惠施诸人。心存一不忍，其意亦由仁。怜字藏于念，其念亦归仁。仁乃心之德，其意本诸身。又曰爱之理，其意亦归仁。天心常好善，生人各具仁。与义字而配，君子谓之真。由仁义行政，古者颂明君。仁义能兴国，美德惠诸人。

> 仁风上播，下无灾祸，能止干戈，能调水火。救急扶危，百代同归，昊天周极，如三光辉。福善降祥，嘉惠善良，延年续嗣，衍派繁昌。功积九山，仍未知闻，夜以继日，救四方难。举凡世中，靡不有踪，彰彰可考，凛凛仙风。

虽然与《吕祖无极宝忏》一样都是在劝善，但《仁风宝忏》特别注重"仁"，在仁义礼智信五德当中，"仁"字讲得最多，所以，做这部经忏，可谓刮起一阵"仁风"。而且，《吕祖无极宝忏》作为道德修养时，多从个人方面讲，而《仁风宝忏》除了个人的修养，更从为政方面讲，或者说《仁风宝忏》具有更多的政治哲学的考虑，所谓"匡君扶国，三赈时荒"（"志心朝礼"）。与《吕祖无极宝忏》注重"孝"相比，《仁风宝忏》更强调"忠"，这与其政治哲学的考虑是一致的。

第三，与《吕祖无极宝忏》一样，《仁风宝忏》也是遵从南方全真道教的传统，在其所宗奉的神圣当中，自然有南宗始祖海蟾祖师、北宗始祖重阳祖师、龙门主教长春祖师，但也保留南方宗派的多神信仰，诸如蓬莱上宫白云、白雪、白霞三真人，蓬莱随化如意真人以及赤松黄大仙师等等。但从神格上看，经忏中的钟离权也富有自己的个性特征，如《吕祖无极宝忏》称"大圣大慈，大仁大孝"，《仁风宝忏》称"大仁大勇"、"大慈大惠"，在风格上，如果说吕祖是仁慈而潇洒，那么钟离权则是仁慈而果敢。

《关圣帝君保安法忏》（又称《武圣宝安法忏》）所礼敬的主神为关圣帝君。这部经忏虽称为"张道人子房乩撰"，这本经忏本很可能是香港在19世纪20年代扶乩出来的。谢锡璜在民国十二年所写的"附记"中说道：

> 武帝宝安忏文乃张道人子房乩撰（即张良），坊间向无印行，各坛所藏均是抄本，草率错漏在所不免。民国十年辛酉岁（1921）同人等创坛于香港九龙崇奉黄赤松先师，兼奉关圣帝君。每逢圣诞，恭诚礼忏，素著灵显。苟无善本，忏文不足以昭诚敬用，特缮写七部藏之坛内，以垂久远。璜以俗务丛集之身，鲜有暇晷，日写数页，二十余日而始成，非敢告劳，特留以待梓，云尔。

即是说，这部经忏最初是通过依托张子房的名义扶乩出来的，且这本经忏在香港最初持有它的是黄大仙祠，最初抄写了七部。这部经忏主要包含了两个方面的思想：

第一，忠义大节。"志心朝礼"说：

> 英风贯日，雄略凌云。每饭不忘，志切安刘之念。寸心无改，常存报国之心。

"志心皈命礼"说：

> 太上神威，英文雄武，精忠大义，高洁清廉。

在这个经忏中，"忠"突出的是对国家的忠，而非对君主的"忠"；这个"义"是对兄弟、对朋友的"义"。这是关帝的精神所在，香港人所崇拜的正是这个精神。

第二，正义与威力。"圣帝赞"称颂道：

> 伏魔忠义，关圣帝君，精诚贯日照乾坤。

"志心朝礼"称颂：

> 武圣协天大帝　神威远震天尊

"开忏赞"：

> 万古称人杰，三天位上卿。救民出水火，显圣走风霆（萧登福注本"秉烛看春秋"）。节义冠千古，雄威却万军。仙凡皆敬仰，共礼伏魔尊。

在一个殖民地，一个传统的、充满力量感的、象征正义的精魂，确乎可以为在离乱与飘摇中的华人带来安全、和平的感受。这就是这部经忏在香港广泛流传的原因。

此外，这部经忏虽然从属于"制度宗教"外的黄大仙祠向外流传，但其中也有着全真教的根系，如在颂经拜忏过程中，所礼敬的神仙中就有"纯阳演政孚佑帝君"、"龙门正宗邱大真君"，如果说"孚佑帝君"为"制度宗教"与"非制度宗教"所共同供奉的神仙的话，那么"邱大真君"则只为全真教所供奉的神仙了。

以上三部经忏除去自身的特性，还有一些共同的特性。大致说来，主要有以下几个方面：

第一，都包含了对神的颂扬。尽管说这些经忏本的本意是要人们忏悔谢愆，得到神的宽宥，从而从罪孽中解脱出来，但这个结果的前提便是荣耀神。如果我们把经忏的产生看成是降授或扶乩的结果，那么从宗教学的意义上来说，经忏就意味着神预设了信众对自己的称颂，因为称颂而得到佑助和超度。这就像《圣经》里面上帝对犹太人的祖先要求，荣耀他就可以得到子孙繁荣的承诺。只是基督教那里存在人与神的约定，而在东方并没有类似的约定，纯粹只是一个"人神共舞"的关系，无须约定，只要人真诚地颂扬神，并忏悔自己的过错与罪愆，神就会保护人。在"宝诰"，还是"志心皈命礼"，或"志心朝礼"当中都贯彻了这个意图。既然科本是降乩出的，那么做法事的主持、经生只需要代表信众照本宣科，虔敬地去说去做就是了。

第二，这三本经忏都包含了度人的内容。在"吕祖宝诰"里，有这样的句子："太上救我济度尘生"，"修身养性，积功力行，日新吾道，度之上升"，"吾立度人笈，先立度人心。吾奉度人救，先开度人门"，等等。在《正阳仁风宝忏》里有："立愿渡人，霭达慈尊"，"立愿渡人，存神救世。受命下凡，屡解人难。消灾除劫，扶掖人间"。在《关圣帝君保安忏》中有："救民出水火，显圣走风霆"，"斩妖缚邪，度人万千"等。而度人实际上有两层内容，一要济度生人，二要超度亡灵，相比之下，这三部经忏都倾向于前者，或许后者的任务由另一些经忏去担当，诸如《先天斛食济炼幽科》以及《摄召真科》等。

第三，这三个经忏本都包含了"惠"的内容。如《吕祖无极宝忏》说：

"愿以忏功德，回向大慈尊。加庇我宗亲，师资并眷属。普惠诸众生，皆成无上道。"又如《正阳仁风宝忏》说："终南达道，惠及群生，功绩昭垂启化人。""大慈大惠，至圣至玄。""慈祥恺悌，施财济贫。恤寡怜寒，人多沾惠。""惠"在这里不是表示一种贤淑或宽谅的德性，而是一种施恩的行为，即神给予人以恩惠、利益。在香港这个高度市场化的时尚化都市，如果讳言恩惠、利益，将是不受欢迎的。

第五章　全真教与香港社会的交往关系

一、问卷调查及其分析

在 2013 年的清明节前后和 8 月的中元法会期间，笔者带着学生对前来参与法会的香港市民进行了问卷调查，现将调查结果作如下分析。

从年龄层来看，参加法会的香港市民基本在 20 岁以上，约占受访者的84.3%；低于 20 岁的青少年人数较少，约占受访者的 15.6%。20 岁以上的市民在 20—40 岁、40—60 岁、60 岁以上三个年龄层的分布较为均匀。由此可见，在传统节日到庙里参加法会的行为在香港青少年圈内缺乏影响。

性别上而言，男性占受访者的 53.1%，女性占 46.8%，男女人数差别不大。考虑香港男女比例及传统家庭结构的影响，此数值属正常范围，显示出参加法会的热情并不受性别差异的影响。但与 2004 年笔者在珠三角做过的调查结果不同，当时的情况是女性居多，男性占少数。① 这也反映了大陆与

---

① 此项调查报告发表在《宗教学研究》2007 年第 4 期，其中描述道："还有一个值得注意的现象，在信仰队伍中，大多数是女性。为什么女性居多？可能有三个方面的理由：第一，社会仍然是男人占主导地位，女人在传统上是附属或配角，她们觉得人生中自己不能把握的事情太多了，她们的幸福要靠别人或者神来赐予。既然在这个世界上男人是那么的不可靠，那么神是绝对可靠的，不管庙里的神是男性或者女性。第二，她们在生理上或心理上有一种依赖感，她们本身不够硕健强大，无力抵挡天然的或人为的灾难，所以，女人的那种天然的安全感的缺乏以及心理上的依赖感，都适时地转换为宗教的信仰。但是，一个正在发生的变化，按理应该改变或正在改变她们的心理状况，那就是在知识经

香港在社会结构乃至分工的差异。

从职业上看，公司职员占的比重最大，约占比为34%；其次是待业者、退休者、学生、售货员、建筑工人、老板、自由职业者、家庭主妇等约占比34%；政府公务员或政府服务机构职员占比6.3%；出于对隐私的重视，有18%的人拒绝透露自己的身份。从已有的数据上看，来参加法会的市民来自社会各行各业，但商人或自由职业者人数远不如公司职员、公务员等固定职业者。

受教育程度则呈现出两头少、中间多的情况，但受高等教育人数远比未受正式教育或受幼稚园教育的人数多，显示出香港市民的受教育程度总体处于中上水平。

受访人参加法会的动机调查结果，显示81%的市民是出于拜先祖的原因来参加法会的，可见香港市民对孝道的重视。12.4%的市民表示为信仰而来。3%的市民介乎信与不信之间。

问及信仰的神，有23.4%的人表示凡是庙里供奉的神都信奉；有7.8%的人信奉吕祖；信奉老子的人约占3.9%；信奉王重阳、邱长春及全真诸祖的人约占1.3%；信奉佛教、基督教、黄大仙的人约占7.8%，而拒绝回答的人约占55.8%。可见在香港市民心中，"信仰"的定义十分宽泛，市民并没有确定信仰某位神。而且涉及个人隐私，不便作答，这多少也反映了香港社会内某种程度的紧张。值得注意的是，作为全真教的信仰者，人们并没有信仰的主神的清楚意识，或者他们并不想区分主祀和配祀，而是神都要同等敬奉。

询问受访者对参加庙里活动的频率，受访者有35.56%的人表示只是偶尔去，19.48%的人表示凡是庙里的活动都尽可能参加，6.49%的人表示有

济时代，人们越来越不靠体力和勇敢来获取事业的成功，而靠知识和勤劳，加上教育体制的原因，越来越多的男人早早地在主流渠道出局，女人越来越多进入主流渠道，其社会地位发生了很大的变化。事实上，中国已经发生了这样的变化，但还不足以改变女人的传统心理结构。第三，在家庭分工上，像祈福这类事情多是由女性负责的，男人即便是有信仰的愿望，却也多是催促女人到庙里去烧香磕头，而自己却躲在女人的背后，把心拿来洗涤一番，等待接受神灵的启示。"

事求问才去庙里，40%的人拒答。由此可见，虽然香港市民经常去庙里参加活动的热情并不高，但在传统节日到庙里参拜对他们而言则是常态。

从第八题问"您最希望神能帮助解决什么问题"时，有11.69%的人希望解决生死安顿，2.6%的人因个人前途问题而去，有54.55%的人希望神能帮助解决家庭和睦与平安的问题，约6.5%的人希望解决个人心理或精神问题，约24.7%的人拒绝回答。可见香港社会仍然是以家庭为中心，在香港市民心中，尽管每人或许都有自己的问题，但家庭是放在第一位的。

询问就个人而言，受访者最关注什么方面，同样得票率最高的另一选项为：父母的健康长寿占比53.25%。其他选项，如婚姻、经济、仕途、学业等，总人数都未达到选择此项人数的1/4。

询问受访者最关注家庭成员的哪个方面，有约39%的人选择父母健康长寿，约11.7%的人选择子女学业，约6.5%的人选择爱人事业成功，其他或拒答的人约占比42.85%。

结合以上三题的结果来看，香港市民把家庭和自己的身体健康放在第一位，在家人中，也最重视父母，可见香港社会虽然是个繁华的商业社会，但传统的家庭伦理观念仍然十分浓厚，特别是对孝的重视已经成为市民性格中十分重要的一部分。

问及受访者宗教体验和宗教生活，有40.26%的人表示有感受到神的存在的宗教体验，45.45%的人表示无此种宗教体验，约9.1%的人表示虽然没有，但希望通过信仰产生这样的体验，约5.2%的人拒答。

问及神与自己的生活有什么关系，有约27.3%的人认为神离自己的生活很近，约16.9%的人认为神离自己的生活很远，约28.6%的人表示神与自己的生活是求之则近不求则远，约27.3%的人拒答。

问及以何种方式与神保持联系，显示有约7.8%人表示通过早晚念经或斋戒，约24.7%的人表示通过参加庙里的祷告及其他活动，而选择在工作和生活中积累功德的人，约占40.3%，拒答的人占27%。

结合此三题的结果来看，香港市民对神抱着"宁可信其有不可信其无"的态度，他们愿意承认生活中遇到的很多事情是无法解释的，从本质上而言无法做一个坚决的无神论者。然而一旦谈及入教、出家、斋戒、教义等，大多数香港市民会觉得陌生、不解，可见"信"与"信仰"、"神"与"宗教"这些概念在大多数香港市民心中存在着很大的距离。

关于香港市民和道教之间的关系，约53.3%的人认为香港道教与信众之间的关系保持现状正好；约13%的人觉得道教活动太少，希望更多地介入生活；3.9%的人认为活动太多，影响自己的日常生活，约29.9%人拒答。可见在多数香港市民心中，对香港道教与他们自身之间的关系现状表示满意。

当问及是否乐意参加庙里组织的社会服务性义工团体时，只有约14.3%的人表示非常乐意，54.6%的人表示一般，约31.4%的人表示不乐意。

在问及乐意参加义工团体的理由时，有约29.9%的人选择是借以报答社会；16.9%的人选择为了积累功德以求福报；约5.2%的人表示这是追求信仰必需的作为；3.9%的人是为了感受自己的存在价值；选择其他的人约占7.8%；约36.4%的人选择拒答。

以上三问表明，绝大多数的香港市民表示一般或不乐意参加道教组织的义工团体，固然有时间性的因素，因为正如前面提到来参加法会的民众大多数是固定职业者，但这也反映出绝大多数的香港市民对道教活动的主动参与的积极性不高，他们更习惯于现状，习惯于享受香港道教提供的服务，而不是主动参与到与香港道教一同服务更多市民的活动中去。可以看出不少香港市民对社会和社会大众有着责任感和报答心，通过这一点去吸引他们成为志愿者，比通过信仰本身去使他们成为志愿者要相对容易。

十七题和十八题是问卷的最后两题，调查的是香港市民的基本信仰情况。问及除了道教之外，有没有其他宗教信仰，约35.1%的人表示有；约58.4%的人表示没有其他宗教的信仰经历。在继续问"如果有，是哪种宗教"时，有26%的人表示信仰或信仰过佛教；约6.5%的人信仰基督教（包括天主教）；2.6%的人有民间信仰（包括妈祖）。没有信仰的人占约6.5%。

以上两问的结果表明，在香港社会，道教与佛教在香港市民心中并不存在太大冲突，两者可以并存、调和，但道教跟基督教、天主教、伊斯兰教之间的距离则较大（其中问到有无伊斯兰教信仰时，选择为0），这也跟基督教、伊斯兰教自身的排他性较强有关。同时，也表明香港人信仰世界的多元与兼容性质。

二、宫观与信众的关系

在香港有个说法，无论什么宗教，到了香港都变得淡薄。这是一个香港宗教的总体状况，也简括了道教在香港的情形。但这并不能由此得出结论说香港人不喜欢宗教，而是宗教与信众的关系比较松散，或者我们可以将其看成某种特殊状况。

笔者在 2013 年清明思亲法会和中元法会期间，组织了两次社会问卷调查，试图了解全真教与香港社会的基本关系。

虽然说道教与信徒的关系不限于宫观与信徒之间，有学者认为宫观表达的是官方宗教文化，而非官方的、日常的、民间的道教信仰，更能体现道教与信徒的关系，因为后者表达了更广大信众的信仰。① 但是，作为崇尚丛林制度的全真教来说，宫观仍然是一个信仰的象征，无论如何人们信仰的神还都是供奉在宫观里面的，信徒与宫观之间的联系是信仰的一个重要方面。② 在信徒的意念里面，道士与信徒的交往能够将神灵带到他们面前，而

---

① 诸如施舟人（Kristofer Schipper）教授的所言："But there is also the unofficial side of China, which has been much less publicized : the society of the ordinary people, the regional and local cultures, the temples and networks. This side of China—which represents the vast majority of its citizens—is not just that of the ' ignorant and superstitious peasant masses,' as official propaganda wants us to bieliebe."（Kristofer Schipper, *The Taoist Body*, University of California Press, 1993, p.xix.）

② 在香港，宫观与信徒之间的关系又不尽类同于大陆，这里的宫观没有官方的性质，道教与信众之间的关系，也就没有官方与民间的区分，在香港只存在团体化的道教与非团体化的道教的区别。对此，徐佩明（Bartholomew P. M. Tsui）认为，正一道在香港未被组合进道教组织，所以它们尽管一直活动着，但它只在传统的村落里，或者只在传统的节日仪式里才出现（Bartholomew P. M. Tsui, *Taoist Tradition and Change：Taoism*, Christian Study Centre on Chinese Religion and Culture, Hong Kong, 1991, p.1）。

到庙里面去烧一炷香，叩一叩首，则是直接面对神灵，所以，参与宫观庙宇的活动可以并应当看作全真教的一种主要方式，而宫观又主要是通过每年各种相对固定的宗教节日或者文化活动聚集信众。现今没有一个确定的数据表明每年参加道教宫观活动的人数，但据六年前香港大学的调查，在新年里香港主要宫观的参与人数约两百多万。曾为蓬瀛仙馆行政主管、现为香港道联会主席的梁德华在采访中说道：

> 四年前曾经统计过，在新年有多少人来庙里拜神。那次的统计是用计算器算的。从大年初一到年初七蓬瀛、圆玄、云泉、青松观都去了。加上华人庙宇给我们的啬色园、车公庙的人数，从大年初一到初十五。这些数字一共是两百多万。前面四个庙一共是七十多万。这是四年前的数字，四年前之前没统计过，四年后也没统计过。①

再以一年中最重要的中元法会的参与人数来看，梁德华先生有一个推算：

> 中元法会的第一对象是祖先，超度。如果按一个户口（附荐、牌位）来算，在全港来说，我们是排第三。如果不算各种荐，就有五千个单位。也就是有五千个家庭，如果按照每家有三个人，就有一万五千人。圆玄是最多的，中元法会一次就有九百万港元的收入。我想象他们的家庭数量有一万个。蓬瀛的话是三百万左右，青松观大概五六百万。②

梁先生所说的"我们"，指蓬瀛仙馆。蓬瀛排第三，而每年中元法会参与单位约五千个家庭，每个家庭平均三人，意味总共有一万五千人参与。依

---

① 据 2013 年采访录音整理。
② 据 2013 年采访录音整理。

照法会创造收入看，青松观应该有二万至三万人参与；圆玄应该有四万至五万人参与。当然，如我们在问卷调查中所显示的那样，中元法会的主题是超度、荐亡，所以参与者往往是整个家庭都参与，且并不都是为了信神拜神，如果说进了庙也拜了神，那可能是照规矩做了事，未必是专门为拜神而来。① 但是，它表现了道教庙宇的人气。梁先生继续说道：

> 　　两个方面来说。一是在祭祀来说，新年有全年的礼斗、祈福、开斗灯、拜北斗等等活动。每一年不同的太岁，所以每一年都有的。拜斗不是一次，而是整年的活动。每一个礼拜天都有的。参加的人也要登记。每一年供奉的神明的诞辰，比如说太上老君、吕祖师、邱祖师、斗姆、观音……这些神明的诞辰，这些神明的信众都会来拜祭。每一个星期就是拜斗，每一个神明的诞辰也会来。
>
> 　　蓬瀛仙馆从明年开始，就添加一个活动，就是拜太岁。拜斗是以拜斗姆为中心的，但是拜太岁是有每年当年的太岁，每一个人都有自己的本命太岁。所以我们会设一个专门的科仪，专门拜太岁。上海城隍庙、新加坡城隍庙也是拜太岁。所以我们也尝试一下，明年大年初四到十五，一共是十一天，每一天拜太岁。之后呢，每一个月的初一拜太岁。②

　　如果我们考虑到香港地区的九十多个宫观和道堂、一年中三十多个宗教节日的所有宗教活动，③ 加上各宫观、道堂承办的各种乡村清醮活动，那

---

① 周和来说道："信众一般不大了解什么是佛教、什么是道教。他们知道佛教、道教的区别，但是不会区分什么是全真教、禅宗等等。他们就只知道，庙里就是神。信众的态度就是：信不信是另一回事，但是来了就是拜的。中国人有个信念，'进了庙就要拜神，进了人家就要叫人'。他们不会想该拜还是不该拜。来庙里的人，我们都会给建议，不光要拜祖先，而且更要拜一下神，拜了会更好。他们也理解，必须要到殿里去拜一下，才去拜祖先。"（根据采访录音整理）

② 根据采访录音整理。

③ 现今香港道教联合会公布的香港地区登记道堂会员为96个。

么这些活动所积累起来的人数是相当可观的。问题是这些参加道教宗教活动的人士并不都是信徒，至少不是完全意义的信徒。当然信仰存在着界定问题，但其中一个很重要的标准是过不过宗教生活。比如说做不做早晚功课、周末做不做礼拜、有没有遵守什么斋戒，从这些角度上去说，香港市民的确是没有宗教信仰的，对他们来说信仰是隐形的，没事的时候就不存在，遇到困难和问题了就有信仰了。在香港究竟有多少道教的信徒，有多少全真教的信徒，这恐怕是即便全面调查也说不清楚的问题。我们或许能够从蓬瀛仙馆和青松观的调查中窥见端倪。据梁德华估算，在蓬瀛仙馆年初三参加赞星法会的约四千多人属于信徒，总共多少信徒则不好估算；[①] 而青松观的周和来则估计青松观的两个道观加起来约有"一两万左右"。[②] 道教的信徒之所以不好估算，主要是道教虽然有自己的宗教组织，但并没有严格的宗教生活，而信众多数在观念形态上保持了对道教的信仰，却没有落实在宗教生活和行动上，所以，显得松散而无规则。对此，蓬瀛仙馆陈敬阳先生说道：

> 香港大学有一个民意调查中心，蓬瀛仙馆曾经委托他们对市民做一个对香港道教信仰认知的调查。只有很少很少的人说自己是道教徒，但一半以上的香港市民表示有拜神、求签的行为。例如你问一个老太太："你有没有烧香拜神？"她回答："有。"但你问她："有没有宗教信仰？"她就说："没有。"基本上，大部分香港市民都是这样一种情况。……跟拜神一样，你去扶乩，获得祖师的指示，但你不一定能在道教思想、宗教生活上有什么收获。例如有些人去扶乩，问生意应该怎么做、家庭会怎样，所以碰到的问题都是一样的，就是不能停留在扶

---

① "如果用每一年年初三赞星来说，我们每一个人都会给一个茶包，以茶包来说，有四千个。这个可以说是蓬瀛仙馆的信众，而这个活动是蓬瀛仙馆每年最多人的了。"（根据2013年采访录音整理）

② 在访谈中被问及青松观的两个庙（屯门和九龙）加起来，信徒一共有多少人时，周和来说："要是按定期来的人这样算的话，一两万吧，不算多。我们经常会看到一些常来的，他们基本上也是在一些特别的日子来的。这类的也有不少，一两万左右吧。"（根据采访录音整理）

乩、求签、拜神这些表面功夫上，在这些之后应该怎样将他们培养成信徒，这是关键所在。①

青松观的周和来先生也说道：

> 要是从一个庙的角度来看呢，经常有信众来，表明香火旺盛。但是从另外一个角度看，社会上很多人必须每周或者每个月要到庙里来一趟，说明信众只是因为怕，有一些特殊的原因才到庙里来。基督教的不一样，他们是要求信徒每周都要来。我们能不能发展到信众和信徒一样，每周都来，或者我们安排一些活动给他们。不光是我们，全世界的道教都在思考这个问题。实际上信众来庙里烧烧香、拜拜神，其实跟庙没有什么互动。跟旅游的差不多，只是多了一些动作。但是作为信徒，那就不一样了，要通过一定的仪式表明他自己希望成为这个教的信徒。我们很希望能发展很多很多信徒，可是呢，很现实的是这个很难做。②

如果我们将来庙里参加活动的动机加以分析，就会看出某些问题。就人们去庙里问乩或者求签来说，人们的直接目的都是问"生意怎么做"、"家庭怎么样"，或者"健康如何"等，而"有求必应"不仅是庙里所标榜的，也是信徒所期待的，然而，问乩或求签过后，这些人并没有因此成为了道教的信徒，是不是他们真的就没有信仰呢？对此，陈敬阳先生的回答是：

> 这就跟之前提到的调查结果一样，有拜神但没信仰。这是解释不通的，为什么你有宗教行为，却没有宗教信仰？这是香港比较奇怪的一个现象。你说你没有信仰，但是你拜黄大仙，相信黄大仙，这本身

---

① 根据陈敬阳采访录音整理。
② 根据周和来采访录音整理。

就是个信仰啊。①

　　陈先生的这个回答及其反思是有力量的。既然有了拜神的宗教行为，那么就意味着存在着信仰关系，要么是在拜神之前就对此有认知并确立了某种信仰关系，要么是跟随别人或者抱着试一下的心态去拜了神，之后才确立了信仰关系，要不然人们也不会把重大个人问题交与神灵去决定。只是这种信仰关系中存在两种情形：一是人们不确定自己究竟信的是哪个神，甚至分不清佛道教的区别，这在调查问卷中已经显示出来；二是他们对神的信仰关系很不坚固，神的存在对于他们来说若即若离、若显若隐，当他们需要的时候，神来了显灵；当他们不需要的时候，神走了，归隐去了。青松观的周和来先生的说法似乎能够印证这个问题：

　　　　我们发觉一个情况，要是一些年头经济情况不是很好的时候，就特别多年轻人到庙里来。2003年"非典"的时候，我们做的几场法事，很多年轻人参加，大家觉得很绝望，没有其他方法的时候，他们就希望能参与进来。但是到经济气候好的时候，他们就忙着去赚钱。实际上很多人心里有庙有神，但是每个人都是给自己很多借口，"忙"，不去庙里面。我相信他们心里有神，因为他们一有事就往庙里跑。就像家里的老人一样，我们总说着要回去看看老人，但是一忙起来就找借口不去了。②

　　周先生这个谈话主要是指年轻人，但反映出的问题是共性的。人们多是在有事的时候往庙里去，无事的时候就以一个"忙"字敷衍了曾经求助过的神。这在社会现象上就是经济发展好的时候，都有工作可做，有钱可赚，不会想到神；而在经济萧条而自身无助的时候，才会想到神。只不过这在年

---

① 根据陈敬阳采访录音整理。

② 根据周和来采访录音整理。

轻人身上反映得更明显而已。由于现时的比较稳定的信仰者多为中老年人，故而年轻人的信仰乃是最凸显的问题，这关涉到道教是否有自己的未来。然而，这种担忧从另一个方面去看，似乎有点"杞人忧天"。谁没有年轻过？或许这个问题在上一代或上上一代就存在过，那个时候的年轻人也可能同样是如此，当他们人到中年，社会阅历增多的时候，他们还是会有道教的信仰。香港现时的许多道教信仰者年轻时并不信仰道教，只是中年时期受到了某种影响才加入道教信仰团体的，这本身就证明年轻人不笃诚信仰道教并不意味着道教没有未来。尽管如此，道教不能够忽视在年轻人中间的传递，不可能等待年轻人成熟之后再可能变成信徒，这是人们的共识。上面周先生的那段话本身也表明，包括年轻人在内的所有人，都有信仰的需要，问题只是如何将这种需要变成信仰，这在香港道教界是一项现实的课题。我们可以从访问中看出他们的忧虑。

陈敬阳说：

> 这就是我们刚刚讲的问题，啬色园其实有个宗旨，是"普济劝善"。结果大家只知道它"有求必应"，这就是差距。你去问拜黄大仙的人，我相信十个有九个答不出"普济劝善"这四个字，都说"有求必应"。我们道教就是缺乏这种将"有求必应"转化为"普济劝善"的途径。①

我们知道，黄大仙的宗旨是"普济劝善"，然而做出来的效果是"有求必应"。后者保证了道观的客源，却没办法转化为信仰。按啬色园的情况，每天那么多人去求签、烧香，要是这些人转变为道教徒，这规模不得了。陈敬阳又谈到了蓬瀛仙馆的一些反思与做法：

> 我们现在正在尝试的几个途径，一个是开班，目的是先把信徒吸

---

①　根据陈敬阳采访录音整理。

引到庙里。因为在香港，如果没有什么特别的原因，要让人来参加宗教活动是很难的。只能先把人吸引到宫观里面，然后培养他们对这个文化和信仰的感情，才慢慢将他们转化为信徒。……这种在香港比较可行，但也遇到一个问题。就是我们没有一套完整的方法、课程去培训他们成为一个信徒，比如基督教和佛教就有系统的课程。但说到道教的话，作为一个信徒，最基本的要懂"三清"是什么概念、要懂一些简单的经文、《道德经》在讲什么，但这些都没有系统的教科书、课程去教授。……我们也有成功的个案。例如我们这几年皈依的信徒，有一些是兴趣班的学生，皈依后又去念青松观道教学院的一些课程，我认为这些都是有用的，只是成功率不够大，而且起效较慢。……我认为当代道教还是要把礼仪这些东西规范下来，例如道教节，香港讲道教节就是太上老君的诞辰，道教徒不一定每个人都重视这些节日，但我们至少要把一些规范定下来。……只有规范下来了，信徒才能将一些日常生活和礼仪、节序联系起来。道教的现状还是很散，例如刚刚说，既没有系统的传教方法，也没有规范的宗教生活。我有一些天主教的朋友，他们遵循着一些明显的规律，每一年哪个时间是过什么节日，举行什么活动，做什么修行，十分规范。现在道教不太强调这些东西，就是拜神，拜神之后就没有什么可做的了。①

通过办培训班的方式，系统讲述道教知识，借以培养潜在的信徒，无疑是一个有效的途径。蓬瀛方面坚持办道教知识讲座，每个月有一次道场讲座，一次一天，人数一般在一百多人左右。这个方面除了蓬瀛仙馆外，青松观主办的香港道教学院用力最甚，现在青松观董事会的许多成员都是从这个学院毕业的，其他宫观、道堂的业务骨干也是经这个学院学习成才的。这个途径用来培养道教的专门人才是可靠的，但对于培养普通信众来说，这个过程长，成效不够高。将道教的礼仪、规范明确化，组织有效的宗教生活，将

① 根据陈敬阳采访录音整理。

自己的传教理论系统化，并广泛地宣传推广，这些可能是各宫观意识到的方向。但如何实施，则各宫观又无良策。这可能是香港道教的困结所在。"佛教可以跟信徒讲释迦牟尼的故事，天主教讲耶稣的故事，我们传教要讲祖师的故事就很难。道教的故事如老子的故事，老子最后是不知所踪，这个故事要怎么讲？因为故事讲到最后是要人明白的，可见道教还没找到一个很容易普及的、让人易于理解的途径。"①

其实，经验和历史往往是最好的老师。从以往所做的事情，可以看到成效。在梁德华先生的访问中，他说到这样一种现象：

> 13年前第一次我们宣传道教节，我们用巴士把老子画像挂上去，绕着九龙走。很多市民不知道是谁，不知道那是老子，不明白那个"巴士老人"是谁，很多人打电话来问那是谁。到那天开幕的时候，我们穿着道帽长袍，市民也觉得很奇怪，不知道是道教的服饰。到今天，很多人就明白了。这就是互动的效果。……13年前中文大学、香港大学，它们宗教系还没有道教科，在香港只有信众办的道教学院。到今天就有了。香港大学宗教学有道教的单元，这就是效果。两岸三地的交流，道教的互动非常的多，这也是效果。我跟你说一个有趣的事情，我去马来西亚、泰国、新加坡，包括加拿大。我过关时别人问我们去做什么，我说我是道长，去参加道教活动。十几年前没人知道我去干嘛。现在不一样了。这说明我们的努力是没有白费的。②

这个现象表明宣传推广不是没有效果的，无论是人们对道教的神的认识，或者道教组织机构的扩张，还是人们对宗教文化活动的参与，都达到了一个空前的高度。随着宣教活动的深入，人们也在改变着对道教的认知，陈敬阳先生谈到了一个有趣的现象：过去，香港市民对道教的印象比较差。老

---

① 根据陈敬阳采访录音整理。
② 根据梁德华采访录音整理。

一辈的，就是现在五六十岁的市民，他们对道士的印象，基本来源于一个粤语长片里的角色：高佬泉，这是一个专事搞怪的角色。他是 20 世纪六七十年代的粤语片的角色，瘦高个，专门骗人，很随便，装扮滑稽，看上去就不像是宗教人士的模样。后一辈的，例如"70 后"、"80 后"，对道士的印象就是林正英。"70 后"、"80 后"比较熟悉的是林正英，一个演员，专门在电影里扮道士，抓鬼，抓僵尸。香港在过去道士是被丑化的对象。以前市民对道教的印象，大多是靠看戏来获知，或者是去庙里、殡仪馆里面才能感受到。殡仪馆的喃嘸道士有"破地狱"的仪式，用剑插在神衣上，然后喃嘸道士拿着剑围着神位转，像跳舞一样，之后点火、把水喷到火上，很夸张。对道教的印象就是这样。现在道士的形象要正面一些。因为道教的活动多了，给市民的印象就比较正面。

改变香港人对于道教的印象，需要道教各个宫观、道堂持之以恒地去做系列的社会服务，包括慈善、教育、文化等，其中不遗余力地推介道教文化是一个不可或缺的工作。事实证明，这样的推介产生了良好的社会效果。以"文昌帝君开笔礼"这个活动为例，作为华人庙宇管理委员会成员的叶长青先生介绍，这个活动在开始的时候，不过一两百个学生参与，到现在越来越多的人参与进来了，在 2014 年的这个节日期间，笔者看到，前来参与此项活动的学生以及家长，在庙宇外排起了很长的队伍，约一千多人，警察在街道的两旁辟出专门的场地，负责社会秩序，由此可见其道教活动的人气。这个活动的意义在于，人们借这个节日，向司职学业晋升的神——文昌帝君——上香献礼，表达了通过努力学习，能得到神的护佑而考上好的中学、大学的愿望。如果这样的愿望最终如愿，人们还应当回到庙里来再次向神还愿，表示知恩图报。然而，"参与"本身承传了道教的文化，更把信仰的种子向年轻的学子心灵种了下去。如果这种现象在内陆的乡村，或不发达地区出现，并不令人诧异，而出现在一个经过一百多年的殖民统治、经济最为发达的香港，不能不引人省思。对于香港的道教来说，推介道教文化的方式，可谓八仙过海，各显神通。除了办道教文化班、办道教电台节目等普

2014 年"文昌帝君开笔礼"期间的信众排队参加的场景

及道教知识外，①普及面最大的当属各种类型的道教文化节日，吸引市民参加，故而，每逢节日也都是各个宫观、道堂最忙碌的日子。有的宫观在举办宗教节日的基础上，承担了许多超出道教范围的义务，也逐渐形成了自己的传统，如圆玄学院、云泉仙馆一年一度的花卉展，吸引了广泛的社会关注和参与。比较大的宫观，也着力打造自己的仙山琼阁的印象，以适应香港人短假期文化旅游的需求，如今香港人有一种说法：周末或放假之间，走一走宫观庙宇，吃一吃斋菜素食，是一种比较惬意的生活。蓬瀛、云泉、青松观等

---

① 梁德华介绍说，蓬瀛仙馆的道乐团有三四十人，每周都有排练，每年参加外地各种汇演。给香港信众也有演出，一年有两次小规模的。"还有网站，也做电视台。电视台每一天都播，也叫'道通天地'。所有的视频在网上都能看到。已经办了 12 年了。我们每一年都有评估，电视台给我们的统计，每一年都有增加。总的来说，一般市民都知道。电视台告诉我，宽频的收视来说，比佛教、基督教关注的人还多。"（据访谈梁德华采访录音整理）

全真道庙的斋菜已在香港享有盛名，而啬色园的游客更是每日应接不暇。对此，陈敬阳解释："信众组织一起去爬山、郊游、欣赏大自然之类的，然后将道教的道理穿插在这些活动里面。……基督信众在郊游时看到这些自然风光，就赞美这是神的伟大创造，我们道教徒就感叹这都是道的演化，其实形式上都一样。"① 此外，各宫观也在宗教文化的深度上做文章，诸如原先并不时兴的拜太岁活动，现在也流行起来了。如梁德华在谈到蓬瀛仙馆的做法时所说的：蓬瀛仙馆从 2014 年开始，就添加一个活动，就是拜太岁。②

圆玄学院一年一度的菊花节

道团整体走出去，承接地方"太平清醮"活动，可以说是道教宫观的盛大行动。原本这项活动多由火居的正一道士承担，由于宫观的团队力量更

---

① 根据陈敬阳采访录音整理。
② 根据梁德华 2013 年采访录音整理。

强，加之宫观主动的承揽，使得这项大型地方宗教活动逐渐由宫观接手了。香港各乡村建醮活动并不一致，有一年一醮的，如西贡布袋澳村；有两年一醮的，如西贡粮船湾；有三年一醮的，如大屿山东涌；有五年一醮的，如元朗八乡莲花地村；有六年一醮的，如元朗屏山乡沙江围；有七年一醮的，如西贡高流湾；有八年一醮的，如元朗八乡元岗村、元朗屏山乡横州六村；有九年一醮的，如大埔林村乡、沙头角；有十年一醮的，如西贡大埔仔村、蚝涌联村、西贡北港、相思湾联乡、沙田九约和田心村、大埔头乡和塔湾联乡、粉岭围和龙跃头、上水丙岗村、元朗锦田乡、元朗街坊会、屏山乡山下村和夏村以及屯门乡忠义堂等；有十五年一醮的，如上水坑头村；有三十年一醮的，如西贡井栏树村；有六十年一醮的，如上水乡；还有不定时但为特定目的而建醮的，诸如香港回归节日等。其中十年一醮最为流行。笔者目睹了 2014 年 10 月青松观为厦村举办的"太平清醮"，深知此项宗教活动之盛。乡村举办的"太平清醮"可谓地方隆重节庆，民众参与度高，其规模远超想象，彩旗飘扬在村里的每一个角落，华灯闪耀在十里之外，从举办乡村发源的海内外人士相约回来，寻根问祖，祭奠神灵，祈愿太平、幸福与安康，也超度众生，消灾解厄。各举办地敬奉的主神多为天后、猴王、观音等，表明这种清醮的性质为民间信仰。但由于承办醮仪的为道教的宫观，其仪式也是按照道教的规定科仪举行的，所以，它的性质也就发生了某种程度的变化，这也如同内陆很多地方的民间信仰的庙，诸如财神、关帝等，由于主持庙宇的为道士，那么这些庙也就是道教的庙，况且道教本身也没有对民间信仰采取排斥态度。清醮的内容主要分两个部分，一是功德礼仪，二是文娱活动（在科仪章节已经叙述过科仪的节目，这里不再赘述）。参与的人们在这个过程中，达到人神共舞与人神共乐的效果。连续一周的清醮活动，让宫观里的道友们极其劳顿困倦，但他们心里乐意，宫观在接受这项活动时，甚至不考虑代价，因为这是道教保持自己的草根基础和社会影响力的最有力举措之一。

随着宗教事业的发展，各个宫观自身的团体也壮大起来，目前没有一个确切的全香港从事道教事业的总人数，但据一些个别的情形可窥见一斑，如蓬瀛现在的专职工作人员有一百四十多，青松观表示，专职的五六十人，但"每年过年的时候，青松观的全部机构人员吃饭。每一年要开六十桌，每一桌十二人。一共七八百人"。①

道教文化的兴起确实给道教带来了生机，但是，它仍然解决不了道庙与信众之间的互动问题。

蓬瀛仙馆、青松观都肯定，每年的赞星活动比较受欢迎，在赞星法会中间，宫观有意穿插道友参与其中，当他们参与到跟随道士在法坛上转圈时，他们心里也充满了由此转运的渴望和祈求。所以，每一年正月的初三的赞星，如梁德华所说：

> 科仪的活动是宫观来主办，对象是信众。应该来说，诵经向神明，是弟子向神明的拜祭。但是现在这个活动把信众带到活动中去，安排他们进坛上香，跟经师一起转圈。这原本是诵经的坛位，为了把信众带进来，就把道场扩大到不同的四方。这个就是互动。比如每一年我们在农历的二月十五，就是太上老君诞辰，以前是道教徒的活动，现在不一样了，市民（信和不信）也可以参加了。不信的市民的热情更多来自对于道教这种民族的信仰、中华文化的兴趣。庙会也是一种，但是意义是一样的。②

周和来说道：

> 这个活动里面，我们大概前面还是一般的科仪，唱的念的，完了以后领着这些信众，就是走我们布的一个坛，象征的意义是走了之后，他一年的运气就转好了。每一年来的接近一千人，他们每一次都很耐心，因为我前面一大圈要进行一个小时。他们很耐心的在等，看着，

---

① 根据周和来采访录音整理。
② 根据梁德华2013年采访录音整理。

打个比方我们叫解开他的心结，我们也有一些互动的位，当然那个地方他自己要去弄一下，相当于就是什么冤仇也解开了，什么心中的结也解开了，这些人他们很乐意在这里等，做这个动作，跟着我们一块转圈，全部，老的少的都是。①

青松观的周和来讲述了另一件事情：

> 曾经有一个男的来庙里问，他妈妈得了癌症，已经快不行了。他说希望这次能求求神，看能不能延长一下。我先了解情况，然后我觉得医生已经说了这话，也很难做到。我跟他说，我们每个月有个礼斗的法事，我们可以跟神灵求一下。因为他这个情况，我还特别给他写了个文书，让我们的法师专门去祈福。过了几天，他回来说，医生也搞不清楚，他妈妈的病好了。后来他初一、十五都来上香，我也没问他妈妈怎么样。两年了，他妈妈现在还在。现在我也在想，能够让一个病人从没剩几天，到现在还活着，那就是让他感受到神秘的事情。也有一些人会经常无故听到有人说话，这些我认为是他们听觉失调，是精神有病的一种。并不是真的有鬼在耳边说话。一般我都会让他们去上个香，去求个平安符放在身上，也就好了。这可能是一种心理安慰，这张纸是否有用我不知道，但是他会觉得是从神仙那里请到的符能帮助他。求签也有，在香港是比较流行的。②

叶长青也谈及他的想法：

> 我自己的立场，也希望民众来青松观不仅是为了替先人做法事，也不是像参加旅行团一样过来游览一下。我理想的青松观不是这个样

---

① 根据周和来采访录音整理。
② 根据周和来 2014 年采访录音整理。

子，我理想的是，你来青松观可能是有一些文化方面的、心灵方面的提升，比如说我们可以考虑一下开设静坐班、太极养生班，通过这些给香港市民以文化上、精神上的服务。让香港市民喜欢来这个地方（青松观），感觉来到青松观能在心灵上、信仰上、精神上有个提升。①

不过，这还只能算是构想。我们现在所了解到的信徒与道庙之间的互动关系，也就主要体现在上述情形中。由于缺乏像基督教徒在教堂那样的忏悔以及宗教经历的分享过程，故而，道教信众的宗教生活始终都是比较缺乏的，这种缺乏可能要追溯到三国时期的曹操进驻汉中，打散了天师道的社会组织结构，自那以后，道教就再也难组织起有效的教团，并建立起庙宇与自己的信众之间的宗教生活。现代的道教组织并不会意识到自己的宗教生活先天性地缺乏，但在与基督教乃至佛教的比较中，他们清醒地意识到自己宗教生活的缺乏，并且也尝试作出某种改变，但是，他们也顾虑重重，这可从两个方面看得出来。

第一，是在发展信徒方面。一方面，各个宫观组织都渴望发展自己的信众队伍；另一方面，他们又有着某种内在的紧张。他们担心信众成分太杂，难以管理，其中的隐忧之一在于，既已发展成信徒，那么这些信徒也都是接受了庙里所赐的道号，从而他们也有权利参与庙宇的管理事务，甚或也享有投票权，这对既有的成员乃至管理秩序造成冲击。据青松观的人说，青松观原先在侯宝垣时代，在国外发展了很多的宫观庙宇的性质和结构都发生了改变，最终导致有的海外庙宇与青松观的脱离。有的地方出现了这样的情形：新来的赶走了原来的，取而代之，进而对青松观的董事会产生了警示作用，甚至使得他们在发展新成员方面显得谨慎起来。据介绍，青松观在近些年就甚少吸纳新的成员，尽管每年的道教学院不断发展了新的学员，但要成为有道号的信徒，并不容易。这类情况当然可以理解，但这与道团组织结构有关系。在内陆地区，全真教庙宇出家的道士与庙宇外的信徒之间有着明确

————————

① 根据叶长青采访录音整理。

的界限，没有出家，即便接受了道号、受了戒的人也未必能够进入庙宇的管理层，而已经出家的道士，也还有出家时间、住庙资历的限制。即便如此，这个紧张也是普遍存在的，通常生活在庙宇外的居士对庙里的道士形成了压力，这也如佛教的居士对庙里的和尚形成压力一样，至少在外的居士可以依照戒律随意品评庙里和尚的言行，而他们自身则可以不受戒律的局限，虽然那些戒律本来也约束在外的居士。而对于那些具有非全真教的具有家族性质的道庙来说，这种紧张更胜一筹，这个方面甚至没有内陆与香港的分别。内陆的许多庙就是家族或子孙庙，这类的庙要广泛发展信徒几乎是不可能的；尽管香港的许多宫观的创立及其管理采取了民主化的董事会或理事会制度，但它们本身又都是公司化的，公司化的民主说到底乃是出资人的民主，那么这种情形就不能排除世袭的性质，同样在发展信徒方面也是谨慎的。世袭性质或许并不影响传教，甚至在宫观里的世袭者更有宗教责任感，但是对于广泛吸纳信众不能说没有影响。全真教不存在世袭的问题，但存在"旧人"与"新人"的问题。因为在香港，全真教的宫观并非实行丛林制度，道士与信徒没有明确的界限，地价的高昂也不可能有足够的空间让道士住庙。又由于像青松观实行拜天师而不拜人师制度，所有的人只要进了庙里，都是平等的，因此，解决好新人与旧人的矛盾，是香港全真教发展信众的一个重要问题。

第二，在发展宫观的义工组织方面。义工是一个较新鲜的事物，不仅在香港，在内陆城市里也普遍发展起来。参加义工组织的人大多具有宗教感情，但不一定具有宗教信仰，但他们对宗教怀有某种程度的敬仰，他们有的人把义工组织看作是服务社会的一种方式，所以他们不必定信仰宗教；有的人把参加义工组织看作自己积攒功德以得福报的机会，这部分人大多有信仰。既然香港人在宗教信仰方面并没有佛道教的严格区分，那么参加哪一个义工组织都是可能的，就看哪个宗教组织吸引他们去。无论参加者出于什么样的动机，他们都是最有可能发展成为信徒的。香港的道教组织过去也多少有一些义工，但人数有限，这些义工参与宫观的福利院照顾老人、病人的服务，参与宫观活动，洒扫庭除，在宫观节日活动期间参与接待等，自然也免不了自己主动到庙里拜拜神，敬一敬祖先，故而，这些义工大多属于比较稳定的信徒。香港的宫观组织，尽管主观上意识到有必要发展义工团队，但他们显然缺乏管理经验，故而在这个问题上显得迟疑。周和来说道：

> 发展义工，我们要考虑很多问题，比如说保险的问题。在大陆的义工可能好组织些，但是在香港就很难了。我们在这方的力量比较弱。社会也有人会愿意，但要组织这个义工团队，也需要专门的经验。我们也需要培训、岗位的安排，不能说来人了马上就上岗做工作。他们也不可能长时间地工作，除此之外还有一些替补的工作，管理起来非常非常麻烦。①

这大概代表了香港宫观一般的意见。虽然如此，香港的道教宫观也在开始做着类似的尝试。香港道教联合会现任会长梁德华谈到了道联会的工作：

> 要组织一个道教青年团。要把年轻人都找来，用年轻人代表我们道教服务社会。包括老人院、单亲家庭以及其他一些弱势群体。人不多，要办活动时给他们做义工。……有一些宫观、坛堂很少人，想要做一些事情也做不了。这个青年团也可以帮他们做事情。……青年团已经是组织好了，今天下午就是青年团团徽的评选会，下周就是青年团将举行两日一夜的工作坊。大家都认同这个价值观，所以大家就很快聚合起来。青年团是两个月前开始组织，现在已经有三十几个人了，初具成型了。他们有他们的思维，我也不大参与他们的活动，因为思路不一样。在纲领之下我是放开给他们做的。我是很有信心的。②

---

① 根据周和来采访录音整理。
② 根据梁德华采访录音整理。

这些青年团成员，主要来自学校的学生，也有一些是宫观的年轻成员。总体来看，这个方面的工作尚在起步阶段。

三、道士与信众的关系

道士（经生）与信众之间的关系，其实也只是人与人之间的一种关系，但由于道士的身份，乃至其独特的经历和修养，使得这种关系具有特殊的意义。或者说，道士的经历和修养决定了这种关系的特殊性有多强。当道士入道时间短，经历简单，个人修养一般的情形下，那么他与世俗社会的关系便不会特殊到哪里去，因为他身上并没有附着多少超越的价值。反之，如若这个道士有着跨越时代的入道时间、非凡的经历、深厚的宗教涵养，那么无论这个道士如何看待自身，至少人们会以另眼看待，因为他身上附着了超越的价值，诸如神迹、灵应、深厚、慈悲等，甚至人们把他看作了神的化身。这就是宗教现象里的典范效应。然而，无论在哪个意义上，道士与信众之间都是需要发生联系的，至少道士与信众之间的联系，表达了道教与信众之间的联系。

就目前道士与信众的关系来说，主要是以求签与解签、问乩与解乩之间展开的，这中间充满了许多心理咨询的内容，因为对于信众来说，尽管他们都是带着求签与问乩目的来的，但他们的问题有很多并非人与神的问题，而是心理的问题，所以，心理咨询也就成了道士经常碰到的问题。对此，周和来说道：

> 这几年我在庙里，接触特别多。他们会打电话来找我，我反倒成了心理医生。我们作为一个道教徒，除了给人做一些法事，还有公益事业，有时候还要当一下心理医生。做法事的时候，其实就是一个心理的疗程。有些人遇到人来找他们，会先建议说去庙里做法事。我呢，就是先了解情况，先从心理上看能不能解决，不然再做法事，能不花

钱就不花钱。①

当我们问到在给信众解释的时候是否觉得自己有灵感时，周和来回答说：

> 有灵感，但是我不会认为是什么特殊功能，而是来自日常的生活的。人不是到了危急的时候不会来求神。"当局者迷"，我们只是帮他们分析问题，并不是我们有神力，而是他们平常不会跟朋友讲，有什么困境、难题，不想让身边的朋友知道。于是他们会放开来跟我们详细讲。我们作为一个旁观者，能给他们一些意见。原来并不是一些很复杂的事情，只是他们不好意思跟别人讲。这并不是什么通灵的能力。这种心理辅导的，我们大家都在做。……我们不会像心理医生一样，去挂个牌子，我们做心理辅导。这是很自然的事情，信众到庙里来求签，我们就解签。中国一直都有这种变相的心理治疗。②

这也即说，虽然道士觉得自己有某些灵感，但他们仍然相信，这种灵感其实也还是心理辅导。从而，我们也可从这中间看出，宗教心理咨询对于道教来说非常重要。宗教心理咨询之重要，在于信众敞开了心扉，道出了自己的心理症结，可以说宗教心理咨询搭起了道士与信众之间的交往的桥梁，但是这并不等于有了这道桥梁道士与信众之间就有了深度的交往。毕竟解签释讹的形式还只是信众与神的交往形式而已，即通过道士完成了解释，道士并没有因此就与信众建立了稳定的信任关系。

道士与信众的稳定关系需要的是长期的直接的交谈，而如果在这个方面建立起了典范效应的话，就变得非常顺畅。故而各个宫观也都会寻求这样的典范。我们从青松观侯宝垣道长与道友交往的事例中得到启示。

---

① 根据周和来采访录音整理。
② 根据周和来采访录音整理。

　　现在为青松观董事局副主席的叶长青谈起自己的入道经历。他从小接受天主教洗礼，在教会活动中他甚至充当了"副祭"，然而当他读到了老舍的小说《二马》，当中一句话使他受到了冲击："基督教主张博爱，为何坚船利炮来攻击中国？"这使他开始反思，决心学习中国哲学与文化。他先后参加过法住学院办的学习班，后来又去了蓬瀛仙馆办的道教学院，最后转到青松观办的香港道教学院学习。尽管他参加了佛道教办的学习班，但并没有立即改变他的信仰，而是在与侯宝垣道长的影响下，他最终才改变信仰，加入了道教。他回忆道：

> 在道教学院上课时，侯爷天天来，6点在四楼用餐，7点到课堂观课。那时我们都是下班后来上课，很累，老院长在门后看我们。有的同学睡觉打瞌睡，同学提醒他，告诉他有人盯着他看。后来才知道那是院长侯爷。
>
> 我经常下完班没吃饭就直接到课室里，等下课再去吃饭。有一次侯爷问我，有没有吃晚饭，我说没有，侯爷就叫我往后6点跟他到四楼一起吃饭。过了一段时间，侯爷问我有没有时间出去走走？我跟他说："我打工的，哪有那么多时间？"但是侯爷还是坚持我跟他一起去台湾。于是在1992年7月份，我跟侯爷到台湾参加一个"道教学习暑期班"，这时候我才知道，原来侯爷在1991年就拿了1500万新台币在台湾办学。当时跟着侯爷一起去的有几十个人，在台湾待了十几天。1992年底，我开始跟他走了北京、上海、杭州、武汉等等几个城市，这次侯爷到大陆除了跟道教界人士交流，还会到中央统战部、国家宗教事务局去。最后一站是武汉，我们在武汉机场候机时，侯爷问我们有没有什么感受？我们各自谈了自己的感受，侯爷又说："香港道教现在要年轻化，你们要不要学念经？"我们六个同学在侯爷的追问下，不情愿地同意了。于是在1993年初，侯爷开始办经忏班，每逢礼拜六开课，侯爷做主教，侯爷的大弟子麦先生做助教。有二十几个学生报名，都是道教学院的学员来。

　　上了几次课后，要练习时，侯爷会点几个同学来做高功（主科）、提腔（二手）、表白（三手）。后来侯爷就一直点名让我来做主科。经忏班的课从周六下午3点到6点，上完课吃晚饭，回来再学。晚上时常练到8点、9点。我们都是诚惶诚恐地准备课，因为侯爷非常严肃。侯爷常会突然打电话给我，问我一些上课的内容，甚至会在清晨打过来。因为侯爷要料理一些海外的观务，要照顾欧美时间，经常清晨起来工作。他有时五六点打电话过来，好在我夫人是护士，要早起，所以打电话过来的时候我夫人也已经起来了。有几次打电话过来，侯爷开口就问有没有练习好？会不会唱？马上就要求我唱他上课教的，我口都没漱，就咿咿呀呀开始唱起来。

　　到1993年5月份左右，侯爷就开始劝我皈依道教。我说我有天主教信仰，没办法。侯爷几次劝我，我也几次拒绝了。后来有一天，我在上班，侯爷打电话过来，很急地说："你马上过来，有几个日本信徒要皈依，我主持。"我跟他说我在上班，他让我马上请假，他还说了一句我到现在还记得很清楚的话："是就是，不是就不是，不要扭扭捏捏！"后来我过去了，也参加了皈依仪式，得道号"泽宁"。……从1991年开始，我跟侯爷学习，不单是听，而且有看。为了道教、青松观的形象，侯爷外表穿的光鲜，但是里面的衣服是打补丁的。侯爷做善事都是上百万地给别人，但自己是山珍海味都不吃的。我自己皈依道教有个心路历程，我从小在香港长大，对自己中国人的身份认同有很多疑问。加上母亲急病离世，又跟侯爷到外面去见识了世面。这都是我皈依道教的一些原因。我皈依了不到一个月，就被侯爷吸收进入了董事局，这个时候有很强的使命感。其他道观与青松观不同，侯爷海纳百川，取贤任能，所以才有破格提拔我们。……

　　侯爷跟我经常有些默契。比如说打电话，经常都是我打过去，他会说："这么巧！刚好我也要找你。"侯爷对我特别地照顾，像父亲一样。太太对我算是支持的，不过现在还是有点意见，但是侯爷很早就杀了她的"法力"。①

作为青松观董事局董事的莫小贤女士也谈起了自己的入道经历。她原先也接受过天主教的洗礼，但在 1985 年开始从事道教的学习与社会服务。谈起侯宝垣道长，她的印象是如此：

当时是他老人家承办了道教学院，自己去那上学，才认识了他。在那以前自己到过青松观，却觉得侯爷只是个经常拿着剪刀修剪盆栽的普通老人，很慈祥很可爱。后来在道教学院跟他接触多了，就觉得他如同父亲一样，对自己很好。

侯爷出现的时候，通常情况是很多人簇拥上去，这时候我经常是躲得远远的。我不喜欢这样，好像是故意装得跟侯爷很亲近的样子。我跟侯爷讲话也没什么畏惧，侯爷本人也不喜欢别人畏惧他。平时没人的时候，我就会跟侯爷聊天，都是些"无厘头"（天马行空）的话题。侯爷还很喜欢我丈夫，跟我公公婆婆也很熟，加上我很乖巧吧，做事不求回报，侯爷后来让我进入董事局可能就是这些原因，可以说对我而言只是无心插柳而已，自己完全没想过。进入董事局后，我很认真，那些大家都抢着去做的活我不去，我愿意做一些没人做的，例如抄乩，每周日要回来。那些出风头的事情我也不做，侯爷应该就是看上我这些吧！再加上我跟彭先生早在飞眉洞、飞雁洞的时候就认识了，所以当时青松观的乩手退休、移民的时候，侯爷问我有没有人可以介绍进来（我就推荐了彭先生），在介绍彭先生到青松观做乩手后，我也就顺理成章地就做了抄手。其实这项（抄手的）工作可以请职员来做，但我个人认为应该由道教的信徒来完成。所以周日，大多数人睡觉、喝茶、休息的时候，我就回来抄乩。我的性格就这样，不喜欢出风头，反而喜欢像现在这样。人与人之间的关系很难说，我也不知道侯爷为

---

① 根据叶长青采访录音整理。

侯宝垣

什么会选中我做董事。

在青松观服务的所有人的印象中，侯宝垣素朴温和，严于己而宽于人，胸襟开阔，眼光长远，充满人格力量。而他的经历和行动更在道内外人士与信徒心中树立起了一个丰碑。他早年跟随何启忠道长在广州至宝台学道，参加了至宝台在广州开展的慈善救助活动；1949 年后，他来到香港，进入刚刚由何启忠、陆吟舫等 18 人创立的青松观；之后，何启忠继续开辟云鹤山房等其他道教组织，侯宝垣则坚守在青松观，至羽化也没有离开过，他从 1952 年至 1999 年，连续担任青松观十九届董事。而青松观由最开始的十平米的地方，发展到三十平米，再到大南街、屯门两大宫观，信众数万人的规模，同时在美国、加拿大、澳大利亚、新加坡等国创办了青松观道教组织；他历经数十年的艰辛，在香港重建了全真道教庄严科仪；开办了两所中学、两所小学、两所幼稚园等数所学校，兴办了香港道教学院，创办了四所中西医诊所，两所福利安老院和一个安老服务中心；在广东罗浮山举资一亿多重建了黄龙观，资助了 134 个内地宫观的恢复与建设；资助了内陆多个大学的从事传统文化学习的大学生和研究生；他创办了全真教研究中心和出版社，主办过多次国际、国内学术研讨会议，资助学术研究和出版。他在传教活动中所发生的很多事情，在信徒看来都是"不可思议"的神迹而相互传颂。在他 1999 年羽化以后，人们时常见到的那个拿着剪刀在青松观修剪盆栽、与信众随和交谈的老人不在了，青松观的各项事业仍然在继续发展，后继者每年依时举行正式的宗教仪式祭奠他，但侯宝垣的典范作用不再是现时和鲜活的了，但他依然活在信徒们的心中，并以文字、图片、塑像以及人们的想象中继续存在着。

饶有兴趣的是，作为活着的人与庙宇的关系，与作为活着的人在安排自己死了的亲属与庙宇的关系，似乎意义完全不一样，就是说，活着的人在安排已经死了的人们与庙宇的关系远远大于活着的人与庙宇的关系。这也表明，道教与民众之间，死的安顿大于生的关心。这个问题，我们将在生死关怀章中再去细述。

第六章　社会福利与教育事业

一、香港道教与慈善的深度关系

香港的道教组织多与社会慈善事业有关，其根由在本书的第一章已经论及，它们是以慈善起家的，又是以商人为主体的，慈善——道坛——商人，构成了一个稳定的三角关系，道坛将商人积聚在一起，商人们出资建立了宗教慈善组织，宗教慈善组织则将道坛与商人一起推向了社会公益事业，三者缺一不可。从这个关系中，不难理解香港的各类道坛、宫观都会从事慈善事业，也不难理解香港的慈善事业总以宗教的面貌出现，更不难理解这些道教组织的内部组织形式会贯彻着商人式的民主。

不过，我们在第一、二章主要是从社会学的角度作了必要的分析，此外还有必要讨论一下道教组织与慈善的深度关系。要不然，我们还不能充分理解香港的道教组织何以要这么做，而不是像在中国内陆地区的道教组织所做的那样。[1] 如果说行慈善之事乃是道教生存的手段的话，那么仅此一条是

---

[1]　中国内陆地区的道教组织在清末、民国初期，在不少地方出现了类似华南地区道教慈善组织的经营与慈善活动，其中像陕西的张良庙、河南南阳的玄妙观等，但是这些组织的经营与慈善性质在后来又逐渐丧失了，其原因在于社会结构变迁本身（这个方面的研究，参见王芳妮的博士论文《清代民国陕西留坝张良庙宫观经济研究》，其中《全真道宫观经济与十方丛林制度的相容性》的论文，发表于印顺、李大华主编、人民出版社2014年出版的《宗教与现代社会》；刘迅的研究《全真广学：清末民初南阳的玄妙观、道士行动与现代改革》，该文发表于黎志添主编、香港三联书店2013年出版的《十九世纪以来中国

不足以解决道教徒内心世界的需求的。因为手段如果不同时作为目的，那么在道教徒的内心里就不会形成强大而持续的动力，手段是如同"敲门砖"之类的东西，用完即扔，然而当慈善是目的就不同了，道教徒之所以要修道，就是要行慈善之事的，或者说它是道教的应有之义。有关这个方面，我们不仅需要从社会学的意义上去理解香港道教的慈善问题，也需要从观念形态去理解，最直接的来源就是作为华南及其香港道教各派奉为经典的善书，如省躬草堂1911年记录的《省躬录》就说道：

> 本堂与各处之善堂医院，略有不同，各善堂皆借医生为向导，以施药为宗旨，但世俗医生，于此等时症，不无束手，其稍高明者，或能于浮沈迟数，望闻问切，稍窥门径，略辨一二。其次者，虚实寒热，辨别不清，则不堪言矣，不知此等之症，起于天时，及平日感积。稍能辨别者，虽不能速获大效，亦不致大误。其辨别不清者，实误人不浅。吾今思维再四，欲挽救一二，因念子等创设此堂，为善济世，叠将此次时症如何，告知子等，转达医师参酌订用，俾有把握，并赐给符茶、与及天医大会之符，以期普济。而来堂求请符章符茶者，子等诚不能查察其病之真伪，故饬令子等杯卜，给此项符茶否，若非因此病，则送以驱罡解毒之符，因时制宜，达权通变，此一片之苦心，亦子等之善举也。①

又说：

> 使知吾堂所奉道教，无非以慈善为主。②

地方道教变迁》）。华南地区的道教慈善组织在1949年之后，也迅速湮灭了，只有作为其延伸的香港道教慈善组织保留下来，且很好地发展起来了。

① 《省躬录》四集卷一。
② 《省躬录》四集卷一。

上述这段话表明，省躬草堂道派的宗旨为慈善。在 1911 年的流行瘟疫中，一般的医师难以分辨病症，故此，"师谕"要在此时给予指点，说明病因，并赐予药方，加以符茶及其"天医大会之符"，在医师无法确定病人是否流行时症的时候，则采取"杯卜"的方法专此决疑，以及时对症下药。在这个"师谕"中，也证明了"为善济世"的方式，就是赠医施药。

普济坛（香港黄大仙祠与啬色园的前身），以"普济劝善"为宗旨，光绪二十五年降授的《警迷梦》中，"赤松大仙"说道：

> 广济世人，休嫌事苦，积善修身，为福之祖。……设坛济世，造去诚意须坚；救急扶危，算来积功甚普。倘欲安宁，亟宜勉励恃强欺弱，不过娱快之为；利物益人，方作日后绵长之计。……务宜早立操持，切莫自甘颓惰。为善无穷，去恶自誓，倘无余积而博施，亦可实心而普济。夫能如是，想亦非难，善念既存，虽一时之贫乏，善功倘满，免世代之饥寒。①

"济世"是一种"积善"的行为，而"积善"自然是救济别人，却又是在为自己积攒功德，功德的积攒说到底也是为了自我得救，从看得见的效果说，至少可以"免世代之饥寒"，这也算是神对于行慈善者的奖赏。香港学者游子安解释"普济劝善"时说道："啬色园以'普济劝善'为旨，'普济'主要是赠医施药，'劝善'即印行善书等。"②另外，在至宝台奉行的《至宝真经·致心皈命礼》中有"黄大仙宝诰"："救急危之病患，佐祖师而布化。"也可佐证黄大仙是要以医药救急来实现其"普济"的宗旨。

在《至宝真经》中，吕祖自述道：

> 悟破黄粱一梦，深知民瘼尤关，隐显心存济世，鸾乩处处开坛。

---

① 《惊迷梦》（上卷），啬色园七十周年纪庆普宜坛重印。
② 游子安：《善与人同》，中华书局 2005 年版，第 258 页。

妙药救人病苦，传经冀挽时艰，劝尔众生速醒，休来再恃蛮顽。大劫当头凄惨，吾言勿作为闲，顷刻阴阳立判，心存善恶之间。善者逢凶化吉，恶人逃劫为难，此因心灵感召，祸福循理迴环。

如果说上述善书只是表示了省躬草堂、啬色园以及青松观的慈善本性的话，那么在香港各个道堂中流行的各种"宝忏"，则表达了香港道教共同的意念，如《吕祖无极宝忏》：

玉都师相，吕圣真君。大慈大悯，大惠大仁。善能普度，六道四生。遇缘即化，金光耀明。六丁护卫，神将飞临。大灾急难，永化为尘。

《正阳仁风宝忏》：

劝尔世间人，修养善终身。仁义礼智信，守此作常文。处世心胸广，常怀一本仁。推己而人及，古者曰推恩。惜物为先性，善字本心仁。爱为天性母，体物近于仁。恻隐而慈爱。仁惠施诸人。心存一不忍，其意亦由仁。怜字藏于念，其念亦归仁。仁乃心之德，其意本诸身。又曰爱之理，其意亦归仁。天心常好善，生人各具仁。与义字而配，君子谓之真。由仁义行政，古者颂明君。仁义能兴国，美德惠诸人。

既然神谕"善能普度"，"仁义能兴国"，"美德惠诸人"，那么广行慈善之事，则既可兴教，也可使行慈善者得以自我救赎。

在普遍信奉吕祖的香港各个道堂来说，吕祖方壶济世的态度是各道堂普遍认同的。故而各个道堂在行慈善之事的时候，首先想到的也是赠医施药。这就不难理解民国时期广州的九大慈善机构都是宗教团体支持医院。就目前来说，啬色园支持的香港最大的慈善组织东华三院也是三个慈善医院。

在这个意义上，我们说华南及其香港的道教所说的济世救世，主要指的是医药救世，这是没有问题的。但这并不意味着道教的慈善局限于医药济世，在宗教社会实践中，从早期的医药济世以及施粥、赠衣、义冢等，扩展到现今的敬老养老、开办教育等，香港道教虽然保留了方壶济世的传统，但对"济世"的理解不再局限于医药济世了。调查显示，现今香港道教各道堂，未必都像20世纪四五十年代那样普遍通过乩坛或鸾坛决定重大事项，所以，"济世"方式的突破，可以且应当被看作香港道坛民主议事决事的表现，是一种现代意义上的宗教社会认知。① 在一些庙里，虽然乩坛依然存在，但它主要为信众服务，而庙里的重大事项的议决，都采取了人的意见，用他们的话来说，不愿意因为神的决断影响了民主的商议。只有在民主商议分歧很大的情形下，才最后交给乩坛来决断。

这种转变是随着社会与时事的变化而发生的。在战乱岁月里，道教组织的慈善主要集中在救济领域，如在日本占领香港期间，各个道堂做的最多的慈善即是施粥赈衣、送医送药等，在那个时期，道教担当了救苦救难的"仙子"的责任。据《香江显迹》引《金华风貌》：1941年因日军南侵广东，难民蜂至，由于卫生条件恶劣，死人无数。政府除了在街上为市民注射防疫针以外，亦下令全港清洗太平地，事方寝息。药局因处在疫区，除照常赠医施药外，也将普宜坛自制的"胜灵丹"、"莲花丹"等免费派送，居民获救者不少。② 而在社会进入和平时期，道堂的慈善活动除了保留医道济世的传统，逐渐地转变为建设性的慈幼安老，兴办教育，以及生死关怀等。在这个过程中，一个值得关注的现象是，原本那些以远离世俗、个人潜修为目的的那些道堂组织，诸如先天道组织、蓬瀛仙馆等，也在其宗教实践中发生转向，向

---

① 这种情况的出现，部分是因为乩手的缺乏，还有原先的一些乩手表示，自己经常接受不到准确的信息了。另一个原因是，道坛组织有意发挥董事会的民主议事决事的功能，不再把任何事都交与神圣去处理。现今只有万德至善社，大凡举事，必决于神圣，甚至在道堂设置与装饰，都由扶乩决定。而这种情形在20世纪四五十年代，则是普遍的，诸如啬色园的所有建筑设置与装潢，都由扶乩决定。

② 游子安编：《香江显迹——啬色园历史与黄大仙信仰》，香港啬色园2006年版，第67页。

社会开放，从事社会慈善事业，据游子安的《道风百年》，在香港最早开办安老院的就是先天道，这可以追溯到光绪三十一年（1905）的筲箕湾的极乐洞，据1977年编写的《老人服务绿皮书》，当时全香港有7000—10000老人在斋堂居住。香港沦陷时期的1943年，先天道的龙庆堂就曾收养了36位"茹素修真的老人"。至50年代初，由先天道堂收养的老人多达四百多人。[①]而香港道教的慈善业大规模兴起的时间则在六七十年代。

二、博施济众的社会行动

要全面铺排地叙述香港道教各个派别的慈善业，既不可能，也无必要。我们只需要就几个有典型性的道观进行分析，即可看出香港道教慈善业发展的一般过程。这里拟以非全真教宫观与全真教宫观两类情形为典型案例，并着重分析全真教的案例。

啬色园成立于1921年，宗奉黄大仙，兼奉儒释道三教，以"普济劝善"为宗旨。1965年由原先的"有限责任公司"改变为慈善社团法人，从传统宗教团体转变为现代宗教社会服务团体。20世纪60年代中期以前，啬色园

---

① 参见游子安：《道风百年》，香港利文出版社2002年版，第49页。不过，对先天道的慈善业的理解，需要结合其基本观念和发展过程。先天道的确是主张远离尘世的个人清修的。但在田邵邨"合三教而一其道，弥六合而收其心"（《梧桐山集》卷二"道脉源流记"）的基本构架下，这一道派不可能只关注个人的得救，必定要关注他人，尤其是群体的得救，甚或众生的得救。在《梧桐山集》卷二"志喜"中有一段话："盖不慈悲不足以为佛，不济度众生不足为佛，不有大威力不足以为佛。今造成一支大慈航，是有大威力，以成普度之功，遂慈航之愿，行一教矣。"或许在先天道看来，"普度众生"未必涵括先天道徒之外的"众生"，但是一定涵括了本教之内的"众生"。在各个道派之中，先天道可能算是对其成员最讲求责任安排的组织，故此，凡是入教者，只要虔诚履行信徒的义务，到了老年时皆可以得到赡养。在这个意义上，虽然其普度与赡养的众生只限于该教派内，但在客观上它兴起了最早的养老敬老事业。而对其他道派来说，它们并没有像先天道那样讲求对本教派成员那种责任关系，但在从事养老敬老方面则也不局限于教内"众生"，而是把慈善开放到全社会，算是道教对社会的回报。

保持了以药济世的传统，据啬色园历年赠送药剂的统计，从 1956 年中药局共计送出药 62100 剂，至 1966 年送出 167500 剂，十年间总共送出 1355800 剂。1965 年之后，啬色园保持了自己的传统，除了一如既往地支持东华三院之外，在社会慈善业方面全面开展。医药方面扩建了医药局，中西医兼济，增添了西医诊所、牙医诊所、物理治疗中心等机构。在教育方面，啬色园先后办起了五所中学（可立、可风、可道、可艺、可誉），五所小学（可正、可信、可铭、可立、可晖），六所幼稚园（可仁、可德、可瑞、可立、可正、可誉），三家幼儿园（可爱、可慈、可真），以及可观自然教育中心暨天文馆，据统计，截至 2006 年，啬色园所办中学毕业生达 58403 人，小学毕业生达 59230 人，幼稚园毕业生达 61261 人，幼儿园毕业生达 61000 人。在敬老护老方面，从 1979 年"可敬护理安老院"落成之后，至 2006 年，通过与政府合作，先后设立了 6 家护理安老院（可敬、可安、可善、可诚、可祥、可荫），2 家耆英地区中心（可健、可聚），8 家耆英邻舍中心（可康、可平、可泽、可泰、可颐、可富、可旺、可荣），1 家耆英康乐中心（可宁），1 家老人健康服务中心（可庆）。截至 2006 年，这些机构服务总人数为 11250 人，啬色园俨然已是香港道教第一大社会慈善机构。这些机构多数"设在人口密集的旧房区，切实做到将老人服务的工作植根社区，目的是让基层民众的家中长者得到照顾，而受照顾的长者也能在自己生活几十年的社区继续居住，使其能通过不断地参与社区生活，保持自尊、受人尊敬和有归属感。"[1]

圆玄学院成立于 1953 年，与啬色园在宗教成色上相近，也是老子、孔子、释迦三教主并祀，但居中主祀老子，与啬色园三教并祀、主祀黄大仙不同。"圆"表示佛教的圆融广大，"玄"表示道教的玄妙无穷，依吕祖乩示"九天册立圆玄至道特级天坛"，简称"圆玄学院"。[2] 圆玄学院的慈善业起

---

[1]　游子安编：《香江显迹——啬色园历史与黄大仙信仰》，香港啬色园 2006 年版，第 153 页。

[2]　李家俊先生访谈录："圆玄学院"名字的另外一层含义，"圆"即佛教圆融的意思，"玄"即道教玄妙的意义，"学"即儒家最重视的"学"，"院"即三教融通的意思。（根据录音整理）另据香港道教联合会 1975 年的《香港道教联合会新厦落成特刊》："圆即释，玄即道，学即儒，而非圆玄及学院。"

始于 20 世纪 60 年代末，1969 年在荃湾葵涌创办"圆玄学院第一福利诊所"，之后的几十年里，圆玄学院秉持"立己立人，达己达人"的观念，厉行"济世度人"的社会理想，采取了"官商民合作"的模式，先后办起了 2 个安老院（圆玄安老院、圆玄护理安老院），3 个护养院（顺利邨圆玄护养院暨长者日间护理中心、秀茂坪邨圆玄护养院、梨木树邨圆玄护养院暨长者日间护理中心），2 个社会服务中心（圆玄粉岭社会服务中心、圆玄学院荃湾西社会服务中心），3 个西医诊所（圆玄第一、第二、第三西医诊所），3 个综合社区援助中心（皆在观塘），1 个妇女中心（圆玄轩妇女中心），一个儿童教育中心（圆玄轩儿童教育中心），以及互惠社、耆欣居等各类 23 个宗教社会慈善机构；除此之外，圆玄学院支持了本港地区多个慈善机构，诸如仁济医院、博爱医院、仁爱堂、健康快车香港基金、微笑行动中国基金、亚洲防盲基金会、中国烛光教育基金会、香港公益金、国际小母牛计划等。教育方面，从 1979 年以来，圆玄学院先后办起了 4 所中学（香港道教联合会圆玄第一中学、香港道教联合会圆玄第二中学、香港道教联合会圆玄第三中学、圆玄学院妙法寺内明陈吕重德纪念中学）、3 所小学（香港道教联合会圆玄小学校、香港道教联合会圆玄学院石围角小学、香港道教联合会圆玄学院陈吕重德纪念学校）、5 所幼稚园（石围角邨香港道教联合会圆玄幼稚园、富善邨香港道教联合会圆玄幼稚园、翠林邨圆玄幼稚园、平田村圆玄幼稚园、天逸邨圆玄幼稚园）、1 个幼儿中心（香港道教联合会圆玄幼儿中心）。此外，还在全国修建了 57 间圆玄希望小学。圆玄在发展教育事业过程中，注重将道家道教的道德理念落实于学校教育，圆玄甚至自己组织编写伦理科教材，如《道教知识》、《道教知识教学会参》，将"明道立德"作为校训，主张"以道为宗，以德为化，以修为教，以仁为育"，将生活教育、德育、公民教育、健康教育结合起来，训练学生的自律、自爱、自重的精神。[①] 在这些方面，圆玄学院所办教育有明确的培养目的，可以看到它与啬色园的教育不同。

---

① 　参见圆玄学院编：《福缘善庆》。

青松观和蓬瀛仙馆作为全真教的道观，它们在社会慈善业方面的作为可以为香港的全真教的代表。青松观的前身广州至宝台，在20世纪40年代，就奉行"善为至宝"的理念，推行十个方面的善事，即赠医、施药、施茶、施粥、施米、施棺、义冢、义学、儿童膳食供应等。50年代初在香港成立青松观之后，承传了至宝台的传统，50年代，青松观处于草创时期，其慈善活动主要集中于赠医施药，为贫民区派送寒衣，募集分发救济物资，并开始了援助贫困儿童的免费的"青松义学"活动。60年代青松观经历了十年的建设时期，完成了屯门青松永久馆址的建造和大南街观址的建设。全面的慈善业是从70年代开始的，于1979年获批免税慈善法人团体。迄今，青松观先后设置了2所西医诊所（青松观西医第一、第二赠诊所），2所中医诊所（青松观第一、第二中医药赠诊所），一间牙科诊所，一间针灸诊所；安老院、护理安老院、老人中心各一所（青松安老院、青松护理安老院、青松侯宝垣老人服务中心）；2所中学（青松侯宝垣中学、香港道教联合会青松中学），2所小学（道教青松小学、青松侯宝垣小学），3所幼稚园（青松湖景幼稚园、青松兴东幼儿园），1所道教学院（香港道教学院）。青松观办安老院、护老院所秉持的服务目标为：鼓励长者以积极态度面对人生，并提高长者之生活素质；加强长者与家庭成员及社区人士的关系，缔造关怀互助的社区环境；鼓励长者与时俱并进，继续发展潜能，学习各种知识才艺；加强独居长者的社区支援网络。对护老的人士提供支援，以减轻其压力；关怀长者健康，提高健康服务。[①] 在青松观所创办的学校中，多以"尊道贵德"作为自己的校训，作为宗教学校，自然带有宗教的一些色彩，不过，这些色彩仅仅是学校的"底色"而已，学校并不过多渲染，各类学校还是着力培养能力全面的合格公民。学校依然按照香港教育部门的统一规定开设课程，青松观也不干预学校的日常管理，只充当了道德伦理教育以及为学校排忧解难的

----

① 在"青松护理安老院服务宗旨"中，写道："本院旨为六十五岁或以上体弱而缺乏自我照顾能力的长者，提供膳宿起居照顾、护理服务、复康服务、辅导服务及各类社交活动，以照顾院友之生理、心理、社群及健康上的需要，务求使长者得到全面优质的关顾服务，安享愉快的晚年生活。"（《善若青松》，青松观，2010年，第102、103页）

角色。① 学校并没有专门的宗教课程，只有生命教育课以及道德品质教育课，将道教的道德观念、环境观念、生命观念等教与学生，希望学生对自己的文化传统以及民族身份有一个认同。这在长期殖民统治的香港地区，是有其现实意义的。道德教育主要提倡青松观的"九美德"，即忠、孝、廉、节、义、信、仁、惠、礼。环境教育方面，依道家自然而然的观念，力图将学校大造成为绿色的环保学校，让学生从接受教育开始就有了一个敬畏与爱护环境的观念。生命教育方面，给学生贯注关爱生命教育、尊重生命、爱护生命、乐于助人、关爱群体等，将道教的宗教生命理念变成一种普遍惠及所有生命体的自觉意识。青松观所办的香港道教学院，是 20 世纪 90 年代从蓬瀛仙馆接受过来的。② 在二十多年时间里，这个学院在道教文化普及、道教学术研究和道教宗教培养三个方面作出了卓有成效的贡献，已然成为国内外富有知名

---

① 道教青松小学提出的愿景是："期望我们的学校是一所：与时并进，持续卓越，欢乐教室，学习校园。期望我们学校的教师能：学生为本，敬业乐业，学校为根，团队共进。期望我们学校的学生能：乐于学习，勇于承担，自信自爱，尊道贵德。期望我们学校的家长能：关爱子女，明辨事理，尊师重道，信任合作。"（《善若青松》，青松观，2010 年，第 169 页）

② 关于香港道教学院的缘起，李永明在《香港道教学院成立廿周年感想》写道："在南来的学者中，有一位家学渊源的苏文擢教授，多年来任教于大专院校，桃李满门，20 世纪末自官办大学退休后即任教于私立珠海书院，其时，同任教于珠海书院的李志文博士（后来学院的创院副院长），由于与新界人士相熟，又适逢粉岭蓬瀛仙馆庆祝创馆 60 周年，遂于 1989 年 4 月邀请苏文擢教授到蓬瀛仙馆举行道学讲座，由于苏教授为国学大家，慕名前来听讲者达数百人，一时传为佳话。在苏教授的道学讲座后，蓬瀛仙馆决定开办道学文化班，于是邀请李志文博士统筹，同年 10 月正式成立'道学研习班'，逢星期日上午邀请学者们在蓬瀛仙馆上课，参加者多为大专院校学生及教育工作者，人数约为 30 人。研习班维持了一年，到 1990 年 11 月结束，1991 年 1 月举行结业礼及谢师宴，请来了各方嘉宾，其中包括青松观观长侯宝垣道长（侯爷），他对这类道家道教文化研习班很感兴趣。结业礼后，蓬瀛仙馆决定不再继续办班，但当时他们的宣道部主任麦炳基道长（也是后来学院的秘书长）感到很可惜，于是便和他的师父侯爷商量，由青松观接手，并把研习班增变为一间道教学院。"

另外，这所学院开办时，因为担心董事会意见不统一，故此，侯宝垣道长决定自己拿钱开办，叶长青回忆道："1993 年道教学院的开支还是侯爷自掏腰包的，到了 1995 年后是青松观支持的。所以现在，我可以很坦白地说，做几次法会，都弥补不了（它）三分之一的开支。"（根据访谈录音整理）

度的学术与教育培训机构。①

　　蓬瀛仙馆原本不是靠慈善起家的，它以满足道友远离尘嚣的清修为目的，但蓬瀛秉持"济人之急，救人之危"的理念，常做一些济贫问寒、施医送药之类的事情；但自 20 世纪 80 年代始，开始办起了慈善业。1985 年，蓬瀛在上水依托广安堂开办了义诊，1993 年馆内自设中医部投入使用，2002 年、2008 年，增设了流动中医诊疗车，开办了大埔社区保健中心，蓬瀛还在本港地区支持了香港医学专科学院、仁济医院、北区医院慈善信托基金等机构。教育方面，蓬瀛办起了彩园青年自修室、天平青年自修室，为年青学子提供理想的学习进修的场所，1989 年创办了太平幼稚园；蓬瀛热心于内陆地区希望小学、中学的捐助，先后在广东阳山、翁源、怀集、东源、阳西、阳东等县市，资助了十所以上的小学、中学；2000 年后，蓬瀛与香港中文大学开展合作，在普及道教知识、培养道教专业人才方面，投入巨大，还开办了香港地区第一家电视网络平台"道通天地"。在社会关怀方面，蓬瀛自 1988 年始，成立了祥华、大埔 2 所老人服务中心；对于香港以外的内陆地区、台湾地区乃至东南亚地区出现的大灾大难，蓬瀛及时伸出援手，先后向 1991 年的华东水灾、1994 年的华南水灾、1998 年的河北张家口地震灾害、1998 年的长江水灾、1999 年的台湾集集大地震、2005 年的南亚海啸、2008 年的华南雪灾、2008 年的四川汶川地震、2009 年台湾"八八"水灾等，提供了一千多万元的善款。

　　无论是否从慈善起家，道教本身"济世度人"的基本理念都对各家各派产生了影响，这就形成了如此的格局：无论从何而起，皆以慈善为归。香港各个道派之间的相互影响，香港政府的宗教与慈善政策，以及道教自身生

---

① 依照上述的三个方面，香港道教学院在八个方面开展了工作：1. 开办课程：包括道教文化研习班、道教文化研究班、专题讲座等；2. 出版刊物：包括青松出版社的出版及与其他出版社合作的出版；3. 学术会议：自行及与其他学术机构合作举办学术研讨会；4. 文化展览：包括不同的专题展览、香港书展等；5. 文化对话：包括举办或参与不同的文化议题、教内及各大宗教间的对话；6. 专题研究：与学者及学术机构合作研究不同的课题；7. 培育人才：包括学术研究、文化推广、宗教服务等方面的人才；8. 联谊服务：借助历届学员的人力资源，提供不同的联谊活动及服务。

存方式的考量，为香港道教走向慈善方向起到了一定的影响作用，但如果没有道派本身的基本理想与理念的支持，是难以想象其持续性的，毕竟主张个人清修与持续社会关怀，是可以作出选择的。① 这也如前面所说的那样，这是需要手段与目的的重合。就蓬瀛仙馆来说，它在实现从个人清修向社会关怀的转变中，《太上感应篇》所主张的"济人之急，救人之危"，乃是其精神所在。然而，早期所立《蓬瀛仙馆组织大纲及章程》有言："尘俗纷纷，知机贵先于知止，人欲逐逐，养生莫先于养心，……寻斯净土，弥助潜修，此所以创建蓬瀛仙馆之举，皆赖同道捐助而成焉。"② 而这无疑是一次有现实意义的转向，是个人潜修团体向"道德团体"的转向。至于青松观，它从慈善而起，慈善而归，不存在转向的问题，但如果没有一个精神与理念的支撑，也存在着是否愿意持续地从事社会慈善事业的问题，除了上述的《至宝真经》外，青松观在斋醮法事中经常采取的《琅玕忏》中也有这样的警句："飞鸾启化，大阐玄风，度人无量，救苦消灾，外修善果，内积阴功，青天有路，接引原人，赠医施药，派粥疗饥，金丹同炼，至宝参玄，步虚礼斗，扶正驱邪。"这种时常在心里念诵的神谕，乃是其商人出身的道董们修道修行，"度人无量"、"接引原人"的力量源泉。

---

① 香港道教的这种转向，在大陆各地区，并不是一种普遍现象，大多数道教组织并没有走进社会，而是依然选择远离社会，个人清修，至少，走进社会的道教组织在大陆还不是一种普遍现象。
② 《蓬瀛80》，蓬瀛仙馆，2009年，第140页"附录"。

第七章　生死关怀

　　尽管说凡是社会的问题，宗教都要关怀，但在所有的关怀中，宗教必须要做的是生死关怀。除了需要解答生命是怎么来，生命的意义，即活着为了什么，死是否就意味着一切的完结，或者是另一种开始，帮助人们战胜死的恐惧，还要帮助实现现世的人们对于死了的人的慰藉或超度等等。这些本是各种宗教的共同任务，只是因为对生死有着不尽相同的理解，故而各种宗教也有着完全不同的做法。香港的道教，无论是全真，抑或正一，作为道教的分派，它们在生死关怀的理解上没有多大差异，差异的只是在实现生死关怀的做法上有些区别。生与死的关怀本为同类的终极关怀，且在宗教实践中也是一体的两面，但在具体做法中有所区别，如同在同一个斋醮法事中有阳事和阴事的，即对生的和对死的，这里分开来论述。

一、生与死的观念

　　香港圆玄道观的李家俊说到一件有趣的事情：一位牧师说，将来自己死了要将灵骨存放在道观里。别人问：为了什么？他说：因为我的朋友在那儿。对于信奉基督教的神职人士来说，这个事情应该不具有普遍性质，但它道出了一种现象：即便基督徒也会考虑把自己未来安顿在道观里面。对于许多香港人来说，他们年轻的时候，在信仰方面有许多的选择，但在晚年考虑自己的安顿时，却考虑到了道教所开设的"仙苑"或"安息院"。蓬瀛仙馆的陈

敬阳先生说道:

> 调查结果显示,在香港殡仪馆里可以看到,如果有人去世了,60%—70%的人都选择用道教仪式去举办丧礼。①

这个现象并不能说明选择道教方式举办丧礼的人都信仰道教,他们可能在年轻的时候举行的是基督教的婚礼仪式,也可能信奉基督教或佛教等,但他们在生死归途上选择了道教。而这除了他们的生死观念,找不出更合适的理由。

对于生与死的关怀,总是与对于生与死的理解和观念有关,有什么样的理解和观念,就会有什么样的关怀。生死问题,本来是鲜活地存在于每一个体生命中的,每个人也有着不同的生死意念与生死认知,但要问何以有这样的意念与认知,则要从各自的生活处境与路径去考虑,当要追问其根源的时候,那么文化与宗教的传承乃至民族心理的特征就逐渐显露出来了。

中国人的生死观念源远流长,可以构成一个自己的生死历史学了,无须我们在此去通篇整理,这里只需略说梗要,表明来源即可了。《说文》:"人死曰鬼。"孔子对于鬼的存在似乎并不怀疑,只是采取了"敬鬼神而远之"(《论语·雍也》)的态度,又说"未能事人,焉能事鬼","未知生,焉知死"。(《论语·先进》)墨子不仅相信而且他还试图证明鬼的存在,他把鬼分成"天鬼"、"山水鬼神"、"人死而为鬼者"等,认为鬼神可以赏贤罚暴,主持社会正义。老庄不大言鬼,但相信生命可以不死,修炼可以成为神人,老子所谓"深根固柢,长生久视之道"(《老子》第五十九章),庄子所谓"至人"、"神人"、"圣人"、"真人"等,也就是说坚信神仙的存在,这也成为老庄被后来的道教奉为宗主、真人的主因。屈原《国殇》:"身既死兮神似灵,子魂魄兮为鬼雄。"《史记·乐书》:"明则有礼乐,幽则有鬼神,如此四海

---

① 根据采访录音整理。

之内合敬同爱也。"生死观念总是与鬼的观念联系在一起的，鬼的问题可谓生死问题的出处与结果；同样，鬼的观念又是与神的观念联系在一起的，他们之间可以说既有正义与邪恶的区别，也有同类级差的区别，因为鬼本身有正义与邪恶的区别，当鬼作为正义的时候，他们与神之间的差别就只是谁的能量更大的问题。对于神的认知，中国人可能比对鬼的认知更早更系统，早在传说中的时代，中国人就认为天地间存在着至上无比的上帝，《尚书·尧典》："在璇玑玉衡，以齐七政，肆类于上帝，禋于六宗，望于山川，遍于群神。"而且经历夏、商、周三个时代，这个上帝仍然是唯一的至上的神。[①]与此相关，还有一个多神的系统维护并辅助着上帝，《左传·庄公》："小信未孚，神弗福也。"这里的"神"不一定指上帝。在《史记》中，司马迁在写秦始皇、汉武帝本纪时，花了大量的篇幅记述他们寻找神人的故事。后来，人们将上帝与众神关系，编成一个神仙谱系，如西汉刘向的《列仙传》和东晋葛洪的《神仙传》，以及陶弘景的《真灵位业图》。在中国思想史上，有一个相信鬼神存在的所谓唯心主义的传统，也有一个非鬼神的唯物主义的思想传统，但无论在官方意识形态里面，还是在民间社会，前者处于主导与主流地位。这当中部分由人们的认知决定，部分则是由社会的需要决定。对于前者来说，人们笃诚地认为神和鬼是存在的，而且他们构成了人世之外的另一个世界；对于后者来说，鬼神无论是否真实存在姑且不论，但社会需要他们的存在，只有他们的存在，才能完成人间的救赎与惩罚，现世当中的人才知道敬畏，才知道感恩，才会对自己的所作所为有所反省，要不然，就会无法无天，单靠刑法的制裁与道德的谴责，并不能完成一个作恶多端的人死后对其在生行为的追究。

　　道教作为本土的宗教，它承载了中国文化、包括了官方文化和民俗文化的诸多要素，生死、鬼神、天堂、地狱、承负、感应乃至佛教的轮回观念，都被融合进了道教的大生死观念系统。这个大生死观念系统并非某个

---

① 有关这个问题，请参阅拙文《中国人观念世界中的上帝问题》（《灾难与人文关怀》，巴蜀书社2012年版）、《中国宗教的超越性问题》（《理性主义及其限制》，三联书店2003年版）。

人，或者某本道教经典所完成，而是在先后相续的历史努力中完成的。而这些观念都在道教的宗教仪式中表现了出来，因为不同于诸如内修内炼的宗教实践，宗教仪式是要表达的，既要通过文字、语言表达人们对于列圣列仙的崇敬（只有取悦于神仙，才能博得同情，进而获得搭救、济度），又要表达人们对于先祖的追思和对逝者的关怀（关怀他们是否超升，或者还在地狱挣扎，或者还在漂泊等等），而这正是道教的斋醮科仪所要履行的事情。

我们不需要将道教的历史搬出来检视，只需要关注那些用以维系这个群体的宗教活动，特别是被反复吟唱的流行的宗教经书与科本，就可以看出香港人的生死观念，因为这些生死观念就是历史观念的结晶。由于在香港缺乏丛林制度，人们也少于像内丹修炼那样的宗教生活，那么科仪也就是我们借以理解这个群体的一个路径。

这里选取几种科本有关生死问题的表述，来看道教的生死观念。先看《先天斛食济炼幽科》：

> 大慈大悲寻声救苦无上天尊。九幽黑暗那堪闻，到彼羁留尽罪魂。冥冥难得见光明，太上慈悲来接引。
>
> 大慈大悲寻声救苦无上天尊。饿鬼穷魂皆解脱，冤家债主总离身。刀山剑树悉摧锋，炉碳镬汤烟灭尽。
>
> 大慈大悲寻声救苦无上天尊。结滞冤愆增地狱，回心向善即天堂。至尊威力不思议，愿降慈光来接引。
>
> 大慈大悲寻声救苦无上天尊。金炉才爇返魂香，碧落空歌声韵长。圣号一闻金阙下，幽关咸睹玉毫光。
>
> 三途五苦离长夜，十类孤魂赴道场。享此无边甘露味，自然热脑化清凉。
>
> 慈尊弘慧力，道法广无边。欲度幽魂苦，丹诚达九天。

《先天斛食济炼幽科》的科本源自广州三元宫，为全真道士超度亡魂的科仪。① 在实际操作中，分为"小三清"与"大三清"，一个高功做的幽科称"小三清"，三个高功同时做的幽科称"大三清"。② 在这个科书中，有地狱的观念、刀山剑树和炉碳镬汤的观念，鬼魂、冤魂、饿鬼的观念，认为人死并非无结局的一了百了，而是有不同的结局，或者下地狱，或者上天堂，或者为无归宿的孤魂野鬼，建立道教的道场，在于能够召四方各类魂灵聚集起来，延请大慈大悲的寻声救苦无上天尊下来，发不可思议的威力，将人们从罪孽、冤债、地狱中拔救、超度出来，获得甘露、清凉般的甜美与自由。

《摄召真科》：

> 稽首皈依东极宫，太乙寻声救苦尊。左手碧盂咸甘露，右手柳枝洒灵津。大圣大慈济世界，大悲大愿度亡灵。我今稽首皈命礼，志心称念太乙尊。
>
> 本坛依科修奉，度死济生，藉尔灵通，辅吾正法。依准上元符命玉篆之文，召取亡过灵魂，疾速赴坛，昭显形仪，用扬大法，玄科律令，急速举行。
>
> 亡灵朝礼已完週，万虑千愁一笔勾。暂退玉阶方寸地，请回灵所享斋筵。

陈耀庭为此书作注，认为摄召科仪形成于宋末元初时期的刘玉（号刘

---

① 陈耀庭在注释中写道："《先天斛食济炼幽科》的形成，我们可以一直追溯到十二世纪的南宋时期。其经本，经过比较，我们可以发现同苏州地区道教的'太乙炼'，即《太极灵宝祭炼科仪》，有某种联系。由于《先天斛食济炼幽科》的经文具有较强的文学性，道士的诵唱又使用粤广地区丰富而优美的民间音乐的声腔，因此，在粤广和香港地区道教中，《先天斛食济炼幽科》一直受到信众的欢迎和重视。"（青松观藏科仪经书注：《先天斛食济炼幽科》，青松出版社 2010 年版，第 2 页）

② "小三清"与"大三清"，陈耀庭推测：《先天斛食济炼幽科》是香港著名的大型科仪。道门中人通常称其为"大三清"。为什么称其"大三清"？二十多年来，注释人曾经请教过许多香港道教界的前辈，大家都说不出一个所以然来。之所以称《先天斛食济炼幽科》为"大三清"，很可能是因为它是科仪中规模最大的，又是黄篆科仪中最重要的，通常放在法会的最后一天晚上的压轴地位，故称放大三清。

真人），"与炼度仪的形成时期相当"，"凡是追荐亡灵，或者在清明、七月十五、冬至等黄箓法会中行的'炼度施食'仪时，一般都要先行'摄召'科仪"。① 这部原本属于净明道创作的科仪，后经正一道的传扬，进入了全真道的威仪。这部科本所宗奉的主神乃是太乙救苦天尊，其主要功能是摄召亡灵，邀他们齐齐集聚法坛，蒙太乙救苦天尊的大慈大悲，使其得以度死济生，出离地狱，同赴仙境。

《玄门破狱科》：

> 天地自然，秽气消散。洞中玄虚，晃朗太玄。八方威神，使我自然。灵宝符命，普告九天。乾罗怛那，洞罡太玄。斩妖缚邪，度鬼万千。中山神咒，元始玉文。持诵一遍，却病延年。按行五岳，八海知闻。魔王束手，侍卫我轩。凶秽消散，道炁长存。
>
> 元皇上帝天尊令，我今辟破鬼门关，荐拔亡魂从此出，亡者出狱入仙班。

这一科本为青松观藏，丁未年（1967），新会陈石溪抄写。或许此科本源自广州三元宫。"破狱"的科仪正一、全真皆有，但此科本当为全真科仪经本。这个经本的主要功能是破除地狱，解救被缚的亡灵、鬼魂，使其回归到秽气消散的自然，从而"出狱入仙班"。

《清微礼斗科》：

> 知身性命，皆凭道生，了悟此因，长生人道，种子不绝，世世为人。不生无道之乡，不断善根之本。更能心修正道，渐入仙宗，永离轮回，超升成道。我故示汝妙法，令度天民，归真知命。可以本命之

---

① 《摄召真科》，青松出版社 2007 年版，第 1 页。该书引（明）周思德《上清灵宝济度大成金书》卷二十四："神虎追摄之道，出自西山刘真人，得于太一玉女之亲传。仙去之日，藏于龙虎山壁鲁洞中，世所罕闻。后正一教阐，此法复出。历代宗师，流传授受，提魂摄魄，必遵用之。"

日，修斋设醮，启祝北斗，三官五帝，九府四司，荐福消灾。

凡夫在世，迷谬者多。不知身属北斗，命由天府。有灾有患，不知解谢之门；祈福祈生，莫晓皈依之路。致使魂神被系，祸患来缠。或重病不瘥，或邪妖剋害，连年困笃，累岁迍邅，冢讼惩呼，先亡复连。或上天谴责，或下鬼诉诬。若有此危厄，如何救解？急需投告北斗，醮谢真君，及转真经，认本命星君，方获安泰，以致康宁。

《清微礼斗科》为正一、全真共用的科仪，礼敬的主神为北斗，其主要功能在于告诫人们，当遇到危厄之事时，应当举办斋醮仪式，请求北斗星君搭救，借以转运，荐福消灾。这一法事主要属于阳事科仪，也能适合阴事科仪，即能适合生死两方面的关怀。拜斗的习俗由来久远，至少在三国时代就有了拜斗的礼俗。这一科仪在现代香港颇为盛行，为各道观常作，且为信众喜爱参与的法事。在这个科本中，相信生死有轮回，生命有再生与永生，修炼成道可以入于不死之乡。

其他科本，诸如《吕祖无极宝忏》、《正阳仁风宝忏》、《武圣宝安法忏》中，包含的生命价值至上、度人劝善、斩妖除秽、救苦拔罪等，我们已在香港道教的科仪一章里面有了分析，不再赘述。

每一种科本有不同的表达，因为在多神信仰的宗教体系里，自然也就有多样的神格，以及不尽一致的关切，但最终都落实到了生死的终极问题上，所以，也就有共同的东西存在。这些共同的东西简要归结起来，可以说，相信生命可以长久，死后有灵魂不散，有仙界，有地狱，有孤魂；神仙可以转运，可以搭救，可以斩妖邪，可以度死济生。这些观念以道教经书科本的形式固定下来，以文化与宗教的方式代代传承下来。

科仪的本意在于通过神圣的宗教活动，实现生死的慰藉与关怀，它也实现了人们的宗教情感的宣泄与表达，除此之外，它还有一个特殊的功能，它通过反复吟唱、步虚踏罡以及摄召、散花等系列的仪式，重复地提醒人们那些早已深入中国人的灵魂、却又被殖民文化所冲击的生死观念。这种类似的仪式重复得越多，也就越是加固了中西文化交汇中的香港人本有的生死观念，也就是说，无论人们是以如何多元的方式生活着，到了生死拷问的时候，还是要回到基本的立场上去。

二、死的关怀

在生死关怀上，斋醮仪式肯定是道教最常见的一种方式了，尤其在死的安顿上是如此。在斋醮仪式中，基本分为两种，一是接受邀约，二是自荐公益。由于人们习惯上愿意采取道教的方式安顿死后的事情，这个方面的市场很大，且邀约方要付费，在民国时期的全国各地形成了一种专门的职业，在过去主要是由正一的火居道士从事的，在南方称为"喃嘸佬"，这个传统在"文化大革命"以后的中国大陆中断了，却在香港延续了下来。这其中也分两种情形，一是个人的，二是团体的。个人的自然属于某个家庭所需，设一个小型的道场，所做的无非驱邪、送亡；团体的多为某个乡村、某个姓氏，或者是乡村联盟。个人与团体的主要区别是，个体的属于送亡的居多，所谓"打醮"；团体的属于祈福的居多，所谓"太平清醮"。20 世纪 90 年代前，无论是个人的或者团体的醮事活动，多由喃嘸道士进行，但在那以后情况发生了变化，随着圆玄、蓬瀛、青松等道观开始接受乡村的太平清醮活动，宫观承担的清醮活动逐渐地成为了主体。① 尽管宫观接受邀约从事清

---

① 　蔡志祥在研究新界圆玄学院替代喃嘸道士承办大型清醮活动时，认为这个转变有两个方面的原因，一是"自从喃嘸陈九去世后，新界的本地喃嘸皆是年轻的，没有能力从事大规模的仪式"。（《从喃嘸师傅到道坛经生》，载台湾"中央研究院"民族学研究所编：《信仰、仪式与社会》，香港中文大学出版社 2003 年版）另一个原因是龙虎山天师道的道士执行的仪式，是非世俗的、制度化的科仪，"乡民进行的周期性的太平清醮，是在国家规范下的既合法也合理的仪式行为。他们奉祀里社、祖先和有功于民的神明；实行的是国家容许的报赛行为；人口的记录是类似国家要求的黄册人口登记制度；他们代替地方官司，对无祀鬼神的祭祀（祭厉）。我们在香港新界地区观察到的太平清醮，可以说是大传统规范下的乡村仪式行为。"（《仪式与身份转换：香港新界北约地区的醮》，载谭伟伦主编：《中国地方宗教仪式论集》，香港中文大学崇基学院）"当民间宗教和国家关系的解释改变，科仪传达的语言不再代表当代国家时，喃嘸师傅执行的正统权威，在民间社会便产生认

醮活动，邀约方仍然是要付费的，但是，这只是名义上的，这些费用多不敷大型法会的开销，且道观的董事们也清楚这个状况，他们实际上还有意压低了自己的报价（像圆玄在 1999 年接受林村建醮时，干脆就不收费用），他们看重的不是清醮的收入，而是这项法事的社会影响力。所以，即便在清醮期间，宫观的经生们在持续超过一周的活动中累趴下了，在心里也还是乐意的，因为他们觉得把道教的根子再一次地向来自海内外的、寻根问祖的人们种植了下去。故而，各乡村的太平清醮不是公益的，但对道观来说具有公益性。至于纯粹的公益法事，诸如海啸、地震后的超度，九七回归以及祈愿和平法会等，道观方面既认为是自己不容推辞的责任，也认为是展示自己科仪阵容与正宗法会的机会。

在乡村建醮的大型法事逐渐为宫观道教替代之后，传统的喃嘸道士就主要做殡仪馆的度亡法事了。青松观的叶长青说，青松观也会应邀去做度亡法事，但不会主动，这个说法比较能代表各宫观的态度，蓬瀛仙馆的陈敬阳也表达了类似的看法，也就是说，宫观道教对于个体的度亡法事并不是很积极，其中原因一是宫观应付不来，二是这类的打醮并不能给宫观带来多少收入，但当别人请求的时候，宫观也就不能推却了。[1] 青松观的叶长青说：

> 我们不是通过收取佣金的中介方式来做的，是家属自己来找我们，我们才答应去的。不像之前说的在殡仪馆里头专门做这种生意的喃嘸道士。[2]

受的问题"。（《从喃嘸师傅到道坛经生》）这里发生的"改变"，其实应该是龙虎山正一道在清朝失去了传统的地位之后就产生了的，但在香港则因为年轻的喃嘸在打醮时，"表现并不庄重"。不过，需要强调的是，斋醮法事不仅有着与皇权相一致性，甚至也得到了"国家的容许"，也要看到，道教自身有一个"天爵"系统，做法事的主持（加持）在上表的时候，自称为"臣"，然而，他面对的不是皇上，而是上皇（天上的皇），也就是说，道教有一个类似世俗政权的超世俗政权，而且说到底，道士、经生们要敬奉乃是超越的天国世系。

① 圆玄的李家俊说："圆玄每月出去打斋十多次，每次一万元，相对便宜。"（根据采访录音整理）

② 根据青松观叶长青采访录音整理。

事实上，宫观道教做度亡法事的主要道场都是在道观里面，每天的上中下三元法会、清明法会，经常做的就是经忏，就是度亡的法会了。相对于基督教来说，道教基本上是不做抚慰弥留之际的"善终服务"，尽管青松观曾经讨论过是否开展"抚慰"服务，但并没有结果。道士常做的"打醮"，其实就是"守夜"，即在殡仪馆做一场遗体告别及其度亡的法事。

斋醮法事之所以被视为实现生死关怀的一种主要方式，在于道教的神职人士与信众皆相信，设醮启坛，可以打通天地人，打通阴阳两界，跨越此岸与彼岸。在醮坛上道士或经生所进行的仪式或作为，是在实现人鬼神的"共舞"；而他们在坛上所念诵的经文或念白，也就是人鬼神的对话。在现实生活中，人不能跨越横在阴与阳、此岸与彼岸的界限，而在醮坛上，主持道坛的人就可以邀集人鬼神，他请求神下来，也是协助神实现其大慈悲、大救赎；他召来漂泊的亡灵，是出于善良的愿望，帮助其超升；他对邪恶势力的呵斥，则是在替神发声，要求其远离生灵。主持道坛的人的所有做出来的动作，或唱出来的歌，跳出来的舞，又都是给活着的人看的听的，在这个过程中，活着的人得到了现实可感的慰藉。① 这也是所有醮坛的举办都要追求庄严、正规、完美的原因，正像青松观的道董们追求的那样，道坛的法事做得越是庄严、正规和完美，参加法事活动的人们就越能在心里得到安慰，尤其像以清明、中元这样的法会是如此的。自然，法坛上的道士、经生也都会讲出一些自己的宗教体验，对于他们来说，如果没有任何宗教体验，似乎也就不够资格主持正式的斋醮法事了，尽管他们做法事的目的不是为了追求个人

---

① 有关宗教仪式的问题，涂尔干有一个说法可以作为我们这里论述的道教仪式的旁注："即使在公开宣称有神存在的宗教中，也还有些仪式虽然没有任何神的参与，但其本身就很有功德。因为像这种力能够附着在肉体上一样，它也可以附着在说出的词语上和做出的动作上，这样声音或者动作就成为这种力的载体，于是力就通过这些媒介产生效应，而无须借助任何神或精灵。甚至有时候会发生这种力专门汇集在某一仪式上的情况，这样神就会从中创生。这就是神圣人格几乎无不保留着某些非人格性的原因。"（涂尔干：《宗教生活的基本形式》，上海人民出版社 1999 年版，第 264、265 页）或许可以这么说，在这样的宗教仪式上，神无论是否降临，这样的活动都产生了巨大的社会作用，所以说"宗教明显是社会性的"（同上，第 11 页）。

神秘的体验，他们做法事其实就是做功德法事，帮人超度、祈福，就是积攒个人的功德，但他们也相信，应该有这样的体验。

灵骨与灵位的安放在香港是一项新的事业，这本是一个社会的问题，但道教主动承担了这个社会事务。当然，各种宗教都可以承担，但是否能够承担，需要看社会的选择。道教的宫观之所以乐于承担，在于它能够给道教带来双面的效益，一是经济效益，二是社会效益。经济方面，香港的各个宫观、道堂基本上实行的是免税的社会慈善组织形式，即便很多采取了有限责任公司的形式，也是免税的，也就是说，香港政府允许宫观的经营，只要不以营利为目的。一个道堂或者宫观，要想在社会慈善事务中发挥更大的作用，就要有良好的宫观经济。对于道教来说，接受灵骨的安放是最可靠的经济来源，所以，香港道教的各个宫观、道堂大多开展了这种事务（只有像啬色园这样的道团组织例外，因为它有充足的香火收入），如蓬瀛仙馆将专门安放灵骨的地方称为"安息院"，青松观称为"仙苑"。有些小的道堂没有获得这样的地方，但也在道堂里设立了灵牌位，这都是要付钱的。支付的多少取决于道堂的位置以及灵骨在道堂中存放的位置，存放灵骨的龛便宜的几万元，贵的超70万元以上。当然，价格是随着经济社会的行情变化的，在20世纪60、70或80年代，这个价格要便宜很多，在道观里存放牌位的从一万到十数万不等。[①] 有钱的家庭既在庙里存放灵骨，又在庙里放了牌位。这对于很多香港基层家庭来说并非易事，所以有人说在香港死不起。对此，蓬瀛仙馆陈敬阳说：

> 基层家庭根本负担不起，他们一年的年收入可能在15万到20多万，怎么可能负担得起那么贵的灵骨位。所以香港人揶揄自己是活着的时候买不起房子，死后无葬身之地，负担真的太大了。香港虽然有公营的灵骨场，但轮候很长时间，而且不像庙里那么方便的就是不允

---

① 圆玄李家俊先生："骨灰存放最便宜的30多万，最贵的70多万。牌位在2万至15万之间。"（根据采访录音整理）

许自己去挑放在哪个位置，可能爷爷的灵骨在一个地方，奶奶的灵骨在另一个地方，这样香港市民就觉得不好、不方便。所以他们有能力的话，还是会在庙里买灵骨位。①

　　全香港道观目前灵骨存放的规模，并没有一个统计，可从青松观、圆玄学院和蓬瀛仙馆三个道观具体地看。青松观和圆玄学院于 20 世纪 50 年代开始办理，蓬瀛学院于 60 年代办理。青松观目前有 10 万左右的灵骨存放，还有 40 个灵骨堂刚刚开放，可以够以后 20 多年用的；圆玄学院拥有 5 万—6 万个灵骨存放，还有 2 万—3 万个灵骨位在建；蓬瀛学院有 2 万—3 万的灵骨存放，并且每年以 200—300 的数字在增加。灵骨与牌位业务的开展给道观增加了收入，甚或成了主要的收入，而道观则可以用这些收入来经营，使价值增值，由此开展道观的社会福利事业。

　　价格如此不菲，何以香港人还是乐意将自己亲人的灵骨与牌位安放在道观里呢？首先，观念的作用是决定性的。在人们的观念中，道观是神居住的地方，在人们的潜意识里，仙山琼阁就是神聚集的快乐乡，人死后能够安放在神的左右，自然可以得到神的护佑，不受邪恶力量的欺负，即便自己的亲人成不了神，成为一个快乐的灵，对后人来说也是一种安慰。其次，如果人们将自己的亡故的亲人投放到政府开设的公共墓地，那地方是没人管的，而在道观开设的"仙苑"，则长期有人洒扫，而且，道观每年要举行春秋两季的祭祀，让活着的人们觉得自己亲人是受到重视的，道士在帮自己祭扫。再次，一旦家庭里有一个亲人亡故，那么他（或她）的配偶也会被安放在道观，这样方便后人祭祀。对此，蓬瀛仙馆的陈敬阳说道：

　　　　庙里有法师诵经，有工作人员清理、上香、换贡品，而且我们每年有春秋二祭，所以市民觉得放在这里会更好，因为放在政府的灵骨场基本上是没人理，从心理上讲，市民将灵骨放在庙里会更安心。从

---

① 根据陈敬阳采访录音整理。另参见陈晓薇《死在香港》一书。

传统来讲也比较好，大陆的情况我不知道，在香港，传统上，家庭里会放个神龛，祖先、土地、观音或者吕祖的像都可以放到里面上香供奉。现在新的家庭里没有这种神龛了，祖先没有香火了，所以他们觉得放在庙里会比较好。①

相对于灵骨安放，牌位的安放似乎存在着一个人神同位，或者人神杂糅的问题。② 由于灵骨安放的地方，并不在庙里面，青松观的"仙苑"在屯门靠近青松观不远的地方，圆玄学院和蓬瀛仙馆的则在庙后方的山上，而牌位的安放在是在庙里面的，这些牌位通常与庙里仙逝的老资格的道董们被放在一起供奉，既然庙里供奉着神仙，人也供奉在里面，这也就是人神同位了，至少在名义上存在人挤占了神的空间的问题。③ 这个问题需要分别看待。尽管人的牌位也被祭祀在庙里面，但其实是分祀的，即神在主殿里，人的牌位供奉在配殿里面，彼此的界限在庙是很清楚的。在中国社会里，一直都存在着配祀（像在孔子庙里，他的弟子多配祀在两侧）和分祀的传统，这样的格局并不影响主神的至上与权威，反而会因为级差呈现簇拥之势而显得不孤

---

① 根据陈敬阳采访录音整理。

② 殊不知，上古时期中国历史上曾经发生过的"绝地天通"，就因为"神神杂糅"，使神无有权威。

③ 这也就是劳格文（John Lagerwey）教授在他的 China——A Religious A State 一书中曾经讨论过的祖先与神同祀的问题，在他看来，中国之可以称为宗教国家，在于中国宗教的存在范围与国家存在从来就没有分离过。道教、佛教不过是终结了传统意义的神龛的角色。即便如此，也不能错误地认为在当地社会或者人们的心中，祭祀祖先就排挤了神仙或菩萨。"China is a religious state and Chinese society is religious society. The religious dimension of Chinese society and the Chinese state being inseparable from each other, not taking that dimension into account makes it impossible to make sense of anything Chinese; stare, local society, history." (p.1) "Insofar as both Buddhism and Daoism ended up with niche roles—including the exalted one of legitimizing emperors—and were then attacked together by the neo-confucian orthodoxy of the state, we must admit that the traditional view of the Chinese state as Confucian was not wrong. It was wrong, however, to think that state was somehow 'secular' before its time, and it was even more wrong to think that a kind of humanistic cult of the ancestors had somehow supplanted the gods, immortals, and bodhisattvas in local society and the heats of the people." (p.176)

单。另一方面，人们将祖先的牌位敬奉到庙里，其实无异于将家里正堂供奉的祖先牌位搬到庙里，在中国人的心底里，人们是将逝去的祖先看成某种高尚灵性的，好好供奉祖先，既表明后人的孝敬之心，也希望祖先能够保佑后人。换句话说，祭祖本身是有宗教性的。[1] 在这个意义上，敬奉祖先本身不是问题，只是需要处理好神仙与祖先的关系而已，而对这个问题，道士、经生都是了彻规矩的，没有人神同位以及过去所说"淫祀"的风险。

既然在庙里分祀神仙与祖先不成问题，那么在每年的清明、三元法会上，人们争相将自己的逝去的先人牌位请出来，在庄严而热闹的法会上，让先人分享这份地位与荣耀，也是后人们要表达的敬意。

中元法会牌位图

死的关怀其实就是死的安顿，也就是如何安顿得有尊严，有去处，有自由而无恐惧，而对于活着的人来说，就是慰藉与交代。在这个意义上，死

---

① 这也是学界在判断儒学的宗教性的一个问题之一。

的安顿有一半是为了活着的人，也就是影响活着的人的生死态度。这种影响是否决定性的，对于信众不好说，因为信众还在变化中，调查显示，许多人来庙里敬奉祖先，并不表明他们信仰道教，作为子孙，他们是因为必须要做这件事才来的，他们或许因为常来庙里而最终成为了信徒，或许终生也没有成为信徒。但对于在庙里的道士、经生来说就不同了，他们要努力使来庙里的人们成为前一种结果。而要做到这一点，他们自身的生死态度是决定性的，或者说，他们必须要了生死，即在世了断生死问题。青松观的莫小贤在被问到生死问题时，她说道：

> 死我倒不怕，怕鬼是因为它们恶心。生死我看得开，但会不舍得。身边的人逝去，我是很不舍得的，但我相信终有一天我们还会在另一个世界相遇。因为我相信有鬼神，我知道逝去的人们不是灰飞烟灭，而是去了另一个世界，我们只是不在同一个空间，不能再一起吃饭、逛街，伤心、不舍还是会有的。说到我临死时到底会有什么感觉，我现在无法知道，但我都看得开。现在我就觉得自己要安排好一些事情，毕竟不知道自己什么时候会死。像我老师那样，说着话就睡着了，结果再也没醒过来，这样很多事情都没有安排好。因为可能会有将什么东西留给谁这样的遗愿，虽然这些是身外物，但也希望通过妥善的安排，使这些东西物尽其用，不要浪费。就生死而言，我觉得不是太重要，因为我们仍然存在，只是去了另一个世界。①

作为青松观董事会的秘书长，周和来在被问到如何安生死时，他回答道："其实我们自己道友们跟平常人是一样的，没有什么特别的。众生怎么安生，我们也怎么安生。"在被问到相不相信自己能够成仙，回答："我们所接触的，很幸运的是侯爷，侯爷在香港来说是一个人物，他已经成仙了。他也必须通过生死的过程，才能成仙。我们普通的人凭什么成仙，我们有多大

---

① 根据莫小贤采访录音整理。

的功德？我们在庙里的确为社会做了些事情，为道教做一点点事情，就已经足够了。我们的很多前辈，包括闵爷（闵智亭）等等，他们也是为大众做了很多事情。跟他们相比我们算什么，我们凭什么功劳（功德）去做神仙？"被问到如何了生死，回答："我们很理性地去看这个事情。我们通过我们的信念，多做一些善事，少做一些坏事。这个是为社会服务的，医疗啊、教育啊等等，这是作为社会的贡献的。这是为了让他们理解，做好事情比做坏事情好。但是我们还是做得不够。"问到在庙里的神职人士怕不怕死，回答："这个我们都是敢面对的。你说真的怕吗？我们是不舍的，不是怕。像我们青松观的道友们，对生死都比较淡定。"①

　　以上两个人都表示了对生死的淡定，却同样说到会有些"不舍"，不是不舍得自己的生命，而是像身边的人逝去时自己对他们的不舍那样，当面对死神时，会有些不舍身边的朋友。他们的这个达观的态度，建立在对于另外一个世界的理解，而他们也要拿自己的这个理解，去说服和影响他人，道教的生死观念就是如此这般的向社会作同心圆似的放大了。

三、生的关怀

　　当我们说死的关怀所做的许多事情是为了活着的人的时候，其实就已经是生的关怀了，只是各自所直接面对和侧重的对象有所区别而已，如同开设敬老院，既是为了生，也是为了死，但面对和侧重的都是生的关怀，只有那种不在乎怎么死，或死的安顿的人，才可以说生的关怀里面无须包含死的安顿，但这样的人在香港不是多数。在道教所做的宗教仪式中，清明法会、中元法会，主要是死的关怀，而赞星拜斗法会、太平清醮主要是生的关怀，虽然其中生死交织，相互包含。

　　蔡志祥在《从喃呒师傅到道坛经生》一文中引述徐佩明的观点，"全真

---

① 根据周和来采访录音整理。

道的核心仪式是经忏"，故"由经忏组成的法会，救赎是完全依赖个人的主动和对罪孽的悔改的诚意。这和仰赖神明的恩赐，通过一系列的神圣的仪式才能获得救赎的正一仪式有很大的分别。"在将正一的清醮与全真的清醮作了对比之后，蔡先生强调，全真系统的经生所执行的打醮仪式，主要是行朝和拜忏，而不像正一喃呒道士那样拥有与乡民福祉关系至深的仪式，且"经生的打醮仪式很多是把乡民隔离在道坛之外"。① 我想上述情形需要分别看待。第一，正一与全真，都曾经历过皇权化的过程，都属于体制道教，但由于全真的丛林制度，主张逃离世俗，相对来说，它与现实生活有距离；而正一像有学者所称的那样，它本来就是世俗的，因为它从来没有脱离世俗，并深深植根于世俗当中，故而，正一的火居道士除了具有与神相沟通的职能外，他们还充当了乡绅的角色，他们与乡民没有任何距离。这是我们理解全真道教和正一道教做斋醮法事的基础。第二，清醮当中的仪式本身也处在变化当中，蔡先生将1981年、新界林村和泰亨乡正一喃呒师傅所做的清醮与1999年圆玄学院接手做的林村清醮做过对比，的确，圆玄学院所做的全真清醮主要是经忏，少了许多仪式，诸如"走文书"、"放生"、"放水灯"、"行符"等。② 但在青松观2014年（甲午）举办的厦村太平清醮，则有了"祀灶神"、"莆上祭英雄"、"放生"、"祭水幽"、"放水灯"、"行符"等仪式，甚至有的仪式是正一师傅所没有做的，这就是说，全真教所举办的清醮并没有一定只做经忏的道理，道观的经生们也会根据变化的情势，也会依据"一处乡村一处例"的原则作出调整，这其实是市场的原则，你想要占据这个市场，那就要采取市场的原则。在太平清醮承办者"换手"的过程中，正一与全真之间的差别可能始终都会存在，这种差别之间并不存在优劣，只存在特点，而且，我们会看到各自并不想泯灭这种差别，正一师傅觉得自己做的太平清醮比全真经生做得更接地气，更合民情；而全真经生则觉得自己做

---

① 《从喃呒师傅到道坛经生》，载台湾"中央研究院"民族学研究所编：《信仰、仪式与社会》，香港中文大学出版社2003年版。
② 《仪式与身份转换：香港新界北约地区的醮》，载谭伟伦主编：《中国地方宗教仪式论集》，香港中文大学崇基学院。

厦村太平清醮放生仪

的阵势更强大，更正规，至于经忏本身，它们本身都是仪式，是祈福、却邪的仪式。

说大规模的太平清醮主要是实现生的关怀，不只是就清醮仪式方面的，它具有多方面的功能。如果我们依然以"祈福、驱邪和超度"为清醮的目的，① 那么，前面两项都属于生的关怀，从厦村2014年的太平清醮所刊行的题词就可看出它的基本性质，诸如"瑞气祯祥，福佑万家"，"民泰国安，共沐神恩"，"顺景丰收，福荫桑梓"，"保境安民，福荫群生"，"神恩惠众，境泰民和"等等。在全真道士看来，经忏就是要实现这些目的，只不过不是做法事的道士有这些法力，而是通过拜忏，借神的力量实现上述目的。拜玉皇忏、三元忏就是延请玉皇、三清赐福；拜吕祖忏、北帝、关帝就是请吕祖、

---

① 《仪式与身份转换：香港新界北约地区的醮》，载谭伟伦主编：《中国地方宗教仪式论集》，香港中文大学崇基学院。

玄武、关帝驱邪，保一乡的平安。至于所行的一些特殊仪式，诸如"放生"，是为了向神表达善意，放生了鱼，不等于人们从此不再食鱼，而是借此向神表达，人心存此善意，让其回归自然。要知道，颂扬神，取悦神，始终都是人借神以保护人自身的一种方式。

正是因为太平清醮的上述性质，它才会具有另外一个重要内容：身份认同。蔡志祥依新界清醮的调查写道：

> 能否成为社区的成员，其条件是与乡民的"原居民"的身份有关，而与其是否在该地域居住的关系不大。换言之，移居外地的人，假如是"原居民"的话，他们的妻子、儿子和未婚的女儿的名字会在醮中出现的各种人名表上登记。这些有份被登记的人，通过各种仪式而得到各种神祇的赦罪和庇佑。他们有义务参加各种祭祀活动和有被神灵庇护的权利。反之，那些不被视为"原居民"的人，虽然长期居住在社区内，也不会享受和"原居民"一样的权利和义务。……因此，从醮的人名登记方法中，我们可以看到社区范围和社区成员的确认和再认同的过程。①

蔡文反映的是香港各乡太平醮的普遍情形，与笔者在厦村看到的情形类似。厦村的"原居民"姓邓，从"功名"薄上，其祖先历史可以追溯到宋代，官至"承务郎"，元朝获赠"显武将军"。其原姓居民散居在东莞、中山、惠州、香港以及海外各国，其中在香港的散布在大埔、屯门、元朗、荃湾、粉岭等地。从过去家族史看来，并不是十分显赫，也没有与一般家族有什么特别的地方，然而，它的特别的地方在于十年一度的太平清醮，使得这个家族的脉络，尤其是近现代以来的脉络，十分的清晰。每到清醮的时候，海内外的邓姓的苗裔纷纷赶回来，在"邓氏宗祠"上香进贡，争相在名表上

---

① 《从喃呒师傅到道坛经生》，载台湾"中央研究院"民族学研究所编：《信仰、仪式与社会》，香港中文大学出版社 2003 年版。

填上自己家庭成员的名字，被再次确定为"原居民"，而且，他们有权利争选代表本族裔上表进香、参加全部仪式的"缘首"（共有十人）。① 这是一次盛大的聚会，自然，其间每天也少不了粤剧、皮影戏的表演，晚上则是流行歌舞的表演，在人神共舞中实现人神共乐。对于在外地他乡生活的人来说，这是一次重要的认祖归宗的活动，满足了文化心理上的归依感；而对于本乡建醮活动的人们和承办它的道士、经生来说，这是一次笃实的宗教关怀，名表上有名者，皆可得到庙里道士请来的神的祝福和护佑，而且神也赐予了他们的祖居地的平安和福祥。②

与乡村的清醮相应的，还有和平祈愿法会、赞星礼斗法会、文昌帝君开笔仪以及新近兴起的拜太岁等宗教活动。赞星礼斗法会之所以在香港广受欢迎，在于它的目的是"转运"，参与者年轻人居多；文昌帝君开笔仪在近年香港开始"火"起来，也是现实性的关怀，青少年多参与，其目的在于希望神能保佑，考上自己心目中的中学或大学。

不可忽略的一种关怀是问吉凶。虽然现在香港依然在扶乩的道堂、道观并不是普遍，但这项最早带动宗教结社兴观的活动，还是具有影响力的，道观中的许多人是因此而入了道观的，像莫小贤说到的：

> 我原本读书的地方是天主教，我也受过洗。但我发现道教跟自己更接近，可以为我解释人生的很多迷惘。因为年轻人嘛，总有很多时候不知道该怎么办。那时候我刚刚毕业出来，对自己的前途很是迷惘，

---

① "缘首"是指家庭中父系年龄最长、辈分最高者为首；其他家人以年龄和辈分依次随缘列其首之后为缘。因为每次的建醮只有十人可以作为缘首，故以"卜杯"的方式产生，即竞选者跪在天后庙前，双手举起两个相合的半月形的木杯，掷在殿前，一阴一阳为胜杯，两个阴杯为宝杯，第一名须获十胜一宝。当选者不仅在道士的引领下参加所有的宗教仪式，还要多付费用，作为回馈，他可得到一个特制的灯笼红带。（参见《厦村乡约——甲午年建醮特刊》）

② 当然，我们不能忽略一个事实，那就是该村的地租是一大笔收入，这些收入是要拿来分配的，但这并不足以说明从海外归来的人们，只是为了这个分配才赶回来，因为家族人越来越多，那些地租收入的增长跟不上人口的增长，其利益早被稀释了，故此，对于从外乡赶来的人来说，其分配的象征意义大于实际意义。

不知道自己的路该怎么走，突然就发现道教可以很直接地帮我解决很多问题。我去教堂祈祷，其实只是自问自答，得不到直接的答案、知识；但道教可以，道教有扶乩、问签，可以解答我的疑难。我认为，可以解释的就不是宗教了，因为宗教就是有玄妙的、无法解释的东西，所以才让人去寻求。道教一方面有这种玄理，另一方面又能对我的人生有帮助，所以最终我选择了道教。①

与扶乩相关的同类性质的则是问签，每年数百万人在黄大仙祠广场上跪拜求签的现象，本身已经说明这项宗教关怀具有多大的影响度。真正的问题是，何以如此多的人渴望这样的宗教关怀，却没有成为这种宗教的信徒。

---

① 根据莫小贤采访录音整理。

第八章　从宗教仪式与戒律
看道教的两种倾向

　　宗教仪式，在道教来说也就是"威仪"，即庄严的仪式与仪表，泛指传戒、受箓、斋戒、打醮乃至教士的服饰、姿态等。这些仪式是在长期的宗教实践中积累、开发和完善起来的，除了一些特别的、个性化的仪式外，大多为道教各个派别所共享。[①] 这里并不打算全面地涉及这些仪式，只从一些历史的和地方的斋醮科仪和戒律的案例来看所要谈论的问题。

一、宗教仪式与戒律的开放所表明的态度

　　宋人吕元素《道门定制·序》："至简易者道，至详备者礼。凡人之所以事天者道也，因事天而起至诚之心者，有礼存焉。此圣人垂世立教之本旨也，然于繁简之间当有所折中而不可过也。道门斋醮简牍之设，古者止篆朱章而已，其他表状文移之属，皆后世以人间礼兼考合经教而增益者，所在无

---

① 　陈耀庭《道教礼仪》曾将上海的正一道与北京白云观的早晚功课作了一个比较：早课方面，"在'诵神咒'和'诵经'部分完全一样，在'诵宝诰'部分则少了'北五祖师宝诰'、'南五祖师宝诰'、'七真宝诰'以及'报恩宝诰'，多了'弥罗宝诰'、'雷祖宝诰'以及'王帅诰'。"晚课方面，"在'诵神咒'部分完全一样，在'诵经'部分多了《元始天尊说功德法食往生经》、《太乙救苦天尊说拔罪郐都血湖妙经》，在'诵宝诰'部分则少了'吕祖宝诰'、'丘祖诰诰'、'灵官宝诰'、'三茅真君宝诰'、'东岳宝诰'以及'王帅诰'。"（陈耀庭：《道教礼仪》，宗教文化出版社 2003 年版，第 13 页）

定式，或得之详备而失简易之旨，使力所不逮者不可跂及，或失之鲁莽而使尽敬事者无所考定，不惬其意，元素常窃患之，欲别为校定，使之适中俾略者不得隐，而繁者不得逾，则事天奉道之礼不因人而隆杀。"① 吕元素的这段话表明：人们所欲追求的道本身是简易的，而为了表达对于道的诚心所实行的礼数，就不那么简易了。换句话来说，道教的斋醮其实就是一种特殊的宗教礼数。然而，礼数本身有一个简易与繁杂的问题，其"所在无定制"。吕元素作《道门定制》也就是为了在繁杂与简易之间寻求一个适中的规制而已。

再看《道藏》三洞四辅中关于戒律和仪式的部分。其中洞真部，戒律有《太上洞真智慧上品大诫》、《三洞众诫文》等十二种，威仪类有《太上玉清谢罪登真宝忏》等二十八种；洞玄部中，戒律类有《太上洞玄灵宝上品妙戒经》等十二种，威仪类有《灵宝领教济度金书》及金箓、黄箓、玉箓仪式八十六种；洞神部中，有戒律类《太上老君戒经》、《老君音诵戒经》等七种，威仪类有《正一威仪》、《元门十事威仪》等二十六种；四辅中，太平部有《洞元灵宝道学科仪》等，正一部有《太上三五正一盟威经》、《太上正一盟威法箓》等等，不一而足。这些戒律和仪式各归属于上清、灵宝和正一等不同的宗派，即各个宗派皆有自己的整套戒律和仪式，之间并不存在统一的来源和统属的性质，这就是道教戒律和仪式的多样性。其中，在科仪方面，洞玄灵宝一派保留的为最多，故有"斋法出于灵宝"一说。②

如果我们从戒律与仪式的历史过程来看，又可以得到另一个情形。张道陵创立道教，作为"正一盟威之道"，一定有自己的戒条和祭祀仪式，其中"祭酒"这个职位，首先是掌管礼敬神的仪式的，其次它也是"二十四

---

① 《道藏》第 31 册。

② 柳存仁说："迟到南宋，作斋醮法事的人，他们念诵的仍是《度人经》、《洞玄灵宝自然九天生神玉章经》、《太上洞玄灵宝救苦拔罪妙经》、《太上九真妙戒金箓度命拔罪妙经》、《元始天尊说生天得道经》这些部经典，而这些'妙经'，灵宝一系的势力很大是极明显的。"（柳存仁：《和风堂文集》（中），上海古籍出版社 1991 年版，第 755、756 页）又引杜光庭《太上黄箓斋仪》语"皆以斋法出于灵宝，'自然朝'为斋之祖宗，故先行'自然朝'示不忘本也。"（同上书，第 763 页）

治"制度下的一个行政长官，所以早期天师道是政教合一的组织。只是三国战乱，曹操将天师道打为"碎片"，迁移北方，天师道的所有规制都零落不可见，现今我们只能看到一个残缺且未充分证实的《老子想尔注》以及传说中的"想尔戒"了。《太平经》中不乏惩戒和宗教仪礼的说教，却未成系统。现在人们多认为陆修静是道教戒律和仪礼等等规制的确立人，《陆先生道门科略》有这样的记述："故授天师正一盟威之道，禁戒律科，检视万民逆顺祸福功过，令知好恶，……当以闻科禁威仪，教勅大小奉行，如此道化宣流，家国太平。……道士法服犹世朝公侯士庶，各有品秩，五等之制，一别贵贱。故《孝经》云：非先王之法服不敢服。"① 依照陆先生的说法，太上老君授予张道陵"正一盟威之道"，同时也授予了他"禁戒律科"，这些"禁戒律科"的用意在于普遍地劝善（"令知好恶"），上至国家、下至家庭、个人，而不仅仅局限于信徒。自然，这只是一个说法，如果这些"禁戒律科"皆出自太上老君，那么世上流行的戒律和仪式应当是统一的，而不是有多个出处。后面的那段话进一步佐证了这个说法，道士的"法服"也是其宗教仪式的一部分，而"法服"并不是依据"天规"，而是儒家的礼仪，"各有品秩"，以先王之服为服，这应该是道教礼仪的根源之处。如果我们对照《周礼》、《礼记》和道教的礼仪，是很容易找到共同之处的。

如果说陆修静属上清道士，② 那么透过灵宝派则可以见到科仪的另一面。《洞玄灵宝三洞奉道科戒营始》题"金明七真撰"，被认为是"关于道家戒律仪范现存之较古资料"，③ 其在篇首题曰："七真曰：寻三洞大经率备威仪科戒，若道士、若女冠，举动施为，坐起卧息，衣服饮食，住止居处，莫不具于经旨，其立观度人，造像写经，供养礼拜，烧香明灯，读诵讲说，传授启

---

① 《道藏》第 24 册。

② 关于陆修静是否上清道士，不甚确定，他自己则称"三洞弟子"，或不局限于一宗。

③ 《道藏提要》："金明七真，乃神名，《上清三尊谱箓》谓其为第三度师。《上清众经诸真圣秘》谓金明氏讳七真子，属'金相桐明玉国九真卿上景金轮里'。据日人吉冈义丰考证，敦煌文献中之《三洞奉道科诫仪范》残卷，与此书乃同本异名。并据此推测是书出于六朝末或隋代、最晚在唐初已问世。……《宋史·艺文志》卷四著录此书三卷。"（任继愈主编：《道藏提要》，中国社会科学出版社 1991 年版，第 872 页）

请，斋戒轨仪，修行法相，事事有则，皆著科条，其来已久，但文字浩漫，披按顿周，或一时难见，过后便忘，或见而不行，或行而不遍，或各率乃心，任情所施，登坛入静，各异威仪礼忏，读经人为轨则，递相指斥，罕共尊行，遂使晚学初门莫详孰是，既多方丧道则寡识，迷途惰慢，日生威仪，时替加复，竞为辞饰，争逞伎能，启告之辰皆兴新制，陈谢之日全弃旧仪，岁月久盈，科戒遗泯，积习生常，十不存一。"① 这段篇首题语的本意是要试图统一各个派别的宗教仪式与戒律，却也道出了道教内不同派别的宗教仪式与戒律的多元性，并不存在完全的统一性。

在这个意义上，道教戒律和仪式的多样性便不难理解，道教以传统的道德和礼仪为则，结合道教的哲学和信仰，形成自己的戒律和仪式。既然对传统、对道教哲学及其民俗的理解总不会是绝对相同的，那么必然会呈现出多样性了，而宗教派别的分歧，加剧了戒律与礼仪的差别性。

唐玄宗时期的张万福可算是唐初至晚唐道教礼仪集大成者杜光庭之间的过渡性人物，② 《道藏》中收录了他的《传授三洞经戒法箓略说》、《醮三洞真文五法正一盟威箓立成仪》、《三洞众戒文》、《三洞法服科戒文》、《洞玄灵宝道士授三洞经诫法箓择日历》、《洞玄灵宝三师名讳形状居观方所文》等书。我们可以注意到，除了保留"洞玄灵宝"之外，其他皆以"三洞"称之，即是说，他倾向于以"三洞"名义统和"上清"、"灵宝"和"正一"，去除宗派性，强调道教经戒礼仪的统一性。在《传授洞经戒法箓略说》中，他列出的"戒目"有：三归戒、五戒、八戒、无上十戒、初真戒、七十二戒、百八十戒、天尊十戒四持身品、太清阴阳戒、想尔二十七戒、洞神三洞要言五戒十三戒二十戒门、百二十九戒、闭塞六情戒、智慧上品大戒、三元百八十戒、智慧观身三百大戒等。在这个序列中，原本分属于各宗派的戒律被设置在一个统一的道教戒目下，意味着不管上清、灵宝，或者正一皆在这个统一

---

① 《道藏》第 24 册。

② 当然也有称张万福就是道教戒律礼仪的集大成者的说法，但陈耀庭《道教礼仪》有这样的表达："正是有了张万福在道教礼仪方面的贡献，就为唐代道教礼仪的集大成者杜光庭的出现，准备了必要条件。"(陈耀庭：《道教礼仪》，宗教文化出版社 2003 年版，第 59 页)

的戒目下选择自己的戒律，它们曾经是别的宗派的戒律，但现在不是了，它们就是自己的戒律。应当说，张万福破除宗派界限有其社会基础。唐代的道教本身派别显得并不重要，要说派别，上清是主流，灵宝衰微，正一不显，所以，上清派所做的任何创造性的工作，都代表了整个道教所做的工作。

如果说在张万福那里尚有上清、灵宝与正一分宗的痕迹的话，那么，在杜光庭那里这种痕迹就更不显明了。杜光庭的《道门科范大全集》收录的科仪有：生日本名仪、忏禳疾病仪、消灾星日曜仪、消灾道场仪、灵宝太一祈雨醮仪、祈求雨雪道场仪、灵宝祈求雨雪拜章仪、文昌注箓拜章道场仪、祈嗣拜章大醮仪、誓火禳灾道场仪、安宅解犯仪、解禳灾星运仪、南北斗同坛延生醮仪、南北二斗同醮宝灯仪、北斗延生清醮仪、北斗捍厄仪、真武灵应大醮仪、道士修真谢罪仪、上清升化仙度迁神道场仪、东岳济度拜章大醮仪等。在这些仪式中，出现灵宝和上清派别的很少，以"灵宝太一祈雨醮仪"来说，他在前面加了一段题语："不许公吏上坛与事。此醮大有感应，可作十二位座位，不许苟简。"① "不许公吏上坛与事"、"不许苟简"，表明道士对待这一醮事的特别庄严与隆重，担心公吏践踏了神圣，苟简其事不庄严，而"感应"就存在于神圣与庄严当中。毋庸置疑，这个斋醮仪式是来自灵宝派的，而杜光庭在将它收录进《道门科范大全集》的时候，没有删去"灵宝"的标志，其缘由当从这段话中窥出端倪。殊不知，杜光庭在《道门科范大全集》中采用一句话注在下方："杜光庭删"。意思是，原来这些醮仪的名称及其内容都比较繁复，经过他的删减才成为这个样子的，在这一过程中，去宗派化，也是他的一个基本的意图。而"灵宝"的字样没有删，不是他不想删，可能是他不敢删，如果删了，就不再"大有感应"了。那么如何理解《道藏》中收录了那么多的不同宗派的斋醮仪式呢？其实，杜光庭生活在战乱时期，他曾在相对平安的西蜀地区广泛收集道书，凡《道藏》中收录而没有经过裁剪进入《道门科范大全集》的道教仪式，应当被看作一种辑佚工作。

全真道成立，在重阳及其全真诸祖的著述中，多为心性修炼与辞赋方

---

① 《道门科范大全集》，《道藏》第 31 册。

面的内容，少见有关宗教仪式方面的论述，可知全真教初期在宗教仪式方面并不严格，只在宗教戒律方面有自己特殊的要求，这些戒律有的已不同于传统，诸如住庵、不婚配等，以至于王常月才建构起完整的全真三坛大戒。尽管"初真戒"在张万福的"戒目"中已经成型，且"中极戒"和"天仙戒"也能在传统道教的戒规中找到依据，但王常月公开传授的"三坛大戒"的意义不在于其本身具有的创造价值，而在于它对于师徒密授的那种不开放传教方式的突破，以致再兴了全真道教。后来的全真教也逐渐地讲求宗教仪式了，有所谓现在人们所称的"全真科仪"，仅与三坛大戒相关的科仪就有扬幡、张榜、开坛、取水、荡秽、迎师、请圣、祝将、演礼、审戒、考偈、颂经礼忏、上太表、说戒、过斋堂、传授衣钵、发放度牒、晋表谢神、大回向、落幡送圣等。① 在闵智亭道长撰写的《道教仪范》中，所列全真斋醮科仪就有早晚坛功课经出坛科仪、天地科仪、祝将科仪、转天尊科仪、祝寿科仪、庆贺科仪、玉皇朝科、三清朝科、三元朝科、九皇朝科、接驾科仪、真武朝科、诸真朝科等等。这些科仪多为道教传统所拥有，并非全真教的创制。

再以陕北和香港的个案为例。陕北的白云山道教也为全真龙门系，其斋醮仪式"多以杜光庭的《四大全书》和《广成辑要》为'文牒'准则，以传统'科仪'做道场法事，多系'按本宣科'，如诵经、拜忏、礼斗、上大表等。同时，将陕北民间风俗融会其中，如放赦、转九曲、摆灯等，已形成了具有陕北地方特色的白云观斋醮科仪"。② 其中"转九曲"就是陕北独有的民间风俗，其"摆灯"也是陕北道教独创的一种宗教仪式。③ 白云山道教

① 黄信阳：《道教全真派的传戒科仪》，转引自尹志华：《王常月学案》，齐鲁书社2011年版，第62页。
② 《白云观道教志》，陕内资图批字 EY58 号，2007年，第二节斋醮科仪。
③ 转九曲："在特定的时间、地点、图形中进行。源于《封神演义》，是三霄为了给兄长赵公明报仇布下的阵图。九曲阵共由361盏九曲灯组成，表示一年360天，而多余一盏，指吉庆有余之意。它由九个弯曲的小城组成，城中分别供有东方木德星真君、南方火德荧惑星君、西方金德太白星君、北方水德自宸星君、交初罗喉神首星君、交终计都神尾星君、日宫太阳炎光星君、月府太阴素耀星君等九位星君。这些城的设置，一来保留了古代阵法的某些规则，使其成为真正的九曲；二则表示天地的运转和四时八令的变迁。中国历来就有天圆地方之说，九曲图恰与此说相对应。转九曲一般是在斋醮即将结束时的

在音乐与唱腔方面也加进了陕北地方因素，且将道教其他宗派的韵也吸收了进来，张明贵道长叙说道："我们请来的音乐教授，把全真、正一斋醮乐融合在一起，形成了精韵，这是一种韵。还有崂山韵，还有武当韵。白云山的精韵既有江南韵，又有北京的韵，加上地方的超度的、民间的、佛教的、戏剧的等等。"① 还将陕北特有的剪纸艺术融进了仪式中。需关注的是，白云山道教斋醮仪式不只是道士的独唱与独舞，而是他们创造了一种将信众都吸纳进来共同参与的宗教仪式，如此，便产生了人神共舞的效果。

　　香港的道教科仪，主要来自大陆的南海西樵山、茶山洞，广州三元宫、至宝台，惠州的冲虚观等地，却大胆地学习佛教的经忏，再结合香港地方音，如南音、木鱼腔等。② 在香港道教科仪建设方面，青松观的侯宝垣道长居功至伟，他从 20 世纪 50 年代初以来，博采广纳，在四十多年里建构起目前香港普遍采用的道教科仪。据青松观叶长青道长的叙述：香港道教的科仪是从广东传过来的，却又不完全是。1949 年前，香港有三个道堂，道士举行经忏法会，往往借经僧来支持。学了佛教的经忏，再经过变腔，套进道教的音腔。③ 侯老从古董商人那里搜罗到很多的经本忏本，一些是不完整的道教经忏，另一些则是佛教的经忏本。一直到 20 世纪 90 年代中期，又经闵智

晚上进行。到时，九曲灯尽相点燃，五颜六色的彩灯如似天上的繁星。人们手捧信香在道士的引领下步入阵中，转到斋城的神位灯（小城的中心，供神牌的灯）时，全场人停止转动，道士们向诸神诵经，祈求诸神保佑。祈祷后，全场继续转动。其中心灯，又称'老杆灯'，是全阵的中心，也是敬神的最集中的地方。关于'老杆灯'还有一个特殊的习俗，即有的信士为了祈求上苍赐子，在仪式结束时将老杆灯周围的小灯'偷'走，曰'偷儿女'，并将灯小心翼翼地端回家中，添入植物油，让其一直燃至天亮。后将灯盏收藏好，来年归还。如路途遥远，不能归还者，可在'偷灯'时，放几元钱于杆头，作购灯之资。此外，转九曲还具有消灾免难、保佑平安之功效。"（《白云观道教志》，陕内资图批字 EY58 号，2007 年）

① 根据近期笔者的采访笔录整理。

② 黎志添等指出："有些高功道长的诵经唱腔多借鉴南音、木鱼腔等曲艺，又有些道长的喃唱近似释家腔。"（参见黎志添、游子安、吴真：《香港道教》，香港中华书局 2010 年版，第 129 页）

③ 陈耀庭："道教的早晚功课制度，可能受到佛教礼仪的影响，约形成于明代中晚期。"（陈耀庭：《道教礼仪》，宗教文化出版社 2003 年版，第 12 页）

亭道长到香港亲自教授，才比较完整和成熟，有了一个全真的，特别是北方全真的一个流承。①

从上述可知，道教的宗教仪式及其戒律从来都是开放的，处在变化和调适的过程当中，没有一个从来如此的规制。

二、回归现象与宗教意志

宗教礼仪是一种宗教行为，行为总是表达了特殊的意义，要么是社会意义，要么是心理意义，无论对于举行宗教仪式的人来说，还是参与宗教仪式的人来说，都是一样的，而且这些都可以归结为宗教经验。从整理道教礼仪的过程中，我们不禁反问：为何道教各派都要擎起宗教的斋醮仪式和宗教戒律？回答这个问题，还是需要从一些宗教行为上去看。

现在有一种观念，认为注重斋醮仪式是正一道的特色。② 这个观念从历史来看是没有问题的，现今的《道藏》里收录的宗教仪式基本上属于上清、灵宝、正一三大派，然而，这三派自从正一天师统领三山符箓之后，逐渐地整合成了正一道派，自然，上清、灵宝二派的斋醮仪式也合法地成为正一道的了。而全真教在创教初期可能是有斋而无醮。尽管康熙年间的王常月说过"戒律威仪，四百年不显于世"，③ 这其实只是针对戒律方面来说的，并不涉及醮事科仪。朱元璋《御制斋醮仪文序》有一段话："禅与全真，务以修身养性，独为自己而已，教与正一，专以超脱，特为孝子慈亲之设，益人伦，厚风俗，其功大矣哉！"④ 至少可以佐证，在明代初期，全真教还不流行醮事

---

① 根据采访笔录整理。

② 张继禹："正一派以斋醮、符箓见长。……斋醮是正一派的特色之一。"（张继禹：《天师道史略》，华文出版社 1990 年版，第 150、157 页）卿希泰也称正一派"以斋醮祈禳为职事"。（卿希泰：《中国道教史》第三册，四川人民出版社 1993 年版，第 436 页）

③ 王常月：《龙门心法》卷上，转引自尹志华：《王常月学案》，齐鲁书社 2011 年版，第 17 页。

④ 转引自卿希泰：《中国道教史》第三册，四川人民出版社 1993 年版，第 436 页。

的仪式。没有证据显示全真教何时开始有了"全真科仪",但事实是它后来有了,而且是整套的全真斋醮科仪。至于为何需要将斋醮科仪引进全真教,这只能从社会与宗教心理的需要方面去理解。"修真养性"本也是传教的需要,虽然被官方看作是"独为自己",但宗教本身的性质是为了利他的,对于每一个被传教的对象来说,修习宗教是利己,而对于传教者来说,把"修真养性"的宗教体验传授于人,则是利他的。所以说朱元璋的观点是偏颇的,但是,他的看法代表了彼时国家与社会的观点,所以,全真教在宗教仪式上作出某种调整看来是必要的。而且,从"修真养性"的宗教实践来说,它确实有一个适用度的问题。简单说,"修真养性"无论多么广泛,它还是限于活着的人,对于已经死亡的人来说,它是无效的;如此,它只能对活着的人产生关怀,不能实现对死者的关怀。斋醮科仪则既能够为活着的人祈福祝寿,为天下的人祈求太平,也能为死者超度,甚或请求死者护佑生者。对于很多人来说,他们既是为活着的人而活着,也为死者而活着,比如说自己活着,就是为了见证死者生前的愿望。而斋醮科仪就是为此而设置的,这个功能是主张实现普遍关怀的全真道教所不能忽视的。在这个意义上,全真教擎起斋醮科仪也是必然的。当然,这并不意味着全真教从来就不做这个方面的事,至少丘长春兴龙门一宗之时,应当就有斋醮之事了,《长春真人西游记》中已有丘祖命设醮度人之事。① 如长春当年从大雪山回来,看到因战乱造成的饿殍遍野,就令弟子四处收埋死者,予以超度。但是,国家与社会既然有"独为自己"的印象,那么就有必要作出某种改变。而这种改变有其正当性,因为说到底,这不过是对于宗教传统的回归而已。

再从戒律方面看,从全真创教初期看来,《重阳立教十五论》和《长春清规榜》对修道人的德性要求虽然很高,却甚是简约,并没有具体到八十一戒、百八十戒等等。这恐怕也是当时传教的需要,如果教还没有传开,就要求人按繁复的科条去做,很不现实。然而,在王常月那里,却有了初真、中

---

① 《长春真人西游记》卷上:"中元日,本观醮,午后传符授戒,老幼露坐,……辛巳之上元,醮于宣德州朝元观……"

极、天仙的三坛大戒，初真戒只有十条，而中极戒达到三百余条，其要求不可谓不严。这些戒条自有其创制，更多的还是从道教传统的戒条中选来。单以初真戒来说，《道藏》中的《虚皇天尊初真十戒文》中"第七条规定'不得饮酒过差（即过度），食肉违禁'，并不禁绝酒肉，只是不得饮酒过量，不得食牛、犬、雁和鲤鳝等（因为牛有功，犬有义，雁有序，鲤鳝朝北）。《初真戒》则改为'不得饮酒食肉，犯律违禁'，规定得更严了"。① 从简约到繁复，这个过程表明的是向传统的回归，也是适应了社会与宗教自身发展的需要。在一个道教衰微、"戒法日废"的时代，王常月重拾戒法，重整道教威仪，表明的不是道教混同世俗，而是要在修道与世俗之间画出一道严格的界限，甚至表明要与世俗决断的信念。但是，不该忽略他严整戒法的另一面，即开坛传戒。重整戒律是为了清理门户，开坛传戒则是开放门户，这两大举措看似冲突，但在他那里，只不过是一物的两面，不可偏废。他虽然比他的前辈更严格，却又更开放，接引了大批信众，由此开了全真"中兴"的局面。就正一道来说，它也有在家与出家、居家与居庙两种选择，与世俗相处是在家、居家的选择，出家、居庙则是拒绝世俗的选择，而且，无论是哪一种选择，正一道同样有自己的戒条，这是它有别世俗的标准。戒律的繁与简，并没有确定的规则，该繁的时候就繁，该简的时候就简，完全因应了时代与社会的需要，如"不得饮酒食肉"这一条，在当今社会下恐怕就得要回归到"不得饮酒过差（即过度），食肉违禁"上去了。

结合现当代地方道教的实践可以更容易看清楚上述现象。在南方地区存在一种现象，南方道士比北方的道士更为开放，更为入世一些，尤其在持戒、修行，甚或婚姻方面都更世俗一些，就全真教来说，不婚配的禁戒早已突破了，只是这是一个"灰色的地带"，没有确定的证据显示从何时开始的，至少我们知道清代写《长春道教源流》的陈铭珪是有子嗣的，② 只是这种情况以先生子而后出家的说法敷衍过去，而当今的南方尤其是香港地区，婚配

---

① 尹志华：《王常月学案》，齐鲁书社 2011 年版，第 52 页。

② 陈铭珪之子陈伯陶曾著《罗浮补志述略》。

早已不再是一个问题。① 从表象上看，南方的道教恐怕走上了一个往而不返之路。然而，我们注意到，南方的道教虽然与北方道教有了不小的差别，但又出现了回归北方道教的倾向，如许多新建的道庙，当地宗教管理部门在选择道庙的住持时，倾向于在北方物色人选，目前许多道庙的住持都是北方的道士。其理由无非是北方的道士更传统一些，更懂得守持戒律，更懂得斋醮仪式。其实，这不只是南方的特有现象，它具有普遍的意义，从上述已经提及的陕北和香港的道教的宗教活动可以折射出这种意义。在白云山张明贵道长的采访中，他讲了如此的话："管理庙方面，先把信徒争取回来。还有敬神方面，敬神周周到到，一个道士过春节的时候要管几个庙，要把庙内外扫得干干净净，祭祀器具灯开水煮过，擦得明明亮亮，庙会的时候，晚上通透一夜不能灭，灯芯、灯油，过十来八分钟，你就走一遍，及时添油、还芯，一夜不睡觉，就看这个灯。道士周到，神圣也就信你。""一定要把神圣的事办好，这是个根本的宗旨。"② 张道长所说的"神圣的事"，也就是指包括斋醮仪式为基本内容的宗教活动，在宗教体验来说，就是借此以获得神的信任，同时也才能令信众膺服。在香港的调查也表明了这一点。青松观的斋醮仪式活动，向来追求庄严、认真，在每年三度的三元法会中，许多香港人借此凭吊自己已经亡故的祖先或长辈，在庙里的道士、女冠，竭尽所能地把法式做到每个供奉灵位的地方，每日巡回不断，让参加法会的人们感受到，他们已经亡故的祖先或长辈在庙里是受到隆重礼遇的。庙里的神职人员告诉说，他们就是要讲求最正式和最正宗的科仪，这才能取信于民众。据说从香港乡村打醮的喃呒到组建圆玄学院，就是因为地方绅士们不满地方喃呒的醮事不正统引起的。③ 青松观的叶先生说道："法会是面对活着的人来做的，

---

① 在岭南地区，"出家"逐渐地蜕变为"住庙"，即周一至周五住庙，周末回家。"住庙"在说法上与重阳祖师的"住庵"说法也不冲突，只是有个家可回罢了。至于香港地区，全真道庙则根本就不再是"十方丛林"制了，教士早晚都是要回家的。

② 根据采访笔录整理。

③ 蔡志祥：《从喃呒师到道坛经生：香港的打醮和社区关系的演变》，载林美容主编：《信仰、仪式与社会》，台湾"中央民族研究所"2003 年版，第 367 页。

但这是我们活着的人对先人表示一种纪念、报恩。从侯爷（侯宝垣）的时代开始，青松观法会的经忏科仪就做得十分齐备，一代一代人每年过来参加法会都有目共睹的，从早到晚、一连几天，二三十个道士在现场搞经忏。"前面我们已经谈到，他们的斋醮仪式的形成过程本来已经很南方化，却还是在寻求返还北方的传统，如他们也做了原本是正一派喃嘸道士擅长的太平清醮，他们还专门研究了传统的诸如《太上黄箓斋仪》、《大成金书》、《广成仪制》等科仪文献，使自己的醮事更为正宗，这无疑是使其斋醮仪式回归传统的一部分。

上述现象种种，我们可以看到两个向度相对的倾向：一方面，道教的斋醮科仪和清规戒律从历史到现在，都处于一个不断变化的过程中，没有一个从来如此的仪式和戒律。它们之所以变化，只是因为它们都是开放的，在某个时期采用何种仪式和戒律，皆根据宗教自身发展和传播的需要；另一方面，各个时期的道教又都有着一种回归传统和正宗的愿望，似乎存在着古来如此不变的仪式和戒律，殊不知并不存在这样的仪式和戒律。此种现象该如何理解？这恐怕是当今道教，无论是正一道、抑或全真教来说，都感到困惑的。这个现象说白了，其实就是道教开放与回归的对冲，究竟是应该更开放，还是要回归传统？对于没有实现现代转换的道教来说，开放恐怕是走进社会、走向未来的必然的选择；然而，过度开放，或者说本来已经很世俗了，招致道人与俗人无分别，科戒弛废，恐又"道将不道"。

对此，西方基督教的改革及其实践过程，可以为道教走出现当代困惑提供有益的启示。基督教的改革是伴随着世俗化进程的。其中在美国社会当中，"从牛身上刮油，从人身上刮钱"，向上帝证明自己有经营才能，为基督徒的普遍认同的信念，这就是在美国的基督教的世俗化。同时，我们知道，美国基督徒的根基却是从英国去的"清教徒"，是一种禁欲主义者，他们把对个人行为严厉约束的信念带去了美国。所以说，美国的基督教在一种看似很矛盾的状况下实现了它的现代转换，既严厉约束自己，恪守坚定的信条，又完全开放，走入世俗社会生活，且有"从商的精明"，这就是韦伯所说的

"一种奇特的伦理"、"一种精神气质"。①

　　在上述思路下，清理道教在宗教仪式和戒律上所经历的过程，应该确立这样的信念：既然宗教仪式和戒律都是在变化中的，那么就没有什么不可以改变，不变的只有道教的核心价值和基本信念。对于前者来说，道教早晚要作出改变，不如现在就作出改变，而改变也就是改变做事的方式；对于后者来说，不改变的核心价值和基本信念，则雷霆不动，坚守起来，用陈莲笙老道长的话来说，道士就应该是"有道之士"，② 这里所说的"有道之士"，不是指"道术之士"，而是"道德之士"，这是永远也不能改变的。没有前者，道教不能适应社会变化；没有后者，道教就会流俗而失去存在的理由。笔者以为，这正是道教在当今社会条件下的生存之道。

---

① 马克斯·韦伯：《新教伦理与资本主义精神》，三联书店 1992 年版，第 35、36 页。
② 陈莲笙：《陈莲笙文集》（上编），上海辞书出版社 2009 年版。

附录　访谈实录

周和来先生访谈一

地点：深圳南山新年酒店
访谈人：李大华，以下简称"李"
受访人：周和来，以下简称"周"
记录人：石洁琼、廖茗苾、曾秋樾

李：道观是给众生安顿生死的，那庙里的修道之人如何安顿生死？

周：不是说修道之人万万年嘛！其实我们自己的道友们跟平常人是一样的，没有什么特别的。众生怎么安生，我们也怎么安生。

李：在庙里工作的人相不相信神仙？相不相信自己能够成仙？

周：我们所接触的，很幸运的是侯爷在香港来说是一个人物，他已经成仙了。他也必须通过生死的过程，才能成仙。我们普通的人凭什么成仙，我们有多大的功德？我们在庙里的确为社会做了些事情，为道教做一点点事情，就已经足够了。我们的很多前辈，包括闵爷（闵智亭）等等，他们也是为大众做了很多事情。跟他们相比我们算什么，我们凭什么功劳（功德）去做神仙？

李：如果认为成不了仙，怎么了这个生死？

周：我们很理性地去看这个事情。我们通过自己的信念，多做一些善事，少做一些坏事。这个是为社会服务的，医疗啊、教育啊等等，这是作为社会贡献的。这是为了让他们理解，做好事情比做坏事情好。但是我们还是做得不够。

李：作为在庙里的神职人士怕不怕死？

周：这个我们都是敢面对的。你说真的怕吗？我们是不舍的，不是怕。像我们青松观的道友们，对生死都比较淡定。

李：对于信众来说，他们相信有神吗？

周：一般不信的话不会来庙里来拜。信众的话还是信的。

李：全真教，具体来说青松观，与社会的关系，从管理的角度来看，一年几个节日要办几个法会，活着的人要对死去的人表达寄托，让那些死去的人有个好的归宿。大的活动每年其实只有几次。那么对青松观来说，跟信众的关系现在是最好的吗？还是需要加强？或者说密切不密切？

周：我们一年办几次超度的法会，从一个角度看，这些信众在这方面的需求不少。我相信我们在香港的规模算是大的了，每次都有接近两万家庭。

李：按传统的说法，很多人是"临时抱佛脚"。就全真教来说，香港的信众和道教的关系密不密切？

周：信众一般不大了解什么是佛教、什么是道教。他们知道佛教、道教有区别，但是不会区分什么是全真教、禅宗等等。他们就只知道，庙里就是神。信众的态度就是：信不信是另一回事，但是来了就是拜的。中国人有个信念，"进了庙就要拜神，进了人家就要叫人"。他们不会想该拜还是不该拜。来庙里的人，我们都会给建议，不光要拜祖先，而且更要拜一下神，拜了会更好。他们也理解，必须要到殿里去拜一下，才去拜祖先。

李：除了大型的法会，平常来的一些人，据你们的了解是出于什么目的？

周：有两种，一是初一、十五都要来的。不一定是为了什么目的，反正都来。有一些是有些事情要来求神的。

李：有没有些宗教心理咨询方面的？

周：也有，今年还不少。有些人可能经常做同样的梦，看到过去的亲人啊，各种各样的幻觉等等。这几年我在庙里，接触特别多。他们会打电话来找我，我反倒成了心理医生。我们作为一个道教徒，除了给人做一些法事，还有公益事业，有时候还要当一下心理医生。做法事的时候，其实就是一个心理的疗程。有些人遇到人来找他们，会先建议说去庙里做法事。我呢，就是先了解情况，先从心理上看能不能解决，不然再做法事，能不花钱就不花钱。我最不想做的事是：人家一来就说做法事，我觉得这是骗人家的钱。人家本来已经是很苦恼的时候，经济上很困难的时候，还要花钱做法事，是落井下石。关键是要解决人的问题，法事做不做，不是必要的，而是要看需不需要。

曾经有一个男的来庙里问，他妈妈得了癌症，已经快不行了。他问希望这次能求求神，看能不能延长一下。我先了解情况，然后我觉得医生已经说了这话，也很难做到。我跟他说，我们每个月有个礼斗的法事，我们可以跟神灵求一下。因为他这个情况，我还特别给他写了个文书，让我们的法师专门去祈福。过了几天，他回来说，医生也搞不清楚，他妈妈的病好了。后来他初一、十五都来上香，我也没问他妈妈怎么样。两年了，他妈妈现在还在。现在我也在想，能够让一个病人从没剩几天，到现在还活着，那就是让他感受到神秘的事情。也有一些人会经常无故听到有人说话，这些我认为是他们听觉失调，是精神有病的一种。并不是真的有鬼在耳边说话。一般我都会让他们去上个香，去求个平安符放在身上，也就好了。这可能是一种心理安慰，这张纸是否有用我不知道，但是他会觉得是从神仙那里请到的符能帮助他。求签也有，在香港是比较流行的。

李：参加扶乩的人多吗？

周：每个星期天的中午，青松观都有。九龙那边有三天。每周三有四十人来，每个人问两个事情，差不多就一百个问次。这是不收费的。

李：有没有一些灵感来的经验？

周：有灵感，但是我不会认为是什么特殊功能，而是来自日常生活的。人不是到了危急的时候不会来求神。"当局者迷"，我们只是帮他们分析问题，并不是我们有神力，而是他们平常不会跟朋友讲，有什么困境、难题，不想让身边的朋友知道。于是他们会放开来跟我们详细讲。我们作为一个旁观者，能给他们一些意见。原来并不是一些很复杂的事情，只是他们不好意思跟别人讲。这并不是什么通灵的能力。这种心理辅导的，我们大家都在做。我们只有一个理念，就是不能骗别人，不能害别人。我最不同意的就是，在别人最困难的时候，还去要别人给钱做法事什么的。

李：你认为还有需要改革的吗？

周：我们都觉得顺其自然。我们不会像心理医生一样，去挂个牌子，我们做心理辅导。这是很自然的事情，信众到庙里来求签，我们就解签。中国一直都有这种变相的心理治疗。

李：这跟基督教的方式有什么不同呢？

周：要是从一个庙的角度来看呢，经常有信众来，表明香火旺盛。但是从另外一个角度看，社会上很多人必须每周或者每个月要到庙里来一趟，说明信众只是因为怕有一些特殊的原因才到庙里来。基督教的不一样，他们是要求信徒、信众每周都要来。我们能不能发展到信众和信徒一样每周都来，或者我们安排一些活动给他们？不光是我们，全世界的道教都在思考这个问题。实际上信众来庙里烧烧香、拜拜神，其实跟庙里没有什么互动，跟旅游的差不多，只是多了一些动作。但是作为信徒，那就不一样了，要通过一定的仪式表明他自己希望成为这个教的信徒。我们很希望能发展很多很多信徒，可是呢，很现实的是这个很难做。

李：可否估计一下，青松观两个庙（九龙）加起来，信徒一共有多少人？

周：要是按定期来的人这样算的话，一两万吧，不算多。我们经常会看到一些常来的，他们基本上也是在一些特别的日子来的。这类的也有不少，一两万左右吧。

李：现在有没有担心信众少，以及年轻人比较少信？你们要怎么巩固这些信徒？

周：在过去十多年里面，自从侯爷羽化以后，我们在巩固老信众、吸引新信众方面做了一些努力。一般就是做祈福的法事。我们发觉一个情况，要是一些年头经济情况不是很好的时候，就特别多年轻人到庙里来。2003年"非典"的时候，我们做的几场法事，很多年轻人参加，大家觉得很绝望。没有其他方法的时候，他们就希望能参与进来。但是到经济气候好的时候，他们就忙着去赚钱。实际上很多人心里有庙有神，但是每个人都是给自己很多借口，"忙"，不去庙里面。我相信他们心里有神，因为他们一有事就往庙里跑。就像家里的老人一样，我们总说着要回去看看老人，但是一忙起来就找借口不去了。

李：现在信众的年龄段怎么分布？

周：中老年多。中年的是从小就信的。老年的呢，像我们九龙那个在楼上的，他们也爬不上去了。年轻人就少了。

李：侯爷走了之后，对青松观的信众影响有多大？是否有一段时间低迷？

周：一般信众不大理会是谁在办这件事情，而是考虑你的神还在不在。信众们对侯爷的羽化不大理会、理解，他们来只是拜神。当然也有冲着侯爷来的，但是侯爷在走之前的十多年里，很多事情不会亲自处理，而且又不常在青松观，经常在大陆跑。尤其从1993年开始，经常往黄龙观跑。

李：你上次说过，侯爷走了之后，青松观还有发展，还有哪些发展？

周：一个是基建。我们正在建一栋大楼。二是因为社会的发展，比如说我们在大陆开展的工作，比过去要好一些。还有就是内部的管理上，以前是侯爷一个人说了算，我们没有怎么参与。他走了之后，我们自己感觉到，我们必须要重整整个管理团队。从前他一个人管的，我们现在就分工来做，更像一个团队。在这些方面我们有更大的进步。从来不会有议事不决的情况。从侯爷走了之后，我们都理解到，整个事情必须要通过会议制度来解决、管理，不能说谁说了算。当然有不同的看法，大家就通过投票来决定，少数服从多数，最后还是能解决的。议而不决的，是没有的。这栋大楼的建设，牵涉到几个亿的资金，我们也是在这个大会上决议的。大家通过理解、思考，最后落实，说干就干。

李：自侯爷走之后，大陆的继续开展的工作情况如何？

周：以前是侯爷一个人在跑，比如说闵爷在北京，那么工作就偏向北京，闵爷在西安就偏西安。但是现在是全国各地开展的。像最近我们在和任宗权一起做一个项目，湖北高功班是其中一项。也算是"传宗接代"的工作。在当高功以前，必须要以前的高功上一个表，表明新人已经合格。这样之后才能正式成为高功，这是重要的工作。在广州，我们正在办一个中医诊所，明年初能开业。地方已经搞好了，跟广州市政府、重阳观一起办的。地点在城隍庙附近。这个地方也是广州市政府资助的，有三百多平米。医生是广州的，广州那边请人，我们付钱。然后看病都是免费的，抓药也是免费的，医师的工资等等这些钱都是我们给。这些钱是每年结算的。在山东也有，主要是碑文的收集，山西、陕西也是。湖南"蓬莱"也办了个班。

李：这么说来，侯爷走后宗教活动、信众都没有减少。

周：其实侯爷走前也没有多参加庙里的活动了。侯爷走后，我们反倒加了新的活动，比如说一些祈福的活动，每一年的正月初三，我们加了一个活动，每次也有一两千人参与进来。他们也形成了习惯，正月初三就来了。这些都是另外的，原来的没变。中元法会归中元法会，这个是新的。

李：新的大楼，侯爷在的时候有没有策划？

周：没有，是侯爷走后才决定的。

李：有一阵子，听说存放灵骨的地方快用完了，现在情况如何？

周：现在有新的大楼了，两层加起来有四十多个堂。现在是按新的概念去做，是按有系统的概念去开放。以前是乱的，现在是一个一个堂开。现在这些位子能用十几、二十年。至于用完后怎么办，这个留给下一代去想。现在行政楼快建起来了，那原来的庙里空间就可以用了。二十年的时间里，都不用怕了，其他的，由下一代来处理。将来可能有更好的发展，没必要现在就把事情都做好了。我们当年在讨论要不要修新大楼的时候，其中一个想法就是把我们的食堂搬到新大楼里面，那么食堂的空间就可以用了。下一代可以用它做很多事情。但是做什么事情，由下一代来想。我们还有另外一个想法，如果现在阶段累积的财富太多，反而是个危险。青松观的组织类似于慈善组织，不是我们个人的。如果钱太多，就会惹人眼球，会有人想混进来，把钱变成自己的。现在的话，钱够用就行了。

李：青松观在香港的福利事业有没有什么变化?

周：我们在扩大自己的社会服务。这两年我们在筹备新的福利工作，比如说老人的牙医，这在香港是很缺的。所以我们想要增加这一块的服务。政府会有补贴，但是不够，青松观也是要给钱的。除此之外，原来两所中学、两所小学、两所幼儿园，现在加了一所小学、一所幼儿园。养老院的话，就是把原来的养老院搬到新大楼里。原来的养老院四十多年了，太落后了。原来有两个老人院，现在两个老人院都想重新再建。我们准备跟政府要两块地，建新的，再把老人搬进去，把旧的推倒重建。

李：现在把灵骨放在青松观的总数有多少?

周：十来万吧。从前政府给的地不贵，但是现在政府发现这个收入很大，就会收更多钱。

李：在香港这个社会，以前是殖民地社会，文化、宗教比较多元，在这种境况下，跟其他的宗教有没有互动?

周：不多，一般来说基督教比较排外。不过有一些宗教的活动，不多。我们也曾经在道教学院，邀请其他的宗教人士就一些讲题做一些讨论，也不多，题目大概都是文化的交流。他们的做法跟我们不一样，大家没有多大可交流的。

李：大家现在都在争取信众，基督教比较大，道教是不是比较弱势? 跟佛教比呢?

周：道教比较弱势，跟佛教比也弱。佛教每次办活动，都能聚集比较多的力量。一些佛教明星能够吸引很多的中高层的人士。我自己觉得还是形象的问题。和尚都是剃光头，给人的感觉不大一样。道教信徒的话，跟普通人都一样。一般人看和尚都认为他们是出家人，他们应该舍弃了所有的钱财、家庭，尽管实际上可能不是这样。感觉和尚都是方外之人、高人，一种尊敬油然而生。所以形象很重要。

李：现在青松观的神职人员一共有多少人?

周：专职的五六十人吧（包括灵骨的管理人员）。我之前提议，每年过年的时候，青松观的全部机构人员吃饭。每一年要开六十桌，每一桌十二人。一共七八百人。

李：从全真教自身来说，你们自身有没有什么愿景？

周：我们当然是希望能够吸引更多的信徒，愿意到庙里来。但是道教可能更多是一种无为的宗教。如果这些信徒都来了，我们是要让他们都成为道士，还是以道去为社会服务？说实在话，有时很矛盾。如果全来了，来这里学习，庙里也装不下。我们衡量道教的意义在于希望大家都能发善心、做善事。做善事是为社会服务的，为社会服务的时候就要走到社会上去。

李：有没有考虑建立自己的义工团队？

周：其实我们也有义工团队，有几十个人，人数太少了。目前来说，我们有很多工作要紧接着做，但是义工都是空闲时间来做的。照顾老人、病人的服务，是有的。发展义工我们要考虑很多问题，比如说保险的问题。在大陆的义工可能好组织些，但是在香港就很难了。我们在这方面的力量比较弱。社会上也有人会愿意，但要组织这个义工团队，也需要专门的经验。我们也需要培训、岗位的安排，不能说来人了马上就上岗做工作。他们也不可能长时间地工作，除此之外还有一些替补的工作，管理起来非常非常麻烦。

李：那发展居士呢？

周：有的，侯爷走了之后，我们也是这么做的。有很多来的人，有兴趣学道的，我们会先安排在道教学院，学一点基本的。如果兴趣很浓厚，就会有入道的仪式。所谓入道呢，就是要通过扶乩，得个号，成为道教徒。这个是自愿的，自己求的事情要为自己负责。每一年我们都会安排这些人在年底的时候，进行一个入道的仪式，正式成为道教徒，成为青松观的成员。如果在接下来的时间比较活跃的话，我们就慢慢把他们吸引成为会员。

李：佛庙的居士对和尚的要求非常高，道教有没有遇到这类问题？

周：这个问题道教比较少，因为道教对道士的要求没有那么高。居士们也理解。

周和来先生访谈二

地点：香港青松观

访谈人：李大华，以下简称"李"

受访人：周和来，以下简称"周"

记录人：张慧、曾秋樾

李：我们谈谈你自己的宗教生活。比如说在庙里面从开始做什么？

周：就是做记录的，做扶乩的记录。很多年前，有一个信众他也是故意来问，他预先跟我说了，他觉得他上班的地方有很多鬼在搞他，所以搞得他工作也不顺利，老板对他也不好，就是这样，反正他觉得什么都不对。他来问怎么办，我说："你问乩吧！"他也不知道问的是什么，我在记录，他第一句说"盘前领符一道"，他就直接对着我们的神跪下来，我就在旁边做记录。后来我一看，原来他自己就领了，他自己还不知道，他就自己在抖，在颤，他的手指在这样画一道符一样。

李：他还没有问，就自己开始画起来了？

周：在空中画的，还不是在纸上。

李：你怎么记录？

周：我记录不了，他自己已经领受了。没东西，他自己画了，反正他就是不住手地在画。

李：他画出来的是不是符？

周：不知道，因为他在空中画的。就是对着神，就不自主地在动，停下来以后我说你自己已经做了。我看着他做的整个过程。

李：扶乩是很有意思的。

周：很有意思，像我们之前一些前辈师兄，他们是要开新的店，需要招牌，就请祖师爷赐他一个招牌，他这个店叫什么名字，请祖师爷写这个牌匾。我没见过，我曾经见过的一次跟他们说的不一样。从天花上吊一个笔，纸张准备好，边上杯盘墨。先请问，然后就去拿着这个笔，沾这个墨，就给写好了。

　　李：台湾那边有几个做鸾生的。她说是这样，她在那边做扶乩的时候，觉得意识被占领了，被另外一个神灵所主导。被占领的时间有多快呢，说是万分之几秒。

　　周：那很长了。

　　李：她一旦做好准备，那个主导她的过程就是万分之几秒。她自己写过什么东西也不知道。有一对孪生的姐妹，小孩自己不知道，扶鸾时写出来的字小孩自己不认识，因为一些古字她不会写，但是能够把那个字扶乩出来，很有意思。说说你自己的宗教生活，比如说从做记录秘书开始，要你担当庙里的什么角色，包括自己做不做早晚功课，斋不斋戒。

　　周：每一个人进了青松观这个门，就要入道，走入道门。过程是这样的，首先有一个，我们叫求道表，就是这个入道的方式跟我们全真派不一样。

　　李：这个很有意思。

　　周：全真派讲究的是我们叫拜人师，因为全真派有一个传承，就是你到一个庙去的时候，你只是作为一个学童，学了一段时间，可能是一年，两年，要是有一个你心仪的前辈你可以要求他当你的师傅，你去拜他，又或者是有一些前辈觉得这个小娃也不错，你来拜我当师傅吧，这也有。

　　李：双方选择。

　　周：双方选择，有的时候可能不对眼就不是。能对上的，那时候才能算是正式拜了师，才能算是正式的入了道门，不然还是学徒。如果拜师傅了，全真派的方式就拜人师，就这一个真正的师傅似的。我们这里呢，进来求道拜的是吕祖。拜吕祖，在扶乩的时候，他就会赐你道号。

　　李：这个赐道号不是师傅赐，是通过扶乩，是吕祖赐一个道号？

　　周：对。

　　李：但是这个道号不是有辈分的讲究吗？

周：我们也有一个传派师，全真派也有的。从一人观开始也是师爷，也是通过扶乩定下来的道派，每一年一个，所以我们从青松观开始到现在用了六十几个。

李：每一年一次？

周：每一年一次，这个跟全真派的方式不一样。全真派的话，可能一个字辈，在我的师傅，比方说是"诚"字辈的，那么我就是"信"字辈的，因为它是至、礼、宗、诚、信嘛，那么可能从一个字辈传到下一个字辈可能需要很多年，所以可能几十个那一套传下去呢，可能用一百年还没用完，可是我们每年是一字，所以一共一百个字已经用了六十几个了，我们刚好用完的时候就是青松观一百年了，现在还差三十几年。那么我们就按这个数了，今年是到了这个字，也就是说我的道号之后，我的另一年是到"恩"的，祖师爷在这一年，扶乩的时候赐的道号只是一个字，我那一年就是"静"字，"恩静"。

李："恩"这是辈分，这个实际上是侯爷定的？

周：不是侯爷定的。

李：也是扶乩出来的？

周：对。

李：轮到再一次赐道号的时候，再一次有扶乩，有吕祖赐的字，也就是把前一个字和这一个字合起来就是这个道号，里面也有辈分关系？

周：也有辈分关系。

李：这个辈分不是严格意义上的全真教龙门派的那个。

周：完全不一样。

李：只是这个字的次序而已。

周：所以所有在青松观入道的道友，我们都叫师兄师弟，实际上也不会叫师弟的，全部叫师兄，不管哪一年的。

李：男的就是师兄，女的就是师姐。

周：女的也叫师兄，不叫师姐。

李：这是香港青松观的特点，这和国内的全真教是完全不一样的。

周：完全不一样。

李：因为国内是从哪个字，道号上面可以明确的分出辈分出来，他一个辈分可以有很多人，他不一定是每年有一个号，一个字，那样的话他们作为彼此之间是讲平等的。

周：实际上，现在全真派按它的字派去分辈分的话，也难说了。你看我们现在会长是法字派，要是按照这个辈分来说黄信阳是信字派，至、礼、宗、诚、信，崇、高、嗣、法、兴。

李：那黄信阳的辈分应该比"法"辈分要高，是不是？

周：因为在一些边远地区，他们的道友可能不多，可能要隔很长的时间才有一个人来拜师的，你看我们现在东北的，辈分都很高的，长白山有"礼"字派的。已经过去了前两任的会长付元天，他更高，是道、德、通、元、静。

李：他这个辈分或许不是很严格。

周：主要因为他们在不同的地区，有的地方呢，他来办事的人比较多，像在一些大的城市，可能每一年都有好多人。几年这个人已经升级了，他也收徒弟了，再过几年他的徒孙也收徒弟了，他传的快，可是在西北、东北这些边远地区，好长时间才传给一个人。

李：20 岁开始收徒了，到 80 岁还在收徒，所以是一个辈分，就是这个问题。

周：在全真派里面，按照它的辈字，就说谁辈分高低，这个也不现实。我们香港道教的接替还是比较简单的，不管哪个地方，肯定有不能犯的事情，三规五戒一般比较遵守。

李：还是有个戒字在那里，全真清规守到什么戒？

周：不好说，在香港道教界，怎么说呢，整个香港基本上来说，我们都有一个规矩，都不吃牛肉。

李：这是什么原因？

周：我想，这个可能是从前，因为在香港整个道界，基本上最早，尽管还是有像蓬瀛仙馆它已经在香港扎根七十多年了，可是因为那个时候实际上是一些老板想在教外搞一个地方，他们周末可以打麻将的地方，最早是这样，不是一个真正的一个办教的地方。可是后来青松观侯爷在香港树立了我们所谓的全真派的科仪的时候，才有了这么一套科仪的规矩。在这之前，因为所有的这些庙宇，他们前身大部分都是从大陆来的，新中国成立前，都是在广东地区的一些人。他们那个时候实际上不管是哪个庙，基本上都是三教的。

李：都是主张三教合一的？

周：我想，他们也不大理解什么叫三教合一，我常说的一个说法叫宗教的超级市场，就是这个意思吧。就是说那个年代他不懂什么叫道教，什么叫佛教，什么叫儒教，只知道我到庙里面拜一下如来佛、观音，孔夫子也可以拜拜，好像缺了什么也不全。所以我常说这个就像我们宗教界的超级市场的阶段。那么当然这个是好是坏呢？可能是适者生存吧。

李：它中间这个大致历程我知道，因为青松观是至宝台，至宝台已经不是严格意义上的全真教。

周：不是，都是三教的。

李：可能我要提这段历史，至宝台从广州传到香港之后，传到这边以后，青松观成为一个比较完整意义上的全真教派，实际上它经过了一个自我改造和更新的过程，也是包括清理门户，建立自己的科仪、斋戒、戒律。这个戒律其实我有个问题，虽然全真清规存在，我们又没守那个，但是"三大纪律八项注意"，总归有那么几条要守吧？

周：几条吧，一个呢当然就是我们传承了从前在岭南地区的清规，宗教徒的一个方式就是都不吃牛肉。

李：都不吃牛肉，这个传统从广州过来的？

周：从广州，是两个方向，一个是传统，可是最早的时候，可能是不是儒教里面有这么一点，我猜想的就是因为好像是在民国吧，民国的时候常常有这种关联，就是说要是我们把牛都吃光了，种田、下田的时候（就没有办法了），那个年代没有拖拉机，你要了解，牛是人类最大的一个生产工具。

李：现在还守不守这个？

周：我们还是不吃牛肉。不管什么地方，我们都是。

李：你们吃羊肉，不吃牛肉？

周：羊不下田。所以我特意说一点，你千万要让所有人知道，现在接待香港道教界千万别吃牛肉。圆玄也不吃，蓬瀛也不吃，香港所有道教界都不吃。他们也是跟我们一个系统的。

李：这是一条，值得我们去考究考究为什么不吃牛肉。

周：当然有不是太理性的说法，是说我们太上老君骑牛，这个当然开玩笑了。我觉得呢，因为中国人就有这个特性，什么好吃的肯定要把它吃光。

李：这个东西其实对岭南人不容易做到，广东人啥都吃，这个不吃？

周：绝对不吃。

李：还有哪几条可以守住？

周：要是说全真清规里面基本上，……

李：出家是做不到的。

周：做不到。蓄发蓄不了。

李：这里边那总还是有一些的。

周：这个全真清规，是说呢，至宝台也好，早期的青松观也好，都没听说过有这么一个清规。

李：都不知道有全真清规？

周：那个年代肯定不知道，20世纪五六十年代肯定不知道。

李：但既然是全真派的话，全真派是要传戒，你们传什么？

周：你看，全真派有最后一个，新中国成立以前，最后一次全真派有传戒是哪一年？清朝时期。新中国成立以前，从民国往回去数，民国的时候没听说过有传戒的记录，民国之前就是清朝的时候，应该也是清末的时候，光绪年代好像还没传过戒。

李：现在大陆黄信阳在传戒。

周：那是新中国成立以后。

李：又捡起来了，现在就有问题了，不传戒的话就是传全真的度牒？

周：我们的度牒是从至宝台那个年代已经有的。这个是比较早的事情，应该说全真派一开始已经有这个，那个时候说四方云游，清规里面最早的时候就是说云水道士要去挂单的时候，他身上一样要有的就是度牒，就是说这个不是现在的事情，这个肯定是全真派，可能一开始说没有那么严格，但是我们要想一下，全真派刚成立的时候，祖师爷在山东收了很多的信徒，后来呢，他羽化以后，马丹阳他们几位也一直在全国到处去公开道场，有纪录那个时候好几十万的信众，他们怎么去分辨呢？他究竟是真道士假道士，那个还是有度牒的。

李：度牒作为凭借。

周：作为身份证吧，所以度牒我估计最晚是元朝的时候，所以度牒本身只是其中一样，当然后来必须通过传接，才能正式成为一个道士的，这个应该是后边一些制度上的。

李：这个东西有交叉，我只是知道有交叉的情况。

周：回到我们现在了，这个度牒因为在至宝台的时候，创始人何启忠，他原来也是拜全真派的师傅，所以他也有度牒。

李：他是从广州过来，他是有这个度牒的？

周：实际上整个广州至宝台都是由何启忠开始的，他没钱，他就是找了几个老板，组织了六个老板，香港的老板，那个时候经常在广州、香港做生意的六个人，在广州由他们出钱，创立这个至宝台。实际上牵头人就是何启忠，后来因为广州要解放了，他们全跑到香港。在香港重新再创立就是青松观。何启忠原来也曾经拜了一个师傅，这个师傅是罗浮山的一个道士，所以他是"诚"字辈的。

李：你说何启忠是"诚"字辈？

周：对，后来就是说，侯爷按照这个顺序说是"信"字辈的。所以我们是"崇"字辈，这么样的一个理论。全真清规里面呢，很多都是对当时道士的一个道德上的规范。从青松观来说，入道，就是祖师爷赐号以后，我们还是按照自己行事的规律，在每一年的农历十二月初一，这些当年祖师爷已经设号的，在当年的农历十二月初一，要到庙里来正式拜师，行礼了。

李：赐了道号之后的每年十二月初一回来拜师，拜师其实是不是已经有的？

周：就是吕祖。

李：这是一个法定的程式，必须回来拜师？

周：对，就是正式的拜师，入道了，不能说好了，你是我徒弟，这个还没有办好正当的手续，正式的手续就是到祖师爷面前，念香，磕个头，我们所有的师兄前辈在一块见证整个过程，作为新的弟子的拜师礼。

李：那赐道号和拜师这都还是形式上的，形式就是宗教仪式了。那么你刚才讲，全真清规可能大家也没守，但是作为入围道士的话，你刚才说守的东西还是道德方面的东西。道德方面你们有哪几条要说出来的？比如不能奸淫，不能偷盗，不能害人。

周：我们每一戒，我们都要有我们的一些领导来讲讲这个我们道教的戒律，简单讲一下。

李：讲的时候没有说有哪些规矩要守？

周：基本上就是《初真戒》里面的最简单的一些，实际上很方便记的那种，三规五戒，这个就是你不是作为一个宗教徒的话，也实际上除了三规是肯定宗教的，五戒呢，是做人的基本条件吧，基本上我们能守住的。

李：总要有那么几条？

周：邪淫这个肯定不敢的，饮酒我们是节制的。妄语，尽量吧，就是不乱讲话，不偷盗等等。

李：这只是讲一讲，并不是说什么纪律？

周：这个也是纪律，你说是纪律，有偷鸡摸狗的人进了道门。

李：他偷了你也不知道。

周：那没办法，因为始终要讲究的不是拿一个很大的枷锁，把你绑起来，还是讲究个人修为，儒家常说君子要慎独，是吧。

李：非礼勿视，非礼勿听。这可能还是一个值得关注的宗教的问题。全真不是还有清规嘛。

周：是有清规，20世纪五六十年代，我估计侯爷他们不会知道，可能还没听说过有这么一个全真清规的事情。可能是后来到20世纪七八十年代，慢慢地到台湾去。那年代道友去不了中国大陆，去了也没看头，你想想 20 世纪六七十年代的时候，有哪个庙还敢放这么一个全真清规啊，放了也不白放嘛。这个还是后来才补上的。

李：这个有没有根据？

周：我估计的。

李：侯爷的资料有没有显示这一点？

周：我是 1990 年拜师，拜师每个人都要有一本经书，其中一本就是《全真清规》，我估计那个可能是 20 世纪 80 年代才有的东西，从前没有。因为在至宝台的年代，就是新中国成立以前，20 世纪 40 年代，那个时候的宗教团体可能注重的还是在社会服务方面。你们可能没听说过，从前在广州或者是广东地区很多这些宗教团体，他们都很着重的就是做一些社会的公益事业，办学校、医院、托儿所，那时候不叫托儿所，还有公墓。因为那些年代医学不是很进步的，所以有很多人很年轻就过去了，过去以后有的可能是因为经济问题，可能连葬都成问题，所以那个时候很多社会上公益团体就专门捐棺的，捐墓地的，那个时候至宝台在天河地区有一个很大的墓园，广州天河地区，发展很大的。可是在宗教事物方面，我听说那个年代，他们的科仪主要还是佛教的忏。

李：科仪主要是佛教的大悲忏？

周：是的。

李：是什么时候？

周：至宝台，新中国成立以前的事情。

李：新中国成立以前至宝台的科仪主要还是佛教的？

周：整个广州都是。你到西樵的云泉仙馆也是这样，到南海的庆云洞也是这样，这几个比较大的，也传到香港的，他们基本上都是佛教的科仪。

李：这个有意思了，先天道这个系统主要是从清远那边传过来的，另外一个我看了香港传的前边的资料，清远是一支，广州是一支，还有西樵山。如果说新中国成立前大家都知道科仪是佛教的大悲忏的话，侯爷在重建香港的道教科仪的时候，他借鉴的什么？

周：他们当然也有其他的，三元宫、云泉，还有庆云洞，这些他们也有一些是三元宫的科仪，像至宝台基本上没有。侯爷在香港重整这一大堆的科仪的时候，是通过从前有几个是西樵的，或者是三元宫的，再加上庆云洞的几个老道长，他们也是新中国成立以后走到香港的，通过请这几个老道长到这里来，拿着这些经，叫他唱一个多少钱。

李：这些老道长所知道的科仪，就不只是佛教的。那就是很多道教的科仪都是通过他们知道的？

周：通过他们。

李：我只知道侯爷是重整科仪的，三元宫和西樵山，但是我不知道他是怎么去重整的，因为以前是有佛教的东西在里边。

周：很早的时候，就真的只有佛教的东西。这一段可能很多文字还没有记录，那个年代有几个老道长呢，侯爷当时是请他们过来专门教这些。这地方插入一个问题，大概广东南海有一个叫庆云洞的你听说过没有？

李：我去过。

周：庆云洞在南海那个地方叫茶山，在山上有一个很小的庙。

李：在沟里面，现在也有一点规模。

周：那个规模是我们给了五百万的支持。在南海的庆云洞，它也是在新中国成立前，因为他们发展的也不错的，他们派了一部分人到香港，到了香港办了一个坛，就在中环，叫通散坛。然后他们也派了一些人，在20世纪40年代，也就是可能是第二次世界大战结束之后，可能甚至更早一点，他们也派了一些人到了那边，在那边也发展了，搞了一个叫庆云南院，在越南，也发展了很多慈善事业，有医院，有学校，很多，我都看过。这个庆云洞，根据他们自己写的历史，他们从前只是一个很小的地方，在1915年广州曾经发生一些大的水灾，把整个南海、佛山地区淹了，那个年代在整个广东吧，最大的庙就是三元宫。过去庆云洞的人自己不会念经的，只是修道的一些人。后来当然他们的人也多了，这些人都只是有兴趣搞一些慈善事业，不会念经的。每一年他们都要找三元宫派一些道士到他们那边去念经。后来他们可能发展起来以后，就会觉得，我们每一年要请人来，不方便啊。正好呢，这一年在广州水灾以前呢，他们也是请三元宫的人过去念经，念完了以后就是水灾，结果三元宫道长说，现在水灾我们带来的经书先不拿走，我们先回去，结果他们就回去了，东西就放在庆云洞。

李：所以庆云洞就有这些东西了。

周：那个年代没有复印机，没有摄像机，没有录音机，他们就找一些人，每个人负责抄写一本，全抄好了。抄好了以后全放回去。水灾过去了，他们就说，因为他们在山上，可能淹不上，还是再请三元宫的法师们过来，再念经，叩谢神恩。然后他们就派人看着他们怎么做，记录下来，又找一些人记录他们怎么唱。他们就这样记了，记了以后再想办法，记完了以后呢，庆云洞就有了一套，我们现在说法叫"剽窃"，"偷学"了很多，中间有了很多我们要念咒，哪个地方要画符，他们完全不会的，就是做个模样，经验有了，怎么做基本有一个概念，他们以后慢慢地自己排演以后，下一年还请三元宫来，又加深他们的印象。

李："偷学"两次。

周：这样过了好几年，他们也会了，结果他们派一些人到香港创坛的时候，也有一些人随他们过去，到越南也是这样。所以呢，到后来他们整个回来，新中国成立以后他们的人就都回来了。他们也有一些懂的人，唱的人，三元宫自己也曾经派了一些人准备到香港成立一个分坛的，他把很多经书都拿到香港，寄存到当时一个小店里面。后来这个店要关门不做生意了，这些东西因为新中国成立以后他们跟广州已经没有办法联络了。结果怎么样，由于他们跟蓬瀛仙馆比较熟的，就说这里有三元宫的东西，现在我们不做生意了，就给你们吧，放在蓬瀛仙馆，就是他们的经书法器，一大堆。因为有这样的关系，后来20世纪50年代有一年侯爷在蓬瀛仙馆住了一段时间，他们知道侯爷是从青松观来的，也认识，就说从前三元宫有一些经书在这，我们都不会，你来看看吧，结果侯爷一看，就是我们现在基本上用的一大堆。

李：那批经书呢？

周：现在还在蓬瀛仙馆，据说还在。从前听他们说有些人说他们看过，结果就是那一段时间，侯爷接触了这些经书，20世纪50年代比较早的时候，拿来以后也没有用处，不知道怎么做，不知道怎么唱，后来也是因为接触了从庆云洞来的一些老道长，这样合起来的。当然还有另外一批人，就是云泉仙馆，他们也是新中国成立以前，经常到香港的，也是他们在澳门设立了一个点，也准备在香港设立一个点，实际上已经有一个点在了。可是因为那个时候在香港，跟那个年代的所谓的省港澳水陆交通比较繁忙，那个年代就有一些行业衍生了，那个年代像现在的一个商店，他做的生意就是你在广州的，需要买什么东西可以捎一个信去，说我哪天回到香港你给我去买什么什么，买好了，多少钱来了，我就来把这货拿走，到船上运走，所以都是在靠海边的码头上的一些店。当时有一个店，这个老板姓吴，他就是因为这样的关系跟西樵，就是广东的人熟了。因为他们这些人来往多了，他们就在香港买了一个地方搞这个观，需要什么东西，他们都是通过这个商店姓吴的帮他做联络，有的时候需要钱，可能是寄到这里来，为他先寄存，他来的时候把这钱提走再去搞。新中国成立以后，他们不能来了，所有这些东西都是姓吴的给他去管理，这个姓吴的就是现在这个观的老总，吴耀东的老爸。所以广东的云泉仙馆他们实际上有一些借据在手，就是说当年你们的钱都是我们寄存在这的，我们要提走，他就很不乐意，曾经因为这个事情还闹过很多矛盾。云泉仙馆他们当然也有他们的一套传承，他们也是全真派的，跟三元宫的差不多。所以那个时候呢，侯爷在重整这些科仪的时候，也有庆云洞的一些事情，也有这个吴耀东参与其中，他也因为参与这些事情，也懂一些。

李：后来这几部分都被侯爷用上了。

周：都用上了。

李：西樵山是通过一些老道士来唱，西樵山不是原来抄写了那些经书和科仪吗，大部分还在吗？

周：我没见过这些。现在西樵山的冯腾飞他的师傅就是原来的老馆长，他可能还有一些。像庆云洞这些资料他们都有的，他们自己关于自己的事情。为什么庆云洞重修的时候我们会给那么多钱，就是因为香港的通散坛那个年代是他们来弄的，1993年的时候，他们说庆云洞要重修了，希望侯爷帮他们一下。那一年我们就跟侯爷一块去，看完了以后，结果我们给了五六百万，他们才给一百来万，整个修起来。

李：候爷最早也是只知道有这个佛教的大悲忏，其他的他也不懂？

周：他也不懂。

李：其实他这个重整的过程也是重新学习的过程？

周：重新学习的过程，他从前也不会。

李：这个不简单啊。

周：所以他曾经去学佛教的那套科仪。

李：但是他这一套东西，音韵他是懂的？

周：他懂，他都是有高功的，我们这套基本上都是他传的，都是他教的嘛！

李：现在回过头来说，你们现在把香港的这一套科仪和内地的全真的科仪比较，有什么不同？

周：完全不同，大陆基本上现在很多地方有不同的色彩，我们有所谓浙江派的，也有陕西的，等等，都有不同，尽管说是一样，其实是不全一样的。

李：那仪式上呢？

周：仪式基本上没分别，可是我们在香港的这一套，跟他们就很大分别，也落了很多东西。比方是什么呢？因为我刚才说了，就是说庆云洞，他们都是，他会那个模样，但内涵全没了。候爷那个时候也不知道有那么多东西。他知道有一些要画符的，要念咒的。

李：不知道符怎么画？

周：有一些真的不知道。在1993年、1994年，有一次我问候爷，我说，现在我们基本的都写完了，好像经文里面还有很多，好像我们还缺了一点。候爷也厉害，结果我们三个人去拜闵爷，把我们原来经文里面有的，可是我们从前不知道的，重新学回来再补回来。

李：闵爷是高功啊？

周：他是著名高功啊。现在全真真经这个书，现在由他重新去唱，重新记谱，重新摘录下来的，从前老的全真真经，只有我们的谱，就没有音乐的，没有旋律的，全部都是凭他的记忆唱回来的。

　　李：他和付元天都是一个承上启下的人物，经历了新中国成立前后那些事变。现在青松观这一套的东西被印出来了吗？

　　周：没有印出来，因为实际上里面基本的东西都印出来了，所以我们就不用了。

　　李：那不是跟它不同吗？有不一样吗？

　　周：只是在程序上不一样，就是次序不一样，内容上基本上都是全真派的经。

　　李：但是我关心它们不一样的地方，关心香港全真教不一样的地方。

　　周：我是这么一个想法，我们的这一大堆东西，基本上都是全真派的东西，我们有的肯定原来都是有的，我们没有的，全真派里面肯定有。我们做的不一定对的，闵爷学回来的肯定是正确的。当然有一些是他们从前不理解的年代，中间不是我们这样做的，你愿意怎么做就怎么做吧，就是我们心里明白，有一些呢为什么这样做，做的过程是怎样。因为这个我们就按照现在还在用的一套传统。

　　李：候爷他在重整的过程中有没有根据南方香港的，他是有意识去给的，是不是没有提到这个东西？

　　周：那个时候只能这样说，第一个，在广州已经在流传的一套，跟北方的全真派在做的，已经有很多的差别。民国的年代，就是 1920 年、1930 年、1940 年的时候，在广州的所谓的全真派做的一套，已经跟北方的不一样了。新中国成立以后这些人能留在香港的也不多，有这么几个人，反正能挖掘出来，能记录的，候爷那个年代可以说是全做了，也就是说不管做的说的，他们的年代就是这些。因为我们的年代重新印证它的时候，发觉基本上不一样了，我们只能说是我们心里有个底，究竟有没有这回事，可是你要让他们全改，很困难。

　　李：这个经，这个内容，以及唱法。

　　周：对，唱是无所谓的，就好像回家讲的是家乡话，你到外面讲课的时候用普通话，到了这边必须讲普通话，这个我想是无所谓的。有些人说我们这里用上海话，你在香港要超度念经能听懂吗？我说那你去问基督教好了，他们所有的经文都用英文的，来到这咱们全是中文的。实际上我觉得我们宗教徒呢，应该有这么一个想法，有可能在天上的他们的"父"，我们的"主"，是什么神，他们的阿拉什么，反正可能都是同一个人，天上就这么一块，他对应你的时候，跟你用中文，对应他的时候什么阿拉伯，什么印度，反正什么都能行。共同的神，能在不同的环境之上出现，反正都是一个事嘛，就是一个善字，我们叫以善为终，以善为终止。

李：现在回到这个问题，就理解来说，我们知道这个西方基督教是新教不太注重宗教仪式的，特别简单。天主教的宗教仪式非常复杂，那么全真科仪这一套实行起来其实是很复杂的。

周：算是。

李：这一套宗教科仪对道教来说，就全真教来说，它当然是历史的产物了，我们放在现代这个社会就是历史产物。这一套传统在现代社会，它有什么样的重要性？比如说如果我们是拿基督新教的历史来反思，天主教是一套，天主教这套仪式是很重要的，新教徒说我不用这套仪式，很简单，直接面对上帝，我祷告就行了，我分享经历就够了。那么从你的角度上来说，这一套科仪在当今环境下还起什么作用？

周：我做这么一个比方，最近香港教育界在探讨一个事情，我们现在香港的高中，学生可以选科，当然文科有一些科目是必选的，理科也有一些必选的，可是唯独有两科现在基本上没有学生愿意选的，一个是中史，一个是西史，中国历史跟西方历史，都不愿意选，所以这两个科目基本上可以说是完蛋了。有一句成语，叫温故知新是吧，我们不能数典忘祖啊，当然什么叫数典忘祖呢，他们可能真的不知道了。不知道过去，你怎么能够借古鉴今呢。全真派的科仪有它的一套基本的传承，这个传承里边，实际上是有很多的智慧结合在里面。要是我们说，这些都不重要了，我们只需要到祖师爷面前磕个头，烧个香什么事都能解决，好像呢，这个怎么说呢，这就是天主教跟新教徒的分别。

可是刚才一开始我曾经说过，我们作为一个宗教场所，实际上很多时候，我们必须要扮演一个角色就是作为一个心理医生，这个作为心理医生的过程，你要是说我现在给你做一个心理分析，你的想法里面呢，这样应该怎么怎么怎么样，完了以后呢，这样就好了，想通了，回去干活。人家就想，我究竟是到庙里去了，我还是到医院去了？到医院去还要看到几个医生，还要打个点滴，这样我就觉得很踏实，药到病除了。你来了庙里的话，没有一些宗教氛围的话说不过去，尽管我见他的仪式，有的时候是为了承传而做。

李：其实你谈到的这个问题非常重要，我们不能数典忘祖，不能忘了它的传承，这是你谈的现代性的问题。宗教的场所，它需要一个氛围，宗教的氛围，科仪就是一种方式，你接着说。

周：当然科仪可以很复杂，可以很杂乱无章，反正他们都不懂。他们只看到法师在舞动，这样敲一下，那样敲一下，这样回来我喝一口水，到那个里面照一张相，看着浑身是汗，这个是一个方法。当然我们有一些基本的规矩，比方说像全真的科仪里面有一个可以说是科仪之王，复杂的程度呢，是没法说的，要拜玉皇大表，这些科仪里面要求很严格，步骤也很多，我要呈玉皇大帝一个表，祈祥的，祈福的，在道教的信仰里面，玉皇大帝专门管天上地下，无事不管，什么都是由他来办，他说了全都算，所以他是至高无上的。你想想看，但是你要经过多少的程序。

李：就是要走这些程序？

周：走完了这些程序你才能做这些事情，你可能听着这么简单，我跟你说，我是从一个很科学的角度看这些事情，所以我说尽管我是一个信教徒，可是我看这些事情，要是不能用一个科学的方式、很理性的方法去解释它的话，我自己也过不了自己的一关。所以我说这个里面实际上科仪有它的一些特性的方式，我们也会按规格去编排，编排完了以后，让大家都觉得这个是一个很庄严、很隆重的事情。但是其他的不能说是简单化，而是我们必须让大家都了解，就是这样一个事情。

李：你说哪里？

周：茅山的。

李：就是说，这是一个科仪它存在的理由，为什么这么做。

周：这是必需的，我觉得也有这个必要，可是不是每天我都要做一遍？

李：那倒是，有一个问题，因为你做道场有时候也是会应信众的要求做一些事情。就是从科仪这个形式来说，就它的必要性，我想你谈谈这个问题。是不是这还是一种主要的方式呢？保持跟信众的这种关系，比如是老年人和年轻人，老年人他会觉得科仪这么复杂，这个是郑重其事地和神相通的事情，或者说不是神一唤神就来了。年轻人会不会也是希望这样，老年人跟年轻人在这个问题上，他们的理解是怎样的？

周：我想是这样，还是回到我刚才曾经说过的一点，一般我们说没事人是不到庙里去的，去的肯定是有问题的，到庙里去肯定生活当中出了什么问题，求心之所安也好，或者自己身体上有什么不对劲也好，或者心理有什么问题也好，反正到庙里来求，我们定性为这个，就好解决了。

李：也就是说，不论老年人还是年轻人都是这样的。

周：我们实际上每一年只会搞一次的，就是农历的正月初三，我们在这里，就搞一个叫赞星转运的活动，所谓赞星就是称赞的赞，赞星，星斗。

李：赞星转运。

周：这个活动里面，我们大概前面还是一般的科仪，唱的念的，完了以后领着这些信众，就是走我们布的一个坛，象征的意义是走了之后，他一年的运气就转好了。每一年来的有接近一千人，他们每一次都很耐心，因为我前面一大圈要进行一个小时。他们很耐心地在等，看着，打个比方我们叫解开他的心结，我们也有一些互动的位，当然那个地方他自己要去弄一下，相当于就是什么冤仇也解开了，什么心中的结也解开了，这些人他们很乐意在这里等，做这个动作，跟着我们一块转圈，全部，老的少的都是。

李：老少比例呢？

周：年轻的还多。

李：年轻的女孩多还是男孩多？

周：差不多吧。那么我们每年做这个活动，来的人都是这么多。也就是说与他自己有很切身的一些问题，他们是情愿你多做一些，他感觉到你是很隆重地在做一些科仪。

李：要多做一些才转得出来。

周：所以每一年有这么多人在这里。

李：每年一千人参加的话，香港这么大，很多年轻人。我说现在每年正月初三设立一次，一千人，那香港年轻人，就是说年轻人吧，有多少人有这样的问题，你只做一次，能解决问题吗？

周：是这样的，你多了也不值钱。

李：但是不只一千人有这个问题。

周：所以呢，我们除了这个以外，每一年他们缴费50块钱，我们给他做。每一年我们都有做一个叫斗期，叫礼斗，每一年都有很多天的，他们要觉得今年自己的运程不好，今年的运气不是很好，那么就可以把他的名字写下来，做这个登记，我们就每一年都会为他做。

周和来先生访谈三

地点：香港青松观
访谈人：李大华，以下简称"李"
受访人：周和来，以下简称"周"
文本整理：卢泰然

李：请谈谈侯爷与邓九宜两人的关系。

周：邓九宜是青松观第四代的弟子。我们所谓的一代就是每一年分配一个支派，他是第四支派。"九宜"是他的道号。青松观的传派诗是"紫云绕九龙"，他是"九"字派。从这可以很清楚地看到，他是在青松观开始后第四年进来的。这个时候，也就是侯爷参与青松观事务第二年或第三年左右，他大概是 1952 年左右参与青松观事务的。这个时候青松观正在发展，科仪方面的事情，有很多东西还是刚刚起步。大概就在这些时候，有几位三元宫的道长和那个时候的庆云洞（南海茶山）的一些道长（庆云洞实际上是香港通善坛的根），那时候有到青松观来教侯爷一些科仪，我听侯爷说，那时候还是要给钱的。这个钱我估计还是青松观出的。所以肯定不会是侯爷一个人自己在学，还有其他当时在青松观里面的一些叫理事也好，或者说有参与这些工作的人一起来学。所以，你说他们两个人的关系，我觉得是同学的关系多一些。

李：他们之间没有师承关系？

周：应该没有。没有师承关系。

李：对，其实我考虑过这个问题，无论是邓九宜去传承科仪，还是侯爷教大家科仪，其实都是从青松观出去的，这个问题不是很大。问题是，后来侯爷搜集了很多科仪并教了科仪，那么邓九宜当时学的科仪，也就是现在包括圆玄他们学的科仪，和侯爷教的那一套有什么不同？

周：只在口音的不同。因为邓九宜应该是台山人，乡音很重的。邓九宜的徒弟不管是原来哪个地方的人，只要跟他学的话，一定要学会他的乡音。可以说，到了今天，我们一听念经的有这个口音的，就知道是邓九宜的徒弟。

李：有个说法，就是现在香港的科仪，基本上是由青松观这里教出的，但是这里头分两派，一个是侯爷这一派的，一个是邓九宜那一派的。

周：可以这样说。实际上，有很长一段时间，邓九宜都是青松观的理事。据说后来是因为大家的一些路线的不同，邓九宜就离开了。离开以后，他就到外面其他的坛、庙去教。那个时候也正好是香港有很多新的庙、坛要开始，他们也希望有一些经帙的来源。最直接的就是做道场，可是他们不懂，需要人来教，正好邓九宜出来了，就把他请过去。有好几个地方，那个时候有云鹤山房、竹林仙馆。而圆玄学院实际上不是邓九宜直接去教。应该是邓九宜的徒弟，或者是侯爷的徒弟去教。圆玄学院的科仪最主要的负责人曾经在青松观学道，他有青松观的道号，可是他学的不是侯爷的，但说他是侯爷的徒孙辈也是合理的。在侯爷以前，香港可以说基本上是没有我们现在用的这套科仪。

李：怎么讲？

周：那时候基本只有这一派的道士在香港。是青松观建立以后才慢慢把我们现在所谓的香港全真科仪开创出来。而在那时候，香港第一代坤道的高功也是侯爷去创立的。

李：侯爷与邓九宜之间的关系你应该比较清楚。

周：其实我也不太清楚。但可以说他们两人没有矛盾，据说是路线的分歧。

李：这个其实也正常。问题是邓九宜出去传的科仪在内容上与侯爷的没有区别，只是在发音上、唱法上的区别？

周：唱法上的韵基本是一样的，经文也是一样的，只是在有些字上邓九宜加了乡音进去，尤其是在高功的念白。高功白文是由他一个人唱的，在这过程中他有一些很突出的个人乡音的表现。

李：当他和侯爷一起还在青松观的时候，科仪的本子侯爷还在摸索的过程中，包括唱法上的。我听说侯爷应用不同的唱法不断地录音，录下来以后哪个准哪个不准，由侯爷自己来定夺，就是说在唱法上是精选过的。

周：实际上我的理解是，有很多人，包括邓九宜，在唱的过程会跑调，音乐感不强。侯爷在这方面比较灵敏，他能从唱的过程中听出有没有跑调，从而要求改正。侯爷在音调方面的要求是高一些。像梁德华在 70 年代想来跟侯爷学，侯爷说那先听你唱一段，听完了说你还是先回去练习。

李：那梁德华究竟是跟谁学的呢？

周：他实际是跟蓬瀛仙馆的一位老前辈叫关秋（曾经在蓬瀛仙馆起了一定作用）的女儿（学的）。关秋从前在粤剧的行当里面是当衣箱的角色的。所谓衣箱就是负责服装的。因此他与唱粤剧的老倌有一定的关系。因此他曾经把一些老倌引进到我们道教界。关秋的女儿关开应该也是跟邓九宜学的。

李：这么说梁德华也是跟邓九宜学的？

周：邓九宜系统。

李：我想理清楚侯爷与邓九宜在香港科仪方面所起的作用。

周：因为侯爷整个摸索学习的过程邓九宜也在，邓九宜也是同样的在学习在摸索，因此他们所做的基本上是接近的。后来邓九宜离开后，香港的全真科仪是真的有一点分别。在哪个方面呢？或许在功能上。因为邓九宜当年出去的几个道坛资金都不是特别充裕，除了蓬瀛仙馆。他们都需要从这些方面去增加收入，主要的是做度亡法事。因为那时侯爷在青松观已经带起一个风气，除了正一派的道士以外，还有另外一批所谓的道士吧，实际上就是用全真派的科仪。当然还要加上释家的，就是那个年代还流行佛教居士的诵经，他们也有在殡仪馆的度亡法事中出现。可是他们不是以正式出家人的身份。那时和尚也不多，佛教的法事主要还是尼姑。可是尼姑以外正在起步的就是居士，到今天还是有的，可是也已经减少了。刚才所说的功能上的分别，邓九宜教的大部分是度亡科仪，他们这方面发展的比较多。他们需要收入来源，参与这些法事的话他们有一定的收入。可是青松观除了度亡法事外，侯爷还全面发展。因为度亡法事我们称为阴事道场。

李：与阳事道场同时进行？

周：阳事道场青松观发展得比较全面。到后来，可能是 1953 年吧，哪一年我记不很清楚了，侯爷到蓬瀛仙馆住了一段时间。实际原因是青松观有一些理事对侯爷不大理解，觉得不一定需要他，那么侯爷就离开了。有几个月侯爷离开了青松观，那时候正好是关秋在蓬瀛仙馆。按蓬瀛仙馆的说法是 1953 年侯爷到那住了一段时间，大概是几个月吧。侯爷在那边就教了几个对科仪有兴趣的礼师，其中梁德华的父亲可能是其中一个人。就在那段时间他们想起了自己三元宫的一个担子，结果侯爷让打开看看有什么可用的东西，就这样侯爷应该是头一回接触了三元宫的整套的经本。因为有了这套经本，侯爷能够使用的科仪从这里就可以发展了。发展的过程，我记得最早我们也还有一点点不多的手抄本，那个年代没有复印啊，50 年代没有复印机什么的，拿着这点经本第一件事就是必须手抄。所以那个时候最早是手抄本，因为这样，侯爷后来找了一位毛笔字写得不错的人，我们现在所使用的大部分的经本的原文都是这个人手写的。最早的时候做法事只有几个人，大家也没那么多钱搞印刷，所以他们使用的都是各自的手抄本。到后来，估计到 60 年代，开始有一点经费也有一点捐助的时候，侯爷就把这些经本全都印刷，印刷后不管是香港的哪一个庙哪一个道坛，他们有兴趣的都可以来请。所以现在圆玄学院也好，蓬瀛仙馆也好，尽管他们经本上写着是自己的藏本，或者是他们哪一年印的，可是你看一看内文，都是青松观的原本手抄本。这个人的字就像以前木刻版上的那么漂亮。

李：是影印本，照相排版的？

周：是照相排版的。

李：那就是影印本。就是说侯爷在蓬瀛仙馆那几个月正好接触了三元宫的经本，就是香港目前最基本的东西了，当然我注意到他也从包括私家藏的和别人卖的那里收集了很多。那么侯爷在接触经本之前也在教科仪，我看到从至宝台到青松观的资料，是没有表明科仪的情况的。

周：在至宝台的时候也有科仪，可是他们经本比较少，最重要的只有一本《吕祖无极宝忏》，他们那个年代不论什么道场都是以这个为主。也因为当年在广州时，有一些受佛家的影响，所以他们从前也有《大悲忏》这些加在其中。像《地藏经》、《大悲忏》这些，他们那个年代接触释家的经本反倒容易。道家的经本那个年代少，他们最早只有一部《吕祖无极宝忏》。后来通过扶乩出了一部《至宝真经》。

李：《至宝真经》后来也作为科仪本子来使用？

周：我们现在有用的，在一些大型的法事里面也会加上这一段，诵《至宝真经》。

李：用的还是同一个调？

周：可以用我们常用的一些韵补进去。基本上我们都有用的。像我们每一年的清明以及中元法会的时候，我们都会把它加进去。

李：现在来看是从至宝台到青松观那一段历史基本是清楚了，只是从已有的文献来看，科仪谈得很少。谈的主要是祭坛和慈善事业，然后和地方政府的关系，至宝台在 1949 年之前的慈善已经做得很大。就是科仪部分谈得很少。

周：是的。

李：所以说那个时候主要用的是《无极宝忏》，而《无极宝忏》也是扶乩出来的？

周：不是，《无极宝忏》原来就是《道藏》里面的东西。

李：需要核对一下，有人说是扶乩出来的。

周：不是，应该不是。按道理说，起码是在民国期间，在广东地区曾经流行过的一个经文。

李：他没说是至宝台扶出来的。是说各道场也都用这个《无极宝忏》。问题是清朝什么时候扶出来的？

周：不敢说，因为很奇怪的就是在全真派常用的经典里面没有《无极宝忏》。收得最多的《广成仪制》或者是《庄林》？都没有。哦，《吕祖全书》是《道藏》的，《无极宝忏》不是，《无极宝忏》应该是清末民国的时候在广东地区流行的一个经本。有另外一个事情可以证明在至宝台的时候也是有科仪的。可能是 1915 年，广州有一次水灾。1915 年是肯定的，那一年是庆云洞挑选了三元宫的一套科仪，那是 1915 年。后来广州有另外一次水灾，结果是至宝台扶乩的时候祖师爷叫他们要用八卦坛的方式去做一场法事。也就是因为这样，这个八卦坛就从至宝台传下来的。

李：这个有意思。因为青松观这个系统开坛用的是八卦坛，这个传统是源于至宝台时期广州的一场水灾，然后吕祖乩示说要用八卦坛的这种形式。

周：这个不是我说的，实际上是《至宝源流》里面提到过这件事。

李：这就是青松观后来习惯用八卦坛的原因？

周：是。因为有个说法，八卦坛最大的功用在于时年不好时，有天灾时，用八卦坛最能显验。

李：关于至宝台的科仪，目前就是这件事情作为证据，没有其他的证据了？

周：嗯。

李：到了香港以后记载更多的也是祭坛的事情。

周：因为最初至宝台在广州成立时也是以祭坛为主。按照《至宝源流》的记载，当年至宝台的成立就是因为何启忠扶乩很灵验，所以后来聚集了一些人，就是"至宝七真"。各人出点钱，何启忠没什么钱，可是他有扶乩的能力。当时的大老板们觉得有事情来扶乩很灵验，觉得要是能通过这个方式为社会做一些公益事业也好，所以他们一起合办了至宝台。新中国成立以后他们这些人全都逃到香港。

李：有两个没有过来，一个叫罗气灵，他们夫妇俩没有过来。

周：另外一个是潘妙仪，他们都有一个牌位放在这里。这些人到了香港以后，他们聚在一起吃饭时商讨在香港建立一个坛，有什么不能解决的事情也可以扶乩问一下。因为这样就创立了青松观最原始的版本。

李：有个问题，就是在 20 世纪 50 年代的时候，包括吴耀东他们，那时称为道教科仪的"四大天王"，他们在道教科仪方面究竟做了什么？

周：实际上，我估计吴耀东在 20 世纪 50 年代的时候也就十几岁吧，不到二十岁。他父亲当时在香港有一个小店，这个小店当时起的作用就相当于一个物流中心、小型的银行，这种小店我们称之为"金山庄"。所谓"金山"

就是到美国、澳大利亚这些地方，从前都管叫"金山"。他这个店就设在西环，西环就是香港现在的港澳码头过一点。从前这个地方都是外地来的船卸货的集中地。他这个店以什么为活呢？新中国成立以前，香港的舶来品比较多，广州、澳门的人会来香港买货然后运回去。吴耀东父亲的店就是一个托运站。生意的来往多了以后，大家都熟悉了，有时想买一些小东西，又不想为此专门跑一趟香港，就捎信托别人买，所以会先拿一点钱放在别人那里，所以这个店就相当于一个小型银行，就是这个模式，当年香港有很多。那时西樵山的云泉仙馆也是因为这个模式跟吴耀东的父亲吴礼和往来熟悉。除了广州三元宫，西樵山云泉仙馆也是一个在广东地区比较有名气的一个庙，他们也想在香港设一个分坛。他们之间熟悉以后，云泉仙馆有很多事情都委托吴耀东的父亲去办，所以他们有一些钱寄存在吴耀东父亲那里。他们经常来香港做法事，吴耀东那时候还小，看着他们唱觉得很好玩。我估计别人做法事的时候他就在旁边听。道士们在香港除了做法事之外，没有其他消遣，所以吴耀东就跟着云泉仙馆的道长学习了一点，在旁边也听了一些。因此他是比较早接触科仪的一个人。现在我还需要调查的一个事情，是我一直以为广州三元宫和西樵云泉仙馆都是用同一套的科仪和经韵。

李：很可能是。我看他们也搞不清楚。西樵山这套科仪怎么来的？和三元宫有什么传承关系？都没有交代。

周：我正在从这个方向去理顺这个源头。能找到的资料告诉我，三元宫的那一套和云泉仙馆的不一样，就是唱的不一样。经本是不是一样我不敢说，唱的应该不一样。我想可能云泉仙馆的这一套和我们香港现在用得很接近。为什么这么说呢？我甚至怀疑南海庆云洞后来也改了，不再用三元宫那一套。因为他是1915年去"偷学"三元宫的那一套，可能用了一段时间以后，他们原来学的那些人因为年纪大了或其他原因，没有再带人去弄。由于庆云洞和云泉仙馆在地理位置上比较接近，我怀疑后来庆云洞的人曾到西樵山去学云泉仙馆的那一套。2002年我到越南时去了一个叫庆云南院的地方，是20世纪40年代南海庆云洞的人到越南西贡（胡志明市）办的分坛，他们也办了很多慈善事业。当年我除了去观光以外，主要目的就是去做科仪的交流。我那时发觉他们唱的和我们一模一样。我们还能一起配合，用的音乐基本都相同。而且不光庆云南院，我曾经去过另一个规模不大的道坛，叫永安坛，这个永安坛的根原来在清远。

李：这个永安坛现在在哪里？

周：在胡志明市。他们是属于先天道系统的。可是他们竟然也有去外面做度亡法事，唱的也是跟我们一模一样，用的同样是我们的经。

李：我问过游子安，他说先天道的科仪不开放。

周：他们没科仪。游子安去年找过我，说先天道永安坛上一代的几位住持羽化以后，他们几个年轻的希望过来学，问我能不能教他们。我说可以，你安排吧。因为她们都是女的，人不能太多，不然我不方便。我把细节安排好以后，她们又没来。前几天我问游子安，他说他们去潮阳跟先天道的老师学了（科仪）。他们是这样的，在先天道系统里，你要作为点传师，必须要由上一代的点传师把你"点"过了，你才合资格成为点传师。上一代的点传师在走以前不可能做这个工作的，不然两个人谁管谁呢，所以突然之间他们的领导羽化以后呢，他们没有这个宗教上的权力。所以他们必须要重新来学。跟我学科仪可以，但先天道那套点传师的传承我还做不了。

李：点传是传宗的问题，他们有一套自己的科仪吗？

周：都是比较简单的，一般都是诵《孝经》这一类的。他们到外面做阴事道场的时候用的主要还是我们这一套。我曾经在那边和他们一起交流，经本也是我们的这一套，一起唱的时候完全没问题。我来伴奏他们唱，他们伴奏我来唱。

李：还是全真的科仪？

周：还是我们香港全真的科仪。我们一般做法事的时候都要说明自己传的是哪一派的法。香港青松观用的是"全真演教宗坛"，可是白云观他们叫"混元宗坛"，龙虎山、茅山他们是"万法宗坛"，都有他们自己的传承的。

李：青松观也称混元宗派。

周：实际上是。但是下面的几个分支呢，混元的实际上是说我们都是跟太上道祖的法。所以我们第一句称"太上混元宗坛，全真演教真一不二法门"。这个自报门户的。我们这个实际是跟三元宫的。一说这句就已经说了门派了。

李：大家都称为混元宗派。

周：混元宗派是肯定的，因为大家都行太上法。

李：刚才还没有说完"四大天王"的事。

周：我刚才说了一点历史。吴耀东从小跟着当年云泉仙馆的老道长，在旁边听。后来三元宫、庆云洞的老道长在香港教侯爷，可能吴耀东也认识，所以就一块来。因此他也懂。那时候侯爷需要做一些大型法事时，吴耀东也被邀请为其中一个参与者。

李：什么角色呢？

周：他一般是当二手。因为很大部分他会唱，二手要领唱。所以从那时开始，很多场合都是由他领唱，侯爷几个当高功。

李：如果他学的是云泉的那一套，那还是属于全真的科仪。

周：应该很接近的。实际上三元宫有一部分也是和我们现在很接近的，接近不等于一样。

李：再问两个具体问题，能不能说侯爷具体是跟谁学的？

周：他跟很多个人学，每个人学一点。也有一部分是佛家的，因为他也当过佛家的高功，他们不叫高功。在早期，有几张照片里他上坛的时候穿的就是佛家的袈裟。

李：这个冠是？

周：这个冠现在还在沿用。

李：这个冠我看不是道教的冠。

周：是地藏王的，佛家叫毗卢。

叶长青先生访谈一

时间：2013 年 4 月 21 日

地点：香港九龙长沙湾元洲街 471 号

访谈人：李大华，以下简称"李"

受访人：叶长青，以下简称"叶"

记录人：曾秋樾

李：请叶先生简单介绍一下自己的状况，包括年龄、入庙前的世俗职业、经济状况等等。

叶：我今年 52 岁，入庙前从事金融行业，经济状况在香港来说，算是中产阶级吧。

李：如何开始接触道教？为何选择入庙？

叶：我一开始对中国的文史哲都很喜欢，因为对道教多多少少有所了解。不过早期并不是信仰道教。我以前是天主教信徒，小时候香港社会福利少，只有基督教会会派发生油、面饼、牛奶等食物。我小学、初学都在天主教学校念书。那时候已经参加了坚振礼，又成为了辅祭，还被神父点名来读经句，念圣诗。虽然中学搬家，离开那片小区，没有每天去弥撒，但是隔两三个月会去一下。

后来因为一些事情的影响，慢慢我对基督信仰产生动摇，最开始是看了老舍的小说《二马》，两父女怎么在英国生活，有一句话冲击了我："基督教主张博爱，为何坚船利炮来攻击中国？"

读完书后在银行工作，整天跟数字打交道，觉得心里烦闷。于是便去听听佛教的课，那时法住学会开了班，有讲佛学也有国学的课。法住学会拿了三百万港币（1986 年），由永隆银行赞助，请了老师置办了硬件，办起了国学。霍院长调集国学宿儒，开班招生 40 人，主要目的是为培养未来的老师。

我当时看到这个班招生，就报了名，过了几天被邀请面试。面试的三个教授问我："为什么喜欢中哲？"又给我泼冷水，说这个班只给师范的学生开，已经在工作的人机会少。后来录取了40人，只有两人不是师范类的学生。其中一个就是我。

听完这个班，蓬瀛仙馆也开了个班，其实是利用道教文化来包装的中国哲学班。上学的时间是周日的早上9点到12点。中午有免费的素午餐，下午则是兴趣班，比如说绘画班。这是1989年的事。过了不久这个班就停办。麦炳基先生还是觉得这个班要办下去，于是一年多后，他找到侯爷，说办就办，那是1991年10月，侯爷当院长，老师大部分是原班人马。

那时我接到一个之前同班学习的同学打电话给我，说："又有老衬（粤语：形容头脑糊涂、被别人占便宜的人）开班了！"但是我知道青松观在屯门，离我住处、工作地点太远了，就说那么远不去了，同学告诉我学习班在深水埗，我一听深水埗离我家和单位都挺近，于是决定去报名参加。

这个班由侯爷自掏腰包，条件虽然艰苦，但是还是办起来了。若没记错，从1991年10月到1995年5月，这个班的经费都是由侯爷自掏钱资助的。董事会议开始不支持，侯爷支持。到后来，大家都被感动了，才决定将道教学院纳入青松观。

道教学院周一到周五，晚上7点到9点，天天有课。上课前学生起立向老师鞠躬。同学们都会抢先到教室，因为早到的可以坐大班椅（老板椅）。教室设在会议室，课桌是U型桌，一圈坐三十来个。这些学生来自各个宫观，飞雁洞、蓬瀛仙馆、信善玄宫等等都有人参加。侯爷说只要是宫观推荐的都收。学生有一半都是其他宫观的。

李：可以谈谈你信仰道教的经历吗？

叶：我信仰道教的经历和侯爷关系很大。在道教学院上课时，侯爷天天来，6点在四楼用餐，7点到课堂观课。那时我们都是下班后来上课，很累，老院长在门后看我们。有的同学睡觉打瞌睡，同学提醒他，告诉他有人盯着他看。后来才知道那是院长侯爷。

我经常下完班没吃饭就直接到课室里，等下课再去吃饭。有一次侯爷问我，有没有吃晚饭，我说没有，侯爷就叫我往后6点跟他到四楼一起吃饭。过了一段时间，侯爷问我有没有时间出去走走？我跟他说"我打工的，哪有那么多时间？"但是侯爷还是坚持我跟他一起去台湾。于是在1992年7月份，我跟侯爷到台湾参加一个"道教学习暑期班"，这时候我才知道，原来侯爷在1991年就拿了1500万新台币在台湾办学。当时跟着侯爷一起去的有几十个人，在台湾待了十几天。1992年终，我开始跟他走了北京、上海、杭州、武汉等几个城市，这次侯爷到大陆除了跟道教界人士交流，还会到中央统战部、国家宗教事务局去。最后一站是武汉，我们在武汉机场候机时，侯爷问我们有没有什么感受？我们各自谈了自己的感受，侯爷又说："香港道教现在要年轻化，你们要不要学念经？"我们六个同学在侯爷的追问下，不情愿地同意了。于是在1993年初，侯爷开始办经忏班，每逢礼拜六开课，侯爷做主教，侯爷的大弟子麦先生做助教。有二十几个学生报名，都是道教学院的学员。

上了几次课后，要练习时，侯爷会点几个同学来做高功（主科）、提腔（二手）、表白（三手）。后来侯爷就一直点名让我来做主科。经忏班的课从周六下午3点到6点，上完课吃晚饭，回来再学。晚上时常练到8点、9点。我们都是诚惶诚恐地准备课，因为侯爷非常严肃。侯爷且常会突然打电话给我，问我一些上课的内容，甚至会在清晨打过来。因为侯爷要料理一些海外的观务，要照顾欧美时间，经常清晨起来工作。他有时五六点打电话过来，好在我夫人是护士，要早起，所以打电话过来的时候我夫人也已经起来了。有几次打电话过来，侯爷开口就问有没有练习好？会不会唱？马上就要求我唱他上课教的，我口都没漱，就咿咿呀呀开始唱起来。

到1993年5月份左右，侯爷就开始劝我皈依道教。我说我有天主教信仰，没办法。侯爷几次劝我，我也几次拒绝了。后来有一天，我在上班，侯爷打电话过来，很急地说："你马上过来，有几个日本信徒要皈依，我主持。"我跟他说我在上班，他让我马上请假，他还说了一句我到现在还记得很清楚的话："是就是，不是就不是，不要扭扭捏捏！"后来我过去了，也参加了皈依仪式，得道号"泽宁"。

当时的一个感觉就是拉拉扯扯给了个道号，其实心里并没有信念，当时没有了断。后来慢慢才发现没错，我就是喜欢道教，越古越中国越喜欢。我也反思为什么之前会信天主教，当时也没有仔细思考过信仰大事。且我这个人的性格就是比较这样，有人说道教是衰落、迷信和骗人的，我就偏要看它怎么衰落，我能为道教振兴起什么作用！

李：有什么样的感受或经验？是因为一些宗教体验才入教的，还是因为侯爷的原因才对道教有这样的情感？

叶：都有的。从 1991 年开始，我跟侯爷学习，不单是听，而且有看。为了道教、青松观的形象，侯爷外表穿的光鲜，但是里面的衣服是打补丁的。侯爷做善事都是上百万地给别人，但自己是山珍海味都不吃的。我自己皈依道教有个心路历程，我从小在香港长大，对自己中国人的身份认同有很多疑问。加上母亲急病离世，又跟侯爷到外面去见识了世面。这都是我皈依道教的一些原因。我皈依了不到一个月，就被侯爷吸收进入了董事局，这个时候有很强的使命感。其他道观与青松观不同，侯爷海纳百川，取贤任能，所以才有破格提拔我们。当年香港宫观道坛的董事都是跟家族有关系以及位置非常固定。青松观不一样。

李：你是否认为侯爷的典范和号召力起到很大作用？

叶：嗯，这肯定的。我 1993 年到北京参加北京白云观、香港青松观、台北指南宫合办的罗天大醮时，侯爷把我的夫人也叫上了，侯爷这么做其实是为了让我安心地跟他一起走，也是为了让我夫人支持我。对我来说，侯爷跟我，不是徒弟找师父，而是师父找徒弟。还有一件事，在拜师时，徒弟要送礼物给师父，师父要回礼。我拜师时，给侯爷封了一个红包，侯爷收下了，然后跟我说回礼放在外头香炉底下，让我待会儿去拿。过了一会儿我去拿了，但没打开来看，因那天也很忙，直到回家了，我才打开侯爷的回礼。发现原来就是我送的红包里的支票，侯爷把那张支票还给我了。他跟有些师父不一样，有些师父往往为了厚礼才收徒弟，但是侯爷不是的。

李：有没有一些宗教的体验，或者说祖师爷、侯爷有没有感召？经忏中有没有体验？

叶：有的，侯爷跟我经常有些默契。比如说打电话，经常都是我打过去，他会说："这么巧！刚好我也要找你。"侯爷对我特别地照顾，像父亲一样。太太对我算是支持的，不过到现在还是有点意见，但是侯爷很早就杀了她的"法力"。(笑)

李：你之前是从事金融工作的，后来信了道教。如果没有信宗教的话，那个金钱观、社会观、人生观有不一样吗？

叶：有很大不同，以前可以说生活在红尘滚滚中。以前做金融工作，收入不错，生活比较奢侈，穿的衣服、鞋，用的笔都讲究。现在不同了，朴素多了，对金钱追求淡薄了，心思都花在参与观务上。我现在青松观的工作也用到了很多以前工商管理的专业知识，但是目的不一样。我现在做的事情是希望让青松观的善业能够高效率地运作，能够为道教、为社会、为青松观，做更多的慈善文化事务。

叶长青先生访谈二

时间：2013 年 8 月 14 日下午

地点：香港道教学院

访谈人：李大华，以下简称"李"

受访人：叶长青，以下简称"叶"

参与者：邝国强，以下简称"邝"

文本整理：廖茗蕊

李：上次我们谈到了第四个问题。第四个问题谈的是，入教前后有哪些改变，其中谈到包括生命观、金钱观、家庭观、社会观。我们现在谈第五个问题，谈谈宗教生活方面。就是你自己的宗教生活，比如说你作为一个入了教的信徒，又是青松观的董事会董事，还是道教学院领导，自己的宗教生活是什么样子的？比如说做不做早晚功课、讲不讲道教的一些戒律？虽然"全真清规"在香港（道教界）不是十分重视，但肯定有些戒律是要遵守的。这些宗教生活怎么样？

叶：如果是从这方面讲，我个人是没什么特别要去遵守的戒律，或者是有什么每天特别地去做早晚功课。我从 1992 年底，参加了侯爷跟麦老师（在香港道教学院）开的经忏班。参加了之后，就对道教，特别是它的经忏科仪有了认识。但是到了 1993 年中，我才拿道号、皈依。如果说宗教生活的话，那个时候就主要是周日到青松观去，因为每周日庙里会有宗教活动：礼忏。那是基本每周都去。

李：这个礼忏，活动期间要不要念经？

叶：如果像明天举行的中元法会，就会有既定的程序，或者说是安排。青松观的法会主要有两个，一个是清明节的清明法会，一个是农历七月中元节的这个中元法会，（为了法会）我们首先都会斋戒。但如果是恒常的周日礼忏,一般会分开两场,一个是早上9点半到11点左右,然后休息,休息完后开始第二场。每一场里边都有忏本,比如说,我们的主神是吕祖,那我们一般就礼拜《吕祖无极宝忏》。但有时如果(日子)接近一些神诞的话,我们就会加《三元忏》《太乙锡福忏》《关帝忏》《仁风忏》。但《仁风忏》比较少,它崇拜的恰好是吕祖的师傅汉钟离的,所以可以说是我们特有的一个忏本。一般来讲就主要是这几个。如果是法会里头,忏本就会比较多,我们会很严格地遵守侯爷留下来的规定,每天是三个忏两个朝(朝科)来进行。

李:你说这三个忏两个朝,是指法会?

叶:是的,法会的忏本比较多。但如果是周日在屯门青松观的例忏,基本上就是我之前说的那几个。宗教生活,如果是平常的话,我以前很喜欢吃牛肉,皈依以后就守戒律不吃了。就这个问题我还问过侯爷,道教徒不吃牛肉有什么理据?侯爷笑笑说,这是吕祖定下的规矩,因为牛有功劳,太上道祖西出函关骑的是牛。我当时说,不吃牛肉对我工作有很大影响,因为在银行里头,中午、晚间都有业务应酬,不能吃牛肉很难办。但是侯爷真的很慈悲,他对我说主要是心诚,真的无可躲避的话可以吃,但因为我们道教不同于其他宗教(这里主要指佛教)。一个和尚、一个尼姑,普通民众一看见,甭管这些和尚、尼姑是怎样的,有没有法,有没有德行,民众都会对他们起尊敬心,即使他们背后会破戒,但民众看见他们都会崇敬。反过来看我们道教,特别是看香港这边的情况,我今天穿便服也是个道教徒,穿着短衣长袍也是个道教徒,别人怎样区分?再加上经常在一些媒体、电影电视里面,我们道教徒经常都是抓鬼弄虚的角色,并非好人。所以侯爷当时说,既然这样,我们作为道教徒就不能太随便,一定要有一个什么戒律,例如牛肉,不吃就不吃,起码要有一个戒律。后来我想了一想也是,因为毕竟像广东,特别是广州传到香港的道教,特别是香港道教现在的情况来讲,真的是没有什么戒律,没有说要遵守五戒:不淫、不盗、不杀、不妄语、不饮酒,这些都没有。

李:其实是有,不淫、不盗、不杀这些,只是这些是作为一个有德性的人都要遵守的。作为一个道教徒，你们还需要守持一个你们通过努力才能做到的东西。

叶：对。所以当时侯爷这些话对我有很大效应。因为往后我常常碰到，跟客户吃饭，我说今天能不能吃素，他们会问我是不是佛教徒。或者说今天能不能不点牛肉，他们会问我是否相信观音，不会问我是不是道教徒，会往佛教徒那边去想。侯爷在这个方面，给我很大一个教育。所以，我从皈依以后，一片牛肉都没尝过，二十年了。这个也带到了我的家庭生活，我太太很尊重我，如果是我们一起会餐，她也不会点牛肉，即使是一份自己吃的，她也不会点。再一个呢，如果从修持这方面来讲（我的宗教生活），有一段时间，我挺喜欢看陈撄宁的丹法；有一段时间晚上会静坐修持，后来陆续有比较多杂务缠身，就没有坚持。

李：那个大概是多长时间？

叶：是 1994—1997 年，那个时候身体也不太好，就当养身、调养。如果说另外一种，也算宗教生活的话，除了到庙里头参加宗教活动，我还经常戴一串念珠，不是佛珠，是八颗一串的琥珀。

李：念这个琥珀有什么作用？

叶：本身那个琥珀就是松脂，松脂流到地下，经过很多年成为固体。传说琥珀可以镇静、辟邪，我倒不是因为这个原因。我是念经的时候用来数，它八颗一串，我用来数，我也有诵念道经咒语，比如说《清静经》、《金光咒》等等。

李：你念咒，主要是念一些什么咒语？

叶：《金光咒》啊，"天地玄宗，万炁本根。广修浩劫，证吾神通。三界内外，惟道独尊……"这个咒早晚课里都有的，我是跟闵智亭会长学了它的奥秘之后就常常念。1994 年侯爷带我们去终南山重阳宫，那个时候重阳宫才一个小屋，两个道童在里面守，当时闵爷是重阳宫重建委员会的主委，他领侯爷到重阳宫去看。后来重阳宫建好后，央视拍《神雕侠侣》、《射雕英雄传》都在那取景。

李：那个是侯爷捐资的？

叶：对，当时带侯爷去看的时候，闵爷跟侯爷讲修缮的事情，侯爷二话不说给了 500 万。我在旁边当翻译所以我清楚，闵爷问侯爷：（既然你们给了 500 万）需不需要我们也有什么表示。侯爷说，这是王重阳祖师的祖庭，我们身为全真信徒，能光大这个祖庭是我们的光荣，是我们全真教徒应该做的事情。后来，也就同一年底，闵爷就承诺到香港带我们几个侯爷的徒弟。

李：就是教你们经忏？

叶：是，他就来了香港大喃街九龙办事处四楼，我们安排房间给他住了一个月，教我们三个师兄弟，分别是我、周、林，我们三师兄弟。

李：教你们哪些？

叶：因为香港科仪很多是从广东传承过来，但从广州传承过来是不完全的。实际上，新中国成立前，香港本身有三个道堂，黄大仙祠、抱道堂、云泉仙馆。他们那帮人，20 世纪三四十年代，在香港有什么经忏科仪，三个道堂互相借经生来支持一个法会。不然可能一个法会一个道堂不够那么多经师。所以他们就形成了他们的一套科仪，但并不外传。结果到了新中国成立以后，特别是 50 年代后，像我们青松观是 1950 年成立的，我们要发展经忏，当时条件很有限。就凭以前在我们前身的广州至宝台，至宝台一些很简单的经忏，想把它们丰富起来都没门路。结果侯爷就跟当时的佛教学习，因为佛教传承比较好，从广东过来香港，而且流过来很早，20 世纪二三十年代已经传到香港了。当时有个买办叫何东，他的三姨太信佛教，所以佛教 20 世纪在香港跑马地就有一个很大的庙，叫东莲觉院。可以看出，佛教的传承，特别是广东佛教的经忏，来到香港是没什么问题的。但道教就很困难，为啥呢？像三元宫、冲虚观，他们有一套却不外传。而且他们做法会，要到庙里头做，不会随便把经忏传授、公开。那么侯爷那个时候怎么办？只能学香港佛教的音乐、经忏，然后他们几个老道呢，对佛教音乐的一些调做变化。变了以后发展到现在整个香港，大的道教宫观、全真的道堂，都有这一套（经忏科仪），这确实是侯爷一个很大的功劳。他的功劳在于没得学，就跟佛教学完（经忏），学完还跟几个老道对佛教音乐实现变腔，变完套进我们道教的音腔。另外他在 50 年代，从古董商人手中，搜罗很多当时的经本忏本，特别是 50 年代后，在道教宫观抄走了很多经忏，来到香港以后用麻包一包一包地装着。那些古董商马上打电话给侯爷，那个时候没有现在那么方便，有地铁什么的，要转几次车，去上环半山腰的荷里活道，5 毛钱一本，侯爷蹲在地上打开麻包，一本一本地拣。侯爷说佛教不要的，我们道教要。买回来后，先整理，整理完影印出来，印出来还送给别的道堂，送了不止，还派人去教。侯爷说不光我们青松观要扶起来，其他道堂也要扶起来，这样香港的道教才有运，才能发展。所以现在，蓬瀛仙馆、圆玄学院唱的都是青松观这个腔，可以说这是香港的十方腔。后来闵爷过来后，教了我们什么？就像刚刚我们说的这个背景，因为侯爷当时是从佛教那里取经，所以香港这边的很多佛教，虽然敬重侯爷，但背后也说青松观侯爷的经忏是从佛教里头拿的，老人家对这些话很介意。这个也促成了闵爷要过来调教我们，说要把正宗全真的仪范，传承到我们这三个人身上，希望以后我们青松观的经忏科仪，可以有全真的，特别是北方全真的一个流承。当时讲课的时候，讲到他是河南人，当时出家，是在毛女洞。

李：你说闵爷是吧？

叶：对，毛女洞，他在抗日的时候出家，后来云游的时候往往住在破庙、荒山野岭，那怎么办呢？一定会遇到一些很奇怪的事情嘛，他说他就念《金光咒》。我问这个咒真的有那么灵吗？他说是啊。我就问他可不可以拿来做修持，闵爷说可以，还说念了之后真的好像有金光罩着，会得到保佑，当时云游时就靠念这些咒语，来挡住那些山精鬼魅。我说我常常出差，经常住旅店，今天住的房间不知道以前发生过什么事，有这个咒语多好，不用像基督徒那样去外面要带《圣经》辟邪。

李：就念《金光咒》。

叶：对，所以从 1995 年开始，我就念咒。这个算不算是宗教生活？

李：当然算。你刚刚还说了念《清净经》？

叶：是。

李：不是每天要念的吧？

叶：不光是。而且，除了道教、佛教的（经典），什么诸子百家、格言啊我都有看，但不是天天看。

李：你说的这个念咒，属于宗教仪范、科仪方面。除此之外，其他方面，比如你在道教学院学习过，有规定自己要读什么书吗？就是说在修养方面，你有没有一些特殊的举措？

叶：我是道教学院第一届学生，那一届办完学之后，我有些时候感兴趣还会过来听课。

李：有没有给自己规定要读什么书？

叶：有。因为我师从侯爷，所以希望在经忏方面能做一些事情。我这么多年来，搜集了很多经本、忏本、科仪的书。如果说到拿什么做理论武装自己的话，就是用这些，拿三家版的《道藏》、《藏外道书》、《道藏辑要》里面，特别是《太上黄箓斋仪》、《大成金书》啊那些，我都影印回家。在家里晚上忙完杂务后，对这些做点校，这个从 1995 年开始，连续做了几年之后，感觉对自己有很大的帮助。其中一个就是可以从唐宋明朝的大型科仪中学习到很多东西，例如准备供品、选择坛堂等一整套的预备工作，都可以从书中学到。所以，如果光是理论，一方面在学院里面，有老师讲《道藏》、《道德经》，除此之外我就是从三家版的《道藏》、《藏外道书》以及《道藏辑要》中吸取知识，特别要提的还有《广成仪制》。在《藏外道书》中，有四川青羊宫二仙庵几千张木刻版的《广成仪制》。当时在四川流行，叫《广成坛》。但这帮持有《广成坛》的老道，是"火居"的。现在有些学者，像刘仲宇，说《广成仪制》有两百七十多本，其实不止。现在《藏外道书》里收的《广成仪制》是不齐的，还有脱页。听说当时陈老师（耀庭）去天师洞找傅圆天会长，要傅圆天会长把这一批书（青羊宫版的《广成仪制》）拿来出《藏外道书》，这里面很多脱页的。但是除了这套《广成仪制》以外，青羊宫又陆续地把《广成坛》的科仪本挖掘出来，并整理成精版的《广成仪制》。所以我一方面从《藏外道书》看两百七十多本《广成仪制》，另一方面也去四川买精版的《广成仪制》。这些就往往是同治年、光绪年、宣统年、民国初年的遗本，很好的。我的理论养分就是从这些书中来的。所以说宗教生活的话，晚上在房间标点这些书算不算呐？

李：那也算的。

叶：而且我自己都收藏很多。

李：听说青松观名与扶乩有关系。

叶：我们叫"青松观"，是扶乩扶出来的。当时我们只有十平方米的一个坛堂，叫"观"像开玩笑。很可观的才叫"观"，或有丛林的才可以叫"观"，扶乩求坛名，结果出来是"青松观"，真的像是开玩笑。

李：这个"观"字也是扶乩出来的？

叶：三个字都是扶出来的。而且扶乩的时候，先出来的结果是"月公见"，是"青松观"每个字的半部分。完了要那些老前辈斋戒沐浴十五天再扶乩一次，再求一次，才赐全名。你看这些事神不神？而且扶乩的结果还预言了未来这个坛堂必定伟大，一花开五叶，后来我们就奔着这个目标（从坛堂到道观的目标）努力，这就是我们为什么20世纪70年代开始要到美国、加拿大、澳大利亚、英国、新加坡去，就是为了实现这个一花开五叶。但是对当时而言有点太早，现在去这些国家华人就多一点了，当时是先锋、领先者。70年代去，是走在时代前面，当时香港移民的人都还很少。但是关键是，青松观从10平方米后来搬到30平方米，再发展到现在，以前完全没想到今天这个规模，这就是当时扶乩预言的规模。

李：你们都是有道号的吧？

叶：对。

李：那我想问一下你们是如何发展、接收新成员的？传统的全真派是授戒，正一派是授箓，在香港的话两个情况都存在是吗？

叶：这个我要先为青松观说几句话。因为侯爷从50年代末开始，负责经忏，接着是领导整个青松观发展，他是很有目光的。我们编了一套皈依的科仪叫"冠巾"，冠巾不光在现在，在50年代末60年代初，香港的报章都有报道。就是说我们除了编科仪以外，还通过报章向社会宣传。

李：冠巾守的是全真派的一套？

叶：这么说吧，你问他们，大部分都说自己是全真派，但有些"全真"可以说是假的。反过来看青松观，中间是吕祖师，但起码有一个全真王重阳祖师，另外龙门派有个邱处机，我们叫三师殿。别的道观你可以去看，都说拜吕祖，但只拜吕祖就说自己是"全真"。再有一个，说自己是龙门派，怎么龙门？香港这些龙门派真掉链子。我们青松观有一百个字的派诗，扶乩扶出来的，像我是泽灵，在派诗里排第43年，派诗是一年一个的，这么一算就知道我是1993年（皈依），因为青松观是1950年成立的嘛，一看派诗就知道。每年冠巾呢，也要从派诗中选出当年的字，然后再加一个字，成为道号。但是现在，香港有些道堂，说自己是广州三元宫的道脉，是最早的全真，有十方丛林。怎么个十方丛林啊？我来挂单行不行啊？

李：道教都是有讲求辈分的，有传道号的。这个道号，以前全真龙门是拜人师，人师排的辈分字号，青松观拜天师，所以是扶乩，扶出来一百个字做派诗。

叶：我也问过侯爷，我们香港道教出家吗？就像你刚刚讲的那样（授戒或者授箓）。侯爷说，我们是"鸿福道"。现在问一些老道，还说自己是"鸿福道"。因为进这个道，不用出家，不用斋戒，有自己的工作，有自己的家庭生活，可以结婚生孩子，干嘛不是鸿福齐天啊？所以就叫"鸿福道"。

李：这个很有意思。

叶：但说是鸿福道，只是权宜之计。我看香港这个情况，进道教你要他出家，就没人进来了。现在有人进道教，是为了求保佑，求保佑事业顺利、家庭幸福、学业进步，目的是挺功利的，这种情况其他教也有。所以说要守戒律，他们都不来了。以前没有像现在，提什么"生活佛教"、"生活道教"，所以侯爷讲"鸿福道"。

李：讲到这里我要说个题外话，侯爷生前的资料有没有专门整理出来？

叶：很惭愧，青松观六十周年的时候提出来要搞侯爷纪念研讨会，道教学院二十周年也有提出来，但很可惜，到现在我知道的就只搞过一次，而且搞得跟观光旅游一样。在陈法永的重阳宫，开过纪念闵爷、侯爷研讨会。

李：侯爷的资料，像你现在口述的，是侯爷对你们的言传身教。还有一些他写过的东西，也可以整理出来。

叶：你现在看到的侯爷的纪念册，是我主编的。当时他羽化了以后，我们还想专门给他出一本纪念集。当时闵爷对这个纪念册是一直关注的，字也是他题的。这本纪念册好事多磨，本来是打算在侯爷羽化一周年出版的，结果拖到 2003 年底。2003 年底出版以后，2004 年 1 月份就听到闵爷在协和医院弥留的消息，我们三个当年被他教过的师兄弟马上赶过去，飞到北京是晚上十一二点了，冬天还住他们白云观的铁床。第二天吃完早饭马上去协和医院，拿他亲手题的侯爷纪念册，翻到他面前跟他说："闵爷，你可以放心了，侯爷的纪念册已经出版了。"当时讲这句话，闵爷应该是看不到的（我们在给他翻纪念册），因为他已经弥留了，但旁边那些仪表数值跳得很厉害，旁边的护士马上让我们离开，不要刺激病人。实际上闵爷也是有这种感触。

李：你们这个纪念册取的什么名字？

叶：《阐教弘道——侯宝垣道长纪念集》。

李：对侯爷的追忆，可以是一些对口述的整理，这些都是了解侯爷的资料。

邝：其实侯爷走得很突然，他当时在黄龙观，准备回香港，但是还没回来，在黄龙观的房间里面羽化的。

李：现在侯爷的纪念册是文字性的东西。

叶：也有照片，他的生平、参与青松观的活动、大事记。

李：我是说如果你们要搞侯爷研讨会的话，其实很有必要把口述的追忆也记录下来。比如说你们长期跟他生活在一起的，对侯爷的记忆，侯爷在什么场景、说过什么话，这些是可以影响别人、教育别人的。

叶：对的，我也在董事会里提过。我现在主要是参与青松观的管理，但也经常到外面的道堂去教他们经忏科仪，也是受侯爷的影响。因为现在香港有一些研究道教的专家、学者，说的话让我很不舒服，说道教是一个仪式的宗教。意思就是没有文化、没有内涵，光有拜一拜的这些仪式。的确，光有这些仪式是不行，但仪式还是要搞啊。

李：说到授戒与授箓的问题，先不管其他各派，青松观的这个是属于哪种？

叶：就是冠巾，我们自己的，每年农历十二月初一。十二月也是有玄机的，青松观的"青"拆字就是"十二月"。十二月初一就是我们收新弟子的日子，一定要有这个冠巾的仪式。早一个月，就是农历十一月初一，就专门给要皈依的弟子们讲演，教他们穿道袍、跪拜仪式、基本的道教教礼。到农历十二月初一，就是皈依仪式，冠巾，也会请他们的亲人来见证。穿道袍，穿了道袍后到殿里头做仪式，冠巾之后还要背誓词。

李：誓词是什么内容？

叶：每年扶乩扶出来的。主要内容就是要遵守道教的基本教理，我们常说的"九美德"："忠、孝、廉、节、义、信、仁、惠、礼"。

李：扶乩出来的每年都不同？

叶：每年都不同。但是每年扶乩出来的誓词里头，往往都有九美德，让信徒来遵守。

李：那这个九美德也是扶乩扶出来的？

叶：是的，扶乩扶出九美德很早，20世纪40年代广州至宝台就有了，九美德也是我们的基本道德伦理，我们的挂历都把九美德写出来的。

李：既然每一次入教的冠巾仪式会吸收新的成员，但九美德其实算不上宗教教义，而且每年誓词不一样，每一届守的岂不是不一样？

叶：它都有提到九美德的，每一年都有。

李：它怎么前后一贯？就是青松观总要有个前后一贯的、不管哪一代都要遵守的东西啊。

叶：就是九美德，这是我们的坛训、坛规。

李：九美德是坛训？

叶：是，是我们青松观信徒为人处世的一个守则。青松观的冠巾仪式对其他的香港道堂来讲也有很大影响，但青松观这边是比较早的。

李：蓬瀛仙馆也是有这个仪式？

叶：它也有皈依的仪式，叫不叫冠巾，我也不大清楚。想皈依的人要先填一个申请表，然后有介绍人。完后也是扶乩，问神明收不收这个人做弟子。

李：问神明收不收？

叶：是啊，青松观也是这样子的。

李：会有被拒绝掉的情况？

叶：是啊，不是一定收的啊，也有不收的情况啊。

李：就是说，你好不容易吸引到信众来入教，然后扶乩可能又不要他了？

叶：对，这是神意，不是我们的意思。

邝：因为我们是拜天师嘛，不是拜人师。人师给信众面子就收他做徒弟，天师可以不收的。

李：嗯，这个冠巾是在农历十二月初一？

叶：对，而且我们在农历十二月十八日有坛庆，当年是十八个人发起的，我们叫"十八公"，组合起来是青松观的"松"字。很妙的。

李：总是有些神妙的地方，不然你们怎么会去信呢。

叶：对。

邝：侯爷建黄龙观，原意是要搞一个道教祖庭。青松观已经建了医疗中心，所以还需要修炼的地方。侯爷原本就是这样想的，甚至把自己的生命也放在了那里。为了全真教徒的清修，当时侯爷定下来很多地方，要建一些住房。

叶：是的，他都跟我们讲的，希望建成十方丛林的规模。

李：这里是有一个布局的考虑在里面。

叶：真的是不简单的人，很有气魄。所以我看别的宫观，对这方面就并不注重。另外，我看见香港现在有个趋势，因为龙虎山有个面向港台、海外的收徒，所以在香港，特别是在殡仪馆，就有一帮喃呒道士，以凭证上岗为目的。什么是凭证上岗？他们有一个"喃呒法师户"，如果家里有丧事，你去到殡仪馆，他们就问你信不信洋教，你说不信。他们就向你推销喃呒法师，说喃呒法师好，都是有受箓的。这些喃呒法师年年都带新人去龙虎山拿道牒，现在就是这么一个趋势。而且还有一些搞茅山讲法讲符的，我都不知道能不能叫道堂，反正他们自己都说是道教的，也是去龙虎山拿道牒。现在你到黄大仙庙，旁边那些解签的地方，还有陈列可供香客察看的龙虎山道牒。道教传统来说是传戒、传度，现在的趋势是受箓。

李：蓬瀛仙馆搞的是什么？是授戒？

叶：他们也是搞这个冠巾。

李：就是说青松观走的冠巾的仪式，既不是传统的授戒，也不是度牒。

叶：没错。但是青松观有一个道牒给我们，不是度牒。上面写了名字、道号、几岁、在什么时候皈依的。

李：哦，是道牒不是度牒，但还是要有牒。

叶：是的，而且这个牒很重要，将来我们百年归老的时候，这个牒要放在我的手上，我要拿回去见祖师，这个相当于是护照签证啊，没有这个我不能去找祖师的。但是在至宝台，我们以前是度牒。

李：就是说青松观前身是度牒的。

叶：是的，为什么会变成这个样子呢？因为青松观的创办人是何启忠，他的师父本身是冲虚观和应元宫的道士，这两个全真的师傅，一个叫叶宗茂，另一个叫黄宗荣，两个都是全真龙门宗字派，一个在冲虚观，一个在应元宫。所以香港有一些学者说青松观不是全真派的，我反问：青松观怎么不是全真派的？我们青松观的创始人何启忠，就是全真龙门派诚字派，第二十四代弟子。

李：嗯，那我现在想问一下，青松观现在做不做度亡法事？

叶：做。青松观做度亡，在侯爷时期是执牛耳的。凡是做度亡，都来找青松观。因为全香港都知道侯爷是最正宗的，他当时有个称号叫"喃嘸王"。民众虽然不知道什么是喃嘸，或者我们道士在唱些什么，反正如果是最好的，就叫王。直到现在，我说我是青松观的，有人首先就说我是"打斋"的，就是做度亡的。现在，青松观除了度亡，还做安老、教育、医疗。但是民众对青松观最熟悉的就是度亡。

李：侯爷去世后，是谁在做？你也要做吗？

叶：我肯定要做啊，周师兄也要做。但周师兄是常常在庙里负责打理，例如这四天的中元法会，我是周六才去，因为工作日我要上班，所以都是他在打理。

李：到庙里头做是一回事，你们有没有去医院帮弥留之际的人做？

叶：弥留我们没做，但是有在殡仪馆里头做，相当于遗体告别、守夜的那一种。死者明天早上出殡，我们就守夜，做一场遗体告别的法事。但到殡仪馆做，我们不是通过收取佣金的中介方式来做的，是家属自己直接来找我们，我们才答应去的。不像之前说的在殡仪馆里头专门做这种生意的喃呒道士。

邝：之前董事会也提过这个"善终服务"，就是去医院，抚慰弥留之际的人。

李：董事会也讨论过这个？

叶：是的。像刚刚说的在殡仪馆里做法事，从 20 世纪 50 年代到现在都在做。而且当时社会上很多很出名的案件，受害者遗体要在殡仪馆出殡的话，例如当年的"三狼案"，受害者的度亡，也是侯爷去负责安排。

李：就是去现场做？

叶：不是，是去殡仪馆。去现场的经常也有，比如说有一些屋邨、屋苑，就是你们说的小区，例如有两个老人家争斗、互砍啊，最后两个都死了。附近的居民就请我们去做。或者说有一些跳楼的，也请我们去。但这些我们一般就是义务地去帮他们做。

李：这些都是义务的吗？

叶：一般来讲都是义务。

李：那岂不是很忙？

叶：很忙的，不过我不是经常要上场。

李：但是这些事情即使轮着来也不少啊。

叶：除了这些阴的不讲，更多的是阳的（红事的）。香港有个文武庙很出名，每年太岁开光，都是青松观义务帮忙做的。还有些学生，说要祈求考试顺利，文武庙的文昌启智科仪，开光也是我们义务去做的。

李：这是服务社会的一部分。

叶：对。所以侯爷走了之后，有部分人质疑青松观的经忏会不会从此走向衰落，我现在可以大胆说肯定不会的。而且我们还开拓新的方向，比如正一派做的、喃嘸做的太平清醮，侯爷走了以后我们接了三次，元朗厦村、锦田村等大型醮会也接了。

李：这个太平清醮规模很大啊。

叶：是啊，不简单的，一做就是九天的。本身宫观没有资源的话是不敢接的，所以就证明了虽然"喃嘸王"侯爷不在了，但还有我们这些"小喽啰"继续撑着。

李：侯爷这个"喃嘸王"的称号，是怎么叫出来的？

叶：因为侯爷有条"玉喉"啊，唱颂的时候声音很清晰高亢，唱腔跌宕起伏，很好听的。

李：你平时出去做公共的或私人的仪式，跟庙里做法会的仪式，哪个是主体？

叶：法会是主体。我们的宗旨，侯爷以前也说过的，我们不去外面跟别人争经忏，青松观不缺钱，不是想要赚钱，是有人来求的时候我们应承。另外法会是我们主要的财政来源，我刚进董事会的时候，每年法会的收入是够我们一年开支的，但是回归以后，青松观负担多了一所中学、一所小学，到现在又多了一所小学、一所幼儿园要负担，1991年创立道教学院的开支还是侯爷自掏腰包的，到了1995年后是青松观支持。所以现在，我可以很坦白地说，做几次法会，都弥补不了三分之一的开支。

李：那怎么办？

叶：就是我们要搞骨灰龛的原因，不然哪里有收入？

李：骨灰龛，我知道有"青松仙苑"，现在快用完了吧？

叶：现在新的在建。现在广州潘会长他们，纯阳观也搞骨灰龛。

李：我知道他是20世纪90年代是刚开始搞的。

叶：对，盖得很漂亮，不然哪里有收入。但说回来，单搞这个也弥补不了多少开支，我们还有十几个堂，没有开售。所以这十几个堂，是未来要用的。希望在接下来的几十年的发展开支，能靠这十几个堂。

李：你说十几个堂是？

叶：就是在建的这个骨灰堂，两层的嘛。

李：还是在屯门那边的吧？

叶：对。现在我们主要是靠这个（收入）。

李：原来黄龙观不是也放了一部分？

叶：但是黄龙观的收入不进到我们这的，黄龙观相当于是我们投放出去、不求回报的。

李：黄龙观也有一个骨灰堂。

邝：那边比较少人用嘛。

叶：它那边是很复杂的，以前准备要开的时候，后来地方官员又禁止。

李：嗯，这是管理体制问题。我再问你一个，一年两度的法会，虽说是纪念先人，但仍是面对活着的人来做的。对于青松观以及全真教来说，我们想考察的其中一个问题是：香港道教跟香港社会之间，究竟是什么关系？这个法会能对香港起到多大的作用？

叶：第一，我们坚持的一个原则是法会的收入投入慈善事业，这恰恰是市民有目共睹的。一进青松观，有一个诊所，里面还有一间安老院，而且我们还支持办学校。不过我们不像一些坛堂，会把自己收入的流向做个图表、贴在最明显的地方，例如百分之十用于教育、百分之十用于安老等等。青松观没做这个，我们要用实际行动让市民看到。第二，刚刚也提到青松观的经忏在香港是数一数二的，这是为什么？因为侯爷在这方面是很严格的。我们以前也动摇过，是不是搞一个法会一定要搞四天？是不是一定要照着老规矩来搞得那么齐备充足？现在社会越来越发达，做法会不止青松观在做，到现在，很多大小道堂也都有做。另外，提供骨灰龛的私人经营者也找一些会做法会的人，来做一些小型的、一天的法会。因此，从市场学角度来讲，市场就是那么大，像一块饼一样，以前是三家来分，现在十几、二十家来分，此消彼长，我们有一些份额就给外界吞食了。虽说开新的骨灰堂，相当于我们有新的客源，毕竟青松观最早的服务就是这方面的。

李：从前景来说，这十几、二十年，还有十几个堂没开，那么有两个假设：如果以后这种需求（安顿先人骨灰的需求）增长的话，地方够不够用？如果相反，需求的人少了，青松观的生存是怎么考虑的？

叶：我从两方面回答这个问题吧。第一，实际上侯爷留给我们的政策，自 20 世纪 70 年代初提供骨灰龛以来，青松观的价格是较低的，比如外面卖三五千港元，青松观只收一两千。到现在，新的骨灰堂要补给香港政府土地价及建筑成本等庞大费用，定价的时候，我负责这个事情。我认为新的骨灰龛定价要提高，但是起来反对我的不是香港市民、信徒，而是我们董事会的董事。他们问我为什么要那么贵。我说圆玄学院和蓬瀛仙馆都收十几、二十万一个位，为什么青松观只收五万一个位？而且现在地价贵、成本高，提高骨灰龛定价这些钱不是到我口袋，而是为了青松观的千秋大业。

李：水涨船高，涨价是早晚的事情。

邝：你讲的问题我都不担心。首先，将来应该还是会有地方的。而且青松观是个名牌，去申请搞个分馆也可以。

叶：我第二个要提的就是，侯爷把低价惠民这个政策留给我们，这些骨灰堂一开放就被订购而空了，就是因为这个低价惠民和青松观的品牌效应。刚刚教授也讲到，法会是面对活着的人来做的，但这是我们活着的人对先人表示的一种纪念、报恩。从侯爷的时代开始，青松观法会的经忏科仪做得十分齐备，一代一代人每年过来参加法会都有目共睹的，从早到晚、一连几天，最少三四十个道士在现场搞经忏。

邝：我们青松观的服务在香港来说是很全方位的，宗教、学校、医疗、文化、慈善都有做，所以我们比起其他宫观还是有优势在。其他宫观不能搞、不敢搞的，青松观的都在搞。

叶：而且以前我在法会上也碰到过，有老人家带着年轻人过来，看见我们搞得那么认真，就嘱咐那些年轻人，以后要在这里买一个位，把骨灰安放在这边。可以说青松观办法会是很严格的，至今殿堂里也没有装空调，试过七月份的法会，一天唱下来，晚上回到家，整个人是虚脱的。

李：侯爷走了之后，外界有一个担心，就是青松观的香火会少、收入会少，有没有这个问题？

叶：这个反过来是次要的。首要的是当时外界盛传，侯爷走了之后我们会内讧，现在的情景是让这些人大跌眼镜的。第二个是，侯爷作为一个宗教领袖，他有他的个人魅力、凝聚力，而且因为他的身份，可以很容易获得某些资源、吸引捐款。确实，侯爷在的时候，聚在庙的、常来庙的很多人。

李：也有很多有钱人、社会名流，愿意过来见侯爷一面？

叶：这是事实。侯爷刚走的时候，本身很多老当家是等着做爷的，结果青松观开始搞集体领导制，就没有说谁是一把手了。但是集体领导也有问题，例如我们董事会开会，可能几个小时下来都不能通过一条议案，当年侯爷在的时候，半个小时十几条议案都通过了。以前开会是等吃饭的，不需要讨论什么，现在民主制效率相对比较低。不仅这样，以前侯爷可以说是整个香港道教界的先锋，侯爷不在了，好像整个香港道教界都沉寂下来。针对这些问题，后来我就跟周师兄讨论，还是要跟老当家谈一谈这些情况，不能这样继续下去。所以现在的机制就演变为：老当家们负责举手（通过议案），我们这些年轻人负责下手（施行议案），年轻人去做，他们支持，效率提高了不少。不然他们以为搞民主是夺了他们的权，就总是投反对票，这样办不成事情。反正现在我们是有饭大家吃。

李：我也听说有一阵子，很多议案通不过。

叶：而且直到现在，很多老当家还想不通，为什么要办道教学院。道教学院一年透支两百多万，而且一年还不要有什么特别节目或者会议。所以他们想不明白，不办道教学院就不用每年亏两百多万。但我们这些弟子，还是坚持要做这个事业。所以可以看出，侯爷去世后，青松观和道教学院的事务，就总是要有妥协的。

李：所以那天我听周先生说，侯爷走了之后，青松观其实还是在发展的。

叶：对，还在发展。但说实话，我们也曾讨论过一些发展的方向，其中一个就是休养生息，侯爷去世这十几年，正是我们累积人才、钱财、资源的休养生息的一个时期。

李：现在感觉青松观的团队运行顺不顺？

叶：可以。我就只有一个要求：不能光吃不做。整个董事会，都是强调大家参与的。所以可以看见，侯爷走了以后，我们还继续地在做一些事情。

李：刚刚也提到，青松观有全方位的宗教社会服务体系，通过这些服务，建构道教与香港市民之间的关系，就你个人而言，对这方面有什么感觉？

叶：您说整个香港道教还是青松观？

李：就说青松观。

叶：如果就青松观来讲，通过我的接触、我感觉啊，好像香港市民对青松观还是偏重于在经忏和提供一些终极关怀上，但对我们做的慈善业就了解不多、不太清楚。这也是因为我们在这方面做公关、做宣传比较薄弱，这点不光青松观，整个道教的情况也都是这样。不像佛教、基督教、天主教，例如天主教捐几万块，它可以几家报纸新闻报道，我们捐一千万，都没报纸来登。所以如果说青松观，我自己就觉得这方面不太健全。我负责公关部门，但每次跟董事会提这些事，老当家们都认为不应该搞这些宣传，因为有点像自我标榜。但不搞这些又很吃亏。

李：它还是有社会效应的。

叶：老当家们就觉得我们不应该炫耀这个，但其实这不是炫耀不炫耀的问题，而是民众知不知道我们真的在做这些善业的问题。

李：这还是有必要的。

叶：我们就不搞这些宣传，只搞货真价实的活动。

李：当然首先是要去做，边做边说嘛！

叶：这跟我们道教教义里头的"无为"也有关系，不图什么名利。

李：但对老子"无为"的理解，这样来讲的话就不够全面，"无为"不是无所作为啊。

叶：现在已经好多了，以前理解道教无为就是什么都不干的。60—90年代都理解成是什么都不为，现在理解已经提高了。

李：从大的角度来说，青松观现在走的路子是服务社会。其实服务社会就是关乎青松观的未来，但是不是说只走这条路就够了？

叶：不够。我们还是要从文化方面弘扬。

李：比如宗教心理方面。

叶：当然，这是我个人看法，据我观察，现在董事会里大多数都还是坚持只走服务社会的路子就够了。

李：不过必须承认，青松观在这条路上面是做得很好的。但一个宗教生存、发展的根本，是需要土壤的。这个土壤必须是市民的心地，把宗教文化的种子撒到市民的心地里面，一代一代地往下传。就是通过很多活动去实现这个，比如通过红白二事等。

叶：是的，因为我自己的立场，也希望民众来青松观不仅是为了替先人做法事，也不是像参加旅行团一样过来游览一下。我理想的青松观不是这个样子，我的理想是，你来青松观可能是有一些文化方面的、心灵方面的提升，比如说我们可以考虑一下开设静坐班、太极养生班，通过这些给香港市民以文化上、精神上的服务。让香港市民喜欢来这个地方（青松观），感觉来到青松观能在心灵上、信仰上、精神上有个提升。

邝：我也有个理想。我的理想是道教学院有个发展，怎么发展？可以跟大陆、跟高校有合作。

叶：而且我还希望青松观能有一些免费的文化导赏活动，通过这些活动令普通民众对道教的文化、文物、建筑、文学艺术、历史等有更深的了解。当然这些活动也陆陆续续在进行着，但是由民间团体、道教学院同学会的那帮义工操办的，我希望是青松观自己做这个事情。因为当时我在道教学院，毕业的时候就有一个体会，想试一下住在道观里头，过一下道士的生活；或者学以致用，在道教学院听了课、学了知识后，去给青松观当一个知客或导游，给游客讲解。我20世纪90年代初去高雄佛光山，他们有个佛光大学，那些大学生都在做导游，一个大学生服务一位游客，为我们细心讲解，而且还有免费的斋菜茶饭。

李：最后问一个问题，现在有一种"冠巾"的方式，这是一种吸收、发展信徒的方式。那还有一些没冠巾，又信道教的人。那就出现两个数字，冠巾的信徒（这个是比较稳定的），以及一些信教的外围组织，这两个东西有数字上的对比吗？

叶：第一，如果是冠巾以后，那就成为了青松观会员，会员就每年要交会费。香港的情况很特殊，特区政府整套的政策还是直接延续以往政策，我们的宗教团体是以法人团体的角色来接受政府管理。换言之，我们青松观是去公司注册的地方，通过注册成为法人。但这个法人不像个人公司、上市公司、主管公司，它是没股份的。所以可以看见，以法人团体的方式运营，却没有股东、主管，就只能靠会员制，每年收会员的会费。这恰恰有个好处，就是如果政府想取缔我们，就不让我们明年再注册，"公司"就倒闭了，不需要吵嚷什么。因为不让我们注册，我们还办，就是非法经营嘛，连董事都会被依法惩治。所以，如果是皈依了就会自动成为我们会员，我们每年的会费一直没加过，都是 120 港元。坚持每年交的，现在在会员册里头，有三百多接近四百个人，青松观的会员就是这个数字。第二，如果是参加法会的信徒、民众，那就是上万的，具体数字说不准，但上万是确定的。因为我们现在的骨灰龛都已经两万多了，一个骨灰起码有一个后人过来的话，参加法会的民众数字肯定是超万的。

李：这个数字可能还不止，因为来供养青松观的信徒、民众只有两三万的话，是不足够（维持运营）的。

叶：但当年（青松观成立）到现在已经 62 年了，才三百多四百个弟子？不止的。因为还有一些没交会费的，我们会把他们从会员册里头暂时冻结。

李：道教有道教的特点，跟基督教不同，它一个教堂可以有几千会员。

叶：但在香港，基督教也是用法人团体的方式运营的，像我们一样。

李：现在是一视同仁。

叶：是，佛联、道联都是法人团体。不过我们跟基督教、天主教、伊斯兰教、犹太教不同的就在于，他们可能一个家庭（都信教），他们的家庭生活就是宗教生活。不像我种，是半路出家的。

李：好，今天谈得很深入，就暂时谈到这吧，谢谢你的合作。

叶长青先生访谈三

时间：2015 年 4 月 3 日

地点：深圳

访谈人：李大华，以下简称"李"

受访人：叶长青，以下简称"叶"

记录人：卢泰然

李：您上次谈到闵智亭会长来香港的事，他来到后，对香港尤其是青松观有哪些改变？

叶：缘起是侯爷带着我们一帮道教学院的学生、董事去山西和陕西。山西是去了两个地方，一个是永乐宫，那是吕祖的祖庭；一个是运城的关帝庙。然后从运城去了陕西终南山的重阳宫故址，为什么说故址呢？当时我们跟着侯爷去的时候，遍地荒凉。

李：那是祖庭吧。

叶：是祖庭。那时是 1994 年，就一个小屋，旁边有三个农户。看见两个道童，他们每天用豆油点灯，两边的农户跟着一块吃饭，生活很清苦。旁边有些断了的碑、石棺，就乱放在两旁。闵爷来迎接我们，因为当时中国道教协会委任他做重阳宫重建的筹委会主任，后来就有了 500 万的事情。侯爷说给祖庭 500 万元重建，闵爷就说要怎么回报香港青松观呢。侯爷说将祖庭恢复起来是香港全真弟子应该做的事情。后来，闵爷就说，为了感谢侯爷，要来香港青松观住一个月。我没记错的话，闵爷应该是 1994 年 12 月来住，住到 1995 年 1 月，恰好一个月。有一天，侯爷告诉我们说要准备上课。就是让我们三个（我、周和来、林国柱）跟闵爷学全真的步罡踏斗、手诀。我是 1992 年底才开始学青松观的经忏的，开始接触青松观的经忏科仪，跟侯爷学，跟麦老师学，也跟麦太学。侯爷是主要的教导，麦老师是助教，麦太是辅助麦老师的。慢慢地就知道了刚才我们提到的那些腔，侯爷是怎么得来的。因为侯爷上课是星期六 3 点到 6 点，有时候我们唱得比较累了，就中间休息，侯爷就给我们讲当年如何辛苦发展的往事。后来到了 1993 年，我拜侯爷为师，他就给我一个符箓，就有一个仪式对外宣布我是他的徒弟，以后我就有资格做超度法事（他们叫"坐莲花"）。那个时候我才知道，我们有很多的像十方礼这些都是从香港佛家那边学来的。所以侯爷有机会就一定要将全真的仪范、仪轨学回来，所以就有这个缘起。到了闵爷来的那一个月，平常每个星期一、三、五晚上 7 点到 9 点，我们就可以到闵爷住的地方，就是我们青松观大南街总办事处四楼里面的一个房间，跟闵爷学。侯爷如果不是有公干在海外的话，肯定也在旁看我们怎么跟闵爷学。而且我们学的时候有一部分是有录影的，但是这个没公开。闵爷怎么教我们呢？一般教一个十方礼，这个十方礼如果你们有看过《广成仪制》里的记载的话，我们学的就是里面记载的。

李：《广成仪制》是青羊宫藏的吧。

叶：没错。

李：是清朝的。

叶：说实话，是从北京白云观开这个支派，叫碧洞宗，还是到了四川，有一个叫广成坛，他又参录了一些正一的仪轨。

李：我就想知道这个事情。

叶：当时有一个叫广成坛，也是一些火居道士来做法事。《藏外道书》第一套是一到二十册，第十三、十四、十五册大部分都是讲科仪的。我没记错的话，十四、十五册好像是专门在青城山找傅圆天会长把天师洞里边遗留下来的那些《广成仪制》跟天师洞的一些全真的科本印出来。但是那时候有部分学者说才 272、还是 273 个本子。实际上，以我所知的，后来青羊宫拿二仙庵那些经本再补充，超过两百七十几个本子。

李：这个《广成仪制》其实是杂合的。

叶：没错。有全真的，又有正一的，但是通常就叫《广成仪制》。但是我说的十方礼，里边是有我们全真传戒的初真戒、中极戒和天仙大戒，就是三坛大戒。里面有记载的也是这个十方礼。所以，我估计是后来闵爷也看到这部分，然后将其弘扬出来，或者是他自己也有这个本事。他在 20 世纪 30 年代已经出家当道士云游了。是他自己几十年一直学的，还是他从这里头吸收的，这个我就不好说。

李：这个《广成仪制》是两家混合在一起的，张泽洪写的《中国礼仪》就没有说是哪一家的科仪。

叶：因为里面有很多火居道士，火居道士肯定用正一的（科仪）。但是它里边也有天师洞的、碧洞宗的，因为青羊宫、二仙庵那一脉都是碧洞宗的，是北京白云观的分支。所以他们也是全真的。我也提过，《藏外道书》里的《忏法大观》有一个序言，说《忏法大观》的忏本都是从北京白云观请过来的。《道藏辑要》里面也有《忏法大观》，里面很多木刻板都是青羊宫留下来的，所以也是一个旁证。你说他不是全真的，那里面为何有这些木刻板？

李：本来就是全真和正一共用了很多科仪，但像三坛大戒肯定是全真的。

叶：我看闵爷后来教的十方礼，我在三坛大戒里的初真戒就看到了。除了十方礼、三宝罡，我们以前做法事是没有步罡踏斗的，就是一个十方礼，最简单的。以前侯爷那一批老道，50 年代的，就是把佛教的那套十方礼稍微改良一下。我们做超度法事放焰口的话，如果不是我们这几个做的，他们都是走旧的十方礼，就是现在香港道坛都沿用的，就没有三宝罡，除非是我们三个做的那套。

李：也就说他们不会步罡踏斗？

叶：不会，除非是我的另外两个师兄弟的徒弟做，他们就会我们这一套，不然都是沿用以前那一套，所以是很金贵的。

李：那要传啊。

叶：有传啊。他们两个都有收徒弟。侯爷不让我收徒弟。他公开地讲不让我收徒弟。所以我学生很多，徒弟一个都没有。佛教的三宝，就是佛、法、僧，我们道教三宝就是道、经、师，道宝、经宝、师宝。所以这个三宝罡就是道宝罡、经宝罡、师宝罡。三宝罡就是要上三宝香的时候踏的。另外，（闵爷）还教我们三个高功一起上的三宝香。意思是，中间这个是正高功，两旁的两个是副高功。头一个道宝香上完以后，正高功就拐过来，往后这个就过去这里，然后第二个就变成中间，他上经宝香，上完以后他就退过来这里，这个又换这里，第三个香就是师宝香。90年代初的北京白云观有个玉皇朝科仪的录像带，我看到他们三个高功也是这样上三宝香的。除了十方礼、三宝罡、三宝香，还有什么呢？因为这一个月很紧密的学习，一个礼拜三个晚上，到后来两位老人家探讨要怎么把南方香港的和北方全真结合。后来农历年底酬神的时候有一个超度法会，青松观做法事超度无人祭祀的孤魂野鬼，两位老人家都在看我们做。两位老人家在旁给意见，我们又听闵爷的，又听侯爷的。加了什么呢？除了十方礼、三宝罡、三宝香，还有五供养。五供养就有一个诀，比方这个是香，这个是花，这个是灯，这个水是一只龟（玄武），这个是果，就有了五供养的香、花、灯、水、果的手诀。这个也是香港从来没有的。五供养以后还有几个步罡踏斗的，比如朝天罡、八卦罡、九幽罡、二十八宿罡。往后又教我们一些算良辰吉日的方法。另外还教了什么呢？比方说我们早晚课里边都有的一些咒语，但是这些咒语就不像是我们平常在十方丛林里边殿堂诵的那些。他也提到他当年云游时，有时会住在山野山洞或荒废的庙等情况。我就问假如有山鬼妖魔时怎么办。他说不怕，有金光咒。这个金光咒在平常的早课里也有，是诵的。他就教我如何用这个金光咒，把鬼打出去。还有一个是，跟侯爷的时候，在香港做大型法事，比如超度大三清，都没有破狱讳。这个破狱讳也是跟闵爷学的。这个破狱讳怎么做呢？是拿令牌，我们坐在莲花里边，要破十方地狱。十方是什么呢？四正四隅，四正就是东、南、西、北，四正合起来叫"罡"，东北、东南、西北、西南就是四隅，再加上上方、下方，合起来称"十方"。每一个方就掐一个方位，然后就拿一个令牌来写破狱讳，写完破狱讳后令牌还要点三点，然后这个诀要扬出去的，当年也有一个秘咒，这个也是从闵爷那学过来的。还有一个叫"升天宝箓"，比方是做一个超度，大概两个多三个小时，到后边了，给他们洒了甘露、说了法，也给他们三皈依、授九戒以后，就颁给他们一个升天宝箓。怎么做呢？就是一边掐诀，一边凭空写一个升天宝箓的符，写完以后掐一个莲花尾，然后那些孤魂野鬼就跟着这个莲花慢慢往上升，这个也是跟闵爷学的。这个以前侯爷那时是没有的，但是我们用的三元宫的科本就有升天宝箓，用这个文字，但怎么做从来都没有人告诉我们。我问侯爷，侯爷给我们秘咒，就说是上一代给他的，也不知道有没有诀。所以有一些就是闵爷和侯爷就着我们用的三元宫的先天斛食济炼幽科，用全真的来弥补。两位老人家那天在屯门云水堂从头到尾看我们做完后，他们满意了，同意了以后，就拿这个做我们的全真仪范的范本。但是这里边有两种形式，一种是一个高功做的，另一种是三个高功做的，我们一般叫"大三清"。

李：大三清类似于罗天大醮？

叶：没错。而且那时候香港没有流行叫"高功"，都叫"主科"或者"加持"。就因为闵爷来了，给香港带来了北方道教做科仪的一个称谓"高功"，以前没有的。

李：对，全真十方丛林是有自己一套固定的说法的。"二手"、"三手"都不是香港的说法？

叶：不是，"二手"叫"提腔"，"三手"叫"表白"，不一样的。跟闵爷学了这些科仪以后，香港道坛掀起了轩然大波，为什么呢？因为很多人知道侯爷请闵爷来青松观教给我们三人北方龙门的仪范，包括手诀、写讳、步罡踏斗。很多道场都要来学，包括直接跟侯爷提出来，也包括在我们做法事时在旁边偷偷录音录像。

李：当时你们有没有跟闵爷交流唱腔与韵的问题？

叶：他就讲了一个腔的发展的源流吧。

李：因为你们有自己的唱腔，闵爷有没有改变你们的一些唱法？

叶：那就没有。我问过他什么是"十方腔"。他说是道士挂单就要上殿做早晚课。当时北京白云观有很多道士去挂单，挂单以后学了唱腔就走，因为他们去全国各地都唱这个腔，所以就叫"十方腔"。后来北京白云观流失了很多道士，因为道士们学了就走，所以他们就改了一些调，叫"北京腔"。往后其他各地因为白云观祖庭搞了"北京腔"，所以崂山那边怕流失了，就搞了一个"崂山腔"，东北太清宫就搞了"东北腔"等等。

李：所以在腔调方面闵爷对你们没有什么改变？

叶：没有，但他有演示给我们怎么唱。

李：他没有办法纠正你们的唱法？

叶：因为有些是侯爷教嘛。

李：因为你们本身是香港腔了。

叶：侯爷已经定了是怎么唱了。所以闵爷没有改变我们的唱法。

李：闵爷主要在仪范方面给你们帮助，在唱腔方面没有改变你们。

叶：是，有时我们唱到某一句，他会提意见说要配合什么仪范，但我们也没有可能改，因为他们可能一个天尊圣号要几分钟，我们几分钟已经唱了一大段了，所以不一样。

李：所以唱腔其实是很地方化的，和我以前所了解的情况差不多。

叶：对。

李：侯爷定科仪的时候，就是青松观的要三忏两朝，为什么是两朝而不是三朝？

叶：你问得好，自我跟侯爷学习以来，这个疑问我二十几年都在找原因。20世纪90年代我开始翻阅《道藏》的时候，当然我指的是正统《道藏》，也包含《万历续道藏》，特别看到宋代的《大成金书》、《灵宝领教济度金书》，就是那几套。

李：宋代的《道门定制》、《太上黄箓斋仪》？

叶：对，还有一个说是唐代杜光庭传到宋代后再重新增订的等等那些，没有说每天一定要三个忏，但朝科是每天要三个的——早朝、午朝、晚朝。而且如果做到三天的话，总共有九个朝。这是我看《道藏》里边一些简单的记载。有十方礼，但这个十方礼跟我们的不一样，它也有方向，但是它每一个方向都带一些经咒，也带了一些说文、口白。但我们的十方礼纯粹是在履步，就是在方圈之地内走，又没口白又没咒。但我看《道藏》里面有。而且有些不止礼十方，有礼二十方。二十方的加什么呢？金、木、水、火、土星，五岳四渎等等。每一个方都做一个忏。不像我们现在是专门有一个忏本。我估计这个忏本也应该是到了明朝或者明末清初的时候开始有一个专门的主神的忏。

李：在杜光庭的《道门科范大全集》里面，他是没有专门的忏的。

叶：不光陆修静、寇谦之、杜光庭没有，唐代的张万福也没有。只说这个是十方忏，礼十方；这个是二十方忏，礼二十方。还有一个散花，就不是像我们专门有一个散花科本，就说"香花迎……"、"香花请……"这样，当然，他们可能一边讲一边真的拿花朵抛洒，花朵可能也混合了香料或者燃烧一些香烟来营造氛围。所以跟我们的散花概念，就是幽科里面拿花开花落来比喻人生，让幽魂野鬼的满腔郁结能够解散，不一样。所以杜光庭的，严格来讲没有幽科，这个科仪把阴的阳的都安排了。

李：你的意思是做十方礼的时候里边已经有忏的了。

叶：所以我说很多忏本都是明末清初的时候，要不也是受佛家的影响。

李：很有可能。

叶：因为有阎王忏、地藏忏、大悲忏这些。本来道教应该没有的。《藏外道书》收集的《忏法大观》开始有，文昌帝君有个《文昌忏》，三清道祖有《三清忏》，太上道祖专门有《太清忏》，玉皇有《玉皇忏》。《玉皇本行集经》是《道藏》里面有的，但《玉皇忏》在《道藏》里面没有。说回侯爷那个三忏两朝，我曾经问过他，我问这个规矩是不是三元宫的，但他没告诉我是三元宫的，他只告诉我青松观的前身，在广州至宝台慈善会的时候，也有做这些法会。那个时候也是三个忏两个朝的。

李：我看到侯爷在这些经本的跋里面强调了青松观是三忏两朝的。而且他感觉这才是正宗的青松观科仪。

叶：没错。现在，别的法会可能是三天、两天或一天，青松观还是按老本做四天。

李：因为唐宋时期的科仪就是讲朝科比较多，忏科是不说的。但是民间的幽科……

叶：就是忏十方，然后领你到每一个方位，就诵一些咒、高功说一些口白，然后就去另一个地方忏。当年可能也配合一些跪拜，所以也叫"拜忏"。

但关键是，专门的一个忏本的话，我是没看到的。但是《正统道藏》以后的，我就看到我们专门的《关帝忏》、《吕祖忏》、《观音忏》、《文昌忏》、《太上道祖忏》等等都有了。

李：青松观之所以注重三忏两朝，忏科比朝科更多，是不是忏的社会需求大于朝的需求？

叶：侯爷在 20 世纪 70 年代出版一系列经书的时候，在一些序或跋里很强调来源是广州三元宫。他也很强调做法会时坚持三忏两朝的传统。这个朝，刚才教授你也说了，因为忏用得比较多，为什么呢？我强调的是青松观，别的很多都不是的。自 1960 年我们在屯门有庙开始，我们是每个星期天早上都在屯门的纯阳大殿里面拜忏。到现在，只要你在星期天去到青松观，都会看到这个。除非整个宫观有外访，或者是法会。拜忏的忏本确实是我们最常用的，但常用归常用，忏本来来去去都是那几本。最常用的是《吕祖忏》，特别是星期天，或者平常早上拜忏，中午以后就给人家做超度，因为超度的话要借助道教的神明来加持，除了三清道祖，主要做幽科的就是太乙救苦天尊，所以我们拜《太乙忏》也是最多的。除了这两个，再加上我们比较喜欢的，一个叫《关帝忏》、一个叫《仁风忏》。《仁风忏》一般来讲就可能是在农历四月十五钟离道祖圣诞附近的日子我们才拜，不然《仁风忏》一年都没有几起的，除了清明法会和中元法会里面有。这里面有个说法，也是那些老人家说的，一个经生，除非自己有修炼，不然凡身肉体，比如我，法从哪里来？我的符是谁降？当然，有我的师傅侯爷授我箓，但是不是给了我箓以后我就充满法力了呢？不是的，我还要修持。所以就很鼓励我们星期天去庙里参与拜忏。因为拜这个忏是为了公家的，等于是义务的功德。下午去给功德主做的话可能有衬钱，而这个是没衬钱的。但是这是宫观里面的宗教活动，也是你作为青松观的会员的一个宗教生活，当然，你可以不来参加。如果你报名参加的话，我们都尽量把你编在里面。我们叫这个作"功德忏"，意思是积阴德。打个比方，如果你是一个月最少来一次星期天的拜忏的话，就等于你积累了无形的分数，这些无形的分数就是你做超度时的老本。老一辈的，侯爷没有直接说，都是那些老道教我们。这个也有道理的。

对忏本来讲，经生和会员特别容易接触。朝科的话，关于三忏两朝，我有一个疑问，这个朝究竟是我们现在看到的《玄门朝科上》、《玄门朝科下》，我记得好像有十几个朝科，是不是就代表这个朝科？还是有另外的意义，就是朝灵。

李：现在青松观做的是还是两朝？

叶：还是两朝。

李：早朝和晚朝？

叶：那个是算晚朝还是午朝呢？它还是晚饭以前做的，按道理叫午朝。我的意思是，侯爷他们讲以前的道统，是两个朝，不是做两次朝科，而是去朝灵。

李：你是说至宝台是这个意思？但是至少你现在不是这个意思。

叶：现在因为有了那本《玄门朝科》，变成阳事的朝科也有了。你没说错，那个朝科，除了大型法会，比如太平清醮或北京那些罗天大醮，或者法会里面才有机会给我们做这些朝科。一般来讲，除了九月初一到九月初九会有斗姆朝，不然平常的话朝科是不容易拿出来做的。所以很多经师，如果是要安排他做这个朝科，特别是主科的话，有些是很害怕的。为什么？因为他们忏科比朝科熟练很多，而且朝科里面有一些专门的朝腔，那个朝腔侯爷的要求是很严格的。比如它有一排圣号，既要求主科要按一个腔调来主弹，弹完这一段后主科又要交大众来唱。唱完以后主科又要马上接过来弹，弹完又要叫他们唱，唱完又要接过来，往往由于他们不常用，或者主科的节奏稍微乱了一点，就漏了。如果侯爷在的话，下了坛就要批评。这个朝科才有的叫"主弹"。忏版就不用，可能一些经是大众念的，主科念口白。所以拜忏就比较简单容易，只要二手提腔提得好。

李：所以朝科要复杂些，因为你要面对的是神，所以要讲究的仪则肯定是要复杂的。

叶：对。讲到朝科，像闵爷，如果我们1995年初的时候拿了你们那一套的话，只要是我们三个做的，我们在朝科之前都有加插十方礼和三宝香、三宝罡。以前的朝科就是死死地跪在中间，就光唱，要不就是站起来又跪、站起来又跪，没什么动作的。但是跟闵爷学了以后，有十方礼，如果三个人做的话又有三宝香，如果一个人做的话，十方礼、三宝罡都有的。朝科方面闵爷对我们有影响。

莫小贤女士、彭可立先生访谈

时间：2013 年 10 月 20 日下午

地点：香港青松观

访谈人：李大华，以下简称"李"

受访人：莫小贤、彭可立，以下简称"莫"、"彭"

文本整理：廖茗苾

李：这次访谈我们不涉及宫观管理方面的问题，主要谈一下你的个人经历。第一个问题：你是哪一年入庙服务的？

莫：你指青松观还是包括其他道庙？

李：包括其他的道庙。

莫：1983 年。

李：那个时候是在哪里？

莫：在飞眉洞。讲到这个，我先介绍一下飞雁洞（全名：飞雁洞佛道社）的建立因由吧，当时是一个越南的难民来到香港，待在难民营里，之后有一群人到难民营做医务工作。祖师降生后，这群医务人员里有一个人发展出了扶乩，最后就成立了飞雁洞。发展到后来，一部分人分支出来，创立了飞眉洞，还有一间设在加拿大的飞雁洞。我到飞眉洞去的因由，是一开始有朋友带我去飞眉洞求签，后来我觉得这签很准，便开始认识道教，对它感兴趣。这是我最初接触道观。

李：你是哪一年入青松观的？

莫：1985 年。青松观当时有很多术数班，像子平命理、掌相班。当时我就是来这里学子平命理，之后就开始在青松观服务。1991 年我就去了道教学院。

李：你为什么会进道教学院？

莫：因为香港在那个时候，很少有能学习道教知识的地方，所以道教学院就像明珠一样。所有悟道的人进到道教学院，都感叹终于有个场所能供我们寻求对道教的各种知识，以前是完全没有的，只能靠自己看书，包括道观也无法给予我们这些知识。加上我当时年轻，想了解一下真理性的知识，而不是我们经常觉得是迷信的那种知识。一听说有道教学院，我就立马去了，想看看能不能学到什么东西。

李：那你为什么没有去学佛教、基督教的东西，而是选择了道教呢？

莫：我原本读书的地方是天主教，我也受过洗。但我发现道教跟自己更接近，可以为我解释人生的很多迷惘。因为年轻人嘛，总有很多时候不知道该怎么办。那时候我刚刚毕业出来，对自己的前途很是迷惘，不知道自己的路该怎么走，突然就发现道教可以很直接地帮我解决很多问题。我去教堂祈祷，其实只是自问自答，得不到直接的答案、知识；但道教可以，道教有扶乩、问签，可以解答我的疑难。我认为，可以解释的就不是宗教了，因为宗教就是有玄妙的、无法解释的东西，所以才让人去寻求。道教一方面有这种玄理，另一方面又能对我的人生有帮助，所以最终我选择了道教。

李：我认识你也很多年了，就是在道教学院里面。你是什么时候见到侯爷的？

莫：侯爷是我的师傅。

李：侯爷对你选择进入青松观服务有没有影响？

莫：当时是他老人家承办了道教学院，我去那上学，才认识了他。在那以前我到过青松观，却觉得侯爷只是个经常拿着剪刀修剪盆栽的普通老人，很慈祥很可爱。后来在道教学院跟他接触多了，就觉得他如同父亲一样，对我很好。

李：你后来进来服务青松观、道教学院那么多年，包括像现在成为了董事，跟侯爷有没有关系？

莫：没有。侯爷出现的时候，通常情况是很多人簇拥上去，这时候我经常是躲得远远的。我不喜欢这样，好像是故意装得跟侯爷很亲近的样子。我跟侯爷讲话也没什么畏惧，侯爷本人也不喜欢别人畏惧他。平时没人的时候，我就会跟侯爷聊天，都是些"无厘头"（天马行空）的话题。侯爷还很喜欢我丈夫，跟我公公婆婆也很熟，加上我很乖巧吧，做事不求回报，侯爷后来让我进入董事局可能就是这些原因，可以说对我而言只是无心插柳而已，自己完全没想过。进入董事局后，我很认真，那些大家都抢着去做的活我不去，我愿意做一些没人做的，例如抄乩，每周日要回来。以及那些出风头的事情我也不做，侯爷应该就是看上我这些吧！再加上我跟彭先生早在飞眉洞、飞雁洞的时候就认识了，所以当时青松观的乩手退休、移民的时候，侯爷问我有没有人可以介绍进来（我就推荐了彭先生），在介绍彭先生到青松观做乩手后，我也就顺理成章地就做了抄手。其实这项（抄手的）工作可以请职员来做，但我个人认为应该由道教的信徒来完成。所以周日，大多数人睡觉、喝茶、休息的时候，我就回来抄乩。我的性格就这样，不喜欢出风头，反而喜欢像现在这样。人与人之间的关系很难说，我也不知道侯爷为什么会选中我做董事。

李：你在青松观那么多年了，从 1985 年算起……

莫：差不多三十年了。

李：为庙里服务那么多年，就你个人而言，有没有什么值得分享的经历或者故事？

莫：俗话说"树大有枯枝，族大有乞丐"，老实说，青松观里有些人是借着宗教从中取利的，其实所有的宗教都难免这样。我的老师，罗智光老师，他归天的时候有很多东西赠给青松观，但当时他不信任其他人，就只交给了我。因为当时有一个董事，不老实，但他是管理青松观文物的。罗老师亲手把这些文物交给我，嘱咐我这是送给青松观的，当时青松观还没有建起博物馆，现在仍然在建，那些东西我保管到现在。我也将这件事告知了周和来他们，没有要偷偷将这些东西据为己有，自己感受到这份责任，觉得要坚持到任务完成为止。而且当遇到一些不公道的事情时，很多人会选择明哲保身，但我忍不住，我一定会出声指责的。我认为，当一个机构大的时候，也需要我这种心直口快的人去把一些事情挑明，我的性格就是做不到同流合污。在青松观里，很多跟我要好的人彼此间会很亲密，但也有些"坏人"很讨厌我，因为我会老实地指责他们哪里做得不对，不会姑息他们。其实每个地方、每个团体、每个宗教都会有这些事情发生，有时候我也觉得自己不应该对这些事情过分计较，但每当发生了的时候，我就是忍不住。说到在青松观最大的经历的话，就是认识了三位很好的老师，罗老师（罗智光）、麦老师（麦炳基）和侯爷（侯宝垣）。但是这三位却相继归天了，一年一个，所以很不舍得，觉得是道教一个很大的损失。我从他们身上学到很多东西，侯爷胸襟宽广、眼光长远，罗老师则是有很强的文学根基，而且思考精细、眼光独到；麦老师则是在修养的方面，对他人欺负嘲笑之类的可以一笑置之，从他身上就学到不需要为一些无谓的人做出一些无谓的事情而令自己不开心，只是在这方面我还做得不够好。

李：那么你对道庙的服务是无偿的，家人的反应如何，有没有反对的？

莫：我从前是做生意的，虽然现在不做了，但衣食住行方面对我而言不是问题。而且我这个人要求不高。老实说，以前做生意的时候几千港元的鞋子，我是面不改色一次性买几双的那种，因为要见客户嘛，要给客户看到我漂亮的、成功的形象。但现在我不做生意了，几十港元一件的衣服、几百港元的鞋子没问题，我可以回归，不会因为习惯了就接受不了自己在物质方面降低消费。就我家庭成员而言，我丈夫是中医，他也是很知足的人，反正有房子住，吃也吃不了多少，花钱方面的话就看个人。如果你喜欢打肿脸充胖子，喜欢挥霍，那么消费相当于是个无底深潭，李嘉诚那样的身家也可以一夜败光。但是如果有一些自己认为值得花钱的地方，还是应该花，例如我现在最大的消费就是唱粤曲，唱的时候自己会很开心。正因为在消费方面无偿服务道教没有对我产生什么影响，所以家人对我服务道教并没有反对。

李：在庙里那么多年，对生死的问题，你怎么看？有没有得到解决？例如说你个人怕不怕死，怕不怕鬼？

莫：死我倒不怕，怕鬼是因为它们恶心。生死我看得开，但会不舍得。身边的人逝去，我是很不舍得的，但我相信终有一天我们还会在另一个世界相遇。因为我相信有鬼神，我知道逝去的人们不是灰飞烟灭，而是去了另一个世界，我们只是不在同一个空间，不能再一起吃饭、逛街，伤心、不舍还是会有的。说到我临死时到底会有什么感觉,我现在无法知道,但我都看得开。现在我就觉得自己要安排好一些事情,毕竟不知道自己什么时候会死。像我老师那样,说着话就睡着了,结果再也没醒过来,这样很多事情都没有安排好。因为可能会有将什么东西留给谁这样的遗愿,虽然这些是身外物,但也希望通过妥善的安排,使这些东西物尽其用,不要浪费。就生死而言,我觉得不是太重要,因为我们仍然存在,只是去了另一个世界。

李:如果不怕死,相当于了结生死问题了。

莫:我相信前生来世。例如像侯爷这样,我认为他不止修了一生一世,而是修了很多世,所以今生能够开派、开创青松观的规模,他是修了很多世的功德才获得今生的机缘,就像存钱一样。所以我也认为,无论自己多么委屈,也要像罗老师说的那样"顶天立地,问心无愧"。有些时候遇到一些事情你得罪了别人,没关系,最重要的是问心无愧。而即使做一些事情是没利益的也没关系,因为不能浪费前世积下的功德,如果你作奸犯科的话,以前积的功德会被败光。我的概念就是,只要是好事就要多去做,我从中二开始就参加很多社会服务了,去一些穷困地区帮当地小孩补习,我也舍得将自己喜欢的东西送给别人。总而言之,我对物质上的东西不是太在意,不会为了保住某些物质性的东西而染污自己的德行,对身外物能以平常心看待。这跟我从小到大比较幸运也有关系,因为家庭环境比较好,所以不会缺乏很多东西,使得我对这些物质上的东西看得开。如果对物质看得开,那么对其他的事情也看得开,反正不能让自己成为奴隶。

李:那接下来就问老人家一些问题。您扶乩多少年了?

彭:从 1975 年开始。

李:快四十年了。

莫:三十八年。

李:我在台湾也看过道教扶乩,他们当地称"扶鸾"。他们扶鸾是闭着眼睛,脑子里没有意识,说是被另外一个强大的意识完全占领,自己只是被支配去做这件事情。我看你是很清楚自己在做什么,扶乩的时候一边扶乩一边报内容,那你是怎么得到灵感的呢?

彭：是靠感应。有时候觉得是听到，多数是感应。

李：感应是说自己脑子里想说一句话，或者是祖师告诉你这句话。

彭：得到了一些感应，我负责"翻译"成文字。

李：因为你在这过程中意识一直是清醒的，那你怎么分开神给你的意识与你自己的意识？因为一般情况下，你听到一个问题，自己的意识也会思考，你在扶乩的时候如何把自己的意识排除到感应之外？

彭：第一点就是要自己的心平静，不能想事情。第二点是问问题的善信，要诚心诚意。那么善信的问题跟祖师的回答之间就会有个呼应，我就是他们之间的折射一样。

莫：所以扶乩的时候，善信的问题是不能用口说出来的，只能在他心里想，在心里求问祖师。

李：你知不知道信众问的问题，就是你在扶乩时有感应、说出了乩文，在这过程中能否得知问题本身？

彭：不知道。问乩分两种情况，第一种情况是信众抱着玩耍的心态来问，那么这就另作别论。第二种情况是信众诚心发问，过程就是：信众发问，这是一种意识的发射，我的感应，是一种折射（将祖师的回答折射到乩文上）。有时候，信众问的是有关未来的问题，有些事情将要发生，我也感应得到，就提前告诉他们，这就是预感。

李：当你将祖师给你的感应翻译成文字后，我看到有四字句、五字句，而且有押韵，这是你的"翻译成果"，还是祖师本来给你的信息就是这样的？

彭：这是自然的反应，是不自觉的。

李：那你把这些感应翻成文字后，知不知道自己说的是什么内容？

彭：只是照说而已，照着感应说出来，让抄手抄下来，仅此而已。

李：就是说你自己本身并不在意出来的内容押不押韵、符不符合逻辑？

彭：对，这是随缘的。有时候也不押韵，有时三个字、四个字、五个字、七个字……

李：每张乩文，里面的每一句字数都一样吗？

彭：大多数时候是，但并不绝对，也有不规则的时候。有些上句三个字，下句五个字；上句四个字，下句六个字。这些情况都有。

李：当你自己意识清醒的时候，怕不怕自己个人意识会影响扶乩结果？

彭：不会。

李：有没有扶乩结果出来后，信众觉得不灵？

彭：这不奇怪。因为有些时候，信众发问时心情乱，扶乩结果就会头不搭尾，变成一堆混乱的东西。这就在于问问题的那个人，他发问的时候思绪混乱。例如有三件事，第一、第二、第三件事，他问不是一件问完等祖师答完，再问第二件，然后回答完再问第三件。有时候他像红豆跟绿豆混在一起那样，例如问第一个问题时突然想到第三个问题，乩文出来就不知道哪一句话是回答哪个问题的了。一般情况下，一篇正常的乩文，是上文下接、头尾呼应的，如果问题混乱，出来的结果就会混乱。所以最关键要问问题的人，要配合好，不要弄得太复杂。

李：以前有没有扶过药方？

彭：有。

李：这个药方，信众吃了管用吗？有没有这方面的回馈？

彭：通常开药方，我们会让他在去药房拿药时，把症状和药方给医师过目，问合不合适。

莫：这个问题我回答吧，因为每周来问乩的善信我都见过，据我观察，通常问药方的善信，大多数都会再回头问。如果他们吃了这药方的药觉得没用，那他们绝对不会再回来问的嘛。这是我的想法。

李：最后一个问题，依你们那么多年的经验，你感觉到你们跟信众的关系够不够密切？

莫：拿去年来说吧，有一对三十岁左右的年轻夫妇，他们来青松观问乩问了很多年了，终于在去年，他们来求道了。青松观的规定是，求道要有一个人引荐，还要另一个人担保，其中就找到了我。但其实我跟他们不熟，只是在问乩的时候见过面，你认为我们关系如何呢？以及有时候在街上，例如一些饭馆，会遇到善信。他们认出我的情况多过我认出他们的情况，而且会很热情地跟我打招呼。而且我也感觉到，问乩的人多数是比较正面的，这种情况在青松观内部也很常见。因为来问乩的人我多数都记得，董事会四十几个人，那么多师兄弟，哪些来问乩，哪些不来问，我心中有数。比较正面的（那些人），时不时地都会上来问乩，请祖师指点；但那些"坏人"，即心中有愧的，平时做过一些不太好的事情的人，就从来不来问乩。这是我心中的统计，但没有具体数目。

李：那好，今天的访谈就到这，谢谢合作。

梁德华先生访谈

采访时间：2013 年 10 月 16 日
访谈人：李大华，以下简称"李"
受访人：梁德华，以下简称"梁"
录音整理：曾秋樾

李：请谈谈每年道教的庙会或法会的情况。

梁：在香港来说，新年庙会不大流行，中元的规模比较大。上元是正月十五，但是对于宫庙来说，上元并没有说一定要祈福。一般都是挂灯，挂灯的过程中就会礼赞一些科本、忏本。香港的庙会有一种上元一天的诵经。初三或者初九的占星。在新年一般都是这样。在蓬瀛仙馆是这样，其他的仙馆也是如此。上元法会进行一天到三天。一般来说上元的人并不多。每一年新年规模较大，就是赞星大会。参与人最多的就是中元法会。中元法会在我们蓬瀛仙馆来说一般四天。七月十五就是最后一天。

李：中元法会估计有多少人？

梁：中元法会一般按醮仪来说是一种组合。醮祀的时间一般为三、五、七天。在这基础上，最少是三天，有一些地方就连三天都做不了，就做两天。我们则是做四天。基本上在体系中都是做三五七天。人数的话，单单诵经的经师就有四五十人。中元法会的第一对象是祖先，超度。如果按一个个户口（附荐、牌位）来算，在全港来说，我们是排第三。如果不算各种荐，就有五千个单位。也就是有五千个家庭，如果按照每家有三个人，就有一万五千人。圆玄是最多的，中元法会一次就有九百万港元的收入。我想象他们的家庭数量有一万个人。蓬瀛的话是三百万左右。青松观大概五六百万。

但是人数、收入最多的还是过年的黄大仙。但是跟我们拜神的信仰没有分别。法会是什么，就是拜神。拜神是最大的项目。新年拜黄大仙也是拜神。如果要做一个统计，向神明做一个许愿。中元、上元、下元目的都是一样的。活动的题目不一样，但是目的一样的。

李：清明呢？

梁：一些庙有清明法会。香港不是每间都搞。这里十几年前有办过。春（清明）秋（中元）二祭，后来我们发现不划算。而且在蓬瀛仙馆来说，大家也是习惯了只有中元，所以后来大家就不办了。青松观是做习惯了。

李：蓬瀛仙馆除了中元法会之外，跟信众保持关系还有没有其他方式？

梁：两个方面来说。一是在祭祀来说，新年有全年的礼斗、祈福、开斗灯、拜北斗等等活动。每一年不同的太岁，所以每一年都有的。拜斗不是一次，而是整年的活动。每一个礼拜天都有的。参加的人也要登记。每一年供奉的神明的诞辰，比如说太上老君、吕祖师、丘祖师、斗姆、观音……这些神明的诞辰，这些神明的信众都会来拜祭。每一个星期就是拜斗，每一个神明的诞辰也会来。

蓬瀛仙馆从明年开始，就添加一个活动，就是拜太岁。拜斗是以拜斗姆为中心的，但是拜太岁是有每年当年的太岁，每一个人都有自己的本命太岁。所以我们会设一个专门的科仪，专门拜太岁。上海城隍庙、新加坡城隍庙也是拜太岁。所以我们也尝试一下，明年大年初四到十五，一共是十一天，每一天拜太岁。之后呢，每一个月的初一拜太岁。

李：按照这样的话，每星期就有一个活动？

梁：大概是这样的。有些时候呢，祖师的诞辰不一定是在周日，所以我们分了两个。一种是正诞，另一种是预贺，可以方便信众周日来。如果刚好是周日就不用这样了。

第二点来说，则是宣传道教文化。我们有定期的讲座。讲座包括有养生、有经义、有道家研究（比如说讲忏本、老子思想），另外我们有组织到医院帮助他人。从这两个方面来凝聚我们的信众。

李：讲座的频率如何？

梁：每个月有一次道场讲座。一次一天。人数一般在一百多人左右。

李：蓬瀛仙馆的乐团还有吗？

梁：有，现在每周都有排练，目前有三四十人。每年跟其他地区有汇演。给香港信众也有演出，一年有两次小规模的。除了这些，还有网站（道教文化中心"道通天地"），也做电视台。电视台每一天都播，也叫"道通天地"。所有的视频在网上都能看到。已经办了十二年了。我们每一年都有评估，电视台给我们的统计，每一年都有增加。总的来说，一般市民都知道。电视台告诉我，宽频的收视来说，比佛教、基督教关注的人还多。但是我们自己没有资料。

李：这些仪式正常来说，每周一次。再加上网站、电视台等等交流。除了这两方面，跟信众有什么互动吗？

梁：有的，比方说每一年初三的赞星。科仪的活动是宫观来主办，对象是信众。应该来说，诵经向神明，是弟子向神明的拜祭。但是现在这个活动把信众带到活动中去，安排他们进坛上香，跟经师一起转圈。这原本是诵经的坛位，为了把信众带进来，就把道场扩大到不同的四方。这个就是互动。比如每一年我们在农历的二月十五，就是太上老君诞辰。以前是道教徒的活动，现在不一样了，市民（信和不信）也可以参加了。不信的市民的热情更多来自对于道教这种民族的信仰、中华文化的兴趣。庙会也是一种，但是意义是一样的。

老子诞辰的活动，以前每年农历二月份中旬定期举行的。从2013年开始，香港就定下来了。新历三月的第二个星期天是老子诞辰，是法定节日。之前在公庙来说，就一定是农历二月十五。现在我们要迁就星期天。所以要方便信众。

现在整个道教节是通过十二年做出来的结果。十二年来的道教节，这么多个宫观是轮流办的。直到今年，香港政府才真正定下来道教节。

李：现在不需要轮流了吗？

梁：还是要轮流的，主办的是轮流，但是各宫观是分工的，一起办的。整个香港道观是互动的。

李：香港十三年前是没有道教节的？

梁：是的，只有宫观内部的。

李：这个互动效果如何？老百姓觉得如何？

梁：十三年前第一次我们宣传道教节，我们用巴士把老子画像挂上去，绕着九龙走。很多市民不知道是谁，不知道那是老子，不明白那个"巴士老人"是谁，很多人打电话来问那是谁。到那天开幕的时候，我们穿着道帽长袍，市民也觉得很奇怪，不知道是道教的服饰。到今天，很多人就明白了。这就是互动的效果。

十三年前中文大学、香港大学，它们宗教科还没有道教系。在香港只有信众办的有道教学院。到今天就有了。（香港大学宗教学有道教的单元。）这就是效果。两岸三地的交流，道教的互动非常的多，这也是效果。我跟你说一个有趣的事情，我去马来西亚、泰国、新加坡，包括加拿大。我过关时别人问我们去做什么，我说我是道长，去参加道教活动。十几年前没人知道我去干嘛。现在不一样了。这说明我们的努力是没有白费的。

李：香港的信众十三年前和现在的有什么不一样？

梁：这个没有什么统计。四年前曾经统计过，在新年有多少人来庙里拜神。那次的统计是用计算器算的。从大年初一到年初七蓬瀛、圆玄、云泉、青松观都去了。加上华人庙宇给我们的啬色园、车公庙的人数，从大年初一到初十五。这些数字一共是两百多万。前面四个庙一共是七十多万。这是四年前的数字，四年前之前没统计过，四年后也没统计过。

李：有没有分析过，为什么那两个庙会有这么多人？

梁：以黄大仙为例，他们的游客非常多，有香港的、大陆来的、大马的，华侨特别多，都是同一个信仰。

李：那蓬瀛仙馆的信众的情况如何？

梁：如果用每一年年初三赞星来说，我们每一个人都会给一个茶包，以茶包来说，有四千个。这个可以说是蓬瀛仙馆的信众，而这个活动是蓬瀛仙馆每年最多人的了。正月十五都没有赞星那么多人。而参加这个活动的人可以算作是信众了。参加中元法会等法会的人不一定就是信仰道教的。因为香港能摆骨灰的地方不多，蓬瀛算是一个，那有很多有其他信仰的人可能也把祖先的灵位摆在道观里，他们中元节来拜不能说他信道教。

李：蓬瀛的骨灰位现在是多少？

梁：大概有一万吧。以前人问我们不愿说，现在政府要统计，不说也不行了。（笑）

李：收入的最主要来源是哪里？

梁：最主要是骨灰，第二是中元，然后还有赞星。这是宗教的收入，现在很多都是有投资的收入。蓬瀛仙馆有买基金，有股票。

李：出外做宗教的服务有没有收入？

梁：这个是亏本的。他们只会给最基本的钱。这是观给社会的宗教服务，不能说赚钱的。给的只是基本的费用。

李：为公众做是亏的，那私人的打醮的有收入吗？

梁：有两种情况。第一是作为慈善的宗教团体，帮私人做超度，就不会是亏本的，祈福也不会亏本的，但是收入不太多。为什么？因为就蓬瀛本身来讲，我们也是在做宗教服务，并不是一个宗教营业，不是宗教生意。第二种状况，把宗教服务当做生意。我们不做这种事情。

李：除了这些之外，道观里的神职人员跟信众之间有没有更多联系？比如说遇到什么问题可以向你们咨询？

梁：有很多的。比如说亲人疯疯癫癫，或者是房间里看到什么，自己常常生病诸如此类问题。

李：这些解答在庙里的活动占了什么地位？

梁：重要的。我们的解答方法正是道教本身的方法。这个不能搞错的。江湖术士就是靠这个吃饭的，我们不是，我们要负责任的。我们跟信众不是说什么玄妙的，我们都是说因果、说承负的。在科仪来说，我会诵经洒净，但是下面我会跟他说要行善积德。

李：做不做算卦？

梁：有的。我说我不懂。我也不愿意做这个。

李：蓬瀛仙馆的资料库进行得如何？

梁：资料库进展到第二期，改了名字，叫做道教文化中心。

李：蓬瀛跟屯门的科仪有什么区别吗？

梁：区别不多。

李：请问对道联会未来有什么总体的设想？

梁：我有两个工作，第一个是短期的，要组织一个道教青年团。要把年轻人都找来，用年轻人代表我们道教服务社会。包括老人院、单亲家庭以及其他一些弱势群体。人不多，要办活动时给他们做义工。

李：这个是不是义务团体？

梁：是的。有一些宫观、坛堂人很少，想要做一些事情也做不了。这个青年团也可以帮他们做事情。我自己的第二个工作是长期的，比较困难的。就是向政府申请地皮，做道教的地标。

李：是不是想做跟大屿山一样的事情？

梁：是的是的，就是这样。佛教有很多地标，但是目前道教没有这种地标式的地方。能去到道教的地标，就知道是道教的地方了。我要做的就是这两件事情。如果我们有这块地，我们会在地标上再建立一个道教文化中心。要做这个事情，就不单单是一个宫观的问题，而是整个道教的问题。我们已经开过会商量过了，包括圆玄学院。我现在要在十一月做一个计划书出来交给政府。四个字：胆大妄为。（笑）我认为作为道教联合会应该有这个使命。这个要靠各个宫观一起努力的。

青年团已经是组织好了，今天下午就是青年团团徽的评选会，下周就是青年团将举行两日一夜的工作坊。大家都认同这个价值观，所以大家就很快聚合起来。青年团是两个月前开始组织，现在已经有三十几个人了，初具成型了。他们有他们的思维，我也不大参与他们的活动，因为思路不一样。在纲领之下我是放开给他们做的。我是很有信心的。

李：这些青年人是哪里找来的？

梁：有学校里的年轻学生，有一些是宫观里的年轻成员。

陈敬阳先生访谈

时间：2013 年 11 月 24 日下午

地点：香港蓬瀛仙馆

访谈人：李大华，以下简称"李"

受访人：陈敬阳，以下简称"陈"

参与人：石洁琼

记录人：石洁琼、张慧、廖茗苾

文本整理：廖茗苾

李：目前蓬瀛仙馆总共有多少灵骨？

陈：差不多 2—3 万，我手头上也没有准确的数字。

李：就是说每年大概新增两三百个？

陈：大概是的。准确数字要看每一年的订数。

李：刚刚你们的工作人员给我介绍，之前我们在蓬瀛仙馆看到那一排排的灵骨位，都是这一两年新建的。照这个规模看，增长速度还是挺快的。

陈：没有，蓬瀛仙馆的灵骨位我们称为"安息院"，建筑规模在以前就已经定下来了，最短都有十年以上。我们在 20 世纪 60 年代办神位，后来才有灵骨位。灵骨位最早是青松观和圆玄学院开始办，蓬瀛仙馆的灵骨位是20 世纪 60 年代末到 70 年代初才办的。粉岭在那个时候是郊区，交通不便利，看图片就知道了，20 世纪 80 年代这周围都是农田，后来电气化之后才发展成今天的规模。

李：灵骨位在蓬瀛仙馆的收入里大约占什么位置，是主要来源吗？

陈：是。在香港来讲，灵骨都是各大宫观的主要收入来源。

李：每年法会、法事收入大约占什么比例？

陈：在香港，法会、法事更类似于义务工作，因为他们的收入和支出

（相差很大），基本挣不了什么钱。对整个宫观来讲，占的收入比例很小。

李：所以主要收入还是靠灵骨位。

陈：是的，还有投资。因为道教宫观在香港是公司，注册时都是以"有限公司"的身份注册的，但"有限公司"四个字可以向政府申请去掉，蓬瀛仙馆申请去掉了这四个字，像青松观就没有，其实说到底都一样。既然是公司，我们就是允许搞投资的，例如收租、买地产。基本上香港的非牟利团体，情况都是这样。

李：投资的原始资本还是得通过灵骨获得吧？

陈：对。

李：那现在你们不叫"有限公司"，但公司职能还是有的吧？

陈：一样的，在香港，宗教团体跟公司基本是一样。但因为宗教团体有文化、公益方面的活动，所以有一个好处就是根据税务条例，我们是免税的，跟普通公司不一样的地方就在于我们是非营利的、免税的公司法人。

李：在蓬瀛仙馆订过灵骨的，不见得都有信仰？

陈：怎么讲呢，在香港没有一个很严格的信仰道教的标准。之前有个调查，你可以去翻查一下，是在香港殡仪馆进行的，调查结果显示，在香港殡仪馆里可以看到，如果有人去世了，60%—70% 的人都选择用道教仪式去举办丧礼。但你说他们信仰道教吗？还有一个很奇怪的现象，香港大学有一个民意调查中心，蓬瀛仙馆曾经委托他们对市民做一个对香港道教信仰认知的调查。只有很少的人说自己是道教徒，但一半以上的香港市民表示有拜神、求签的行为。例如你问一个老太太："你有没有烧香拜神？"她回答："有"。但你问她："有没有宗教信仰"，她就说："没有"。基本上，大部分香港市民都是这样一种情况。所以回到你问的那个问题，将灵骨放在蓬瀛仙馆的人有信仰吗，这很难讲，即使他们相信比起放在公家的灵骨场，安息院这里更好，毕竟先人可以"听"法师诵经。市民的概念就是这样，放在庙里比放在其他地方好，所以他们对信仰是有概念的，但不是说非常相信的那种，因为他们没有修行。

李：是，道教的情况是这样，佛教也一样。除了自己有修行的人以外，其他人对信仰的概念都很模糊，所以可以看到他们一会儿信道、一会儿信佛。但概念是一回事，如果往下问的话，为什么市民会觉得把灵骨放在庙里会比外面好？

陈：庙里有法师诵经，有工作人员清理、上香、换贡品，而且我们每年有春秋二祭，所以市民会觉得放在这里会更好，因为放在政府的灵骨场基本上是没人理，从心理上讲，市民将灵骨放在庙里会更安心。从传统来讲也比较好，大陆的情况我不知道，在香港，传统上，家庭里会放个神龛，祖先、土地、观音或者吕祖的像都可以放到里面上香供奉。现在新的家庭里没有这种神龛了，祖先没有香火了，所以他们觉得放在庙里会比较好。

李：那么灵骨或神位安置在蓬瀛仙馆的，他们家人来凭吊的概率大约是多少？

陈：很难讲，估计很多很多。因为我们举办的活动不多，一个是春节，人们可以来拜神、拜祖先，现在人习惯是在年初一。另外是清明节、重阳节，来凭吊先人的市民是很多的，但讲概率的话就很难说。另外，香港人有个习惯，如果有一位先人的灵骨放在了蓬瀛仙馆，那么其他的家人去世后，他们也会选择把灵骨安放在这里。

李：方便祭拜。

陈：对，因为香港人太忙了嘛。

李：从宗教活动来说，蓬瀛仙馆的拜斗是每个月一次？

陈：对。

李：每个月拜斗开始前要发公告告诉信众吗？

陈：有，因为这个仪式在蓬瀛仙馆已经延续差不多十年了，是2002或2003年开始办的。我们考虑到一个问题，就是很多道教的仪式没人参与，基本上是道士诵经，善信在后面听就算了，我们当时的考虑是给信众经本，让他们一起参与。最早期我们有通知善信来参与诵经，而且还开办了诵经班，这个诵经班不是用来培训法师的，而是用来教善信如何诵北斗经。希望他们学会、唱习惯之后，会有兴趣在大殿里参与我们的拜斗仪式。刚开始的时候我们的情况就是这样的。

李：诵经班等于是培训？

陈：不算是培训，因为诵经班的目的不是将善信培养成法师、经生，他们只是对信仰有比较浓厚的兴趣。道教还是比较欠缺跟信众的互动，我们开始搞拜斗仪式，也是出于这个考虑。

李：效果如何？

陈：对我们而言还是挺不错的。刚刚在参观时，我和李永明也谈到了这个问题，我们道教庙的设计，本身不是用来像这样去搞礼拜的。

李：所以大殿是没有给信众留太大位置的。

陈：对，如果是一个教堂，就可以每个人都坐在里面。因为我现在也看到有一些新建的佛教庙，有给信众留位置。但我们的大殿是过去建的，就没有这样的条件。

李：佛教是这样的，它可以摆到外面去。其实信众参与不一定都到殿堂里，只有很少的人能到殿里。比如说举行宗教仪式，有些佛教团体说得很直接，出十万元可以到殿里，五万元可以站在殿外，五千元可以站在台阶下。

陈：香港的环境不太一样的地方在于，信徒不会出很多的钱去参与宗教仪式。不是他们没有钱，而是没有这样的习惯，所以我认为这样的模式不会流行起来。例如刚刚谈的礼斗，基本上不用钱。香港的佛教、基督教、天主教基本都对外开放，收入主要都靠信徒捐钱。但市民不会专门给一些钱去办一个法事。中元节算是例外，因为中元节要花钱买个神位在中元法会里面，可能会花一百元、两百元、三百元、五百元之类的，但其他法会就不会有这样的情况。

李：香港的佛教和道教在做法上有没区别，你做过比较吗？

陈：做法上两者差很远。因为香港佛教比道教早得多，佛教在民国的时候已经开始改革了，尤其是香港受了很大的影响，所以佛教在香港的发展算是比较成熟。现在还有台湾的传过来，所以香港佛教的活动形式和条件都很成熟。

李：但现在香港的佛教也供奉灵骨啊。

陈：有。

李：香港佛教的收入来源靠信众参与宗教活动捐款呢，还是像蓬瀛仙馆一样靠灵骨？

陈：灵骨占收入比例每一间宫观都不一样。比如香港四个大道观里，蓬瀛仙馆、圆玄学院和青松观的主要收入是灵骨，但黄大仙就不是，黄大仙的情况我不清楚，应该主要靠捐款。香港佛教庙办灵骨的不多，据我所知的在圆玄学院旁边的四方庙有，靠灵骨维持主要收入的很少，大的佛庙如宝莲寺、正觉莲寺都主要靠捐款，毕竟香港佛教发展得很成熟，它们的信众有些很有钱，比如李嘉诚，他就是个佛教徒，每年捐很多钱给佛教。

李：但他不是信基督教的吗？据我所知汕头大学没搞佛教研究，而是搞基督教研究。

陈：这个我就不清楚是什么原因，但他整个家族的先人遗骨都放在佛教坟场里，他在大埔建了一个很高的观音像，那里整个庙基本是李嘉诚捐钱的，现在还没开放，叫慈山寺。你看，佛教一个信徒很有钱都已经够了，所以基本上收入靠捐款。

李：道教来说，主要还是靠灵骨。

陈：因为我们道教发展起步比较慢，信徒的比例比较小，有钱的信徒比例也小了。好像基督教、天主教，在香港也是靠捐款，其他收入基本没有。所以香港道教是要转型的，怎么转暂时还没定论，不能永远按灵骨这一块维持收入的。

李：那你对蓬瀛仙馆乃至香港道教的前景有什么看法？

陈：还是向好的方向发展，但是我们还要加大投入的力度。因为现在的一个主要问题是，不仅香港，整个道教的情况都一样，就是人很少。所谓人很少不是搞庙的人少，而是搞文化、搞信仰的人很少。很多庙的主要精力在于维持宫观的经营，但现在用大陆道长的话来说，就是要进行"信仰建设"，但这个进度很慢。例如我们经常说要跟信徒传教，但我们连传教的资料都不够，怎么进行传教呢？另外，道教本身的条件决定了传教的难度。例如佛教可以跟信徒讲释迦牟尼的故事、天主教讲耶稣的故事，我们传教要讲祖师的故事就很难。道教的故事如老子的故事，老子最后是不知所踪，这个故事要怎么讲？因为故事讲到最后是要人明白的，可见道教还没找到一个很容易普及的、让人易于理解的途径。这是我个人看法。我们内部也经常就这个问题开玩笑，讲道教的入门知识，一开始就要讲老子、张天师、寇谦之、陆修静，这些都是历史过程，对一般的信众而言是很没意思的，太沉闷了。

李：是的，这方面是要下工夫的。

陈：人太少了，这是个很重要的问题。大陆的情况我不知道，香港、台湾都碰到这么一个问题，佛教、基督教、天主教都有自己的神学院，有以培训一个传教士为目的的一种教育。但香港道教学院也好，道教平时办的班也好，目的不是培训传教士的，还停留在教道教知识的程度。大陆只有四五个道学院，有那么多道庙、道士，比例严重不符。

李：佛教、基督教都实现现代化了，道教到现在还没完全转过来。

陈：我有个同事刚从台湾回来，台湾道教也存在这样的问题，拜神等仪式基本不以道教信仰为核心。香港还好一点，可能是因为香港的整个文化水平较高一点。

李：你这么认为，台湾那边或许不承认。

陈：我认为，台湾主要是分化太厉害，一般基层的民众，例如他们那管庙的人，大部分对道教信仰没有概念。香港在这十几二十年还提高了一点点。

李：台湾还有很多民间信仰。

陈：是的，例如妈祖，我们当成道教的神，但台湾拜妈祖就是拜妈祖，不用管其他的东西。

李：那么，以你们目前的做法而言，信众跟庙里的互动多吗？

陈：比较少。就蓬瀛仙馆而言，比较活跃的信徒，我认为数量在300—500人左右。平时我们搞一个活动，有100多人来参加就不错了，这跟香港市民参与宗教活动的整体热情不高有关系，在我们道教、佛教、天主教、基督教都是这么个情况，基督教可能情况相对好一点。因为现在全部宗教活动的模式都比较闷，你看香港佛光山有个佛光道场，它那有个形式跟基督教没什么区别，搞一些聚会式的活动。我们道教就如你刚刚说的还没有完全转型过来，还采用传统的拜神、诵经、讲座。

李：就拿今天的拜斗来说，上表的过程太长了，我观察后面的信众，等经师把表上完了，人也走了很多，因为他们没有那么多时间站在那听，其实这个上表的时间可以缩短。

陈：对，我们之前也讨论过仪式改革的问题，但这个没办法成功，毕竟这不是我们一个宫观可以完成的事。道教的科仪，一个基本上要半小时到一小时，幽科要三个小时到半天时间，现代人很难抽那么多时间去参加一个道教活动。就连天主教固定去教堂的信徒比例都下降得很厉害，这跟我们城市发展有很密切的关系。所以我也跟叶长青道长讨论过，怎么把道教科仪时间缩短，但没有一个人敢去搞这个事情。

李：那你们可以尝试实践啊，例如缩短上表的时间，然后增加信众的参与，宗教活动可以多样化。这个并没有定例，佛教也是这样，不断地搞新名堂。

陈：我在香港、台湾、大陆还没看到一个很成功改出来的新范式，例如现在在上海、北京很流行拜太岁，也跟我们这边差不多，交钱后，你可以来拜也可以不来，来了的话也不要求你全程参与。基本上摸索不到改革的模式或方法。

李：传统的道教科仪是可以简化的。

陈：这个我们也知道，但例如我们香港，即使是负责经忏的道长，也不敢改。不是不能改，是不敢，师傅传下来的东西，谁能说改就改，没人敢。有人说不如我们自创一套新的仪式，但我们都是老公馆，我们都有自己的传统，不可能说改就改。这个阻力很大，很困难。

李：这是个值得探讨和尝试的方面。

陈：的确，因为看历史，陆修静那时候也是，科仪是可以改的，关键是谁能牵头、怎么改？因为我们不像天主教，香港道教没有教区的那种功能，没办法统一，各大宫观之间的不一样。说到改科仪，我们都一起改的话，情况或许好一些。但如果你想改他不想改，或者你想这样改他想那样改，问题就更复杂了。

李：但有一点可注意的就是，宫观和道教信众之间的交流、互动，这是道教现代化很重要的一个方面。

陈：我们现在正在尝试的几个途径，一个是开班，目的是先把信徒吸引到庙里。因为在香港，如果没有什么特别的原因，要让人来参加宗教活动是很难的。只能先把人吸引到宫观里面，然后培养他们对这个文化和信仰的感情，才慢慢将他们转化为信徒。

李：目前开的班有哪些？

陈：太极、气功、书法、国画。除了开班之外，就办一些讲座。

李：讲座的内容是？

陈：主要是宗教、文化、养生方面的内容。

李：就是通过这些途径去吸引信众。

陈：是的，这种在香港比较可行，但也遇到一个问题。就是我们没有一套完整的方法、课程去培训他们成为一个信徒，比如基督教和佛教就有系统的课程。但说到道教的话，作为一个信徒，最基本的要懂三清是什么概念，要懂一些简单的经文，道德经在讲什么，但这些都没有系统的教科书、课程去教授。

李：这方面多做探索是有益的，据我所知，你们在这些方面也做了很多事情，重点是尝试，找到方法去令这些人从兴趣班出来后能成为一个道教徒。

陈：是的，我们也有成功的个案。例如我们这几年皈依的信徒，有一些是兴趣班的学生，皈依后又去念青松观道教学院的一些课程，我认为这些都是有用的，只是成功率不够大，而且起效较慢。

李：这要从两方面入手，一方面是有意识引导兴趣班的学员成为信徒，另一方面要降低信徒的门槛。除了兴趣班，还有另一种方法就是创建自己的义工团队，义工是比较容易变成信徒的。因为道教还是有很多比较实际的东西，如养生、气功、太极，都是可以解决人生活中实际问题的方面，这些方面跟信仰结合起来会更有力量。

陈：我也同意这点，这就是大陆道长说的"信仰建设"问题。我认为当代道教还是要把礼仪这些东西规范下来，例如道教节，香港讲道教节就是太上老君的诞辰，道教徒不一定每个人都重视这些节日，但我们至少要把一些规范定下来。只有规范下来了，信徒才能将一些日常生活和礼仪、节序联系起来。道教的现状还是很散，例如刚刚说，既没有系统的传教方法，也没有规范的宗教生活。我有一些天主教的朋友，他们遵循着一些明显的规律，每一年哪个时间是过什么节日、举行什么活动、做什么修行，十分规范。现在道教不太强调这些东西，就是拜神，拜神之后就没有什么可做的了。

李：所以你们香港的几大道教宫观需要加强合作，各自为政是做不好的，道教节日方面大家可以合力规范一下。

陈：对啊，比如春节祈福、年底还愿的时候，如果有一个比较规范的时间，能令宗教生活更明确。

李：现在这种宗教文化班，很有必要继续做，可尝试把信仰传输进去，这个还是有效果的。例如我上次跟梁先生谈，他举了一个例子。他说 20 世纪 60 年代的时候，到街上随便问一个香港市民：老子是谁，基本没人知道。但现在再问，不仅是老子，其他关于道教的知识他们也能说出几点，甚至去问外国人，他们也有知道的。

陈：我有一个经验，是我上一个月到浸会大学讲座时遇到的。过去，香港市民对道教的印象比较差。老一辈的，就是现在五六十岁的市民，他们对道士的印象，基本来源于一个粤语长片里的角色——高佬泉，这是一个专事搞怪的角色。后一辈的，例如"70后"、"80后"，对道士的印象就是林正英。

李：高佬泉是哪个年代的？

陈：他是六七十年代的粤语片的角色，瘦高个，专门骗人，很随便，装扮滑稽，看上去就不像是宗教人士的模样。"70后"、"80后"比较熟悉的是林正英，一个演员，专门在电影里扮道士，抓鬼，抓僵尸。现在情况有所好转，我讲课时，让听众说出十个对道教的印象，答案有黄大仙、炼丹、耍太极、画符，起码就没有抓鬼啊、装神弄鬼这种印象了。香港过去是丑化道士的，现在道士的形象要正面一点了，就像你刚说梁先生举的那个例子，我现在也体会到这种转变了。因为以前市民对道教的印象，大多是靠看戏来获知，或者是去庙里、殡仪馆里面才能感受到，现在我们道教的活动多了，给市民的印象就正面一点。以前殡仪馆的南嘸道士有"破地狱"的仪式，很夸张的，用剑，神衣插在剑上，然后南嘸道士拿着剑围着神位转，转得像跳舞一样，之后点火、把水喷到火上之类的，很夸张。人们在殡仪馆看到这些仪式，对道教的印象就是这样。

李：这个"破地狱"的仪式，香港现在还有吗？

陈：有，九龙那边的殡仪馆里还能看到。但是随着我们道教在社会的活动多了，人们对道教的印象就不仅仅来自这些殡仪馆的夸张仪式，就会更正面一点。

李：通过总结这些现象，你们也可以看到一些成效，看到道教的出路、前景在哪里。

陈：以前我和同事聊天开玩笑说到，为什么影视剧要将道士塑造成这样的形象？为什么他们要扮道士？第一个原因是他们不敢得罪佛教嘛，第二就是扮和尚还要剃头，扮道士不用。当然这是开玩笑。新加坡的道教团体就投诉电视台，不允许他们在影视剧里随便扮道士，因为这是对道教的一种冒犯。

李：但道教本身是有这些东西。

陈：有，但没有那么夸张。

李：从这些转变过程可以看出道教发展的方向，就是不能走装神弄鬼的路，不能都做南嘸道士那一套，不是掐掐算算的功夫。据我观察，香港道教有一个很重要的元素，就是扶乩。我看大多数公馆都有。

陈：都有，但我们现在没扶乩了，以前有，现在很多公馆都不搞了。

李：现在少了，但它还是有这么一手，是可以有助于传教的？

陈：是的，我也去扶乩。但有个问题，跟拜神一样，你去扶乩，获得祖师的指示，但你不一定能在道教思想、宗教生活上有什么收获。例如有些人去扶乩，问生意应该怎么做、家庭会怎样，所以碰到的问题都是一样的，就是不能停留在扶乩、求签、拜神这些表面功夫上，在这些之后应该怎样将他们培养成信徒，这是关键所在。

李：也就是将宗教活动变成宗教生活，通过这种转变来将他们培养成信徒。

陈：是，据我观察，现在像深圳那边，也都是养生啊、气功之类的，在这之后也没下文了。

李：这是因为还没有道观，现在在龙岗正在建一个道庙。

陈：龙岗很远，在关外了吧？

石：应该算是。

陈：建一个什么样的庙？

石：好像是三清观。

陈：在建了吗？

石：现在正在筹划。

李：三两年的事。接下来我想问一下蓬瀛仙馆的电台。

陈：电台也属于传教的一个形式，在香港道教各大公馆的传教尝试方面，蓬瀛仙馆算是走得比较靠前的，电视台的电视频道是我们传教的一个新尝试，2003 年的时候开始办的，2004 年开台。香港佛教、基督教都有电视台，佛教电台是台湾的，基督教电台是香港本地的，面对这些情况，我们道教也要做出应对。

李：2004 年开台到现在也将近十年了。

陈：嗯，但办电视台也不容易，因为我们要搞一些畅销的、轻松活泼一点的节目，而不是诵经的、沉闷的，例如信众组织一起去爬山、郊游、欣赏大自然之类的，然后将道教的道理穿插在这些活动里面。通常我们的节目就采取这样的形式，其实每个宗教电台的节目也差不多是这个模式。所以我们经常开玩笑说这些节目的不同之处就只在于，基督信众在郊游时看到这些自然风光，就赞美这是神的伟大创造，我们道教徒就感叹这都是道的演化，其实形式上都一样。但要拍这么多节目要动用很多资源，所以办电台很不容易。

李：这个频道在哪个电视台？

陈：现在在香港宽频。另外一个主要的渠道就是通过 YouTube 网站。

李：收视率如何？

陈：在宗教频道里算是不错的，因为在香港，电视都逐渐很少人去看了，所以我们也不能要求太多。但在网络上就还可以，我们在 YouTube 每个月有 14—18 万的点击率。

李：就是说在电台播的节目，你们也会挂到网上去。

陈：是的。但现在的主要问题也是人手不够，网络发展速度很快，网站上的视频、音像更新频率要跟上，所以在网上放节目也要投入很多人力物力，投入力度要比过去大很多，毕竟不能用十年前的标准来做现在的事情。

李：归结起来你们现在的公益事业主要有电台、网站……

陈：还有香港道乐团以及我们出版的一套丛书，跟电台、网站是一块的。我们还跟香港中文大学合作的一个研究中心，跟刘红博士还在上海音乐学院有一个"蓬瀛道教音乐研究基金"。

李：对"蓬瀛道教音乐研究基金"的资助力度有多大？

陈：好像是 20 万吧。

李：其他社会福利方面有哪些活动？

陈：我们有老人服务中心、幼儿园、青年自修室……

李：青年自修室是在什么地方？

陈：公共屋邨。

李：不是每个都有吧？

陈：我们在两个屋邨里办了。还有就是中医，我们办中医比较多，有两个中医诊所、一个流动中医车。为什么要有流动中医车呢？因为我们蓬瀛仙馆是在郊区嘛，郊区里还有很多老人家，他们出门看病不方便，很多甚至也不太愿意出门看病，所以我们就搞流动中医车到邨里给他们看病。

李：嗯，电台、网站、乐团、出版、研究中心、老人服务中心……

陈：对，蓬瀛仙馆在公益这一块做得比较少。

李：其他像办学校呢？

陈：很少，我认为问题就在于香港道教宫观的发展，跟它所在的社区发展是有关系的。比如荃湾在20世纪70年代就发展了，那是圆玄学院所在地；

青松观本来不在屯门，他们以前有个办事处在大南街，跟啬色园一样是在九龙。可见它们的发展都比较早，蓬瀛仙馆在粉岭；是后来才发展起来的。所以我们到 80 年代后期才推出公益服务，这一块其他宫观在 70 年代就搞得很好了，我们起步晚了，很多东西就不好搞。比如青松观，我念的是青松观的小学啊，可见他的公益事业起步得多早，它们现在起码有三四间学校，啬色园的中小学有十几间，相比之下蓬瀛仙馆在这方面很弱。

李：它主要还是声望高。

陈：在九龙嘛，起码香港有个区就叫"黄大仙区"。

李：它的做法很符合香港人心理，有求必应。

陈：这就是我们刚刚讲的问题，啬色园其实有个宗旨，是"普济劝善"。结果大家只知道它有求必应，这就是差距。你去问拜黄大仙的人，我相信十个有九个答不出"普济劝善"这四个字，都说有求必应。我们道教就是缺乏这种将"有求必应"转化为"普济劝善"的途径。

李：这个反思是很有力度的，它的宗旨是"普济劝善"，做出来的是"有求必应"。后者保证了道观的客源，但却没办法转化为信仰。按啬色园的情况，每天那么多人去求签、烧香，要是这些人转变为道教徒，这规模不得了。

陈：是。这就跟之前提到的调查结果一样，有拜神但没信仰。这是解释不通的，为什么你有宗教行为，却没有宗教信仰？这是香港比较奇怪的一个现象。你说你没有信仰，但是你拜黄大仙、相信黄大仙，这本身就是个信仰啊。

李：当然信仰存在着界定问题，信仰一个很重要的标准是过不过宗教生活。比如说做不做早晚功课、周末做不做礼拜、有没有遵守什么斋戒，从这些角度上去说，香港市民的确是没有宗教信仰的，对他们来说信仰是隐形的，没事的时候就不存在，遇到困难、问题了就有信仰了。我认为你们香港的道教人士从这方面去进行深入反思是很有必要的，特别是结合道教平时组织的各大活动来进行总结、探讨。像黄大仙这样的情况，很典型。

陈：是的，它的情况是，能吸引善信到庙里，但没办法将他们培养成道教徒。

李：这次调查的核心是香港道教与香港社会的关系，也涉及香港道教与大陆道教的关系、渊源问题。刚刚看到你们的碑，上面写到蓬瀛仙馆跟三元宫的关系，就这个问题还希望你能再给我提供一些资料。

陈：好的。

李：我听说你们这里还有从三元宫拿过来的经忏本？那些能不能给我看一下？

陈：我们有一套神像画是从三元宫过来的，还有度牒、经忏本。

李：这些的原籍还有吗？

陈：在，但被锁在了仓库，那些是我管理范围以外的，所以我拿不到。那套从三元宫来的神像画我们有照片。香港很特别的就是当青松观、圆玄学院跟我们一起搞大法会的时候，我们还会把这套神像画挂出来，例如中间是三清，两旁就是这八幅神像画。这八幅神像画也是我看过的，有记录以来，年份最早的资料。

李：这套画确定是从三元宫来的？

陈：是的，画上写有"敬绘于越秀三元古观"字样，还标明了年份"民国十九年"，就是1930年。

李：那么这套画三元宫就没有了？

陈：不知道，据我猜测是没有，因为三元宫经历"文化大革命"后，基本什么都没有。我们有时候想通过这些资料去对，也对不上，因为三元宫没有资料去给我们对了嘛。现在我们的经本，来到香港变化也很大，例如你们今天看到的《清微礼斗科》，在广州就是没有的，是来到香港以后，由某位道长从正一派拿出来的，这本来不是我们广东全真派的经本。

李：这个问题很复杂，因为香港科仪本子有从三元宫来的，有从南海西樵山来的，可能还有一部分是从清远来的。

陈：是的，这部分的详细情况还有待研究。比如我们现在诵的《玉枢经》，过去是没有的，90年代从北方拿回来诵唱。这在早期是很经典的一个道教经本，也不一定跟广州道教一样。现在我们蓬瀛仙馆诵的很多经，在广州也没有，来到香港后变化很大。

李：三元宫的资料肯定不齐全，他们现在可能自己都说不清。

陈：对。

李：现在官观里面有多少专职人员？

陈：哪一方面？

李：全体。

陈：全体有140人，但这人数是包括了幼儿园、老人中心的工作人员在内的。所以在蓬瀛仙馆工作的大概是100多人。

李：100多人左右？这个比青松观的还多。

陈：青松观主要是分开了，它的办事处在大南街，所以本身观里面的人很少。我们这边行政、会计全都在观里，其实一个观是需要很多人的，例如厨房、清洁之类的基层工作人员。蓬瀛仙馆的基层工作人员就有三四十个，因为要打理那么大的一个宫观是很麻烦的。

李：我刚刚看到蓬瀛仙馆的灵骨位剩余的空间不是很大了，这个以后打算怎么办？

陈：这个是理事们要想的问题，不是由我来想的。我们现在跟仁济医院在屯门有一个慈善机构，打算合作搞一个新的放灵骨的地方，所以那边还是有一点收入的，但是长远来讲，还是不能永远靠这种模式去维持宫观收入。

李：理事会还是要向政府申请一块新的地方来安放新的灵骨吧？

陈：对，但这些事情我不太清楚，我在蓬瀛仙馆里面是负责"花钱"的，"挣钱"那些是理事们搞的，我不太懂。这个问题很复杂，香港的法律管制很严格，土地申请以及申请到之后要做的土地规划，都要经过审批，还要考虑周围市民会不会反对等问题，是很麻烦的。

李：政府总要允许你们做这个吧，毕竟人的灵骨要有安放的地方。

陈：但民主就有这样一个弊端吧：灵骨场设在什么地方，要听取当地居民的意见，但居民大多数是反对将灵骨场设在自己家附近的，所以要听取多方意见很麻烦，使得很多工作很难进行。而且现在香港普遍一个灵骨位，便宜的要五六万港元，贵的要二三十万，不是一个基层家庭可以负担的费用。

李：蓬瀛仙馆的灵骨价位如何？

陈：我们算是中等吧，价位设得从便宜到贵都有。你们可以去香港的书店找一本新出的书，作者是陈晓蕾，书名《死在香港》。她是香港一个很著名的记者，去调查发现香港现在很多人选择海葬，将骨灰抛到海里，就是因为灵骨位太贵了，难以负担。

李：我看屯门青松观，新的灵骨位有贵到四五十万港元的。

陈：是的，基层家庭根本负担不起，他们一年的年收入可能在十五万到二十多万，怎么可能负担得起那么贵的灵骨位。所以香港人揶揄自己是活着的时候买不起房子，死后无葬身之地，负担真的太大了。香港虽然有公营的灵骨场，但轮候很长时间，而且不像庙里那么方便的，就是不允许自己去挑放在哪个位置，可能爷爷的灵骨在一个地方，奶奶的灵骨在另一个地方，这样香港市民就觉得不好、不方便。所以他们有能力的话，还是会在庙里买灵骨位。

李：刚刚提到海葬，其实中国人还是希望死后有个安顿，这个观念很强，所以将来也不会说全部人都选择海葬的。从这个意义上，香港道教还是有事情要做的。

陈：我个人觉得香港社会还是在变化，因为老一辈的香港老人以前也不接受火化，他们希望土葬，但现在都能接受了。可能某一天他们能接受海葬也不一定，大陆的土地压力可能没有香港这边大，香港这边土地是个很大的问题。

李：国内也一样，一个城市，例如北京现有两千多万人口，这两千万人口将来要安葬，哪有那么宽的地方。国内虽然有很多公共墓地，也是很贵。但还是买在庙里好，公共墓地没人打理。

陈：是的，放在庙里感觉上比较好。过去我们在农村有家族祠堂，把祖先放在祠堂里就心安了，现在没有了，就放到庙里比较安心。

李：好的，今天的访谈就到这，谢谢合作。

李家俊先生访谈

地点：圆玄学院
访谈人：李大华，以下简称"问"
受访人：李家俊，以下简称"答"

问：我们今天谈谈圆玄创立的社会关系以及它的道脉关系如何？圆玄如今是不是号"全真"？

答：可以这样说，圆玄和青松观、蓬瀛仙馆不同，我们并不认为自己是全真，或者是现在所说的后全真，我们不是。

问：现在你们自己的观点就是圆玄不是全真？

答：我们圆玄跟全真的关系肯定没有青松观、蓬瀛仙馆那么密切，但是如果必须要讲一个关系的话，这是我们圆玄的经验，以及黎志添教授作学术研究时，我们更加深入地了解到：大概是20世纪60年代，那个时候，有几个宗师，侯宝垣（侯爷）、邓九宜等等，他们几位将广东的全真科仪，将每一个主要宫观的经生（我们没有道士，我们喊经生），每一个宫观，……当时的情况是，当时的一些经生，现在都大概差不多七八十岁了，一部分都已经离开了，但是还有一部分在，他们先到圆玄学院搞科仪、搞拜唱等等和科仪有关的，有时他们先到这边，再到青松，再到蓬瀛，他们一起轮流搞科仪，大家好像一家人一样，互相帮忙，在这个框架里面，他们就搞广东的全真科仪，所以我们在圆玄学院里面，道教的科仪都是全真的，即广东全真的科仪，我们可以这样称呼这些科仪。但是如果是圆玄学院本身，我们无论从源流、发展，或者从现在的现象看来，我们和全真的关系都不太大。

问：那么，如果不算全真的话，从归宗来说，圆玄属于哪一脉？

答：圆玄学院跟其他的宫观在当初成立的时候有一点点不同，这一点很特别，因为我们在清代至民国时期，有一个现象很普遍，就是很多商人，他们做生意，其中有一部分是念书的，是文人，这部分文人对中国传统文化、宗教有很大兴趣，他们搞扶乩。

问：扶乩这个都是尊崇吕祖吧？

答：不一定。在我们 20 世纪 50 年代的主殿明性堂，我们崇奉的对象、即主神有多个，吕祖是其中一个，但最主要的是关帝，然后是吕祖，吕祖旁边是济公，还有观音。所以我们以前创立的时候，创立圆玄的先贤们对中国宗教文化有很深的感情。他们对儒释道三个宗教都有很深的感情，所以他们将"圆玄学院"取名之。"圆玄学院"这个名字有两层含义，第一就是这个名字是扶乩出来的。

问：扶乩当时借助于谁？是吕祖还是哪位？

答：主要是两位，一位是太上老君，另一位是吕祖。"圆玄学院"名字的另外一层含义就是它有自己的意义："圆"即佛教圆融的意思，"玄"即道教玄妙的意义，"学"即儒家最重视的"学"，"院"即三教融通的意思。

问："学"是？

答："学"是儒家，他们重视的伦理理念中最重要的一环就是一定要"学"，不论是在家庭还是在外面，要依据自己能力本身去"学"。

所以圆玄学院的源流跟蓬瀛仙馆、青松观有所不同。跟青松观流传下来的模式好像差不多，因为至宝台，就是以前他们在广州已经跟全真有一定关系了，但是圆玄学院在广州，我们的来源是广州，大概在 1949 年，在广州，有一个"弘道精舍"，由扶乩所促成。

问：您的意思是原来有个祖庙在广州？

答：不是祖庙，我们会认为它是乩坛。那帮人常常聚在那里，进行扶乩，那个时候有扶乩下来的两本书：《外修篇》和《内修篇》两篇。

问：都是扶乩出来的？

答：都是扶乩出来的！

问：这两本书现在还能不能看到？

答：现在可以看到的。我不知道圆玄学院里面还有没有，当时在外面很普遍，在他们送经书的地方都可以看到，因为这个（《外修篇》和《内修篇》）对其他的香港道堂影响很大，这个第一本是老子传下来的，第二本始吕祖传下来的。他们在广州的时候扶乩，1949 年，吕祖告诉他们，需要到香港办道，因为可能有一点点转变需要到香港来。到香港来的时候，他们通过扶乩跟一帮朋友，这帮朋友可能不全是道教的信徒，一部分是佛教的，有一部分我们可以认为是先天道的分支，他们都全聚集在一起。

问：但是先天道是宝安那边传过来的，即是从原来的宝安县，现在的深圳梧桐山那边传过来的。

答：不一定，先天道有很多分支。你说宝安跟广州市内都有很多，但是还有粤北等地区很多先天道的分支，但是那个源流跟宝安和广州的源流完全不同。先天道的分支，有一部分大概从 20 世纪 20 年代重新成立的，好像"同善社"那个分支，就是 20 世纪 20 年代在北京成立，在中国国内每一个地方都有他们的办事所。我们有一部分，不是全部，如果我们说儒佛道三部分，很多时候先天道在现在的表现就是儒家，我们圆玄学院的儒家就是先天道同善社那边的广东分部。如果是佛教，我们有一些居士在搞，他们以前跟广东的佛教有些关系，好像是我们现在的主席陈国超的母亲以前跟在屯门的妙法寺有很密切的关系，现在我们还有交往，当时一些和乩坛有关的朋友，他们全聚在一起，到荃湾这个地方，在这里盖起了圆玄学院。我们当时盖得规模比较小，最早的建筑明性堂是在 1953 年建成。

问：就是在这个庙里面？最早盖的也是这个？

答：最早盖的就是这个。

问：后来有没有转移到其他地方？

答：没有。我们跟其他（道观）有一点不同就是，我们刚开始的时候没有选址在九龙，没有选址在所谓中心，很多道观，像青松观以前就在中心，还有许多以前 20 年代、30 年代、40 年代的道堂都在九龙的地方，九龙是需要发展的地方，所以这些道观需要搬家。蓬瀛仙馆跟我们圆玄都没有搬过。

问：先天道跟圆玄是什么样的关系？

答：可能是他们成立的时候，有一部分是共同决定，但不是通过背后的道派。

问：您的意思就是：不是以先天道做背景对不对？

答：对！

问：那大家共同成立圆玄，既然先天道不是圆玄的主脉，只是参与者之一，那么圆玄的主要背景是什么？

答：就是那一帮朋友。

问：朋友？商人？

答：对。

问：这些商人应该也有一个主持，或者说发起人吧？

答：发起人很多。真的，我都很惊讶，因为当我看圆玄的文献资料的时候，他们创立时的发起人有很多，而且很多人在发起以后都没有太活跃参与，但主要留下来的也有几个家族。

问：主要留下来的是什么背景的发起人？

答：我们如果从社会学的角度讲的话，就是他们能够动用资源，出钱出力。还有部分留下来的就是能够出力的，他们都留下来，好像最具代表性的是赵聿修，我们的创办人之一，他是我们第二任的主席，他是发起人之一。他也是主要支持圆玄学院建立的先贤之一。

问：他一直主持到 70 年代吗？

答：大概是 70 年代。

问：他是什么背景？

答：他本身就是一位商人。他在香港算是一位很著名的乡绅，在新界北很多时候都能看到他的名字，在元朗有一个叫赵聿修中学，还有在元朗、大埔等等地方，都能看到很多他生活的踪迹。

问：那我们可以理解，一般商人为了一个信仰凑在一起，成立一个乩坛，或者叫圆玄的一个庙，那么这里面如果没有一个道士出身的，或者是……

答：我还要告诉你，他们每一个背后都可能跟不同的道教的或者先天道的有一点关系。但是这种关系如果教授您理解的话，以前那个关系很多时候并不是因为他是一个道士，还是一个主要的参与者，不一定是这样子。因为他们以前的信仰习惯和信仰的方法就是支持很多不同的宗教团体，我刚才提到的我们现在主席陈国超的妈妈，她也是创办者之一，她跟道教的关系相对不大，但是她跟佛教有很大关系，就跟妙法寺屯门那边，跟20世纪20—40年代香港最著名的佛寺之一东普陀佛寺有着很密切的关系。就是圆玄学院在荃湾几个地方的选址，都是东普陀的茂峰法师介绍的。

问：圆玄学院现在主席是谁？

答：现在是陈国超。

问：他的出身是商人还是道士？

答：他妈妈开始就是个商人，他也不是道士。

问：他妈妈，老人家叫什么名字？

答：吕重德。

问：现在还在吗？

答：不在了，在大概是80年代去世的。

问：都是出于商人的背景。我知道，有学者认为，圆玄的成立当时是因为大家不满意于当时各个乩坛，也包括深圳一些做斋醮仪式的醮士，也就是喃呒。

答：不一定圆玄学院的这些人不满意，是以前有种气氛就是这样，本来在香港，在很早以前，大概20年代已经在香港搞斋醮科仪的喃呒先生。那些商业人士，他们不满意将斋醮当商业一样，因为商人本身有自己的商业，信仰又是比较高层次的，所以他们便对这些不满意。但是因为他们将自己的理想投射在创立的地方，我们现在叫科仪，当时我们可以认为是一种对信徒的信仰的服务，斋醮科仪一样是同样的仪式。

问：当时这些商人，他们都是有一些道教和其他宗教的背景，包括先天道的，甚至是佛教的背景，但是要凑在一起，成立这样一个学院，他们总体的一个倾向性的东西是什么，为什么要做这个东西？

答：您说是哪一个方面？

问：就是说他们搞圆玄的主要原因是什么？

答：最主要的原因是很宗教性的。那些创办人在广州1949年，在乩坛扶乩，选择在那个地方创办一个地方进行修真，包括气功、打坐。赵聿修、吕重德，还有陆吟舫，他也是青松观创办人之一。他们都聚在一起，创办起来。

问：他们是因为 1949 年前后，正好有一个大陆政权更替的时机，他们受到吕祖的指引，扶乩说让他们到香港创办学院。那就是说圆玄的成立也是出于这样一个原因？

答：对。

问：从你的了解，我想问一个过去历史的问题，为什么这么多的商人，而且是成功商人，要凑在一起搞这种道庙出来？

答：这个现象不一定是广东的。在以前，我自己的研究，这个不是圆玄独有的现象。我自己的研究就是，清代中叶左右的吕祖道堂，他们很多时候就是商人推荐的官员跟地方乡绅等等，他们合作办乩坛，不一定有其他的宗教活动，扶乩是最主要的，通常也会搞乩坛以外的，乩坛传达下来的神明的意思，通常都是让他们做善事。还有从不同的中国传统的角度解答。这是他们主要活动的中心。我的研究是从湖北到广东，由广东广州传来香港，都有这样一个关系。

问：你的意思是说，指引他们要做善事的就是扶乩。他们都信扶乩，然后扶乩告诉他们要做善事，做善事最好的就是要成立一个慈善会，或者搞一个道堂，这就是圆玄成立的主要原因？

答：对。这个是一个很重要的原因。因为我们扶乩、做善事，很多时候，不管是在香港，还是在广东，都会有两个现象，一个现象是很小型的，就每一年冬天的时候给老人家送食品、衣服等，比较大一点规模的就是到比较乱的时候我们派发，还有其他好像现在香港比较具有规模的道教团体，他们搞善事规模比较小，有一点不同，我们会搞学校、搞社会性服务等比较大规模的善事，反映他们以前的理想。但是也有一个方面我们需要注意的是，如果一个道堂里面不能够吸引商人进来的话，他们资源的运用就没有那么好了，因此对于搞善事、搞发展就没有那么好了。

问：他们是需要商人的。

答：对。以前还蛮流行的。

问：你的博士论文做的是?

答：清代的吕祖传说以及对道教的影响。

问：因为你博士论文做的是这个题目，所以在宗教学上有一个问题想问一下你，就是中国走的这个道路，一帮商人创立了华南的、香港的道教团体，甚至也不排除佛教团体，那么这个现象跟西方宗教传统不一样，你怎么去理解这个事情?

答：西方的宗教这里主要说基督教。他们有大一点的教会，有一部分他们励志的资源有很多，很庞大。他们到每一个地方搞传教、宣教的时候，他们动用很大的资源，这个主要是这样子。另外小一点的，有一部分基督教不一定像天主教那样有教区，整个香港 1997 年回归之前，天主教的教堂、社会服务、学校都是最多的，他们有教区。但是对小一点的基督教团来讲，这也是我自己的理解：他们从民国开始传教的模式就是，搞比较小的教会，他们来的时候可能资源不多，但他们会努力宣教，他们利用市场学，希望吸引年轻的人进来，发展年轻人之后，他们之中的成功人士便会把自己的资源投入教会。

问：因为这是从传教的需要来说，从传教发散开的，我们这里讲的是一些商人，凑在一起，甚至没有什么根源，我们只有吕祖的乩坛，这个吕祖乩坛……

答：还有一个重点是，很多时候他们不是来自同一个乩坛。我觉得中国的传统跟西方不一样。我跟游子安谈论的时候，他说这个是很可以理解的，因为中国人喜欢靠关系。例如我们是朋友，朋友之间在喝茶的时候说，我们一起搞一个乩坛吧，那么我们就可能会到乩坛去，问一问乩手，到哪里去搞乩坛，或者到哪里去搞一个道堂。在香港不单是圆玄学院，很多有一定规模（但是现在规模还是比较小），成立于四五十年代的道堂，很多都是这样子成立的。

问：圆玄现在还搞扶乩吗?

答：在 80 年代以前已经停止扶乩了。尤其是我们在现代成立董事会跟一些管理的委员会以后，我们就停止乩坛了。

问：为什么？

答：主要有两个原因：第一，乩手不好找。乩手也有一个限期，就是说以前我们的乩手还在，他跟我说扶乩不是简单的，很多时候一个人能够扶乩是因为对天和人有一个交集，但是这个交集不一定会有，很多外面的乩手就是，如果他感应不到天，感应不到神灵的意思，他又不愿别人知道，便把自己的意思加进去了，我们的乩手不会这样。我们的乩手觉得他自己感应不到的时候，他会和主席或者其他管理人员说，现在暂时可能扶乩不到了。我们也没有再去找乩手。第二，是现代化的问题。圆玄的发展规模在七八十年代开始壮大，我们有学校，有安老院，这样的工程很多，我们成立了很多管理委员会，但是对他们来说，扶乩可能对某一个决定有帮助，但是可能也会影响决定。因为他们不需要每一件事都要靠扶乩来决定。

问：你所说的影响是说扶乩限制了他们的思想，是吗？

答：限制也有，帮助也有，两者都有，但是对中国传统宗教思想来说，尤其是道教，我们要积极努力，不一定是迷信扶乩。

问：就是不一定要靠指引。

答：所以他们停止了圆玄学院里面的扶乩。他们有时会在外面参与其他的扶乩，但是圆玄学院里面的扶乩停止了。

问：你是说他们在别的道堂为自己做扶乩？

答：对。

问：参与是什么意思？他们在外面做扶乩还是什么样子？

答：他们都不是乩手，但是他们参与其他好像是到另外一个道堂，他们就会拜神、扶乩，都没问题。

问：哦！他们在别的道堂也为自己做扶乩？

答：对。

问：商人创办道堂，这个问题是值得往下思考的，就是说有特殊性。

答：这个特殊性我相信是比较而言的，我举个例子，我刚刚说的清代到民国，中原和广东都能看到很多这样的现象。但是在新中国成立以后，大概到改革开放以前，我们就看不到这种现象了。所以，李养正教授和他的一些学生，他们到香港来，他们是改革开放后第一批来香港来研究香港道教的学者。他们比较了香港道教和传统道教，不一样的地方最重要的一点就是，香港不是祖庙，不是师父传给弟子，他们是商人，他们有一个理事会，他们选举确定管理的方法，这样便和以前的道教不同。主要的成分就是商人，最不同的地方就是这样，所以李养正教授他们觉得很奇怪，他们进一步研究的时候，发现香港道教本身源流不一定是继续传统，也有的是因为一帮朋友来到香港才决议的，很多道堂都这样。

问：那你讲这些商人不是承袭了传统的父子庙，不是祖庙，是商人民主决定，那么商人的这种意识……

答：我们应该要说，他们有一个身份，这个身份是商人，但是我们不能够忽视他们的另外一个身份，他们在宗教信仰里面有自己的角色，他们不一定像以前的道士一样，以前的道士全职是神职人员，而他们不是，他们有很多的角色。很多时候，他们商人在宗教身份以外，还有其他的身份。我举个例子，汤国华是我们的前主席，也是香港道教联合会第二任主席，他既是商人，有自己很大的商业，在圆玄学院里面，他又是主席。我们现在看到的很多建筑都是他建立的，在外面他还有办学，除了香港道教联合会的学校以外，还有其他像汉文师范学院搞的学校。汉文师范学院以前在国内，后来那一帮人到香港来发展。

问：现在这个学院还在吗？

答：不在了，不过还有一个同学会，同学会办了一个幼稚园，不过同学会也已经比较淡化了。汤国华还在先天道的分支同善社有自己的一个角色，他这个角色比较复杂，他有很多种身份。我们不能单单把他们看成商人，商人的身份给他们方便，他们能够拿出资源来发展，但是他们另外还有其他的身份，还有宗教的身份，还有文化上、社会上的身份，社会上的身份是很重要的，这个我在很多的尤其是香港道教联合会的成立这方面，我觉得是很重要的一环。

问：为什么很重要？

答：因为在 1957 年大概有七个道堂，包括青松观等等的七个道堂，他们主张成立港九道教协会，但是只是主张，没有成立。我不知道为什么没有成立，但是从历史看是没有成立。没有什么道堂响应，但是七个道堂全是跟扶乩、跟吕祖道堂有关。1961 年他们再次提议组成香港道教联合会，那个时候不是道教本身激发的，很多时候是因为港英政府推动，因为佛教有联会，基督教也有很多不同的联会，天主教有教区，他们容易管理沟通，道教也有很多很多不同的道堂，以前的港英政府说：建议你们组成联合会。当时他们搞联合主席的时候，他们不单是找到所谓后全真的吕祖道堂，不是这样子，他们找到很多与先天道有关的，都放进去，包括龙庆堂，还有圆玄学院，以前他们不认为圆玄是道教的场所，但是在 1957 年，包括龙庆堂，粉岭藏霞精舍（以前先天道最主要的场所），他们有一点我们需要多加注意，就是他们代表的不只是他们道教商人的身份，还有就是社会上的身份，很多时候他们跟社会的官员、名流、文人有很大的关系。粉岭藏霞精舍跟香港大学第二任文学院院长朱汝珍有关系，他们的朋友差不多每一个星期都到那边谈玄说道。所以他们有一定的社会上的身份，好像是 1957 年，他们没有资源，没有身份，所以他们要搞道教协会就没有成功。最后一大帮先天道、吕祖道堂，还有像圆玄学院这样三教合一的宗教团体一起创立香港道教联合会了，他们就成功了。在 1961 年，初步成立，1967 年正式成立了。

问：你所说的这个社会身份，主要是说他有了一个道教联合会的一个比如说理事的身份吗？

答：不是，我举一个例子，我们第二任主席赵聿修他在香港，政府给他徽章，他是商人，是许多其他团体的总理，好像博爱医院等等这些香港主要的慈善团体，他都有关系。所以政府看到他对社会有贡献，他在社会里有很多朋友，他拿了很多港英政府颁给我们香港人的勋章，当时对香港道教人士来讲，他是第一位拿到勋章，也是拿的最多的道教人士，在成立联会的时候，因为他与社会的沟通，我们就可以看到他对整个事情有推动。

问：你的意思是说，他有了道教联合会理事或者道堂的身份，然后他去进行沟通……

答：在有这些身份之前，他已经是很有身份的人。

问：他获得港督政府颁发的勋章，你说的身份是不是这个？

答：这个身份不一定是拿个勋章，这个勋章是没有意义的，对于很多人来说没有意义，但是有意义的就是，他在社会里有不同的交往，因为他的身份帮助他跟每一个层面都有交往，刚刚李老师您说道教联合会的身份帮助他，不是这样的。是因为他原来的身份帮助道教联合会能够成立、推动、发展，这是后来的事，如果没有这个人，1957 年，没有先天道，没有其他道堂，假如 1957 年是那样，可能到现在为止香港道教联合会就还没有成立。

问：那你说的这个身份到底是对他们自己有利，还是对推动道教事业有利？你说这个社会身份很重要，对道教重要，还是对他们自己重要？

答：我觉得对两者都有重要性。为什么这样讲呢？对自己来说，这是国人的成就，他们搞很多慈善活动，这个身份就是慈善家，这个身份不是港督政府给他们勋章而来，而是被很多人认同，知道他的名字，搞很多其他不同方面的发展，尤其是宗教性的，宗教的发展，所以他的活动跟以前道堂不同，以前在香港的道堂都是自己扶乩，吕祖诞的时候我们朝贺，可能每年冬天的时候会派发棉被衣服，只有这些活动，没有其他的活动了，在香港比较小的地方，没人会注意到这些道堂，也没人知道道堂到底是搞什么的，但是因为有一部分搞香港道教的人士，不一定是圆玄学院的，圆玄学院只是其中一个，他们跟社会有一个关系，利用这个关系，他们能够进一步推动他们道堂本身的发展，和 1967 年以后香港道教联合会的发展。为什么在 1967 年到 2012 年，香港道教联合会的主席都是圆玄学院的主席，最主要的原因就是：第一，给面子，这个是很表面的说法；第二，在 1967 年到 2012 年圆玄学院是唯一支持香港道教联合会运作和发展的香港道堂，他们的资金、资源大部分都是圆玄学院赞助，当然还有部分是其他道堂的赞助。

问：假如现在道教联合会主席换了，不是圆玄的了，那还能得到这种支持吗？

答：现在为止，他还没有要求支持，梁主席和我们是很要好的朋友，他们还没有要求日常营运的支持。但是一般的联会我们都会有支持，好像在

2014 年香港道教日，我们圆玄学院就积极地支持他们办活动了。我们说以往的支持，是指联会一般运作所需支出。

问：还有以前那么大的支持力度吗？

答：我们再具体说吧。以前是每个月他们需要很多资金费用，还有很多营运费用等等全都是圆玄学院赞助的。

问：那现在不是这样的了？

答：不是了。

问：那是不是说一个必要条件就是……

答：不不不，不一定是一个条件，我们是开放的，我们跟梁主席讨论过很多次，这不是条件。在梁德华以前，圆玄学院不一定必须要做香港道教联合会的主席，我们也已经提出很多次了，无论谁有兴趣都可以告诉大家，然后大家讨论怎样处理，这是没问题的，最后选举时他们还都是让圆玄学院的主席当香港道教联合会的主席。

问：我们还回到话题本身，还是那个社会身份问题，我还继续问，因为你刚才说到两个方面对他们都重要，一方面他们有这种社会身份，也有资源，也有比较广的人脉关系，他可以比较好地推动道堂和道教的发展，包括慈善事业的发展，另一个方面对他们自己也是有一定功德的，那他们最开始要取得这个身份的时候，最初的动机是什么？

答：就是他们的信仰。

问：是做善事的信仰吗？

答：不一定是善事，他们有一部分人，比如陆吟舫（青松观的创办人之一），他是一个很大的商人，他的身份就是吕祖的弟子，他很多时候就会投入整个信仰的生活里面，他是一个很有代表性的例子，其他人也一样，就是他们的信仰在他们的生活里面。

参 考 文 献

1.典籍、地方志

《广州宗教志》，广东人民出版社 1996 年版。

《广州市志·道教》"社会组织和社会活动"类。

《广州市志·民政志》，广州出版社 1993 年版。

《广东年鉴》，1941 年。

《至宝台慈善会立案章程公文存底部》，中山图书馆藏。

《筹建至宝台各股义务职员名列》，中山图书馆藏。

易觉慈编：《宝松抱鹤记》。

《创建粉岭蓬瀛仙馆碑记》，香港蓬瀛仙馆藏。

《南海文史资料》第三辑，南海市政协编。

《全粤社会实录初编》，调查全粤社会处出版 1910 年。

广州文史馆编：《广州百年大事记》，1984 年。

《善与人同录》，旅港云泉仙馆藏版，1958 年。

《新唐书》，中华书局 1975 年版。

《吕祖全书》，香港德信印务公司 1965 年版。

《蓬瀛仙馆 80 周年馆庆》，香港蓬瀛仙馆编。

《浮山志》，《藏外道书》第 32 册，巴蜀书社 1994 年版。

《罗浮补志·罗浮指南》，《藏外道书》第 32 册，巴蜀书社 1994 年版。

陈铭圭：《长春道教源流》，《藏外道书》第 31 册，巴蜀书社 1994 年版。

《金盖心灯》，《藏外道书》第 31 册，巴蜀书社 1994 年版。

《广东历代方志集成》，据北京图书馆《古籍珍本丛刊》。

《稀见中国地方志汇刊》。

《至宝源流》，香港陈湘记书局藏版，大众印务书局有限公司承印。

香港青松观编：《万世青松》。

《列仙传　神仙传》，上海古籍出版社 1990 年版。

《道藏》，文物出版社、上海书店、天津古籍出版社 1988 年版。

《清微礼斗科》，青松观藏科仪经书注，青松出版社 2012 年版。

《三元赐福宝忏》，青松观藏科仪经书注，青松出版社 2013 年版。

《玉皇宥罪锡福宝忏》，青松观藏科仪经书注，青松出版社 2013 年版。

《太乙济度锡福宝忏》，青松观藏科仪经书注，青松出版社 2009 年版。

《正阳仁风宝忏》，青松观藏科仪经书注，青松出版社 2014 年版。

《武圣保安法忏》，青松观藏科仪经书注，青松出版社 2014 年版。

《吕祖无极宝忏》，青松观藏科仪经书注，青松出版社 2008 年版。

《太上慈悲九幽拔罪宝忏》，青松观藏科仪经书注，青松出版社 2010 年版。

《摄召真科》，青松观藏科仪经书注，青松出版社 2007 年版。

《先天斛食济炼幽科》，青松观藏科仪经书注，青松出版社 2010 年版。

《惊迷梦》上卷，啬色园七十周年纪庆普宜坛重印。

《梧桐山集》卷二。

《福缘善庆》，圆玄学院编。

《厦村乡约——甲午年建醮特刊》。

《道门科范大全集》，《道藏》第三十一册。

《白云观道教志》，陕内资图批字 EY58 号，2007 年。

2. 著作

游子安：《善书与中国宗教》，台湾博扬文化事业有限公司 2012 年版。

黎志添、李静编：《广州府道教庙宇碑刻集释》上、下册，中华书局 2013 年版。

游子安：《道风百年》，香港利文出版社 2002 年版。

黎志添、游子安、吴真：《香港道教》，香港中华书局 2010 年版。

黎志添主编：《十九世纪以来中国地方道教变迁》，香港三联书店 2013 年版。

赵春成、郭华清、伍玉西：《宗教与近代广东社会》，宗教文化出版社 2008 年版。

梁其姿：《施善与教化——明清的慈善组织》，台湾联经出版事业股份有限公司 1997 年版。

王赓武主编：《香港史新编》，香港三联书店 1997 年版。

余英时：《中国思想传统的现代诠释》，江苏人民出版社 1991 年版。

杜维明：《现代精神与儒家传统》，三联书店 1997 年版。

濮文起：《民间宗教与结社》，国际文化出版公司 1994 年版。

黎翔凤：《管子校注》，中华书局 2009 年版。

余英时：《中国近世宗教伦理与商人精神》，台湾经联出版社 1996 年版。

陈垣：《道家金石略》，文物出版社 1988 年版。

杨亿口述，黄鉴笔录：《杨文公谈苑》，上海世纪出版社、上海古籍出版社 2012 年版。

任继愈主编：《中国道教史》，上海人民出版社 1990 年版。

卿希泰主编：《中国道教史》第二卷，四川人民出版社 1992 年版。

卿希泰主编：《中国道教史》第三卷，四川人民出版社 1993 年版。

朱越利：《道教考信集》，齐鲁书社 2014 年版。

任继愈、锺兆鹏主编：《道藏提要》，中国社会科学出版社 1991 年版。

黎志添：《广东地方道教研究》，香港中文大学出版社 2007 年版。

《番禺县续志·金石志》，载黎志添、李静编：《广州府道教庙宇碑刻集释》上册，中华书局 2013 年版。

《中华道教大辞典》，中国社会科学出版社 1995 年版。

马建钊、印顺、李大华主编：《宗教的现代社会角色》，人民出版社 2014 年版。任颖卮：《崂山道教史》，中央编译出版社 2009 年版。

张广保编：《多重视野下的西方全真教研究》，齐鲁书社 2013 年版。

杨立志：《武当道教史略》，华文出版社 1993 年版。

朱德林：《南雄古建筑之一——洞真古观》，中国评论学术出版社。

麦子飞编：《善若青松——青松观六十周年回顾》，香港青松观。

柳存仁：《和风堂文集》，上海古籍出版社 1991 年版。

陈耀庭：《道教礼仪》，宗教文化出版社 2003 年版。

黎志添、游子安、吴真：《香港道堂科仪历史与承传》，香港中华书局 2007 年版。

游子安编：《香江显迹——啬色园历史与黄大仙信仰》，香港啬色园 2006 年版。

尹志华：《王常月学案》，齐鲁书社 2011 年版。

张继禹：《天师道史略》，四川人民出版社 1993 年版。

陈莲笙：《陈莲笙文集》上编，《道风集——道教的发展和道士的修养》，上海辞书出版社 2009 年版。

[日] 志贺市子：《香港道教与扶乩信仰》，香港中文大学出版社 2013 年版。

[日] 夫马进：《中国善会善堂史研究》，商务印书馆 2005 年版。

[美] 康豹（Katz）：《多面相的神仙——永乐宫的吕洞宾信仰》，齐鲁书社 2010 年版。

[美] 彼得·贝格尔（Peter L. Berger）：《神圣的帷幕》（*THE SACRED CANOPY ELEMENTS OF ASOCIOLOGICAL THEORY OF RELIGION*），高师宁译，上海人民出版社 1991 年版。

[德] 马克斯·韦伯：《儒教与道教》，商务印书馆 1994 年版。

[德] 汉斯·昆：《基督教大思想家》，包利民译，社会科学文献出版社 2001 年版。

[法] Kristofer Schipper（施舟人），The Taoist Body，University of California Press，1993。

[法] 涂尔干：《宗教生活的基本形式》，上海人民出版社 1999 年版。

[德] 马克斯·韦伯：《新教伦理与资本主义精神》，三联书店 1992 年版。

Louis Dupre：《人的宗教向度》（*THE OTHER DIMENSION*），台湾幼狮文化公司 1996 年版。

Bartholomew P.M.Tsui，*Taoist Tradition and Change：The Story of the Complete Perfection Sect in Hong Kong*，Christian Study Centre on Chinese Religion and Culture Hong Kong，1991.

John Lagerwey：*China——A Religious A State*，HongKong University Press，2010.

Vincent Goossaert and David A. Palmer，*The Religious Question in Modern China*，The University of Chicago，2011.

3. 文章

蔡志祥：《仪式与身份转换：香港新界北约地区的醮》，载谭伟伦主编：《中国地方宗教仪式论集》，香港中文大学崇基学院。

蔡志祥：《从喃嘸师傅到道坛经生》，载台湾"中央研究院"民族所编：《信仰、仪式与社会》，2003 年。

Monica Esposit, "DAOISM IN THE QING"（1644-1911），In L. Kohn（ed.），*Daoism Handbook*，623-658. Leiden：Brill.

[日] 志贺市子：《地方道教之形成：广东地区扶鸾结社运动之兴起与演变》，载黎志添主编：《十九世纪以来中国地方道教变迁》，香港三联书店 2013 年版。

贺跃夫：《晚清广州的社团及其近代变迁》，《近代史研究》1998 年第 2 期。

广东民间工艺博物馆编：《扶危济贫——史话广州九善堂》，www.guangzhou.gov.cn，查询日期：2006 年 1 月 4 日。

[日] 志贺市子：《近代广州的道堂——省躬草堂的医药事业以及其适应战略》，载黎志添主编：《香港及华南道教研究》，香港中华书局 2005 年版。

索　引

一、名词

二、地名

三、人名

后 记

　　本研究借助了许多已经出版的研究成果，日本学者夫马进的《中国善会善堂史研究》对于中国华东地区经济圈在清末、民国的自组织机构及其慈善业的研究，为华南慈善组织的研究提供了一个广阔的社会背景，华南地区最初的慈善组织也是受上海、杭州等地的影响成立起来的；日本学者志贺市子的《香港道教与扶乩信仰》，对于华南地区扶乩结社运动作出了清晰地描述，揭示了香港道教的前世今生；黎志添的《广东地方道教研究》，对于清康熙全真龙门派道教的来龙去脉，与正一派、清微派、南宫派及地方社会的复杂关系，做了缜密细致的研究；游子安对于先天道的研究和对于香港道教各派现状的叙述，为香港全真教的研究提供了一个参考图式的背景知识。此项研究还广泛地受益于其他学者的研究成果，在参考书中已经列出，兹不赘述。

　　本研究得到了香港青松观和香港道教学院的立项支持。在调查和访谈中，得到了香港道教界人士的大力协助与支持，先后有周和来先生、叶长青先生、莫小贤女士、彭立可先生、梁德华先生、陈敬阳先生、梁景文先生、吴耀东先生、李家俊先生接受了访谈。香港道教学院的同仁李永明主任、邝国强教授、利丽峨小姐、陈煜先生等，更是经常与笔者在一起切磋，得到了他们的鼎力帮助。中国社会科学院社会所的朋友邹宇春在调查问卷的设计上提供了帮助，我们毕业的和在读的研究生王芳妮、石洁琼、张慧、廖茗芯、曾秋樾、顾心怡等直接参加了项目的调查与访谈。没有以上各位的帮助和支持，难以想象可以完成这项研究，故此，谨向他们表示诚挚的谢意。

责任编辑：李之美

图书在版编目（CIP）数据

香港全真教研究/李大华 著. —北京：人民出版社，2018.10
ISBN 978－7－01－018829－4

Ⅰ.①香… Ⅱ.①李… Ⅲ.①全真道-研究-香港 Ⅳ.①B956.3

中国版本图书馆 CIP 数据核字（2018）第 006775 号

香港全真教研究
XIANGGANG QUANZHENJIAO YANJIU

李大华 著

人民出版社 出版发行
（100706 北京市东城区隆福寺街 99 号）

北京汇林印务有限公司印刷 新华书店经销

2018 年 10 月第 1 版 2018 年 10 月北京第 1 次印刷
开本：710 毫米×1000 毫米 1/16 印张：24
字数：350 千字

ISBN 978－7－01－018829－4 定价：66.00 元

邮购地址 100706 北京市东城区隆福寺街 99 号
人民东方图书销售中心 电话（010）65250042 65289539